張程 著

探尋失去聲音的歷史，
揭密宮廷的悲喜與奇聞

# 紫禁城之下

## 皇權與慾望的交織

打開紫禁城的大門，一窺皇上和諸位娘娘、太監、宮女們的日常！
嬪妃整天在宮中閒閒沒事要幹嘛？眾妃：御花園！
皇帝的每日御膳是山珍海味？他們：朕食之無味！

皇權象徵 × 國家機關 × 藝術瑰寶 × 天下之珍

綠瓦紅牆今猶在，別樣光景也是對歷史的深情致敬！

# 目錄

目錄

# 千年帝國的結晶

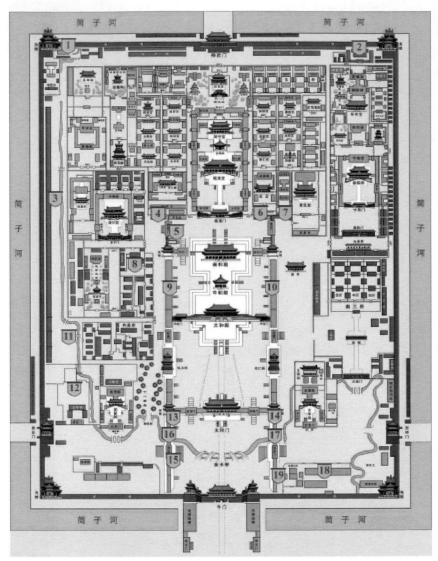

| | | | |
|---|---|---|---|
| 1 馬神廟 | 6 九卿朝房 | 10 內務府庫房 | 15 起居注館 |
| 2 兆佳所 | 7 護軍值房 | 11 他坦 | 16 翻書房 |
| 3 明代太監住所（清代庫房） | 12 咸安宮官學 | 17 稽查欽奉上諭事件處 |
| 4 內務府值房 | 8 造辦處 | 13 領侍衛處 | 18 內閣大庫 |
| 5 軍機章京值房 | 9 內務府庫房 | 14 領侍衛處 | 19 內閣誥勅房 |

# 紫禁城是如何建成的？

　　永樂四年（西元一四〇六年）閏七月，以工部尚書宋禮為首的多位大臣，離開首都南京城，分赴四川、湖廣、江西、浙江、山西等地。他們奉命到當地督民採木、燒造磚瓦，徵發人力和物資，為一項即將開始的國家建設工程做準備。

　　這項工程就是在距離南京千里之遙的北京城，修建一座恢弘壯麗的宮城！

　　這座宮城凝聚著明成祖永樂皇帝朱棣的夢想，寄託著朱棣治國理政的宏偉規劃與深思憂慮。身為一位從侄子手中奪得皇位的原藩王、一位剛剛經歷了血雨腥風的內戰洗禮的新皇帝，「得位不正」的夢魘始終縈繞在朱棣的心頭。這個噩夢不僅是精神道義上的，更表現為實實在在的局勢不穩。朱棣希望逃離建文帝的故都，遷都到自己的龍興之地北京。早在奪位的第一年，朱棣便下令將北平城改名北京，透露出了明確的遷都訊號。當然，他擺在臺面上的理由是元朝殘餘勢力盤踞在蒙古高原，「天子守國門」，遷都北京有利於對抗北元。他要效仿父皇朱元璋，建立不世功業，名垂青史。朱棣強力壓制反對遷都的聲音，將各種資源持續輸送到北京城去。

　　一座配得上朱棣政治藍圖的偉大宮城，呼之欲出！

如在畫中的宮殿（郝磊 攝）

　　工部尚書宋禮奉命砍伐嘉木良材之時，不會預料到原材料收集工作會持續十年之久。他們深入原始森林，尋找陽光下最好的金絲楠木。這種楠木高大堅固，香味雋永，且不怕蟲蝕、不易腐朽等，是宮殿梁柱的絕佳材料。楠木最大的問題是生長週期長達三百年，到永樂年間只存在人跡罕至的怒濤懸崖之處。宋禮帶領的伐木隊伍，「入山一千，出山五百」，將近一半的建設者沒有看到宮城開工的那一刻。這些歷經危難採自西南深山層巒的巨木，藉助長江水力，順流而下，「一夕自谷中出，抵江上，聲如雷」。它們將一路呼嘯，在兩岸官民的驚訝目光中，抵達遙遠北方的北京城下。

　　在如今的保和殿後方，御路正中的石陛是一整塊艾葉青石，石長17公尺，寬3公尺有餘，厚1.7公尺，重200多噸。這塊巨石採自北京西南良鄉的大石窩。且不論挖掘之難，單就運輸就徵調了數萬名勞工。即便是數萬人也搬不動如此巨石，只能選在寒冬臘月，先在道路兩旁每隔500公尺左右掘一口井，再汲水潑地建成冰道，然後前拉後推，用了二十八天才將石頭運到工地雕成石陛。

　　宮城的地磚來自魚米之鄉蘇州。蘇州一帶土質好，燒工精，負責修建的蘇州工匠們推薦家鄉的產品。工部最終選定江蘇省蘇州市陸慕鎮餘窯村生產。餘窯村土質優良、燒製有方、產磚顆粒細密，「敲之有聲，斷之無孔」，朱棣賜封此地為「御窯村」。御窯所產地磚得名「金磚」。黏土磚為什麼冠名金磚？一種說法是金磚成品質地堅硬，有金屬質感，敲擊時發出金屬聲音，因此得名金磚；另一種說法是金磚生產嚴格、製作考究、工序繁複，從取土煉泥到出窯磨光需要一年半時間，光燒窯就需要上百天。出窯的成品必須品質細膩，稜角完好，有一絲瑕疵就棄之不用。每一片運到工地的金磚都極為昂貴，價同黃金。此外，山東臨清生產建築用磚。

冬日，穿過午門，駐足金水橋上（郝磊 攝）

　　每一項建築原料，無不慢工細作，無不精益求精，十年光陰不知不覺中便流逝了。

　　「傾天下之力」，莫過於此。

　　在此期間，朱棣的宏偉藍圖漸次鋪展開來，北伐蒙元、西下南洋，建章立制、破立有道。永樂十四年（西元一四一五年），朱棣君臣統一

了遷都思想，選定「北枕居庸，西峙太行，東連山海，南俯中原，沃野千里，山川形勝，足以控四夷，制天下」的萬世之都 —— 北京為大明王朝的新首都（《明會要》）。萬事俱備，只欠動工了。第二年（永樂十五年，西元一四一六年）二月，以泰寧侯陳矽為主，柳升、王通為副的新首都營建工程正式開始。

古老的中華帝國沉積數千年的精神文化和物質文明都將凝聚在北京城，朱棣畢生的宏圖偉志和所有參與者的所學所思都傾注在了即將拔地而起的宮城之上。

如果說都城是帝國的精華，宮城就是其中最炫目的結晶。

一座偉大的宮殿，是一個文明最重要的實體象徵；一座偉大的宮殿，是一個文明發達程度最顯耀的明珠。

大明帝國在朱棣的指揮之下，在前期十年的準備之下，開足馬力改建北京城。都城形制在五帝時期是「單城制」，發展到夏商周時代實行「雙城制」（宮城與郭城），北魏首都洛陽城首開了「三城制」（宮城、皇城、郭城），一直延續到朱棣時期的首都設計。隨著社會不斷發展、城市日趨繁榮，北京城發展為了國家的政治、經濟、文化、交通中心，朝堂烜赫、四民聚集、百業興旺，是彼時文明的中心。明朝在元朝大都的基礎上，明確了北京三城，最外側是由內城和外城構成的「郭城」，護城河環繞著高大的城牆。其範圍就是現在北京二環路以內地區。前三門大街劃分內外城，大街南側為外城，也稱北京「南城」；大街以北是內城 [001]。內城南牆開三門，東西北各開兩門，一共九座城門，皇城就在內城中南部。

---

[001]　內城在明朝初期永樂年間建造。隨著城市的發展，內城以南逐漸興起了新城區，於明朝後期嘉靖年間正式成型為外城。

皇城以內，匯聚著朝廷衙署和所有與皇室有關的機構。皇城南起長安街，北至地安門大街（時稱北皇城根），東到東皇城根，西抵西皇城根。四條大街圍成一個規整的南北豎長方形，由於西南建有元代大慈恩寺，所以西南角凹進一個小矩形，也就是現在府右街和靈境胡同圍成的區域。民間以「皇城根」[002]代稱北京城。

皇城開闢四個城門，正門是南端的承天門（天安門），北門名為地安門，東西分別為東安門、西安門。皇城有四個城門，內城有九個城門，民間也以「四九城」代稱北京城。

陳矽等人將皇城之內建築騰空、居民外遷，開始鋪設各種街道、修造各處衙署，並在核心的中南部大興土木，興建宮城。皇帝為上天之子，奉天承運，替天牧民。從秦漢至盛唐，人間帝王所居的宮城都模仿上帝所居的紫微垣，將宮城稱為「紫宮」；皇帝居所為禁區，官民無故禁入，也稱「禁城」。計劃中的紫禁城便得名「紫禁城」。紫禁城的名號，沒有法定文字，也沒有公開匾額，但在皇權的加持和民俗的流傳之下，深植中國人的內心。

紫禁城選定的區域，大部分與元朝皇宮重合。元朝覆滅後，就藩北平燕王朱棣依照元皇宮的基礎，修建了燕王府。燕王府延用了諸多元皇宮建築，略加改造。規劃中的紫禁城，肯定不能如藩王府一般因陋就簡。

陳矽等人需要做的第一件事，便是徹底壓制元朝的「王氣」。

人們徹底銷毀了燕王府，元朝舊建築也連帶著煙消雲散。即將崛起的紫禁城，將整體覆蓋在元朝的皇宮之上。王朝更迭，以一種略顯誇張

---

[002] 「皇城根」——詞於辛亥革命後改為「黃城根」。現在北京實際地名中，多使用「黃城根」，但有時二詞仍有混用。

的原始方式，呈現在了此處。

　　毀掉地面建築以後，人們接著刨掉了元朝皇宮的基礎，重新做一遍夯土地基，然後人工回填。這種整體重做地基的方法，俗稱「滿堂紅」，新地基稱作「一塊玉」。元朝舊地基整體挖走，民工們一層三七灰土、一層碎磚進行回填，反覆交替。所謂「三七灰土」是將生石灰、黏土按照 3：7 的比例配製而成。為什麼不全部回填灰土呢？碎磚與灰土層層疊疊地夯實，可以降低日後建築物的沉降隱患。此外，新地基還不計成本，在搭配好的三七灰土上潑灑煮好的糯米汁加白礬。黏稠的糯米摻入灰土之中，增強了地基的整體性和柔韌性，使得新地基成為一塊堅硬的整體，完全避免了日後建築的不均勻沉降。

　　紫禁城建築在一塊巨大的、完整的人工地基之上。經測量，新地基最淺處 3 ～ 3.5 公尺，最深處達 8 ～ 8.5 公尺。核心建築下部的地基較厚，其他地段相對較薄。這種層層疊疊夯實的地基，人們用鎬鍬都很難削平。成吉思汗子孫的「王氣」便封印在這層厚厚的硬土之下。

　　在地基的四周，人們挖掘了方正的護城河，取名「筒子河」。搬離的元皇宮舊地基和新挖的護城河泥土，土方數量相當大，再加上建築廢料，人們在北護城河北部中段壘了一座山脊東西向的山丘，取名「萬歲山」（煤山、景山）。萬歲山南北狹窄，就像一面屏風，屏護著南邊的紫禁城。萬歲山巔峰，正對著皇宮的中線，既是北京內城的幾何中心，也是全城的制高點。該處建有萬春亭，站在萬春亭平臺上可以俯視皇宮，極目九城。

　　萬歲山不是一座單純的假山，而是實現多重目的的精巧設計，既處理了建設土方和廢料，給前朝的王氣又加了一道緊箍咒，而且改善了紫禁城的風水。紫禁城就建設在萬歲山南部、筒子河圍繞的陽地之上，是

背山臨水、負陰向陽的上佳宅地。此外，紫禁城從西北角開石砌栱洞，流進筒子河入內為明河。這條河自西北八卦中的乾方流入，從東南巽方流出，回歸筒子河。五行方位以西為金，北為水，又因居於宮城內，故名「內金水河」。內金水河好似紫禁城身上的白飄帶，蜿蜒曲折，飄逸靈動，進一步改善了紫禁城的風水。

從神武門北望萬歲山（郭華娟 攝）

如今如梭的遊人光臨萬春亭，幾乎沒有人注意，這座人工山的底下就是元朝皇帝寢宮延春閣。明朝皇帝用一座廢料山丘，正正方方地壓在前朝皇帝的床榻之上，鎮伏敵人。萬歲山又有「鎮山」之稱。那麼，除了延春閣，元朝宮殿的舊址大致在哪呢？在如今的慈寧宮花園地下，曾考古發現元朝皇宮的部分遺址；一九六四年中科院考古所在紫禁城文華殿和武英殿探勘取土，證明文華殿、武英殿的東西平行線應該是元皇宮的金水河。紫禁城較元皇宮北縮近 400 公尺，南擴近 500 公尺，東西宮牆位置基本相同，總體面積略有增加。元皇宮南大門崇天門大致在紫禁城太和殿位置，北門厚載門在今景山公園少年宮南側。（孟凡人著：〈明

北京皇城和紫禁城的形制布局〉，載於《明史研究》第八輯。）

　　文字難以描繪建造者的辛勞，後人也難以想像工程量之大。

護城河（筒子河）（張碧君攝）

　　直接建造紫禁城的是二三十萬徵發的民工和衛所官兵，如果算上周邊參與者，紫禁城建設隊伍總人數當超過百萬。史載「以百萬之眾，終歲在官供役」。原始建材運抵京城後，皇城內外還建造了五座二次加工的工廠，採用場外加工的辦法減輕紫禁城的壓力。這五大廠分別是神木廠、大木廠、臺基廠、墨窯廠和琉璃廠，持續向紫禁城輸送半成品。它們的身影至今還留在北京城。

　　紫禁城的設計師是誰呢？這是圍繞在紫禁城身上的諸多問題中的一個。

　　宋禮、陳矽等人是奉命指揮修造紫禁城的朝廷命官，不是設計師，更不是一線建造者。

　　有人提及紫禁城是太監阮安設計的。阮安來自交趾（今屬越南），永

樂初年選為閹童。他聰明能幹，對中國傳統營造法有研究、有巧思，營建北京城時奉命設計城池、宮殿及百司府廨。史載，阮安「目量意營，悉中規格，工部奉行而已」，他受蟋蟀籠啟發設計紫禁城角樓的故事是許多紫禁城建造故事中的常見版本。阮安對紫禁城設計貢獻良多，但紫禁城的宏觀布局並非一介太監能夠設計的，受到朱棣個人意志和中國皇權禮制的深刻影響。阮安對具體宮殿的設計，也是汲取了傳統營造法的養分。阮安的貢獻，集中在微觀層面。

還有人說蘇州蒯氏家族是紫禁城的設計師。北京城營建之初，蘇州建築師蒯思明帶著兒子蒯福、孫子蒯祥離開了家鄉吳縣來到北京，成為紫禁城最初的建造者。當時，蒯思明已經是小有名氣的皇家建築師，參加過洪武年間南京皇宮的修建，成為朱棣欣賞的御用建築師。其子蒯福擔任紫禁城的「木工首」，類似於建築工匠的首領。蒯福的家鄉 —— 太湖之濱的吳縣香山盛產能工巧匠，技術精湛細緻，自古有「江南木工巧匠皆出於香山」的俗語。蒯福團隊了以老鄉為主的建築大軍，建造了北京西宮、午門、奉天門、仁壽宮、萬春宮、長春宮、景福宮、奉天殿等等。這批「香山幫」蘇州匠人，是明清兩朝紫禁城的修繕主力。

蒯福年邁還鄉後，蒯祥子承父業，出任了木工首。蒯祥生於洪武末年，卒於成化十二年，在京四十多年。紫禁城建成後，很快遭遇了多次嚴重火災，三座大殿和後宮毀於一旦。蒯祥的使命是復建這些重要建築，成為正統、成化年間復建工程的主持者，還修建了長陵、獻陵、裕陵等明前期帝王陵寢。他精通尺度計算，工程竣工後的實景與施工前的設計分毫不差，榫鉚骨架細微相扣，獲譽「蒯魯班」。蒯祥還將江南建築藝術渲染上了北京皇家府第，富麗堂皇的殿堂樓閣增添了許多溫婉精緻的細節。

中華傳統建築源遠流長，技藝豐富，根基深厚。紫禁城工程為匠人、民工、兵丁們提供了實踐的舞臺。比如，工匠們根據北京冬夏季日影的角度，科學測算出「柱高一丈，出簷三尺」，即宮殿出簷為柱高的三分之一，最能達到夏至前後屋簷遮蔭、冬至前後室內充滿陽光的理想效果。此外，厚重寬大的人字形頂，嚴絲合縫的磚石牆壁，再加上匠人們在屋頂木板基層之上分層鋪墁的厚達三十公分的泥背層，使得紫禁城房屋冬暖夏涼。這些都是中國建築智慧在紫禁城的體現。

蒯祥祖孫三代，幾乎將畢生都奉獻給了紫禁城，開始締造「香山幫」的傳說。蒯氏家族是難以計數的能工巧匠的代表，他們是最基層、最一線的建設者，傾注心血將紫禁城建築譜寫入中國建築史中。但是，他們也不是紫禁城的設計者。

中國數千年沉積的思想觀念、旺盛的皇權禮制，才是紫禁城的規劃師。

那些傳承中華技藝、默默付出的無名工匠，才是紫禁城真正的設計者。

永樂十八年（西元一六二〇年）十一月，紫禁城城牆、左祖右社、主體建築建成，象徵著紫禁城正式登上歷史舞臺。

《大明會典》記載，紫禁城平面呈南北豎長方形，東西二百三十六點二丈（753 公尺），南北三百零二點九五丈（961 公尺）。紫禁城占地 72 萬平方公尺，面積約等於內城面積的 1/50；現存院落上百座，建築 980 餘座（其中 90 餘座如今還保持明初的格局），房屋 8,707 間，建築面積 163,000 平方公尺。（資料出自孟凡人〈明北京皇城和紫禁城的形制布局〉。）

廣義的紫禁城，除了筒子河包圍的城池之外，還包括北部的萬歲

山、東南部的太廟、西南部的社稷壇，也包括與紫禁城功能、歷史密切相關的西苑、東苑。

西苑在紫禁城之西，包括北海、中海、南海及其周邊園林，為明朝初年在元朝大內太液池、瓊華島的基礎上擴建而成。三海沿用皇家御池的古稱，統稱太液池。中海西側有萬壽宮建築群，明朝嘉靖皇帝遇刺逃生後，晚年常居於萬壽宮。晚清光緒皇帝曾長期幽居於中南海上的瀛臺。萬壽宮亦稱「西內」。

東苑在皇城東南部、太廟之東，永樂年間為皇家「觀擊球射柳」的場地，明宣宗在此修建了齋居別館。東苑也稱「小南城」、「南內」。己巳之變後，明英宗先為蒙古人俘虜，釋放回國後軟禁於東苑。明英宗復辟成功後，在此大興土木，形成中、東、西三路宮殿和眾多亭館。南內遍植四方所貢奇花異木，空地種上瓜蔬，水肉於甕，宛若村舍。春暖花開時，明朝在此宴請內閣儒臣，太監作陪。明清鼎革之際，南內成為了攝政王多爾袞的府邸。多爾袞死後遭清算，王府改為普度寺，招待番僧喇嘛之用。南內偏西南部建有皇史宬，巨石大室，專門儲存皇家檔案，為現存無梁殿室建築的珍貴標本。

西元一六二〇年的那個冬天，姍姍來遲的紫禁城終於揭開了面紗。它將成為明清兩代中華帝國皇冠上的明珠，光耀世界六百年的珍寶。

# 二十四位皇帝的「家」

從永樂十九年（西元一四二一年）明成祖朱棣入住開始，到一九二四年宣統皇帝溥儀被國民軍「請」出後宮為止，在長達五百零三年的時間裡，紫禁城住進了二十四位主人。其中明朝皇帝十四位、清朝皇帝十位。

十四位明朝皇帝分別是：明成祖永樂皇帝朱棣、明仁宗洪熙皇帝朱高熾、明宣宗宣德皇帝朱瞻基、明英宗正統（天順）皇帝朱祁鎮、明代宗景泰皇帝朱祁鈺、明憲宗成化皇帝朱見深、明孝宗弘治皇帝朱佑樘、明武宗正德皇帝朱厚照、明世宗嘉靖皇帝朱厚熜、明穆宗隆慶皇帝朱載垕、明神宗萬曆皇帝朱翊鈞、明光宗泰昌皇帝朱常洛、明熹宗天啟皇帝朱由校、明思宗崇禎皇帝朱由檢。其中，朱祁鎮、朱祁鈺是親兄弟，朱厚照、朱厚熜是堂兄弟，朱由校、朱由檢是親兄弟，十四位皇帝是十一代人。

十位清朝皇帝分別是：清世祖順治皇帝福臨、清聖祖康熙皇帝玄燁、清世宗雍正皇帝胤禛、清高宗乾隆皇帝弘曆、清仁宗嘉慶皇帝顒琰、清宣宗道光皇帝旻寧、清文宗咸豐皇帝奕詝、清穆宗同治皇帝載淳、清德宗光緒皇帝載湉、宣統皇帝溥儀。其中，載淳、載湉是堂兄弟，十位皇帝是九代人。紫禁城的二十四位主人跨越了鳳陽朱氏和愛新覺羅兩大家族、二十代人。

　　紫禁城的每個主人平均在位二十一年。最長的是康熙皇帝的六十一年，其次是乾隆皇帝的六十年，接著是嘉靖皇帝的四十五年和萬曆皇帝的四十八年。巧合的是，他們恰好是兩對祖孫皇帝。乾隆皇帝以祖父康熙為偶像，不願超過康熙的在位時間，於乾隆六十年除夕退位，之後以太上皇的名義繼續擔任了四年紫禁城的主人。如果以實際控制年份計算，乾隆皇帝是紫禁城在位時間最長的主人。此外，泰昌皇帝在位僅一個月就暴病而亡，是在位最短的皇帝；明仁宗在位一年駕崩，位居倒數第二。

　　唐以前，中國皇帝以謚號為尊稱；唐以後，人們以廟號尊稱皇帝。從明朝開始，幾乎每位皇帝都只有一個年號，人們開始以年號代稱皇帝。年號取代廟號在明清時期有個過程，早期仍以廟號為主，後期才普遍採用年號。紫禁城的締造者朱棣，可以稱永樂皇帝，但更常用的尊稱還是明成祖。但到明朝末年，天啟皇帝、崇禎皇帝的稱呼就比明熹宗、明思宗要普遍得多了。清朝皇帝更是稱年號而很少用廟號。

　　明清皇帝以紫禁城為家，他們的好惡給這座宮城塗抹上了不同的色彩，他們的作為在各處殿堂刻下了不同的印記 —— 一如天下家庭的主人。

　　皇帝畢竟不是一般的一家之主。他盤踞在帝國金字塔的頂端，擁有無盡的權力，享受無上的榮光和全天下的供給。可是，責任與身分相伴隨。皇帝駕馭天下，也在天下的驅使之下身不由己。紫禁城在方方面面保障和烘托著皇權，也強迫皇帝遵守這座城池的清規戒律，不能為所欲為。明清皇帝就像紫禁城的「高階囚徒」，帶著鐐銬工作與生活。他們的一生只能奉獻給紫禁城，沒有退路，紫禁城既是他們的舞臺，也是他們的囚籠。普天之下莫非王土，率土之濱莫非王臣，明清皇帝同時要維護

普天之下的安寧、保障率土之濱的溫飽，時刻處理任何突發事務，是一生都行走在鋼絲上、睡臥在懸崖邊的孤獨貴族。

二十四位高階囚徒兼懸崖邊的貴族中，既有雄才大略、好大喜功的雄主聖君，也有因循守舊、墨守陳規的守成之人，還有舉止失措、可悲可嘆的亡國之君。不同的性格塑造不同的命運，不同的帝王都擺脫不了同一座紫禁城。

明成祖朱棣於永樂十九年一月在紫禁城舉辦了新春盛典，正式成為紫禁城的第一位主人。四月，紫禁城大火，君臣解讀為是對朱棣不當行為的「天譴」 —— 皇帝既為上天之子，自然要敬天畏地。這造成朱棣似乎不太喜歡居住在紫禁城，多次御駕親征蒙古高原，並於三年後駕崩於榆木川（今內蒙古多倫西北）。朱棣建立了紫禁城，深知紫禁城的地位不在高大的磚瓦，而在皇權的穩固，在天朝威服四野的實力。紫禁城的興衰與帝國的實力，關係猶如水與源、木與本。朱棣戎馬倥傯的一生，給紫禁城奠定了最扎實的基礎，儘管他駕崩之時紫禁城核心區域一片焦土。

明仁宗、明宣宗父子寬容溫和、休養生息，父子倆都沒有修復紫禁城，更沒有新建宮室。在他們統治下，明朝逐步進入「仁宣之治」，政治制度和宮廷章程日趨成熟。之後繼位的明英宗一心效法曾祖父明成祖，修復了紫禁城核心區，還多有營建。仁宣之治給明英宗的大興土木奠定了建設基礎，明英宗貿然御駕親征遭致的「己巳之變」則將祖宗的江山社稷推上了下坡路。北京保衛戰、奪門之變，以及明英宗明代宗兄弟相殘的大戲緊隨其後發生，紫禁城進入第一個多事之秋。

宮廷制度導演了明憲宗明孝宗父子相認的鬧劇，也造就了明朝最後一位相對賢明且有所作為的皇帝 —— 明孝宗朱祐樘。朱祐樘對紫禁城

罕有營建，卻開創了弘治中興。其子明武宗正德皇帝朱厚照，是一個活潑率性的鄰家男孩，只是與紫禁城的森嚴、僵硬格格不入。他不斷撞擊「家」的枷鎖，卻頭破血流。紫禁城不能接受一個普通人當皇帝，坐在龍椅上的每個人都要拿出正常的人生和情感交換權勢與地位。朱厚照用一生演繹了「不合格」的皇帝與日臻完美的宮廷制度迎頭相撞，兩敗俱傷的悲劇。

明武宗無嗣，興王朱厚熜以外藩入主大統，引發「大禮議之爭」。紫禁城建築格局受此影響，同時嘉靖皇帝崇道大規模擴建、建立宮苑。紫禁城的這一波建設高峰，似乎耗盡了明朝的國力，之後從隆慶朝到崇禎朝，紫禁城極少營建。嘉靖、萬曆祖孫二人是紫禁城的超級宅男，自我封閉在後宮超過半個世紀。在長達半個世紀的時間裡，紫禁城沒有主人露面，甚至無人出面主持典禮。可是，宮廷依然照常運轉，制度的慣性在推動著紫禁城的運轉。它甚至產生了獨立的邏輯。嘉靖、萬曆祖孫倆恰好是與強大的宮廷制度格格不入，自我逃避。除了逃避，紫禁城的主人們既不能擺脫宮廷的束縛，更不妄想打破高牆。

崇禎十七年（清順治元年、大順永昌元年，西元一六四四年）三月十九日李自成起義軍攻入內城，崇禎皇帝朱由檢在萬歲山側自縊身亡。

永樂皇帝朱棣建造紫禁城，一大心願是「天子守國門」。他的十世孫、崇禎皇帝朱由檢自縊在祖宗堆砌的萬歲山，給大明王朝畫上了「君王死社稷」的句號。祖孫倆在冥冥之中遙相呼應。

李自成兵不血刃進入紫禁城，登上了最高的奉天殿（太和殿），俯視戰利品，隨後選擇西南側的武英殿處理政務。李自成選擇入住一座偏殿，不知是否感覺到了危機四伏？四月，李自成率軍東征吳三桂，大敗於吳三桂與滿清的聯軍。二十九日，李自成在武英殿倉促登基稱帝，卻

不願意當這座輝煌宮城的主人，竟然在當天傍晚下令放火焚燒紫禁城及九門城樓！

李自成敗軍在紫禁城的熊熊火焰中，奪門而逃，退出北京。這場大火造成了紫禁城歷史上最大的謎案：李自成燒毀了哪些宮殿？

南明史書《爝火錄》記載：「是夕，焚宮殿及九門城樓……出宮時，用大砲打入諸殿。又令諸賊各寓皆放火。日晡火發，狂焰交奮……門樓既崩，城門之下皆火……日夕，各草場火起，光耀如同白晝，喊聲、炮聲徹夜不絕。」《朝鮮李朝實錄》說紫禁城「宮殿悉皆燒盡，唯武英殿巋然獨存，內外禁川玉石橋亦宛然無缺。燒屋之燕，蔽天而飛」。根據他們的說法，紫禁城幾乎毀於一旦。還有說法，除武英殿、建極殿（保和殿）、英華殿、南薰殿、皇極門（太和門）和四周角樓倖存外，其餘建築全部被毀。也有人認為，文官士大夫書寫的史料，字裡行間懷有對農民起義軍的偏見與汙衊，誇大的李自成大火的災難，這場大火燒毀的建築有限，紫禁城的絕大部分相對完好地留存了下來。

　　穿越戰火與烈焰的親歷者，於事後並沒有留下火災的第一手紀錄。所有對李自成大火的評估都是推測與猜想。當代研究者根據紫禁城各建築物的用料、油彩的年代，倒推將近四百年前那場大火的災難面積。嬪妃後宮的多處建築保留著明代的油彩，佇立著明代特有的材料，可以證明李自成大火並沒有摧毀後宮全部；前朝保和殿、中和殿兩座大殿的梁架大多是清朝已不採用的楠木，梁架結構也是明代特色，可以證明那場大火也沒有摧毀這兩座大殿；其他清代建築如今已經判斷到底是毀於李自成大火，還是清朝的那幾場火災了。不過，這些證據已經足以下結論：李自成大火對紫禁城造成了慘重的傷害，但完全燒毀的建築並不多，多數建築只是遭到不同程度的損傷，主體梁架尚存，少數建築則完全倖免於難。

　　在這少數幸運的建築中，武英殿是最突出的一座。李自成的這座寢宮，在兩天後（五月初二）成為了清朝睿親王多爾袞的駐地。多爾袞率軍占據北京，在武英殿處理政事。他否決了滿清將帥們劫掠紫禁城的提議，還力主清朝由盛京（瀋陽）遷都北京。

　　九月十八日，順治皇帝福臨由盛京抵達北京，成為紫禁城新的主人。十月初一，六歲的福臨在太和門詔告天下，宣稱自己是整個中華帝國的皇帝。

　　福臨對紫禁城的主要貢獻是十幾年如一日，斷斷續續修復殘破的宮室。當時百廢待舉，財政困難，順治皇帝無力全面修復紫禁城，部分宮殿改換用途，部分工程品質低劣，紫禁城進入三十餘年制度混亂期，直到康熙中期才恢復制度嚴明。彼時，江山大定，康熙皇帝也進入了施政的旺盛期，到康熙三十四年左右紫禁城基本抹去了李自成大火的痕跡。

　　皇權乾綱獨斷程度越強，皇帝身上的枷鎖就越多，坐在龍椅上的代

價就越高昂。清朝紫禁城呼喚一個放棄個人空間和情感的超級工作狂，雍正皇帝恰好符合皇權要求的帝王，或許是最適合做紫禁城主人的人選。他沒有給紫禁城留下宏偉建築，卻創制了新的集權專制的制度，強化了皇權對紫禁城的控制。

乾隆皇帝在紫禁城歷史上的重要地位，僅次於締造者朱棣和毀滅者李自成。他青年繼位，迅速進入主人角色，在漫長的六十多年光陰中調整了紫禁城的格局，進行了大規模的擴建、改建，極大豐富了紫禁城的珍寶藏品。乾隆皇帝幸運地趕上了從康熙朝開始的百年盛世。康乾盛世助推紫禁城攀登上了成熟、璀璨的巔峰。乾隆的紫禁城，滿漢融合、色彩豔麗、裝飾華貴，堪稱盛世華章、天朝冠冕。

乾隆皇帝或許是紫禁城最稱職的主人，他好大喜功，且有好大喜功的能力。更重要的是，乾隆皇帝完全融入紫禁城及其宮廷制度，身體每一處、生命每一刻都在守護並完善它們。

乾隆皇帝的文治武功，透支了子孫後世的國力。在他晚年，帝國已經陷入不可逆轉的衰落，厄運降落到了兒子嘉慶皇帝身上，並在孫子道光皇帝時期以中外戰爭的形式爆發出來。金字塔不再穩固，紫禁城自然光輝不再。乾隆朝以後，紫禁城皆為修修補補，甚至部分院落閒置不用、毀壞不修。而開始於雍正朝的北京西郊離宮苑囿經過百年耕耘，在清朝晚期規格完備，後來居上，大有與紫禁城分庭抗禮的架勢。晚清帝后每年遷往圓明園、頤和園居住、聽政長達半年以上。

一九一二年二月，愛新覺羅家族放棄了江山社稷。與之配套的《清室優待條例》允許退位的溥儀留居紫禁城後宮，並繼續擁有京郊的離宮別院，直到一九二四年馮玉祥國民軍驅逐溥儀出宮為止。期間一九一六年，袁世凱篡國復辟，在前朝的太和殿當了短暫的八十三天皇帝。當時

的紫禁城，前後兩帝並存。一年後的一九一七年，張勳擁戴溥儀復辟。紫禁城在之後的十二天內，又有了一個君臨天下的皇帝。皖系段祺瑞討伐張勳，討伐軍飛機低空掠過紫禁城，投下了三枚小炸彈，炸傷了紫禁城東六宮的延禧宮。這是東亞上空的第一次空襲轟炸，竟然在古老的紫禁城上演。

溥儀退出紫禁城後，民國政府成立「清室善後委員會」，接管故宮。皇家禁地開始向黎民百姓開放。一九二五年十月十日，超過兩萬名為生計奔波的普通人湧進了五百多歲的紫禁城。它從皇帝的「家」成為老百姓的博物館。在這一天，紫禁城也有了新的名字 —— 故宮。「故宮博物院」正式成立，成為管理紫禁城的專職專責部門。

抗日戰爭全面爆發前夕，故宮博物院於一九三三年啟動文物南遷行動。人們在數月間遴選出文物、圖書、檔案一萬多箱，分五批南運避敵。此後十多年，紫禁城珍寶在上海、南京、洛陽和西南等地開始了傳奇般的輾轉流離。眾多工作人員拋家捨業，用自我犧牲守護著紫禁城流出的民族瑰寶。

一九四九年，紫禁城破敗蕭瑟，多處宮殿倒塌，垃圾廢料成堆。幸運的是，隨著國力的提升和文化事業的發展，紫禁城在最近幾十年迎來了全面發展，不僅重現了昔日的皇家品相，更成為遊人如織的文化名片。

一九六十一年，紫禁城毫無疑義地成為第一批全國重點文物保護單位。如今，故宮儲存的文物約占全國文物的六分之一，是中國最大的博物館。

一九八七年，紫禁城被聯合國教科文團隊列為「世界文化遺產」。紫禁城是全世界現存最大的宮殿，也是最大的木製建築群。

# 四門與角樓

紫禁城剛剛誕生，波斯帖木兒王朝訪華使團於永樂十八年十一月初十抵達北京，向明成祖朱棣遞交國書，呈獻波斯國王米爾札‧沙哈魯（Shah Rukh Mirza）贈送給中國皇帝的禮品。使團成員蓋耶速丁留下了一本日記體的《沙哈魯遣使中國記》，其中一半以上篇幅詳細記載了在北京的所見所聞。這是現存關於紫禁城的時代最早的信史紀錄。（本書有關蓋耶速丁的資料，都轉引自楊乃濟的〈一個波斯使臣所見到的紫禁城誕生與三大殿火災〉）

使團自南向北，沿著正陽門、大明門、承天門（天安門）、端門，一路向紫禁城走去。

這一道直路，就是北京的中軸線。核心與中軸的概念，在中華民族誕生之初就牢固植入民族的血液之中。古人認為有一條貫穿宇宙的中軸，日月星辰都圍繞它執行。中軸線如同中國人安身立命的思想信念，人無思想信念則不立，宇宙無中軸則天崩地裂。首都北京占據這條中軸線的北極，如同天下的北極星固定在天上宇宙中軸的北極一樣，巋然不動。北極星動則天庭混亂，北京淪陷則江山社稷動搖。從內城正南門正陽門，經大明門穿越紫禁城直到皇城北門地安門的南北直線，就是紫禁城的中軸、北京城的中軸。

大明門和長安街上的長安左門、長安右門，圍成了一個「T」字型的

廣場，範圍大約是現在天安門廣場加天安門東西地鐵站之間的地區。這塊廣場主要為紫禁城出入、頒旨秋審等重大政事所用，因此有人將它歸為皇城的一部分。但主流意見還是以廣場北部正中、正對大明門的承天門（天安門）為皇城的正門。

天安門是明清兩代最隆重、最烜赫的皇城門戶，是帝國中軸線的重要節點。浩浩蕩蕩的御駕隊伍，冬至前往南郊天壇祭天，夏至去北郊地壇祭方澤，孟春到先農壇親耕祈谷，都必須由天安門出入。御駕親征或大將出征，皇帝選擇天安門前祭路、祭旗，宴送軍兵。科舉掄才大典、皇帝大婚娶后、大軍凱旋獻俘，還有就是外國使團朝貢入朝，也由天安門進出。天安門代表著高規格的禮遇。

蓋耶速丁跟隨使團，有幸進入了天安門。彼時的皇城，城池周圍仍在營建，呈現在蓋耶速丁面前的是十萬根粗壯的竹竿搭成的架子，還在進行最後的修繕。

從大明門到午門，兩旁的衙署、牆垣圍成一個南北狹長的廣場。天安門前，廣場兩側是灰黑色的千步廊，連綿不絕；天安門後兩側還是連綿不絕的圍房，規格統一，似乎一眼望不到頭。行走在這條四五里長的磚石路上，肅穆、莊重外加些許壓抑，湧上心頭。波斯使團越向前走越不敢有絲毫鬆懈倦怠。他們不知道，逐次通過的大明門、承天門、端門是皇城三大中門，日常只有皇帝鹵簿乘輿、皇太后慈駕、皇后大婚鳳輿才有資格從三大中門逐門通過。

跋涉完漫長、迫近的三大中門，高大的城樓聳立在前路。紫禁城到了！

這座城樓就是午門城樓，城樓鮮亮巍峨，是方正規整的紫禁城城牆上最重要、最絢麗的建築。事實上，城牆由筒子河環繞。筒子河寬 52 公

尺,周長 3,840 公尺,水深 5 公尺,斷面呈蚩口形,河底夯築灰土,兩邊用長 120 —— 200 公分的花崗岩條石灌白灰漿砌陡直的護堤。岸上有護河矮牆。城牆四面各開一門,正南門是紫禁城的正門 —— 午門,北門初名玄武門,取古代「四神」中的玄武,代表北方,清代避康熙皇帝名諱改名神武門。東西城牆各開東華門、西華門,位置不是正中,而在東西城牆南部。四門前沒有橋梁跨越護城河,而是平坦的磚石路。神武門、東華門、西華門路面下各有涵洞連通河水,午門前土地完整,沒有涵洞。因此,護城河並不是貫通的。

紫禁城的正門 —— 午門(張程 攝)

　　四座城門的功能各有分工。午門最正式,是皇帝的御用門戶,進出重要儀仗,文武百官遇到隆重大事才能進出午門;東華門和西華門才是文武百官出入的門戶,也是帝后往來西苑的門戶,隨扈西苑的妃嬪和宮女可以出入西華門,否則即便貴妃也不能進出東西華門;神武門主要供后妃、秀女出入宮禁之用,也是工匠、差役出入的主要門戶。皇后行親蠶禮,由神武門進出。皇帝只有從離宮別院回鑾,和侍奉皇太后出入宮禁時才走神武門。皇宮尋常出宮,從午門出入,后妃們單走神武門。不

同場合行走哪個城門，不是行走方便的問題，而是重大政治問題。明武宗駕崩後，興王朱厚熜兄終弟及，從湖北安陸趕到北京準備繼位。禮部準備迎接朱厚熜入東華門，居文華殿。這不是新皇帝入宮的路徑，而是迎接皇太子的禮儀。朱厚熜堅持：「遺詔以我嗣皇帝位，非皇子也。」雙方僵持不下，最後是皇太后令群臣上書勸進，朱厚熜從大明門、午門的三大中門進宮，入奉天殿即位。

四座城門都建立在人工增擴的地基之上，底部為漢白玉須彌座（須彌座原為佛像的基座。「須彌」為印度佛教用語，寓意「宇宙的中心」。建築基礎設計為須彌座，寄希望於建築穩固、長久。），大紅色城臺，城臺闢門口，臺上建有城樓。城樓都是重簷廡殿頂，上覆黃琉璃瓦，四出圍廊，漢白玉欄杆。城臺內側都有左右馬道（蹬道）與地面相連，馬道寬達數公尺，足以行車跑馬。

四門中高峻雄偉、氣勢威嚴的，當屬午門。

紫禁城正門因為居中向陽，位當子午，得名午門。午門高 37.95 公尺，正面開有「一門三道」，並置暗闕，實際上是「明三暗五」。古代宮城宮門起初是一門三道，從唐朝長安城開始擴為一門五道。午門在正面左右二門之外各開闢了一座掖門，稱為左掖門、右掖門，形成一門五道。

午門之所以開闢多個門道，是禮制的需要。不同身分地位的群體，出入不同的門道。午門正門及穿越其間的中軸線上的御道，是皇帝專屬道路。其他人除了皇后大婚、進士傳臚等極少情況，不得踩踏一步。左右門道和左右掖門，是宗室王公、文武百官們的通道。午門因為是大型典禮的必經之地，出入人群眾多，所以開有一門五道。一門三道的規格，中道依然是御道，旁門一般按照安排文左武右的標準進出。對於單

門,則透過細分路面來符合禮制。比如紫禁城內內右門、遵義門等單門建築,都有鋪三道磚路、兩側亦有鋪設路緣。皇帝從中道進出,王公百官走兩邊,宮人、雜役貼著門邊走。此外,單門往往配有影壁、屏風,後者除了遮擋外部視線外,還將入門的人員分流兩側,間接造成了多門道的效果。

午門城臺基本保留著明初建築,是一個「倒凹字型」的墩臺。墩臺左右兩側向前突出,形成雙闕。墩臺正中建有城樓面闊九間(約60公尺),進深五間(約25公尺),建築面積約1,572平方公尺,符合「九五之尊」之意。東華門、西華門規格更低,面闊五間,進深三間;神武門規格還要低,面闊五間,進深才一間。不過,四座城樓都是重簷廡殿頂,覆黃琉璃瓦,現存的建築都是清代重建的。午門城樓東西各出明廊三間,墩臺轉角處建有方形、重簷攢尖頂的亭子,一為鐘亭,一為鼓亭,鳴鐘敲鼓指揮地面進出和儀式。前出的雙闕,在南端又各建有方形、重簷攢尖頂的亭子,稱為東西兩觀。兩觀與鐘鼓二亭之間有十三條閣道相連。午門城樓有五座主要建築,主次分明,如飛鳥展翅,俗稱「五鳳樓」或「雁翅樓」。

遠觀深夜緊閉著的午門(郝磊 攝)

午門城樓是中國現存最完好、規格最高的宮城樓闕建築。

明清文武百官在午門前廣場待朝。每年臘月初一，朝廷頒布第二年曆書的「頒朔」禮，在午門舉行；大軍凱旋後向皇帝敬獻戰俘的「獻俘禮」，在午門舉行；明代每年端午節，皇帝向朝臣發給粽子，朝臣吃粽子，也在午門前進行。此外，明代著名的廷杖也在午門前廣場外側行刑。就是「推出午門斬首」不是在午門行刑，明代死刑在內城西市執行，清代死刑在菜市口行刑。

與午門相呼應的是紫禁城北門神武門，神武門類似於小一號的午門。高度、面闊、進深都低於午門。

神武門城樓置更鼓，用以起更報時。每天黃昏後，神武門鳴鐘一百零八響，鐘後敲鼓「起更」，也就是初更開始。之後，每一更神武門城樓都敲鐘擊鼓，啟明時再鳴鐘報曉。神武門城樓類似鐘鼓樓，它與地安門北的鐘樓、鼓樓，並稱三樓。負責天象、曆法的欽天監每天都有一名博士在神武門輪值，保障計時準確。

神武門與護城河之間狹長的東西空地上，明代設有「內市」，每月逢四開市營業，京城商賈們帶來琳瑯滿目的商品，供宮人和官員們採購。市場的力量，透過這塊不大的場地，持續滲透入紫禁城，塑造了居民的日常生活。清代也有內市，慈禧太后居住西苑時，下令在北海團城旁，開設市場，供銷百貨。

除了城門，紫禁城垣的另一大明星是四隅的角樓。

四座角樓都座落在須彌座上，周邊環以漢白玉欄杆，中間聳立著方亭，面闊進深各三間，四邊分別突出抱廈，進深一間，朝向城外的兩面抱廈較淺、面向城內的兩面較深，因此角樓平面輪廓大致是曲尺型的。

角樓的構造繁複而精巧。從地面到寶頂，角樓由多個歇山式屋頂疊

加而成,各覆蓋黃琉璃瓦。最高層樓簷為十字相交、四面顯山的歇山頂,正脊交叉處放置銅鎏金寶頂。整個建築簷角曲折多變,翼角飛揚,一共有二十八個翼角。角樓一共有七十二條脊,其構造中線與空間中線並不在一個角度。神奇的是,建築採取減柱造法,室內省略了四根立柱,空間面積大增。房屋構架採用抬梁式做法,簷下梁頭不外露,更加突出裝飾效果。人們傳說角樓是太監阮安從京城的蚱蜢籠得到的靈感,或許就因為角樓非常像一圈秸稈編織成的、精巧玲瓏的工藝品。蚱蜢籠也沒有突出的梁柱,角樓的裝飾可遠比蚱蜢籠精美典雅,金色與青綠交錯的彩畫、三交六椀菱花的精緻門窗,再以波光粼粼的護城河或者金碧輝煌的宏偉宮城為背景,完全是一道人間勝景。

護城河與角樓(張碧君攝)

　　角樓的原始功能是瞭望塔,承擔紫禁城的警戒任務。紫禁城的一大神奇之處就是給所有的建築在功能性之外附加了政治與藝術的光芒。角樓就是一大例子。

　　城垣角樓,在六百年後成為紫禁城最熱門的打卡地。

角樓近景（郭華娟 攝）

# 皇權照耀下的宮室

　　波斯使團騎馬來到午門前。紫禁城四門都有「下馬碑」，蓋耶速丁等人被要求下馬，徒步穿越午門悠長的門口。根據蓋耶速丁的記載，門口盡頭站著十頭大象，左右各五頭，長長的象鼻伸向半空。使臣們穿過象鼻，就正式邁入了皇宮。

　　紫禁城是皇權的棲息地，權力瀰漫在這裡的每一處空氣、滲透進這裡的每一道磚縫。無論是建築、裝飾，還是用器、吃穿，都是權力的體現，明尊卑爵秩等級，定高低上下身分。

　　古代中國的宮殿，融各種權力體現於一身，集中實踐傳統政治觀念和制度，誇耀無上的皇權和昌盛的禮制。紫禁城又集歷朝宮殿制度和成就於一身，當屬精華中的精華。

　　紫禁城的黃瓦紅牆、彩畫護欄，乃至雕刻草木都是皇權的物化、制度的體現。

　　前三節已經提到了廡殿頂、琉璃瓦、開闊進深等諸多建築樣式，它們蘊含哪些深層的意義？還有哪些建築樣式，同樣彰顯尊卑貴賤？建築樣式和規格，又是如何表現禮制的？

　　在進入紫禁城，徜徉各處宮苑之前，我們簡要論述一下明清宮殿建築的規格。

　　紫禁城最明顯的建築規格是屋頂。最高等級的屋頂是「廡殿頂」：屋頂最上方是一條正脊，正脊兩端各有兩條坡脊斜著延伸至屋簷四角。廡殿頂一共是五條屋脊，因此也叫「五脊脊」建築。廡殿頂只用於殿堂建築，是皇權的專屬。第二等的屋頂是歇山頂：上半部是一條正脊加前後各兩條垂直向下的坡脊，下半部是類似廡殿頂的四條斜坡脊。歇山頂有九條屋脊，是朝廷衙署的建築規格。第三等的屋頂是懸山頂：它是歇山頂的上半部，兩側突出於山牆，多用於民居、倉庫。第四等的屋頂是攢尖頂：一個突出的尖頂取代了正脊，屋簷的各角上延攢於尖頂。攢尖頂又根據平面的不同，分為圓攢尖、四角攢間、三角攢尖及八角攢尖等，基本用於亭臺樓閣。最著名的攢尖頂建築是天壇。第五等屋頂是硬山頂：屋頂兩側與山牆等齊的歇山頂。第六等屋頂是盝（盝，古代的一種竹匣。）頂：頂部是一個四條正脊圍成的平頂，下面再接廡殿頂。井亭及現代許多仿古建築的屋頂採取這種形式。最低階的屋頂規格是捲棚頂：顧名思義捲棚沒有中間的正脊，屋頂是一個弧形的棚頂。終日為生計奔波的百姓，只能住捲棚頂民居。

遠觀端門。端門在天安門與午門之間（孫珊珊 攝）

　　古人又用第二重屋簷來增加屋頂的規格，重簷頂等級高於單簷頂。第二重簷通常比上一重略突出。綜上，傳統建築屋頂的規格由高到低分別為：重簷廡殿頂，重簷歇山頂，重簷攢尖頂，單簷廡殿頂，單簷歇山頂，單簷攢尖頂，懸山頂，硬山頂，四角攢尖頂，盝頂，捲棚頂。紫禁城只有九座建築享有最高的重簷廡殿頂，四座是紫禁城的四門，其餘五座是城內的重要建築：太和殿（奉天殿、金鑾殿）、乾清宮、坤寧宮、奉先殿、寧壽宮皇極殿。

　　紫禁城建築的第二個規格是屋頂的脊獸和角獸，通常由琉璃塑造。這些琉璃瓦構件的出現，充分體現了中華傳統建築「禮用合一」：將實用性與禮制合二為一。屋脊作為屋頂突出物，其上的瓦件容易在自重作用下逐漸下滑，同時雨水滲入。為了防止瓦件滑落，工匠就用釘子固定脊背的瓦件。但是，固定的釘子裸露在外，既不美觀，而且容易鏽蝕，同樣容易導致雨水沿著鏽蝕處滲入屋頂。聰明的古代工匠就給釘子戴了「帽子」：一個個琉璃小獸的造型。小獸保護了釘子，也增加了屋脊的重量，相應增加了屋脊上下摩擦力，有效防止了瓦片下滑。小獸逐漸與屋脊的瓦件合為一個整體。建築學家梁思成、林徽因曾評價屋頂脊獸「使本來極無趣笨拙的實際部分，成為整個建築物美麗的冠冕」。自然，美麗的冠冕只有宮殿才有可能享有。

　　脊獸為正脊上的小獸，最突出的表現是龍吻。角獸是四周屋脊的小獸，按照單數一、三、五、七、九（陽數）排列，角獸數目越多，建築等級越高。紫禁城太和殿是個例外，作為最隆重的皇權象徵，太和殿有角獸十個。角獸的具體形象與含義，我們留待介紹太和殿時詳說。乾清宮是皇帝寢宮，角獸有九個；坤寧宮是皇后寢宮，神獸就降為七個；妃子住所，角獸再降為五個；次要角門的角獸最少，只有一個。

　　紫禁城建築的第三個規格是臺基。基本原則是級數越多，等級越高；漢白玉材質高於其他材料；有圍欄的大於無圍欄的。最高階的臺基是幾層須彌座疊加、上帶漢白玉圍欄，一般用於高階殿堂和敕建寺廟正殿。紫禁城三大殿就建立在高達數十公尺、三層漢白玉須彌座、圍欄雕龍刻鳳的高臺之上。《大清會典》規定：公侯以下、三品以上，建築臺基准高二尺（約 66 公分）；四品以下到士民，准高一尺（約 33 公分）。

　　第四個規格是踏道，其中最常見的是臺階。最低階的臺階由石頭從大到小、由下至上疊砌而成，一面臨門三面行人，用於一般房舍出入口及重要建築的旁門側道。第二級臺階由長寬一致的石條砌成，左右兩邊垂直鋪設長條石塊，一面臨門一面行走，另兩面閒置，也叫做「垂帶臺階」。第三級臺階在垂帶臺階的兩側加上欄杆，用於比較高階的建築。最高階的臺階叫斜道，也叫輦道或御路，坡度平緩可以行車。斜道根據坡面材質又細分為兩種，一種是光滑表面或者鋪設印花方磚，一種用磚石露稜疊砌而成。高階殿堂之前往往三階並列，中間的斜道為皇帝專有，兩旁供大臣進退。殿堂立於高臺之上，加之斜道坡度平緩，長度往往很長，就給工匠們留出了豐富的創作空間，臺階與欄杆雕龍刻鳳、裝雲飾浪，成為又一個「禮用合一」的例子。

　　第五個規格是面闊和進深的開間。面闊是建築物橫向寬度，進深是縱向厚度。開間指的是四根柱子圍成的空間。建築物的開間通常是單數，開間越多等級越高。面闊九間、進深五間通常是最高等級，為皇帝專用。明代紫禁城午門和奉天殿就是九五開間。明朝規定，公侯府第，大門面闊三間，前廳、中堂、後堂各七間；三品到五品官員廳堂七間；百姓的正房面闊不能超過三間。（傳統建築居中的開間為明間，最兩端的房間為梢間，明間和梢間之間的房間為次間，如有多個次間由內而外分

別為一次間、二次間、三次間等。）中國人用「高門大戶」來形容上層家庭，就是建立在禮制基礎之上的。

冬天的臺基（李浩然 攝）

　　第六個規格是建築斗栱。斗栱是中國特有的傳統建築構件，由方形的斗、矩形的栱和斜昂組成，相當於屋頂與梁柱的過渡結構，減輕屋頂的部分負載，降低屋內梁柱的壓力。判斷斗栱等級的原則是有斗栱的高於無斗栱的，斗栱多的大於斗栱少的，層次多的高於層次少的。

　　第七個規格是裝飾彩畫。這又是一個禮用合一的構件，彩畫在裝飾房屋的同時，也給木材增加了保護層，防潮防蟲。明清彩畫的等級由高到低為和璽彩畫、旋子彩畫、蘇式彩畫。重要殿宇採用和璽彩畫，它又可分為金龍和璽、金鳳和璽、龍鳳和璽、龍草和璽等。全部繪龍的是金龍和璽，三大殿描繪的就是金龍和璽；金鳳凰彩畫為金鳳和璽，多繪在皇家次要建築上，比如月壇、地壇；龍鳳相間圖案的龍鳳和璽一般畫在寢宮上，寓意龍鳳呈祥；龍草相間的為龍草和璽，繪於敕建寺廟的中軸建築上。和璽彩畫的色彩特點是在明間和梢間上藍下綠，次間上綠下藍。旋子彩畫，

因藻頭繪有旋花圖案而得名，突出特點是繪有各種幾何對稱的花朵。蘇式彩畫注重寫實，內容有雲冰紋、葡萄、蓮花、牡丹、芍藥、桃子、佛手、仙人、蝙蝠、展蝶、福壽鼎、硯、書畫等，用在園林建築上。

御道中間的雲龍浮雕（孫珊珊 攝）

第八個規格是門窗。紫禁城的重要宮殿僅在正面（南立面）開鑿門窗，背面（北立面）除了正中開門（隔扇門），其餘牆體封閉。因為宮殿坐北朝南，南部多門窗有利於夏天採暖；北部大多封閉，有利於冬天禦寒。正面的宮門是實榻門，類似於左右兩扇的推拉門；背面的宮門一般為隔扇門，主要由抹頭、隔芯、裙板組成。隔芯的紋飾最能體現工匠的藝術水準和建築的等級。「三交六椀菱花」寓意天地生萬物，「斜交方格」寓意財源滾滾，「直方格」寓意公平正直，「古老錢菱花」寓意招財進寶，又是禮用合一的例子。紫禁城的窗戶一般為檻窗：安裝在矮牆上的窗。

檻窗類似於沒有裙板的短隔扇，外形和開啟方式與隔扇門相同。

　　實榻門使用的堅厚、大面積的木板，通常用好幾塊木板拼接而成，然後在木板裡穿木帶，最後釘上釘子，防止木板散落。釘子外露，有礙美觀，工匠們就將釘帽打成泡頭狀，塗抹成金黃色，稱為門釘。這又是一項禮用合一的創制。門釘的最高等級是，每扇門 9 排、每排 9 顆，一共 81 顆。紫禁城午門、神武門、西華門每扇大門都是九九八十一的銅鑄鎏金門釘。東華門及其側門，午門左右掖門的每扇門釘只有 8 排，每排 9 顆，共 72 顆。清朝規定親王府正門面闊五間，門釘縱九橫七；郡王以下至輔國公府邸，門釘縱橫皆七；侯爵以下至男爵為五排五顆。

　　紫禁城建築的第九個規格是用色。

　　顏色是明尊卑貴賤的醒目標準。從隋至明，官員透過章服顏色區分品級。中國人對顏色的認知，從尊到卑一般為黃（金）、赤（紅）、青、藍、黑、灰。天玄地黃，黃色是大地的顏色，是最正統、最美麗的顏色，從隋朝開始成為皇帝的專用色。紫禁城的屋頂滿鋪各色琉璃瓦，大多數是黃色。皇帝服飾、御用品也大量採用黃色；紅色也是紫禁城的主色之一。紅色，給人溫暖、充實的感覺，是公認的喜慶色。紫禁城的牆體、支柱、門窗採用紅色。柱子支撐建築，牆體保護房屋，屬於建築的主要構件，紅色寄託了穩定建築、護衛皇家的期望。古代文學作品中形容宮廷的「丹楹」、「朱闕」、「丹樨」、「朱樓」等詞，也證明了紅色在宮城的使用範圍；屋簷裝飾常用青綠色。青色是中國特有的顏色，屬於藍綠之間的過渡色，給人以寧靜、遼闊之感，可以中和屋頂的厚重感，並且增強建築的空間感；紫禁城的臺基和欄板都是白色的，基本採用漢白玉材料。白色代表純潔高雅，增強了建築本身的高貴典雅氣息。同時，白色是百搭色，白臺基可以與黃頂紅牆形成鮮明對比，烘托出主體建築

的厚重尊貴；紫禁城室外地面為灰色，室內地面多為灰黑色。灰色是磚的顏色，黑色是室內地面鋪設時潑灑的黑礬水造成的。灰黑色是最低調的顏色，可以與各種顏色相融合，達到良好的補色效果。此外，紫禁城的牆壁和花園中還裝飾有藍、紫、黑、翠以及孔雀綠、寶石藍等五彩繽紛的琉璃，極大豐富了宮城的色彩，給人以炫彩奪目之感。

身分是傳統社會中的關鍵詞，權利與義務、擔當與作為皆附著於具身分之人。社會的方方面面都在明確與凸顯不同人群的身分。上述九個建築規格，彰顯皇權尊榮的同時也在時刻提醒著帝王的責任與擔當。

黃金屋頂、青綠梁枋、朱紅牆柱、赤紅門窗、白色欄杆和低沉灰黑的地面，配以碩大的斗栱、精細的藻井、連綿的過道和點綴其間的建築小品，使紫禁城化身權力世界。

陽光照在門窗上（張碧君、張程 攝）

# 紫禁城「戶型圖」

# 宮殿布局三原則

　　步出幽深的午門門口，眼前豁然開朗，藍天白雲之下矗立著高大的太和門。紫禁城的世界呈現在了眼前。跋涉數里路至宮殿前的人，開始出現了新的疑問：

　　這座有著數以千計建築的宏大宮城，是如何布局的？眼花撩亂的宮殿，是否存在一個簡單的認知記憶規律？

布局，也是禮制。古代人不能隨心所欲地布置建築格局。紫禁城就誕生在層層疊疊的規章制度之上。簡單而言，紫禁城宮殿布局遵循「一二三」三大原則。

一是「一條中軸線」。中軸線上集中了紫禁城最重要的建築，是建築布局的中心線。

紫禁城的中軸線，也是北京城的中軸線和中華帝國的中軸線，三線合一。這條線在宮城內部穿越的建築自南而北分別為：午門、奉天門（太和門）、奉天殿（太和殿）、華蓋殿（中和殿）、謹身殿（保和殿）、乾清門、乾清宮、交泰殿、坤寧宮、坤寧門、御花園、神武門。除了幾座宮門之外，中軸線上建築可以歸為三類：三大殿、後三點、御花園，確實是紫禁城最重要的建築。中軸線出午門與端門、大明門相連，出神武門與地安門、鐘鼓樓相連，匯入北京城的中軸線。

中軸線原則對於具體建築群及微觀院落依然有效。紫禁城乃至中華傳統建築，都有一條中軸線，大殿正房建在中軸線上，其他建築分布兩側。紫禁城所有宮院都是四合院形式，主房坐北朝南，往往和南側的正門和北側的後殿組成南北向中軸線。中軸線左右兩側有左右配殿或廂房，面向主房而立。耳房、廊房等再次一級的建築更是圍繞中軸線排列。大多數院落都左右對稱。

由中軸線大原則引申的左右對稱小原則，方便我們認知、記憶紫禁城的宮室。比如，有東配殿必有西配殿，有內左門自然有內右門，有東六宮就有西六宮；文左武右，文華殿在東邊，在中軸線西邊就有武英殿與之相對稱，兩者與中軸線的垂直距離相等，建築規格相同。前述的東華門、西華門就是嚴格左右對稱的。

二是「前朝後寢兩大功能區」。《周禮》奠定了中華傳統建築「前朝

後市，左祖右社」的大原則，歷代皇城也遵循此項原則建造。天下官衙無不前部辦公，後為住宅；百姓住宅也無不前院會客，後院居住。承天門經端門到午門一線，東部為供奉列祖列宗的太廟，右為祭祀江山五穀的社稷壇，就是遵循「左祖右社」的原則。

　　紫禁城中軸線上，太和殿、中和殿、保和殿稱「三大殿」，規劃為朝廷舉辦大典、皇帝視朝理政的場所，屬於治國理政的「前朝」；乾清宮、交泰殿、坤寧宮稱「後三宮」，是帝后生活起居的「後寢」，或稱「內廷」、「後宮」。兩者形象闡述了何為前朝後寢。

從中右門到後右門一線（孫珊珊 攝）

　　前朝與後寢的劃分界限，是三大殿和後三宮之間的乾清門廣場。就縱向距離計算，前朝直線將近 600 公尺，後寢縱深才 300 公尺左右。紫禁城設計的治政面積約為生活面積的兩倍。可這僅僅是規劃設計，在明清實踐中後寢大幅度地「南侵」，皇太后養老宮苑、皇子起居場所都建築在乾清門廣場之南。後寢面積遠遠高於前朝。愛新覺羅家族入主紫禁城後，建築群的朝政、起居功能區分模糊交叉，難以涇渭分明。這是實踐

對規劃的更改。

前朝後寢規劃，隱含著「家國一體」的政治理念。紫禁城既是皇帝的家，也是皇帝的辦公室。皇帝之所以能夠在家辦公，則是因為皇帝既是皇室家族的家長，也是整個帝國的大家長，天下百姓都是他的子民。中國式皇權吸取了先秦宗法制的養分，君王是天下大宗，國家就是在宗族的繁衍裂變之下發展壯大的，全國都遵奉君王為國家的宗主；皇權又建立在統治家族幾代人的奮鬥努力之下，宗室成員是帝國的最高統治層，皇家與統治層高度重合，皇帝的家事往往就是國事，國事深度挖掘之後往往有家事的影子。家國一體是家國結構和權力實踐兩方面合力發展的結果。

三是紫禁城可以縱向分為「左中右三路」。「中」就是中軸線建築構成的院落，三大殿院落、乾清門廣場、後三宮廣場、御花園構成了紫禁城的中路。中路是中軸線的擴大。中路東西兩側就是東路、西路。

東西兩路又分內東路、外東路和內西路、外西路。之所以再分內外是因為中路院落前寬後窄，後三宮的寬度比三大殿小 100 多公尺。後三宮兩側規劃了整齊劃一、左右對稱的東六宮、西六宮。以東六宮為中心，包括前方的奉先殿、毓慶宮、齋宮，後方的乾東五所，共同組成了內東路。以西六宮為中西，包括前方的養心殿和後方的乾西五所，共同組成了內西路。當然，隨著後期的修繕擴建，原本規整的內東路、內西路不再整齊劃一，功能也發生了變動。

內東路外側就是貫穿紫禁城東部的外東路，自南至北有內閣、文華殿、箭亭、南三所、寧壽宮。內西路外側則是貫穿紫禁城西部的外西路，自南至北有南薰殿、武英殿、內務府、慈寧宮、壽安宮、英華殿。離中軸線越遠，建築的重要性越次。當然了，如今上述建築都是清朝的

模樣，左右對稱的布局不是太明顯了。但是在永樂年間初創時，東西兩路建築應該是高度對稱的。

中軸線對稱、前朝後寢分割槽、左中右三路，這三大原則是中華傳統建築營建的法則，在紫禁城布局中得到了充分體現。它們對認知今日的紫禁城，依然具有強大的指導意義。

紫禁城是之前數千年禮法和建築理念精釀而生的傑作。它的真正建造者是中華文化與皇權政治。在明朝初期，任何一個接手建造任務的人，都會呈現出一座大致相同的偉大宮城。

# 金鑾殿及其廣場

　　來自波斯的蓋耶速丁想必不知道中華傳統建築的理念與布局，他筆下的初入紫禁城的景象是：

　　從第一道門進入後，立即來到一個院子，長三百腕尺（古波斯計量單位），寬兩百五十腕尺。在那個院子的前部，築有一座三腕尺高的臺基，上立高五十腕尺的柱子，其中是一座長六十腕尺、寬四十腕尺的大殿。在它後面有三座門，中間大些，左右兩門小些。中間供皇帝進出之用，別人不許通過。

　　波斯人分不清中國的門和殿。蓋耶速丁描述的「大殿」其實是當時的奉天門（太和門）。奉天門是一座大到被人懷疑是宮殿的大門，是紫禁城內最大的宮門，也是前朝的正門。永樂十八年建成時稱奉天門，嘉靖四十一年改為皇極門，清朝順治二年改為太和門，使用至今。

　　太和門前有深 130 公尺、寬 200 公尺東西橫長的廣場，中央用巨石板鋪墁甬道成御道，左右磨磚對縫海墁磚地，空曠碩大的廣場更加烘托太和門的偉岸威嚴。自古宮闕森嚴，早在周朝便有皇宮中軸線五重大門的禮制。太和門就是五重大門的最後一道。第一重大門是大明門，第二重為皇城正門承天門，第三重為端門，相當於紫禁城的前門，第四重為午門，紫禁城的正門。這一路行人稀少，空間狹長，來到太和門前時，空間突變、天晴地朗，人們豁然開朗之餘，目光無不投向前方的太和門

建築群,遙望門後重重宮殿,不自覺地整容肅靜,恭敬地步入廣場。

　　內金水河以平緩的「凹」字型大約從中部橫向穿越廣場,河上一字排開五座單孔栱券式漢白玉金水橋,統稱內金水橋。中間的主橋通御道,橋面最寬、長度最長、建築最高,造型秀麗、裝飾華貴,兩側望柱雕龍刻雲,其餘四座賓橋分列兩旁,規格降低,望柱雕刻火焰圖案。主橋為御用,賓橋供王公百官通行。跨過內金水河,就不能通向外東路、外西路,只能一路向前,前往金鑾殿。五座內金水橋彷彿一道無形的門戶,踏上它就意味著面聖之路。過了內金水橋,宗室百官有任何不慎不謹之處,都會因「失儀不謹」而受罰。

　　內金水河及其橋梁的位置,是經過精細測量的,完全合乎人們的最佳水準視域60°夾角。從午門中門門道北望,太和門及其側門正好納入最佳視域,五座內金水橋正好置於夾角之中。走過金水橋,側門從最佳視域中完全消失,人們眼中清晰可見就是太和門主體建築。如此科學得體的布置,進一步突出了太和門前朝門戶的地位。(許以林:〈紫禁城內的河與橋〉,載於《紫禁城》一九八二年五月。)

　　太和門面闊九間,進深四間。進深間數之所以為偶數,是因為此處畢竟是大門,前後各有兩間寬度。太和門高23.8公尺,上覆黃琉璃瓦重簷歇山頂,梁枋施以和璽彩畫,下為白石須彌座,勾欄環立,雲頭望柱,螭首挑出,臺基石陛前後各三出,左右各一出。

　　門櫃臺基陳列銅獅一對,銅鼎四隻,為明代鑄造銅器。一對銅獅高約4.36公尺,是中國現存體積最大的銅獅。銅獅工藝細膩,通身光潔,銅座紋飾精美,應該是整體鑄造而成的。考慮到龐大的體積,銅獅鑄造難度相當大。與一般銅獅不同,太和門前的銅獅耳朵上豎,似乎六百年來一直保持警惕。獅子蹲在同樣體積巨大的漢白玉須彌座之上,基座四

周刻有龍、雲、蓮花瓣、花綬帶等精美圖案。銅獅東西各為雄雌，東側雄獅，頭飾鬈鬃，頸懸響鈴，兩眼瞪視前方，右腳踩踏繡球，寓意江山一統；西側的雌獅略微低頭，左腳撫摸幼獅，寓意子嗣昌盛。

太和門（孫珊珊 攝）

太和門前右側的雄獅子（郝磊 攝）

雌雄銅獅頭頂都有一個個捲毛螺旋，俗稱「疙瘩燙」。真實的獅子毛髮柔順，頭部沒有髮旋，古代大門前的獅子出現疙瘩燙，是等級規格的表現之一。疙瘩燙的數目與建築等級高低直接相關。一品官衙正門前，石獅頭上刻十三個疙瘩，一品以下，每降一級遞減一個疙瘩，四品十個疙瘩，五六品都是九個疙瘩，七品以下衙署門前則不許擺放獅子。而紫禁城內銅獅子頭上的疙瘩燙足足有四十五個，彰顯皇帝的「九五之尊」。（周乾：〈故宮獸像負載的文化與歷史〉，載於《決策探索》二〇一九年第四期。）

礙於體制規定，太和門極少開啟，專供皇帝、皇后大典時進出紫禁城所用。王公大臣從東西角門進出，西角門為貞度門，又稱前右門；東角門為昭德門，又稱前左門。三門建築相連是一組完整的建築群，並且與東西兩側排列整齊的廊房，構成了太和門廣場。廣場東西廊房又稱東西朝房。明代東西朝房共四時間，在協和門、熙和門南北各十間，清代將朝房進深改小、間數增多，現存四處朝房各十三間。明清時期外朝衙署派駐紫禁城的機關或者內外聯絡部門大多集中於此，是朝臣勢力在紫禁城中的據點與力量宣示。東朝房在明代是實錄館、玉牒館和起居注館的辦公場所，在清代改作稽察欽奉上諭事件處和誥敕房。西朝房在明代為會典館，清代則為翻書房、起居注館。兩側北端靠近三大門部分，在清朝是宮廷侍衛的辦事處。

兩側朝房中間、內金水河南側各有協和門（左順門、會極門）和熙和門（右順門、歸極門）。兩門東西對峙，面闊五間，進深兩間，大門內外各伊間，上為黃琉璃瓦單簷歇山頂，下為青磚臺基。臺基高近 3 公尺，朝向廣場一側鋪設長達 18 公尺、坡度極緩的磚石「礓磜」，即鋸齒形坡道，鋸齒高約 1 公分，鋸齒間距約 12 公分；兩端有漢白玉護欄。協

和門和熙和門礓嚓是紫禁城內規模最大的一對。大門兩端建有順山炕或門房，為值守人員用房。

蓋耶速丁等人穿過太和門，來到了第二個院子：奉天殿（太和殿）廣場。廣場更加寬曠遼闊，太和門向北長寬各達 200 多公尺的寬廣區域空無一物，剛剛驚嘆於三大門的雄偉精美的人們，行走在空空的廣場上，自覺渺小，更添敬畏皇權之心。

奉天殿廣場是紫禁城的中心，也是法定的帝國行政中心。帝國權力金字塔的攀登者，跋涉至此在形式上接近了金字塔的頂點。三大殿矗立在廣場上，是法定的最高施政場所。

太和殿、中和殿、保和殿三大殿建在漢白玉須彌座大臺基上，南北依次為太和殿、中和殿、保和殿。臺基三層重疊，俗稱「三臺」。此處是紫禁城中地基最厚的區域。三臺人工地基厚達 16 公尺以上，從丹墀地面算起也深達 8 公尺有餘。可見在夯實地基之時，這塊區域就規劃為紫禁城的「重中之重」。三臺加南部突出的月臺，整個平面呈倒「土」字形。每層環繞有精雕細刻的漢白玉透雕欄杆、雲龍翔鳳望柱、排水龍頭，各有 1,000 多個。三臺石階雕有蟠龍，其中御道襯託以海浪流雲。（城重要宮殿的建築如太和殿、保和殿、乾清宮等建築的平面布局都是長度方向為九間、寬度方向為五間的布局方式，來體現「九五至尊」的思想。紫禁城前朝三大殿「土」字形大臺基在平面布局上也有「九五至尊」的概念。臺基南北相距 232 公尺，東西相距 130 公尺，二者之比也剛好為 9：5。見周乾：〈紫禁城數字趣話〉，載於《科技日報》二〇一九年八月三十日。）

三臺冬景（郭華娟 攝）

　　三大殿的名字精挑細選，飽含深意。明初，三大殿名為奉天、華蓋、謹身。奉天殿作為紫禁城的主殿，取奉天承運之意，宣告地上的皇帝上承天意，下牧黎民。華蓋，是天帝居所紫微垣中的一組星辰，共十六顆，猶如傘蓋護衛在帝星上方。華蓋殿是主殿身後的護衛偏殿，得名華蓋，對應銀河天象。謹身殿，則是命名者朱棣提醒子孫帝王謹言慎行，時刻反省。嘉靖後期三大殿重建竣工，嘉靖皇帝改名為皇極、中極、建極。極，原義為屋脊之棟，引申為治國的準則規矩。新的殿名寄託著嘉靖皇帝用宮殿申明皇權、昭告天下的雄心。嘉靖皇帝很喜歡用「極」字，將奉天門改名皇極門，左順門與右順門更名為會極門與歸極門。

　　清朝定鼎中原，永珍更像，三大殿區域於順治二年進行第二次大規

模更名。彼時的滿族權貴清醒意識到龐大的中華帝國是建立在千差萬別的民族與地域之上的，成功的統治需要圓融和諧之道，對於區區百萬人口的滿族來說尤其要「和合天下」。「和」字取代了「極」字，三大殿改名為太和殿、中和殿、保和殿。太和殿得名自《周易》：「乾道變化，各正性命，保合大和，乃利貞。」「大」和「太」通用。中和殿得名自《禮記》：「中也者，天下之大本也；和也者，天下之達道也。」保和殿的名字也取自「保合大和」。和諧思想，是中華傳統文化的核心之一，滿清入關即高揚和合大旗，對全國的統治就成功了一半。

所有的鋪墊都是為了烘托主角的出場。

走過五重門、四周牆、三大殿廣場，明清帝國的成功者們便來到了紫禁城的中央，這裡聳立著城池之中最大、最高、最重要、規格最尊的建築 —— 太和殿。

太和殿是皇宮的正殿，也就是俗稱的「金鑾殿」。金鑾殿原為盛唐宮廷的殿名，李白詩云「承恩初入銀臺門，著書獨在金鑾殿」，金鑾殿後來成為俗世榮華富貴至極的象徵。

太和殿黃琉璃瓦重簷廡殿頂、金龍和璽彩畫、面闊十一間、進深五間，都是最高等級的規格。建築長 64 公尺，寬 37 公尺，建築面積 2,377 平方公尺，高 26.92 公尺，連同臺基通高 35.05 公尺，是現存體積最大的單體木結構建築。現存的太和殿是康熙三十四年（西元一六九五年）重建的版本，相比永樂年間的規模已經大大縮減，尤其是高度僅為初建時的一半左右。現在三大殿與三臺比例失調，臺大殿小，大殿與臺面位置不對稱，從反面證明了與之搭配的大殿最初規模要比現在高大。康熙年間縮建大殿，應該主要是受限於當時的財力和巨木良材的匱乏。尤其是木材的匱乏，導致面闊從九間擴大為十一間，相應縮小了間距。

在重簷廡殿頂的正脊兩端，安有兩個高 3.4 公尺、重約 4.3 噸的龐然大物，也就是龍吻。這是中國現存最大的龍吻。這對龍吻是紫禁城的制高點，安裝儀式是一場官民雲集的盛大典禮，自帶主角光環。

太和殿金碧輝煌（張碧君 攝）

太和殿的四條角脊的鎮瓦尖端，裝飾著騎鳳仙人。仙人相傳是戰國齊湣王，戰敗為各國驅逐，走投無路之時，一隻鳳凰落到跟前，齊湣王飛身跨上鳳凰飛昇而去，絕處逢生。宮殿建築角脊最頂端裝飾仙人騎鳳，期望逢凶化吉。仙人身後跟隨著最高規格的十個脊獸，依次為龍、鳳、獅子、海馬、天馬、押魚、狻猊、獬豸、斗牛、行什。龍象徵真龍天子，獅子代表皇家威嚴，天馬寓意上天入海、暢達四方，海馬是傳統的祥瑞；押魚為龍首魚尾、前足有爪、後背有脊的祥瑞，能夠噴水滅火；狻猊是傳說之中的龍之九子之一，形似獅子，喜煙好靜，吞雲吐霧，是宮廷建築和香爐的常見形象；押魚是傳說中的海中異獸，與狻猊搭配可以興雲作雨、滅火防災；獬豸是象徵公正的祥瑞，寓意施政的公平正義；斗牛是傳說中的一種虯龍，牛頭龍身，身有魚鱗，尾巴類似魚鰭，也是

一種興雲作雨、鎮火防災的瑞獸；行什是一種帶有翅膀的猴子，背後有雙翼，手持金剛寶杵，傳說它的寶杵能夠降魔的功效。民間雷公的形象就是它。行什作為角獸的押陣角色，寄希望它能夠降魔防雷。需要指出的是，天下行什僅此一處，只有太和殿才有資格享有這個瑞獸。因為角獸也是建築規格，有著嚴格的等級規定，只有皇宮的正殿才能十樣齊全。中和殿有七個、保和殿是九個，天安門上也是九個，建築依等級減去排序靠後的角獸。

太和殿前寬闊平臺，稱為「丹陛」，俗稱「月臺」。大朝會之時，臣子在丹陛之下兩側排列，「陛下」逐漸演變為臣子對帝王的尊稱。太和殿月臺上陳設日晷、嘉量各一，銅龜、銅鶴各一對，銅鼎18座。龜鶴為象徵長壽的祥瑞，寄託對帝王的祝福；日晷是計時工具，嘉量是標準量器，象徵皇權，只有一統天下之人才能規定天下時間與重量的標準。

太和殿的裝飾繁複華貴，依然處處是最高等級規格。殿簷下簇擁著密集的斗栱，梁枋上全是和璽彩畫；門窗上部菱花格紋，下部浮雕雲龍，接榫處安有鐫刻龍紋的鎏金銅葉，整體望去新豔的赤紅海洋中鑲嵌著片片金黃，支撐著上部彷彿藍綠色天地的簷梁。

太和殿內是一個龍的海洋。作為天子的象徵，大小不一、各式各樣的 13,433 條金龍盤踞在殿內各處。72 根巨大的柱子支撐著大殿，中軸線上的 6 根柱子最為高大和突出，通體包裹近乎純正的金箔，龐大的蟠龍就縈繞、棲息在金閃閃的大柱之上。這六根金柱又把人的目光引向大殿中軸線後方的九龍金漆寶座 —— 它就是平凡人仰望、野心家覬覦的龍椅。

太和殿上的脊獸和騎鳳仙人（郭華娟攝）

龍椅坐落在七層高臺之上、七扇雲龍紋髹金漆大屏風之前，椅圈上纏繞著十三條金龍，椅背正中央昂首翹立著一條大龍，當時托舉著人間帝王的身軀。龍椅非凡間之物，沒有四條腿，而是放置在須彌底座上，須彌座通體滿髹金漆，束腰處透雕雙龍戲珠。龍椅周邊的梁、枋上的群龍彩畫，全用瀝粉貼金。金箔採用

深淺兩色，圖案效果更加鮮明。整座龍椅及其周圍，組成了一個金碧輝煌的小世界。

寶座上方天花正中隆起一座盤龍藻井，藻井正中盤踞著一條巨大的金漆蟠龍，更顯出「金鑾殿」的華貴。（藻井並不是衡量建築規格的標準。就紫禁城而言，前朝核心建築中只有太和殿有藻井；內廷核心建築中僅有交泰殿、養心殿以及齋宮有藻井。它一般出現在禮制建築（太和殿、交泰殿）、宗教祭祀建築（欽安殿、英華殿）、園林景亭（延春閣）中。）金漆蟠龍龍頭下探，口銜寶珠。龍口寶珠通常由水銀製成亮晶晶的圓球，稱為「軒轅鏡」，懸掛在龍椅寶座之上。此鏡據說是華夏先祖「軒轅氏」所制，可以分辨真假天子。它就是一面「照妖鏡」。歷朝端坐金鑾殿藻井軒轅鏡之下的，都是真龍天子。但是，紫禁城太和殿的龍椅寶座並非在軒轅鏡正下方，而是靠後了三公尺。傳說一九一六年袁世凱篡國稱帝時，在太和殿舉辦登基大典。袁世凱對自己的真龍天子身分頗不自信，下令將龍椅後移三公尺擺放。即便如此，袁世凱依然不敢端坐龍椅，而是扶立在椅旁完成了登基典禮。

蓋耶速丁並不了解太和殿種種規格的深意，他的雙眼完全為太和殿的地板所吸引：

「它的整個地板是用大塊光滑瓷磚鋪成的，其色澤極似白大理石。它的面積長寬為二百或三百腕尺。地板瓷磚的銜接處絲毫不顯偏斜彎曲，致使人們以為它是用筆畫出來的。石塊鑲有中國的龍和鳳，光澤如玉石，使人驚嘆。」

餘暉下的雲龍浮雕全景（張碧君 攝）

太和殿內用「金磚」鋪地，共鋪兩平方公尺的大金磚4,718塊。

紫禁城重要建築的地面均鋪墁著蘇州輸送的方磚，根據建築體積的不同方磚尺寸也不相同，有尺二、尺四、尺七、二尺、二尺二等規格。尺二磚多用於體積較小的房屋地面，尺四磚多用於普通規格殿堂，尺七至二尺二的方磚則用於重要宮殿建築。只有這些用於重要建築的方磚，做工精良，才被稱為金磚。紫禁城鋪墁金磚的建築有：太和門、太和殿、中和殿、保和殿、乾清宮、養心殿、寧壽宮、奉先殿、太極殿、長春宮、體元殿、敬勝齋、敬怡軒、隆宗門、景運門等。

金磚的鋪墁方法與普通方磚類似，但工藝更加嚴格考究，還增加了最為重要的「潑墨鑽生」工序。將紅木、黑礬、煙子等材料熬製成「黑礬水」，在其溫熱之時分兩次潑灑或塗刷在已經鋪地的金磚之上，待地面完全乾透後，再倒上厚厚的桐油，將桐油灌入磚孔中，又將生石灰摻入青灰中，混合成與磚相近的顏色，再把灰撒在地面上，兩三天後刮去

多餘的灰粉，稱為「鑽生」。鑽生完成後，進行「燙蠟」，即將石蠟烤化後均勻地淌在磚面上，待蠟皮完全凝固後，用烤熱的軟布反覆擦拭至光亮。最後，用軟布沾香油反覆擦拭地面。經過這一套潑墨鑽生工藝鋪墁的金磚地面，堅硬無比，滑潤如玉。當然，整套工藝耗時、耗力、耗財，也是紫禁城能夠獨樹一幟的特點，其他人根本無力執行如此高成本的工藝。無需計較成本的雄厚財力，加上嚴苛的選土、製作、鋪墁工序，最終造就了光亮炫目、沉穩厚重的宮殿地面。古代工匠的勤勞智慧，完美演繹了明清皇家的尊榮與光芒。部分金磚，自鋪就之日起橫跨了六百年，至今光潔如新。（周乾：〈來之不易的紫禁城「金磚」〉，載於《科技日報》二〇一九年六月二十八日。）

　　來自波斯的蓋耶速丁在光滑如鏡的太和殿，接受了明成祖朱棣的接見，完成了外交使命：

　　「殿內放著一個每邊各為四腕尺的御座。這個御座的四圍是欄杆，而且鋪上黃錦緞，整個用金繡成龍鳳的影像及其它中國圖案。一把金椅放在御座上，其左右分排站著中國官員。奉天殿。那些手捧木牌的官員中，有一個人上前，跪著用中國話讀一篇介紹使臣情況的奏文，其大意是說，使節來自一個遙遠的國家，攜帶謹獻給皇帝的禮物。使臣們下拜，但沒有以他們的前額接觸地面。然後雙手高舉，他們上呈國書。一個太監接過國書。永樂皇帝向使臣詢問波斯國王的情況，問他們國家中穀物的貴賤。使臣回答說穀賤糧豐。」

　　除了接見使團，締結邦交外，太和殿的本職是政務大殿。每月定期的大朝會是太和殿建立的主要功能。皇帝在此召集叢臣商議天下大政。太和殿還是重大典禮的舉辦地，二十四位皇帝的登基即位、皇帝大婚、冊立皇后等人生大事在此舉行，拜將出征等大典也在此舉行。此外，每

年萬壽節、元旦、冬至俗稱「三節」，皇帝在太和殿接受王公大臣的朝賀，並賜宴群臣。清朝科舉考試的「傳臚」儀式（名次公布儀式）在太和殿舉行。康熙六年的狀元繆彤回憶儀式當天天氣微寒，五鼓時分各位進士就跪在太和殿前等候傳臚。之前官民盛傳的狀元是某某人，所以當傳臚開始臺基上喊第一甲第一名繆彤出列時，繆彤跪在地上巋然不動。每喊一次名字，太和殿廣場就奏樂一番，繆彤以為聽錯了，就是不敢出列。最後還是現場禮部官員看不下去了，過來強拉著繆彤出來。傳臚當日，科舉一甲三名可以行走御道，從午門中道出宮。這是皇權對科舉才俊的特恩，也是全天下讀書人夢境中的高光時刻。

在六百年中的絕大多數光陰，由於大朝會並不常設，而科舉考試三年一次，太和殿的大門每年開啟三次。

太和殿的最後一次人群雲集的盛大典禮是一九四五年的十月十日，十萬多人擁擠在太和殿、午門以帶，人群洶湧前來觀看受降儀式。中國軍民當日在太和殿臺基上接受了華北日軍的投降。全面抗戰爆發於北京城郊，又在列祖列宗的注目之下迎來了最終的全勝。

太和殿之後、三臺腰部是正方形的中和殿，面闊開間各三間，四周出廊各一間。中和殿單簷四角攢尖頂，銅胎鎏金寶頂，四面無牆只有隔扇，殿中設有皇帝寶座。它是明清帝王參加重大典禮前的暫歇和整理場所。比如，太和殿大典前，皇帝先在中和殿接受錦衣衛、內務府、太監等執事官員的朝拜 —— 大典開始後，這些官員將不能參加跪拜。又比如，皇帝親祭前一日，皇帝也在中和殿御覽祝文，查驗種子農具等。

三臺後部是外朝最後一座大殿 —— 保和殿，面闊九間，進深五間，黃琉璃瓦重簷歇山頂，從地平面到宮殿正脊高 29.5 公尺，殿中設雕鏤金漆寶座。

保和殿最著名的是殿後下臺基的御路中間那一整塊艾葉青石，重300多噸，是宮內最大的石材。巨石上雕9條雲龍和雲海等圖案，規模巨大且圖案生動，堪稱國寶。保和殿在明朝是皇帝大典前的更衣處，冊立皇后、皇太子時，皇帝也在保和殿受賀。在清朝，每年除夕、正月十五，皇帝於保和殿賜宴外藩、王公及一二品高官；每年歲末，宗人府、吏部在保和殿填寫宗室及世襲官職人員的黃冊，相當於帝國世襲名單的年度整理。乾隆後期開始，科舉殿試從太和殿轉移到保和殿舉行，頂尖的讀書種子們在此排定最後的科舉名次。此外，清朝前期因為寢宮毀於大火，皇帝以保和殿為寢宮。順治皇帝住在於保和殿基礎上重修的「位育宮」，一住十年；康熙皇帝將位育宮改名「清寧宮」，居住了八年，期間因為三大殿重修遷居過武英殿，後三宮重建完成後才入住正式寢宮乾清宮。

三大殿外匾額，形如大斗，稱為「斗匾」。清代的斗匾比明代多出了一排滿文。民國時期，紫禁城前朝和端門的斗匾去除了滿文，原有的漢字移到中間位置，其他地方依舊滿漢雙語。明代的匾額和對聯，已經沒有實物遺存，也沒有文獻佐證。現存最早的宮殿匾額，是順治皇帝給乾清宮題寫的「正大光明」匾。之後，康熙皇帝給交泰殿題寫了「無為」匾，為乾清宮題寫「克寬克仁，皇建其有極；唯精唯一，道積於厥躬」對聯。

前朝的三大殿殿內，到乾隆皇帝時期都沒有匾聯。這給「書法大家」乾隆皇帝提供了寬廣的創作空間。乾隆皇帝為太和殿題寫了匾額「建極綏猷」，寓意天子既要順應上天，建立人間的公正法則，又要安撫民眾，建立清明世界。冬至日，陽光正好反射到「建極綏猷」匾額上。太和殿楹聯是：

帝命式於九圍，茲唯艱哉，奈何弗敬；

天心佑夫一德，永言保之，遹求厥寧。

中和殿的匾額是「允執厥中」，既是中國人追求的為人處世之道，也是統治者應該風行的法則。中和殿楹聯是：

時乘六龍以御天，所其無逸；

用敷五福而錫極，彰厥有常。

乾隆皇帝為保和殿御題匾聯為：「皇建有極」，提醒統治者不能為所欲為，要遵循普適性法則。保和殿楹聯為：

祖訓昭垂，我後嗣子孫尚克欽承有永；

天心降鑒，唯萬方臣庶當思容保無疆。

至此，三大殿的匾聯配置完備，一直懸掛至今。這些取材四書五經的匾聯，象徵著經過一百年的演變，儒家政治理念已經深入了愛新覺羅家族的內心。孔老夫子的仁義之道，透過工整精緻的文字，穿透兩千多年的塵埃，宣示著旺盛的生命力和在帝國的核心政治地位。

三大殿建築群南北深 437 公尺，東西寬 234 公尺，占地面積約 85,000 平方公尺，約占紫禁城總面積的 12%，是宮城內最大的庭院。前方太和門廣場占地面積約 36,000 平方公尺。兩者合計共 12 萬平方公尺，約占紫禁城總面積的六分之一。（孟凡人：〈明北京皇城和紫禁城的形制布局〉。）

太和殿廣場面積達三萬平方公尺，可以容納一兩萬人朝會。大朝會之日，廣場東西兩側，陳設著旌旗，傘蓋等鹵簿儀仗；廣場砌嵌兩行白石塊，每隔三尺左右砌嵌一塊一平方公尺的白石，叫儀仗墩。儀仗人員就站班在儀仗墩上。

三大殿東北段廊房（廊房之間有厚牆相隔），是清朝的皇家倉庫（郭華娟 攝）

　　廣場東西兩側各有廊房 33 間，主要用作存放皮革、瓷器、金銀、茶葉和衣服等的倉庫。東廡有四座庫房：緞庫，收發皇家的龍蟒緞匹、綢絹、布匹、棉花等物品；甲庫，存放盔甲、槍刀、旗囊、器械等物品；北鞍庫，存放御用鞍轡、傘蓋、帳房、涼棚等物品；南鞍庫，存放官用鞍轡、皮張、雨繵、絛帶等。西廡有五座庫房：銀庫，收存金銀、珠玉、珊瑚、琥珀等；皮庫，收存狐皮、貂皮等皮張及羽緞、象牙、犀角等；瓷庫，收存金銀器皿及古銅、琺琅、官窯瓷器等；衣庫，清代收存侍衛處領用的毛皮和朝服、蟒袍，女官領用的蟒袍、褂裙，薩滿祭祀領用貂褂等衣物；茶庫，收存人參、茶葉、香紙、絨線、紅繵、顏料等物品。倉儲區域最怕火災，恰恰火魔多次光臨該區域。最後一起大火爆發於光緒十四年十二月十五日深夜。貞度門守夜官兵將油燈掛在簷柱上後睡熟，油燈燒著牆柱，加上當夜風大，火勢一發不可收拾，蔓延到附近連線的諸多庫房，兩天之後才被撲滅。貞度、太和、昭德三門及附近庫房化為灰燼。當時為光緒皇帝大婚預備的服飾、禮器等毀於一旦，庫存諸

多珍寶也華為焦土，損失慘重，且直接影響了光緒大婚。最後是能工巧匠用彩紙紮了一個幾可亂真的太和殿三大門，才保障了大婚勉強舉行。

太和殿廣場東西廊房正中位置有文武雙樓，文東武西。東側的文樓面西而立，嘉靖年間改稱文昭閣，清初定名體仁閣。康熙皇帝曾在體仁閣舉行博學鴻詞科考試，延攬人才、安撫人心；乾隆朝以後體仁閣成為內務府的緞庫。體仁閣黃色琉璃瓦廡殿頂，上下兩層，兩層之間設腰簷；下層面闊九間，進深三間，高 25 公尺，底部為高大的青磚崇基。西側的武樓，面東而立，中間改名武成閣，清初定名弘義閣。這裡是清代內務府的銀庫，宮廷筵宴所用金銀器皿收存此處。作為太和殿的兩廂配殿，弘義閣與體仁閣完全對稱，建築規格相同。二閣高度相當於太和殿的 7/10，但是體積和規格高於四周廊廡的其他建築。

永樂年間紫禁城初建時，太和殿兩側及東西廊廡都是連綿不絕的廊房。這些木結構房屋成為歷次火災的犧牲品。清朝將部分廊房改為厚牆，人為隔斷了火勢蔓延，降低了火患。

三大殿廣場的四周廊廡四角，各建有一座「崇樓」，黃琉璃瓦重簷歇山頂，封閉幽暗，也是清代宮內務府的庫房。崇字本意是高，崇樓規劃之初是瞭望樓，警戒三大殿區域。

在四座崇樓框定的區域內，有殿宇式大門九座，在古代建築中數量最多、形制最高。它們共同的特點是崇基底部，二十四節氣石欄柱頭，黃琉璃瓦歇山頂，大門的兩山設順山炕或門房。九門分別是太和門、昭德門、貞度門三座正門，太和殿左右的中左門、中右門兩座側門，保和殿的後左門、後右門兩座側門，以及太和殿廣場兩廊、體仁閣北側的左翼門和弘義閣北側的右翼門。除左右翼門外，其他三組門戶將前朝劃分為三進院落，南為太和門廣場，中為太和殿庭院，北為中和殿、保和殿

廣場，三大殿通過中左門、中右門相通。由於東西廊廡整齊劃一，加上三臺地跨兩院、居中高聳，且三大殿大小高低錯落，幾乎沒有兩進院落的視覺感。三大殿渾然一體，不可分割。

　　來自波斯的蓋耶速丁在朝覲之後的一個夜晚，參加了在新落成的宏偉宮殿的盛宴：

　　「那天晚上，在那座大城中，每人都用火炬、蠟和燈把屋舍和店鋪照得通亮，使你以為太陽已經升起。當晚寒氣大減。」來自契丹、吐蕃、女真和沿海各地的十餘萬人湧入了紫禁城。還有一支二十萬人的隊伍，手拿刀、錘、戟、槍、杖、矛、戰斧和其他武器，守在宮苑四處。「約有兩千人手裡拿著五顏六色和各種形狀的中國扇子，每把有一張盾大小，掛在他們肩上。演員和童子表演更新的節目，他們穿戴著無法詳細描寫的衣袍和冠冕。要恰當描述那座宮殿也非筆墨所能辦到。這個盛會一直延續到日中祈禱結束。」

崇樓（郭華娟攝）

# 後三宮／御花園

　　乾清門，後寢的正門，是一處奇妙的地方。明清帝王進了這道門就是回家，走出這道門則要上朝理政，門內是家人、門外散布競爭者；門外是生活，門外是永遠不絕的工作。

　　乾清門是紫禁城「家國一體」的明證。

　　家國一體，不僅是帝王家族「家天下」的權勢與威嚴的彰顯，更是家族命運與國運國勢牢固繫結、個人命運與政治糾纏不清的無奈。家和國僅有一門之隔，而且這道門完全不能阻擋洶湧的天下紛爭。凡人還有躲避紛爭的清淨之地，皇帝則躲無可躲，一切都置於萬眾矚目的紫禁城臺上。皇帝是生活在聚光燈下沒有退路的可憐人，生活幸福與否本質上取決於皇權的鞏固與否，決定於前朝政治的清明與否。政治失敗之日，就是皇權的末日。

　　西元一六四四年的春天，崇禎皇帝朱由檢離開空蕩蕩的朝堂，邁過了這道乾清門，回到家中書寫了遺詔，逼死了周皇后，手刃了愛女，萬念俱灰之下在一棵歪脖子樹上吊死了自己。

　　如今的乾清門，保留了朱由檢時期的基本架構，面闊五間，進深三間，高約 16 公尺，單簷歇山屋頂，繪金龍和璽彩畫；底部為高 1.5 公尺的漢白玉石須彌座，周圍雕欄環繞。門櫃臺階三出三階，中為雲龍石雕御路，兩側陳設一對鎏金銅獅。乾清門開有三門，大門兩梢間為青磚檻

牆。正門為皇帝御用，非大典不開。明朝乾清門開啟還較為頻繁，清朝皇帝移寢宮於養心殿，乾清門正門就極少開啟了。明朝王公大臣無特殊情況，不得入進入後寢；清朝王公大臣入後宮限制較為寬鬆，無論是養心殿召見奏對還是南書房、上書房等官員出入，都只能走乾清門右。（事實上，從乾清門進出養心殿，是捨近求遠。清朝只有七十高齡以上的大臣出入養心殿，才能經由內右門。）

乾清門前的一對鎏金銅獅。
耳朵下垂，眉毛遮眼，彷彿寓意後宮不得干政，不聽不看（郭華娟 攝）

乾清門區域最鮮豔醒目的，也是如今遊人打卡的網紅建築，是兩側的八字琉璃影壁。橘紅色影壁高 8 公尺，長近 10 公尺，壁心及岔角裝飾有琉璃花，造型逼真，色彩絢麗，在陽光照耀之下流光溢彩。紫禁城中有多處琉璃影壁，乾清門前是最漂亮的一處。

乾清門內就是後三宮，這是類似於三大殿庭院的一個封閉庭院，南北深 218 公尺，東西寬 118 公尺，規模僅為前者的四分之一。後三宮依次建於高 2.5 公尺的工字形臺基上，前寬後窄，加上與乾清門連線的甬道，整座臺基呈現一個狹長的倒「士」字型；四周廊房環繞，無殿閣和崇樓。

　　乾清宮建於臺基前部，黃琉璃瓦重簷廡殿頂，前後出簷廊，面闊九間，進深五間，建築面積約 1,400 平方公尺，中間三間為大殿，東西兩次間為暖閣（清代暖閣是指明間左右的房間，明代的暖閣指的是樓閣，形製為上下兩層。見王子林〈乾清宮的二十七張床〉，載於《紫禁城》二○一二年第十一期。），後簷設仙樓（仙樓，在建築室裝潢修隔成的二層閣樓，因為常常用來供奉神佛，故稱仙樓。），東西梢間建成過道，再兩側為宮牆。殿櫃臺基左右分別陳設銅龜、銅鶴，日晷、嘉量，前設鎏金香爐四座。乾清宮在歷史上多次毀於火災，現存建築是嘉慶三年最後一次重建的架構。明代的乾清宮兩旁的斜廊和後部的穿堂，也許出於消防考慮而拆除了。

　　乾清宮是內廷的正殿，大殿正中設有龍椅寶座，明朝在大殿懸「敬天法祖」匾，後為李自成農民軍搗毀。後順治皇帝御書「正大光明」匾，成為清代紫禁城的一大標誌。

　　周代有天子「六寢六宮」之制：春季住東北寢宮，夏季住東南寢宮，秋季住西南寢宮，冬季住西北寢宮，六月住中央寢宮，再加上中央寢宮之前的路寢，天子一共有六座宮殿。天子和王后寢宮獨立，並不同居一處。王后也有與天子六寢布局相同的六宮。六寢在前，六宮在後。明朝規劃乾清宮為皇帝寢宮，為符合六寢之制，將後部修建為暖閣，凡九間，上下兩層，共置臥床 27 張。皇帝可以選擇隨意一床居寢。據說這麼設計是為了防止刺客行刺，保障皇帝的安全。但是考慮到皇帝就寢時眾多的服侍人員，皇帝每晚居住的臥床很容易暴露。暖閣設計並不能保障明朝皇帝的安全。清朝重建乾清宮，取消了明朝的 27 床設計，將正中三間改為南北通透的大殿，並將寶座後移。

銅鶴、銅龜、嘉量、日晷（郭華娟 攝）

　　十四位明朝皇帝曾居住乾清宮，以之為寢宮。乾清宮是明朝皇帝起居與理政的中心，尤其是在皇帝幽居其中時，乾清宮是大明帝國的權力黑洞。明朝末年三案：梃擊案、紅丸案、移宮案，後兩大案都發生在乾清宮，而且是萬曆四十八年（西元一六二〇年）的七、八月間。

　　七月萬曆皇帝駕崩，明光宗朱常洛繼位，成為乾清宮的新主人。長期壓抑苦悶的生活一旦突然打破，朱常洛放縱自己，使得本就羸弱的身體不堪重負。他寄希望於丹藥，服用了大臣進獻的紅丸後一命嗚呼，釀成「紅丸案」。此案是明朝末期錯綜複雜的高層政治鬥爭的又一次集中爆發。朱常洛在位不足一個月。他入主乾清宮時，讓寵愛的李選侍照管皇長子朱由校搬進了乾清宮。朱常洛駕崩後，李選侍在宦官勢力的支援下霸占乾清宮，拒絕移往前朝妃嬪的偏宮，引發了「移宮案」。

　　移宮案期間，群情激昂的朝臣兩次破例，衝入了乾清門。第一回合，李選侍要求引用萬曆朝早期，萬曆皇帝生母李太后居住乾清宮照顧小皇帝的舊例，留居乾清宮。乾清宮是皇帝寢宮，帝后不同居，原則上乾清宮是沒有女主人的。李選侍的提議包裹著當皇太后、把持朝政的野心。大臣們以參拜朱常洛遺體為由，衝進乾清門，高唱國不可一日無君，搶得了皇太子朱由校，移往外東路的慈慶宮。第二回合是朝臣們與李選侍爭奪乾清宮。在公開宣布的新皇帝登基前一日，李選侍依然霸占著乾清宮。朝臣們再次衝入乾清門，義正詞嚴地駁斥李選侍的無理取鬧。文人士大夫罵起人來，不吐一個髒字，卻引經據典、長篇大論。李選侍給了對手面對面辯論的機會，就已經輸了，最終不得不移到外東路北部的仁壽殿噦鸞宮。在移宮案中，都給事中楊漣、御史左光斗正氣凜然，聲名鵲起，成為了晚明士人的楷模。

　　明代乾清宮毀於李自成大火，清朝入關之初重修的乾清宮不僅規格縮減，而且工程品質堪憂，甚至發生漏雨這種低階事故。順治皇帝在位育宮（保和殿）居住了十年，人生最後五年才入住重修的乾清宮；康熙皇帝繼位之初即入住清寧宮（保和殿），並將乾清宮推倒重修，八年以後才遷進第二次重修的乾清宮。此時的康熙皇帝已經是成熟老練且雄心勃勃的政治家，在此後的五十三年以乾清宮為中心，縱橫捭闔，攻堅克難，開啟了「康乾盛世」。乾清宮及其東西暖閣，成為康熙皇帝聽政、受賀、賜宴、召對群臣商議的施政場合，名實相符的帝國權力核心。

　　輔助皇帝施政的日常辦事機構，陸續遷入乾清宮周圍的廊廡，分別有上書房（皇子讀書處）、南書房（皇帝文學侍從、顧問機構）、內奏事處、批本處、祀孔處、御藥房、御茶房、端凝殿（皇帝的衣帽間，儲存常用冠袍衣物）、懋勤殿（皇帝書房）等。乾清宮東西廊廡南端分別開闢

日精門、月華門，東廊後有昭仁殿，西廊後有弘德殿。即便日後雍正皇帝以養心殿為寢宮，乾清宮依然保留了召見臣工、處理奏章、接見藩屬和歲時受賀、舉行宴筵的重要功能。康熙皇帝、乾隆皇帝在晚年分別於乾清宮廣場設千叟宴，與民同樂，宣揚盛世。乾隆五十年的千叟宴規模空前，赴宴者超過 3,000 人，席設 800 桌，布滿乾清宮的廊下、月臺、甬道、兩側庭院。新春佳節，乾清宮前往往張燈數萬盞，豎立數丈高的天燈兩座，以示昇平景象。應該說，清朝乾清宮的職能雖然有所變化，但一直是高頻使用的。

皇帝在乾清宮日夜操勞，皇后則在身後的坤寧宮扮演賢內助的角色。

「坤寧」與「乾清」對仗工整，渾然一體。乾與坤相對，寓意天下，「清寧」是愛新覺羅家族在奉天崛起時期寢宮的名字，寓意山河清晏、天下安寧，也帶有不忘初心的意思。

皇帝是紫禁城的主人，皇后卻是後宮的主宰。「后」不僅是君王唯一的嫡妻，還是天下之母，在禮制上可以比君王並尊。自周禮起，王后就有統帥六宮的權力，是妃嬪的主人。妃嬪即便再受寵，與皇后也有天壤之別。客觀而言，隨著明清君主集權的加強，帝王應對前朝政務和複雜人事已然身心俱疲，沒有多少精力與時間主持後宮另一套繁瑣沉重的事務，處理後宮女子之間的家長裡短，他們確實也需要有「皇后」這樣的角色充當代理人。

雍正皇帝胤禛、乾隆皇帝弘曆父子在死後兩百多年，成為清宮感情戲的絕對主角，彷彿父子倆很大一部分人生是調停后妃們爭風吃醋。事實上，雍正、乾隆二人都是臻於完美的皇權機器，幾乎全身心投入前朝政務，幾乎不怎麼介入後宮事務。坤寧宮才是皇后（無后時則是皇貴妃）

權衡後宮、執行法紀的場所。其他皇帝也類似。

現存坤寧宮為清代建築，黃琉璃瓦重簷廡殿頂，面闊九間，進深五間，屬於最高規格。坤寧宮在明朝是皇后的寢宮，無後時則閒置，不許任何妃嬪入內，進入清朝後功能大變。皇后不再以坤寧宮為寢宮，只有在執行皇后重大權力之時才返回坤寧宮。帝后大婚之時，以坤寧宮最東側的兩間東暖閣為洞房，並在此住二日，然後移居別宮。

坤寧宮在清朝主要用作祭祀薩滿神。薩滿教是東北地區通古斯語系少數民族的宗教，薩滿一詞是通古斯語「巫師」的意思。滿族先民早在漁獵時代就信仰薩滿教，入關後愛新覺羅家族以非常重要的坤寧宮為薩滿教的祭殿，可見對民族宗教的重視。

坤寧宮中央四間為神堂，宮殿大門開在東次間，並改隔扇門為木板門、隔扇窗為吊搭窗。神堂內按滿族習俗，在北西南三面設立萬字坑，俗稱「口袋居」。北牆東側設煮祭肉的大鍋和肉案，宮前月臺東側立四公尺高的祭神桿。每年正月初二及春秋兩季，坤寧宮都要舉行大祀，用大鍋煮胙肉。當時，皇帝坐在南炕，內外藩王、文武顯貴都入坤寧宮行禮，分班席坐於側，分食胙肉。同時，皇后於東暖閣內與妃嬪們分嘗胙肉，禮節與神堂相同。胙肉是白水煮的大塊豬肉，對於養尊處優的王公顯貴們來說往往難以下嚥。但是，祖宗傳下來的禮節又不便違抗，因此大祀之日他們常常在衣袖內暗藏調料，偷偷塗灑在白肉上。這似乎是最高層一個公開的祕密。

祭祀的次日為還願日，坤寧宮將牲頸骨、精肉及細米放置在殿前的祭神桿上，吸引烏鴉等禽鳥啄食，以此報答天恩。與漢族觀念不同，滿族人以烏鴉為吉祥鳥。相傳，烏鴉曾救過滿族的祖先。清代紫禁城不僅不驅趕烏鴉，反而投餵烏鴉，使得紫禁城成為北京城內烏鴉重要的聚居

地。每當夕陽西下，常常有成百上千的烏鴉飛臨紫禁城的上空，或盤旋在廣場之上，或棲息於殿宇之間，安然自在。《清稗類鈔》記載，紫禁城前方東南的太廟，烏鴉「每晨出城求食，薄暮始返，結陣如雲，不下千萬」。

除了大祭祀之外，坤寧宮平常每日還舉行朝祭、夕祭，設定專人，按禮進行。後來，其他神祇也住進了坤寧宮，愛新覺羅子孫迎接蒙古神、釋迦牟尼、觀世音菩薩、關聖帝君等神位入內，濟濟一堂，居住在口袋居炕上。愛新覺羅家族是一個有信仰的家族，而且保持了開放的心態，不斷適應著現實的發展。他們畢竟是全天下的統治者，而不僅僅是滿族人的統治者，需要奉養天下各派的神祇來護佑大清的江山。不過，他們統一接受薩滿教的儀式。每一次大祀，各派尊神共享祭品，遙想起來也是蔚為壯觀。

坤寧宮兩側有斜廊和東暖殿、西暖殿，庭院東闢永祥門、西闢增瑞門，其後東廡開基化門、西廡開端則門。坤寧宮北宮牆正中開闢有廣運門，嘉靖十四年更名為坤寧門。

乾清宮與坤寧宮中間、臺基的中腰坐落著交泰殿。乾坤代表天地，《易經》有云：「天地交合，康泰美滿。」交泰殿由此得名，現存規製為面闊進深各三間、單簷攢尖頂的方殿。明代，交泰殿為圓形攢尖建築。清代，皇后在大婚之日和每年的元旦、冬至、千秋（皇后生日），在交泰殿升座，接受後宮妃嬪的朝賀。乾隆朝開始，皇帝印璽也貯藏在交泰殿。交泰殿對應兩側廊廡，東闢景和門，西闢龍德門。

後三宮的形制布局，與前朝三大殿相似，只是臺基尺寸和建築體積都相應縮小。

邁出坤寧門就是中軸線的最後一處建築：御花園。

御花園千秋亭（郭華娟 攝）

御花園內東北部、堆秀山東側的摛藻堂，曾用於貯藏《四庫全書薈要》（張碧君攝）

現存御花園建築大多是明朝後期作品，正南也是坤寧門，左右分設瓊苑東門、瓊苑西門，可通東西六宮；北面是集福門、延和門、承光門圍合的牌樓坊門，正北為順貞門，正對紫禁城的北門神武門。整體布局嚴格遵照中軸對稱原則，中路主體建築為重簷盝頂的欽安殿機器圍城的小院，東路建築有堆秀山、璃藻堂、浮碧亭、萬春亭、絳雪軒；西路建築有延輝閣、位育齋、澄瑞亭、千秋亭、養性齋，還有四神祠、井亭、

鹿臺等，絕大多數為帝后遊賞休憩或敬佛禮神之所。其中，高僅 10 公尺的太湖石假山 —— 堆秀山是宮中重陽節登高的地方，兩側設有石蟠龍噴泉，山腰處暗設水缸儲水，以管相連，引水至蟠龍口中噴出。這是宮中僅存的水法。兩側各有山道，拾級而上可達山頂「御景亭」。紫禁城每年的登高、賞月等活動都在此舉行。

御花園雖然是紫禁城內最大的園林，東西只有 135 公尺，南北深 89 公尺，面積並不算大。歷代設計者充分利用空間，遍植蒼柏古槐，羅列奇石盆景，用各色卵石鑲拼成福、祿、壽等豐富多彩的圖案，使得整座花園功能緊湊、文雅別緻。對於紫禁城的居民，尤其是幽居深宮的妃嬪們而言，御花園是難得的休閒、遊樂之所。

花園北部承光門內，有一對銅跪象，東西各一，相向而跪，為明代遺物。跪銅全身鎏金，雙目下視，長鼻收卷，四足二前二後跪曲，似乎在虔誠地恭迎主人。這對跪象造型與皇帝法駕鹵簿中的寶象相似。紫禁城將一對跪象立於御花園北門內，寓意「接駕」，極可能每次皇帝從神武門回宮，直接穿越順貞門、承光門、坤寧門返回乾清宮，而不是繞行左右。

不過，明代坤寧門的位置在今順貞門，即明代的御花園與後三宮連為一體，真正是宮苑一體。如今的坤寧門東西房屋在明代就是一道圍廊，稱為遊藝齋。清代改造後三宮區域，將坤寧門移至遊藝齋正中，並將左右加蓋為房屋，作為太監值宿場所，又將原坤寧門改為順貞門。從此，御花園與後三宮分離開來，成為一處獨立園林。

從午門到坤寧門，沿線沒有一株花草、一棵樹木，唯有黃瓦紅牆。推開坤寧門，怒放的鮮花、蔥鬱的草木，直擊雙眸，令人不由得動容。

# 從乾清宮到養心殿

在後三宮的兩側，以乾清宮的前簷為界，分別有東西六宮建築群。這是紫禁城內規劃最規整、至今仍基本儲存永樂年間格局的建築群。

王璞子先生對東西六宮有過精要的概括：後三宮兩側的東西六宮是在一片方正的土地上，東西各均分為九宮格，每格約 50 公平方公尺，每格為一宮之地；以靠近後三宮的東西各六格建東西六宮；外側各三格，為備用地。（王璞子：〈紫禁城的總平面布局〉，載於《故宮博物院院刊》一九八○年第三期。）我們可以把宮格當作衡量次要宮院面積和規格的標準之一。

東西六宮和後三宮之間分別為東一長街、西一長街，東西六宮中間分別為東二長街、西二長街。東二長街南北端分開麟趾門和千嬰門，西長街南北端分開螽斯（螽：〈周南・螽斯〉是《詩經》中春秋先民為祈求多子多孫而唱的一首民歌。麟趾，比喻子孫昌盛。）門和百子門，四座門的名字都是古人結婚常用的書面祝詞，寄託著皇家子孫繁衍的期望。這也是後宮妃嬪的職責。東西長街兩側各有三宮豎列，各宮間又以巷道分隔。十二座院落布局緊湊，對外交通聯絡頗為不便，「庭院深深深幾許」，暗合「深宮」之意，且內部沒有挺拔陽剛、寬敞高大的建築。有人就將四條深長的長街比附為漢代「永巷」。永巷原為漢代幽禁失寵的妃嬪、宮女場所，又引申為后妃的居所。我們在講述后妃制度時，將詳細論述東西六宮。

東西六宮及其外側三個宮格，構成了內東路、內西路的主體。東西六宮北側都有一條東西向巷道，道北各建五所規格相同的並排院落，每座宮院各建前後三重殿堂，各有廂房，原本是皇子、皇孫的住所，稱為乾東五所、乾西五所。現存東六宮南側自東向西分別為奉先殿、毓慶宮、齋宮。西六宮南側則是養心殿建築群。

東六宮區域九個宮格，加上乾東五所、奉先殿、毓慶宮、齋宮為內東路。

西六宮區域九個宮格，加上乾西五所、養心殿建築群為內西路。

從乾清宮西側的月華門出去，永巷對面即是遵義門。遵義門坐西向東，是養心殿區域的正門。在明代，進入遵義門，「向南者養心殿也，向北則司禮監掌印秉筆之直房。祖制，宮中膳房原在隆道閣後，魏忠賢移於怡神殿，而以其房為直房。養心殿之西南曰祥寧宮，宮前向北者曰無梁殿，世廟煉丹藥之所也。月華門西南巋然者，隆道閣也」。這是《日下舊聞考》對明代養心殿區域的描述，透露出此地原為御膳房，明末成為司禮監的直房。嘉靖皇帝曾經修葺過該區域，作為煉丹房。無梁殿、隆道閣極可能都是道教建築。可惜的是，這些建築都在李自成大火中付之一炬。

養心殿區域地理位置非常優越。它在乾清宮臥榻西側。明清以左為尊，所以乾清宮東側、內東路南端主要規劃為奉先殿、齋宮等宗教建築（毓慶宮原為供奉帝王生母之所）。西側則沒有束縛，基本可以由著帝王的性子來。所以，嘉靖皇帝可以躲在這裡修煉丹藥。清朝入關後，順治皇帝重修了養心殿，將位置從遵義門南側移至北側。康熙皇帝將養心殿當作「科學院」，召西方傳教士於此學習西方科技、製作西式器具；成立了「養心殿造辦處」，除了製造一些奇技淫巧之物外，還生產宮中所需工

藝品。養心殿造辦處於康熙後期搬遷至外西路，擴建為內務府造辦處。可以說，養心殿是皇帝興趣愛好的容身之處。

養心殿「大器晚成」，從雍正朝開始一舉取代乾清宮，成為清朝皇帝的寢宮、大清帝國的政治中心。

雍正皇帝胤禛繼位後，理應繼承父親康熙的寢宮 —— 乾清宮。胤禛親身經歷了康熙末年激烈殘酷的「九子奪嫡」混戰。晚年康熙目睹兒子們同室操戈，曾悲憤地痛罵所有兒子：「朕日後臨終時，必有將朕身置乾清宮，而爾等執刃爭奪！」雍正皇帝以此為理由，並且宣布不忍心入住父皇居住了半個世紀的寢宮，擔心睹物傷情，便搬入了一旁的養心殿「守制」。皇帝守制，以日為月。凡人為父親守制二十七個月，皇帝只需二十七天。但是雍正皇帝堅持為康熙守制了二十七個月，並且在結束後繼續在養心殿起居。之後的皇帝都以雍正為榜樣，為父皇守制二十七個月並以養心殿為寢宮。

雍正皇帝是個強硬的工作狂兼嚴厲的改革者，他搬入養心殿之初，即在西暖閣題寫了「為君難」匾額，改造為理政勤政親賢之所，十幾年如一日扎入文山案牘之中。

換言之，自雍正皇帝開始，清朝的皇帝只有工作，沒有興趣愛好的容身之處了。

邁入現在的遵義門，眼前是一狹長的東西向庭院，三面都有連簷通脊的直房，為太監、侍衛當值或官員的等候召見所用。該庭院將養心殿區域分割為南北兩部分。南部是兩處東西狹長的庭院，為御膳房、南庫。北邊為養心殿。

養心殿正門為養心門，黃琉璃瓦歇山頂門樓。地面的磚共分五路，中為御道，兩側為官員序班的地方。養心門兩側有東西角門，供太監和

執事官員出入，但後者不能直進直出，只能貼邊行走。東角門貼牆往東走，西角門貼牆往西行。進養心門有一座木照壁，牌樓式建築，中間有隔扇門，皇帝進出時開啟，其他人從照壁兩旁繞行。

繞過照壁就是養心殿。養心殿工字形，中間有穿堂相連。前殿為黃琉璃瓦歇山式頂，面闊七間寬 36 公尺，進深三間長 12 公尺。明間正中設有皇帝龍椅寶座，懸掛雍正御筆「中正仁和」匾額，座後設屏風，北牆設書格，為聽政之所。東暖閣也設寶座，這裡是清朝皇帝召見軍機大臣等近臣議事和慈禧、慈安兩太后垂簾聽政的地方。雍正曾將東暖閣改建為仙樓，乾隆在仙樓上陳設佛像，嘉慶時期拆除了仙樓。西暖閣為滿式風格，分隔為數室，有皇帝披閱奏摺、招人祕談的小屋，稱「勤政親賢」室，即雍正皇帝感嘆「為君難」之所，也有乾隆皇帝的書房「三希堂」，還有小佛堂、梅塢。前殿東側為理政場所，西側為休息場所，也是朝野口中的便殿。養心殿於雍正年間即安裝玻璃插屏、玻璃窗眼，是紫禁城第一個安裝玻璃的宮殿。

養心殿後殿是皇帝真正的「寢」宮。後殿面闊五間，中間為正間，通過穿堂與前殿相連，靠北牆有一暖炕，上懸匾額「乾元資始」，東西梢間為寢室，各有龍床，皇帝可任選一處就寢。後殿兩側各有五間耳房，東五間為皇后隨居之處，西五間為皇貴妃、貴妃居住。同治年間兩宮皇太后垂簾聽政，慈安住在東側的「體順堂」，慈禧居住西側的「燕禧堂」，每次從後殿走過穿堂前往前殿處理政務。後殿兩側各有圍房十餘間，房間矮小、陳設簡單，供妃嬪以下女子隨侍時居住用。

雍正以後的清朝皇帝，皇帝生涯的多數時間都是在養心殿度過的。乾隆皇帝弘曆是養心殿最長久的主人，一共住了六十四年。除了耀眼的權力光芒外，乾隆皇帝還在養心殿建立了一處藝術高地：三希堂。它是

乾隆的書房，得名於「士希賢，賢希聖，聖希天」，寄託著乾隆皇帝求聖求賢的自我鞭策。三希堂收藏有乾隆皇帝珍愛的三件書法聖品：王羲之〈快雪時晴帖〉、王獻之〈中秋帖〉、王珣〈伯遠帖〉。

養心殿面積並不大，生活氣息和文化色彩濃厚，體積適當、功能豐富，實用性蓋過了禮制需求。相比乾清宮，養心殿更適合起居。

# 外東路與外西路

　　我們已經花費大量篇幅，介紹了從午門至神武門的紫禁城中軸線建築。在它兩側，分別是外東路和外西路建築。

　　初建之時，自南而北，外東路有文華殿、端本宮（慈慶宮）、仁壽宮等；外西路有武英殿、慈寧宮、咸安宮、英華殿等建築群。大體上，南部偏向朝政，北部專為奉養前朝太后與妃嬪，建築體積與規格東西對稱。然而，紫禁城多次大毀大建，修繕補擴每朝每代都有，宮城的建築布局始終處於變動之中，找不到一份放之四海而皆準的「紫禁城建築圖」，東西對稱的格局也在拆建中逐漸消失。考慮到我們將在之後分章節介紹各職能的宮殿群，我們下文僅詳細介紹外東西路的部分建築。

　　外東路中部、三大殿東院牆外、東北崇樓和左翼門之間，是紫禁城特殊的建築：箭亭。

　　箭亭是紫禁城乃至整個北京城內最大的亭子，建築面積 430 平方公尺。顧名思義，箭亭是習武射箭的場所，是滿族人騎射傳統的傳承之所。既然是射箭場地，箭亭南部就有東西寬 100 公尺左右，南北長近 300 公尺，總面積近三萬平方公尺的空地。在功能密集的紫禁城中，箭亭廣場是一處奢侈的存在。

　　科舉制度分文武兩科，文科殿試在太和殿或保和殿舉行。武科殿試本無固定場所，康熙皇帝便建立了箭亭，定為武科殿試場所。殿試之

時，皇帝親臨箭亭，因此此亭修建得大如宮殿，黃琉璃瓦歇山頂，面闊五間，四出簷廊，四面隔扇門；正中陳設九龍寶座，寶座雕花銅葉鎏金鑲嵌，前後皆有雕龍御陛，九步臺階，下有一公尺多高的基座。箭亭雖名為「亭」，基調是一座宮殿。

康熙皇帝設定如此巨大的箭亭區域，肯定不是為了三年一次的武科殿試，更是為了保持滿族子弟的尚武精神。康熙皇帝以身作則，率侍衛、皇子們在箭亭習武射箭，並與八旗官員「校射禁廷」。箭亭內寶座東側現存一通乾隆十七年的臥碑。乾隆皇帝在碑文中重申祖制，嫻習騎射是滿族的根本，他說：「朕恭閱太宗文皇帝實錄，內載崇得九年十一月癸丑日，耽於酒色，未有不亡者。」鑒於當時八旗子弟文恬武嬉的現狀，乾隆皇帝要求官民學習古訓，熟練騎射，並且規定在選拔官員時兼顧箭法，擇優錄用。乾隆皇帝似乎偏愛箭亭，曾在此賜宴文武百官，有幾位皇子大婚的婚宴也是在箭亭內舉行的。

現存箭亭東側有一處開放式院落，其中包含南三所、御茶膳房、御藥房、會典館等建築群。掌管宮中用馬的上駟院衙署也在其中，院落西側，緊鄰箭亭，彰顯「騎射」不分家。清代紫禁城內還有多處武備場所。與上駟院同屬內務府的武備院，設在東華門外，掌管宮廷所用武器的製作、供應。武備院在宮中昭德門內、左翼門內設有儲存弓箭、刀槍、甲冑的武備院四庫；內務府造辦處下屬的炮槍處、鞍甲作、弓作、盔頭作等，則直接在宮中製造武器，器械成品儲存於造辦處的活計庫。此外，紫禁城外西路還有御鳥槍處、內火藥庫、弓箭處等，為皇帝出巡或狩獵提供軍械武器。可以說，紫禁城內散落著不少武裝部門。

箭亭後廣場，由東向西南方向看，
從左至右四個建築是箭亭、太和殿、崇樓、保和殿（郭華娟 攝）

外東路南端最顯著的建築是文華殿。文華殿規劃之初是皇太子的觀政之所，落成六百年來只有明仁宗朱高熾一位皇太子曾於此監國、觀政，其他時間紫禁城要不是沒有皇太子，要不就皇太子年幼不足以理政，或者皇帝乾脆沒有兒子，抑或不允許兒子觀政。皇帝逐漸從兒子手中奪回了文華殿，作為展示文治的場所。文華殿成了皇帝的便殿，春秋仲月舉行經筵之禮，平日不時召集文臣談文論政。經筵是專門為帝王講解儒家經典而開設的講座，一般由翰林文臣出任講師，結合國政要務定期講解儒家經典。明代皇帝多怠政，文華殿經筵多冷藏不辦。將文華殿經筵發揚光大的，是注重書寫「文治」這篇大文章的清代。

清朝皇帝從內閣大學士、六部尚書侍郎和左都御史等高官中，挑選高學碩儒，出任經筵講官，給皇帝授課。上課開始，皇帝學生坐在龍椅寶座上，前置書案，而「老師」站在書案對面，只能對著案上顛倒的圖書，指點字句闡發講述。講解完畢，皇帝發表「御論」，講述學習心得，此時大臣們都要跪聽聖訓。康、雍、乾諸帝，文化素養高、政務思

索深，聽課之後往往發表宏篇大論，還會指名大臣出來辯論。乾隆皇帝甚至會指出「老師」或者古聖先賢的謬誤之處，興高采烈地闡發自己獨到、正確、偉大的觀點。大臣們唯有跪地山呼：「聖論高深宏遠，臣等欽佩之至。」經筵畢，賜茶賜座，地點為文華殿的東配殿本仁殿，或西配殿集義殿。清代文華殿後院為紫禁城藏書樓：文淵閣。皇帝興致所至，會在經筵之後帶領文臣侍從步出文華殿後門，來到文淵閣，一道翻閱藏書，談古論經。

文華殿（高申 攝）

外東西路布局有一個共同的特點，就是大部分建築屬於「後寢」範疇，是奉養前朝妃嬪的、遵奉太上皇、安置皇太子和皇子皇孫的宮苑，屬於「前朝」的建築侷限在南端的內金水河兩側。外東路北部在明朝是安置前朝妃嬪的仁壽宮區域，乾隆皇帝改建為預備自己太上皇生活之用的寧壽宮建築群；中部在明代先後是安置皇太后、皇太子的慈慶宮（端本宮），清代雖然興建了箭亭、上駟院、御藥房等勉強屬於外朝的建築，但主體仍是皇子居住的南三所。只在南端有與朝政關聯的文華殿、內閣、鑾儀衛庫、國史館等。

外西路情況類似，最北端是皇家宗教性建築區英華殿建築群，往南有安置太妃的壽安宮，中部就是宏偉的皇太后居所慈寧宮建築群（含壽康宮、慈寧花園）。南部才是與外朝政務相關的內務府衙署、咸安宮官學、武英殿、南薰殿等。武英殿將會在皇家出版事業中詳細論述，此處先介紹其他三處外朝建築。

內務府是清朝的制度創舉，成功解決了明代的宦官擅權跋扈、衙署遍布皇宮的弊端，又保障紫禁城高效高品質運轉兩百多年。內務府是清代紫禁城的「大管家」。它的主體衙署，就在外西路中段，慈寧宮以南、武英殿以北、右翼門以西，建築布局零散，向西蔓延至內金水河南北段的河畔。

內務府區域在明代是仁智殿建築群。仁智殿又稱「白虎殿」，是明朝皇帝駕崩後停靈的「殯宮」。明代宮廷畫院也設於該區域，丹青高手便在此繪製命題作文。明朝多有喜愛繪畫的皇帝，留下了諸多肖像和行樂圖。其中又以明宣宗宣德皇帝朱瞻基的繪畫成就最高，繪有〈御臨黃筌花鳥卷〉、〈武侯高臥圖〉、〈瓜鼠圖〉等佳作，是一位被皇帝職業耽誤了的畫家。當年，仁智殿就留下了明宣宗揮毫潑墨，與宮廷畫師切磋點評的身影。嘉靖朝以後，皇帝好畫之風大減，加之太監忌諱殯宮，便將宮廷畫院前往南部的武英殿。此後，仁智殿除皇帝駕崩後啟用外，常年出於關閉狀態。當年規模頗大的仁智殿建築群，如今遺蹟難尋，極可能先毀於李自成大火，再因內務府的興建而根基全無。

清代大內總管機構興建於此，或許是因為在明代外西路中部就多有負責宮廷運轉的宦官機構：司禮監管掌處、文書房，御酒坊，馬房，南司房。另外，太監奉旨開刑拷打內犯之處也在該區域某處庭院；東部還有明代的外膳房，太監們在內金水河便做好膳食，先抬到此處，後送入

宮中。而西邊的內金水河畔，就是中下層宦官的住處。上述這些部門、人物，在清朝都歸入了內務府範疇。內務府有前後五重建築房 43 間，核心為內務府堂官衙門，是宮廷後勤保障工作的指揮中樞；內務府所屬機構官署幾乎都在周邊區域或西華門外南北長街，下屬儲庫也都在宮城之內，如銀、皮、瓷、緞、衣、茶六大庫，除部分瓷庫在武英殿南，其餘皆儲藏在太和殿廣場廊房內。康熙三十年，養心殿造辦處遷至外西路，擴充為造辦處，以慈寧宮茶飯房的 150 間為址，成為內務府系統占地最廣的機構。

在以後章節中，我們會時不時看到內務府的身影，此處不再展開細說。

外西路西華門內側路北，第一處大建築便是清代的咸安宮。明代咸安宮在如今的壽安宮，乾隆二十五年在西華門內廢棄的尚衣監區域新建校舍，規模為三間門，門內影壁一座，影壁後為三進院，每進院正房三間，東西廂房各三間，共有房 27 間。此處校舍命名為咸安宮。而原咸安宮改名壽安宮，為太后太妃頤養之所。這種明清兩代宮殿同名而異處的情況，給後人認識紫禁城增加了諸多困難。

滿族入主中原後，以少數統治多數，對八旗子弟的素養提出了更高的要求。康熙皇帝以內務府包衣子弟的素養教育為重要舉措，設立了景山官學，開始了八旗官學教育的序幕。此後，清朝隸屬內務府的官學有咸安宮官學、景山官學、宗室官學、覺羅官學、八旗官學等。其中，紫禁城內的咸安宮官學是「天下學校之領袖，八旗人材之淵藪」，相當於八旗菁英的進修學校。咸安宮官學在清朝中期深受重視，學生於讀書作文、學習翻譯、滿語騎射之外，還學習律文、條例及題奏、抄報。朝廷常將部院公文拿到咸安宮現場教學，甚至直接給學生們布置代辦事項，

要求他們起草稿案。自然，咸安宮學生的待遇頗為優渥，學生每月二兩銀子，每日提供兩頓伙食。此後，咸安宮北部又開設了蒙古官學、回緬官學，選拔旗人子弟學習蒙古文、回文、緬文等。三所學校位置相鄰，組成了紫禁城內的宮辦學校體系。咸安宮官學、蒙古官學、回緬官學的師生皆可住校，也就是日常生活在紫禁城內。其中，咸安宮官學有學生110名，管理官員、教習、蘇拉等60餘名。

咸安宮的學生是後備官員，經考試後「一、二等帶領引見，以七品、八品筆帖式補用」，其中傑出者破格「用為部屬」。從咸安宮走出去的學生充實了六部衙門的中低階滿族員缺。清朝後期，隨著仕途擁擠，咸安宮畢業學生的前途隨之阻塞。學生們積極性大降，官學辦學品質走下坡，甚至有貧苦子弟專為混錢糧而入學的情況。

民國元年（一九一二年），咸安宮毀於火災。民國政府在廢墟上建造了古物陳列所，其中有寶蘊樓，為文物庫房。如今的咸安宮僅存宮門三楹。

外西路最南、西華門與熙和門沿線南側，是紫禁城現存年代最早的院落 —— 南薰殿遺址。

之所以說是遺址，是因為除了南薰殿尚存，其他配套建築都湮沒了。南薰殿為明代早中期建築，面闊五間，黃琉璃瓦歇山頂，東西各有配殿；是皇后妃嬪上徽號、冊封大典前撰寫金寶、金冊的場所。乾隆十四年，南薰殿改為供奉歷代帝王像。清末，南薰殿逐漸衰敗。

如今，東西配殿仍有若干柱頂暴露於地表。由於年代久遠加之地面抬升，難以明確當初的建築格局。大致範圍而言，南薰殿建築群可能覆蓋了西城牆、南城牆包圍的整個紫禁城西南部。或許因為南邊即是城牆，南薰殿院落坐北朝南，卻沒有南門，院門位於宮院子東北角，而東西配殿直接建成穿堂式建築，作為整個院落的東西大門。這是非常獨特

的格局。

　　南薰殿是紫禁城內少數進行了深入考古的區域，在東配殿遺址發現了許多灶臺、水溝等生活痕跡。院落內還發現多處灰坑，裝填建築廢料，其中院落的西北角有一個瓷器坑，內有許多瓷片。「這些瓷片都不是官窯用瓷，全部來自民窯。同東配殿裡出現的灶臺等生活痕跡一樣，這些民窯瓷片證明這裡或附近曾居住過許多所謂的『閒雜人等』。」（孫樂琪：〈故宮院內考古有發現南薰殿院落不撞南牆不回頭〉，載於《北京晚報》二○一九年五月三十日。）

　　縱觀外東西路，明代東西對稱的布局於清代遭到部分改變。慈寧宮、寧壽宮、內務府、南三所等次重要的宮苑，成為一個個小的中心建築群。大致形成了外東路中部皇子居住區、外西路中部皇太后居住區、武英殿出版區、內務府周邊服務機構區、西北部的佛殿區、東北部的「太上皇宮殿」等分割槽。下面，我們將分功能介紹不同區域建築的詳情與運轉。

# 皇帝坐朝與治天下

# 大朝會

　　東方的第一縷陽光越過地平線，攀登上太和殿的龍吻，拉開了紫禁城新一天的帷幕。

　　大殿裡的香亭飄起淡淡青煙，提醒著一旁的寶象、甪端、仙鶴三隻瑞獸：今天是個特殊的日子。

　　所有居住在這座中軸線的核心宮殿裡，享受無上榮光卻終日與孤獨相伴的太和殿的居民們，猛然興奮了起來：該我們上場了！

　　其中最興奮、躍躍欲試的，當屬香亭和瑞獸環抱在中央的至高無上的龍椅（龍椅四周設定象徵太平有象的馱瓶白象，象徵君主聖明、群賢必至的甪端，象徵延年益壽的仙鶴及焚香用的香爐）。這座真人般大小寶座由罕見的金絲楠木雕琢而成，龍紋繁複精美，紋飾之外又小心翼翼地貼上了一層金箔。它把開場的喜訊傳遍了盤繞在宮殿內外的 13,433 條金龍，翹首以待著在陽光的撫摸下閃耀出奪目的金黃色。當陽光照進大殿之前，龍椅滿懷期待地透過前方懸掛著的、黃繩編織的銅絲簾，注視著大殿內外的一切。

　　一條漫長的地氈鋪設在太和殿的中線，將大殿分為東西兩半。東西外側陳設著源自上古雅樂、皇家朝會專享的中和韶樂。大殿的兩壁排列著八座碩大的龍櫥，相傳裡面是傳自上古三代的鼎彝 —— 但是龍椅和瑞獸們從來沒有看過。

　　與太和殿的居民不同，數以千百計的官吏早已在大殿內外、廣場之上摸黑籌備著慶典：

　　尚寶司在龍椅的東南方陳設長案，當時恭請玉璽寶印放置其上；鴻臚寺陳設兩張表案於大殿東門外，預備呈放賀表題奏；禮部主客司在太和殿外丹陛左右準備八張桌案，陳設藩屬進貢的方物用。即將開始的大典普天同慶，是要告訴上天知會大地的，自然提前收到了大小臣工的慶祝、四方藩屬的進貢。

　　禮部教坊司樂手們在太和門內東西設丹陛大樂，列隊向北。太和殿中的上古雅樂年代久遠，至明清時已然是曲高和寡，由朝廷供養的神樂署獨力傳承。太和門內的丹陛大樂才是現實使用的音樂。在太和門內演奏大樂，是對教坊司最優秀樂手的最崇高的肯定。

容量巨大的太和門廣場（張程 攝）

　　欽天監在丹陛東面報時位，捕捉著光與影背後的時間。其他衙署的行為，以他們的報時為準。中國人堅信，時間蘊含著特殊的意義，關聯著典禮的吉凶，因此欽天監不敢有絲毫馬虎。欽天監特地設定了一名司

晨官，他的職責就是站在文昭閣（體仁閣）下面，朝西而立，向大典的參加者鳴唱時辰。

最繁忙最緊張的，當屬總管帝王儀仗隨扈的錦衣衛（清代為鑾儀衛）。從午門到三大殿的廣場、殿堂隨處可見錦衣衛奔走的身影。儀仗人員素以服飾華麗著稱，錦衣衛校尉們鵝毛裝飾的帽子、顏色鮮亮的衣服和腰間晃動的繡春刀特別醒目。隨著光顧太和殿的陽光越來越多，錦衣衛們紛紛就位站定。體貌雄偉、驍勇矯健的錦衣衛精銳武士，稱為「大漢將軍」。其中六名大漢將軍站在太和殿內大門入口處，面北一線排開。如果有事，他們將是護衛聖駕的最後一道武裝力量；四名大漢將軍在丹陛四隅，東西對立，守衛金鑾殿的正門；其餘大漢將軍分立太和殿四周高臺之上。英俊的校尉掌鹵簿、陳羽扇、持傘蓋，健壯的力士立金鼓、舉旗幟，排列在太和殿內和廣場兩側各處。另外，錦衣衛在大殿、丹陛及其東西都陳列鹵簿儀仗，在太和門外中路東西面北陳設皇帝車駕與步輦；旗手衛在午門外陳設金鼓，在太和門外布列旗幟；御馬監早早牽出高大優雅的御馬，錦衣衛下屬馴象所驅趕溫順的大象，在文昭、武成閣（弘義閣）以南排列、東西對站。旗幟招展、儀仗齊全，它們的使命不是使用，而是彰顯威儀。天子以四海為家，非壯麗無以示威，今日的禮儀與這座富麗堂皇的宮城一樣，是為了莊嚴肅穆，營造不怒自威不言自貴氛圍。

錦衣衛並非朝會大典的唯一侍奉機構，卻將是離御駕最近，負警衛主責的機構。

當日，錦衣衛 2 名千戶、4 名百戶率領 129 名將軍分頭把守住丹陛、御道、金水橋以及宮城南邊天安門廣場各門。金吾衛在午門外與太和門外東西陳設軍隊儀仗，排列甲冑武士。紫禁城警備更勝往日。

更有 500 名全副武裝的錦衣衛校尉，甲冑鮮明，列於午門內外。

五百甲士的前方，是聚集在午門廣場前、成千上萬候場入宮的王公貴戚、文武臣僚。

入宮朝會，不僅是文武百官的義務，也是絕大多數官員奮鬥一生的待遇；身分地位的象徵，更是他們實踐畢生所學、胸中堅持的終極目標。

官員們通常需要凌晨出發，才能在寅時初（三點）趕到午門廣場。龍鍾老態者，無一例外。除了極少數必須在崗者，只有犯有罪過的官員才不用參加朝會。這是對大臣的懲處措施。各衙署按月將朝參門籍交存於長安左右門守衛官處，以便查驗。官員如遇公差、患病等客觀原因不能朝參，必須由所在部門填注門籍，稱為「注籍」。在明朝，受到彈劾的官員按照慣例要閉門不出，稱為「被論注籍」，雖然不是強制性規定，但有人如果受彈劾後堅持上朝，會成為群起攻之的靶子。也有一些主動申請注籍的官員，則是透過此舉來表達不願出任新職或掛冠而去的意向。

來到午門廣場的百官，會就著紅牆四周照明燈籠的微光，略微作揖寒暄，自覺地按照品級高低和部門先後站位。隨著時間的推移，估計有超過 10,000 人擁擠在午門和端門之間。

所有官員，上自古稀宰相下至少年新進，都不顧擁擠、疲憊，沒有高談、喧譁，不斷地整理儀容，準備赴這場紫禁城最大的聚會。

東邊出現灰白天色時，午門和文昭閣的大鼓同時敲響。「咚～～」巨大而綿長的回聲提醒著文武百官開始列隊。

一段長久的間隔過後，鼓聲再次響起：「咚～～」

平日關閉的午門左右掖門大開，迎接百官入宮！

進出午門的規矩是文武官員平常走東偏門，宗室王公走西偏門，在大朝時改為文東武西。已經照此列隊的文武百官，跟隨著當日的引班官

員從左右掖門魚貫而入，過金水橋，再過昭德和貞度兩門，抵達太和殿廣場。

太和殿廣場（孫珊珊 攝）

廣場之上，禮部放置了百官的朝班序牌，每一牌上大書品級。（清朝改用銅鑄小山。）朝班是官員上朝站位的前後左右順序。其實早在入宮前，文武百官已經各按朝班大致排隊，如今再根據禮部的序牌明確班次。朝班大約是文東武西，文官在御道以東，武官在御道以西站立；明代是公侯在首，駙馬其次，伯爵再次，然後才是從正一品到不入流的各級官員依次站立。朝覲的藩屬國君主、明代藩王，以及清代親王、郡王、貝勒等的朝班應該更在前方。具體的班次是一門非常複雜的藝術，非千萬字不能盡言。

此外，丹陛和丹墀東西，以及丹墀中路左右站立有鳴鞭官、鳴贊官、糾儀御史數十人。太和殿前東西對立著錦衣衛千戶、百戶，光祿寺署官，序班，另有導表六科都給事中、序班各二人站於表案左右。太和殿內，錦衣衛指揮使於龍椅銅絲簾右側面東而立，兩名錦衣衛百戶在簾下左右對立，體現了外朝體制中錦衣衛的特殊地位。

廣場之上的目光都投向太和殿大門的垂簾。

當大漢將軍將大門的垂簾捲起，已經等待近一個時辰的文武百官不禁挺身肅立，等候皇上升殿。儀式即將開始。

第三聲悠長的鼓聲響起，餘音落定，午門城樓上又響起清脆明亮的鐘聲。

本次執事的禮部堂官，率領鳴贊、給事中、翰林、中書官、糾儀御史、序班等各一至十人，及負責托舉表案的序班、捧表的禮部儀制司官員、展表的六部都察院通政司大理寺堂上官；負責宣表、致詞與傳制等的鴻臚寺堂上官和負責捧寶的尚寶司官各數人，再會同奉命祭告壇廟歸來的官員一起，浩浩蕩蕩地來到中和殿（華蓋殿），迎接穿戴冠冕的皇上到太和殿升座。這時，午門的鐘聲停止，「各官入殿序立」。

那麼，哪些官員可以進入太和殿呢？「各官入殿序立」六個字並沒有說明入殿的是迎接聖駕的原班人馬，還是包括了廣場之上前排的王公顯貴。就太和殿的空間考慮，後者的可能性比較大。此外，晚清官員惲毓鼎在日記中留下了宣統皇帝登基時鮮活生動的鬧劇場景，包括攝政王載灃扶著溥儀立於龍椅之上的描寫，非親眼目睹不能記錄。惲毓鼎官職最好不過四品，但曾任侍讀學士、史館修撰，因此部分崗位的中低階官員也應該在太和殿內朝參。

皇上坐定，大朝正式開始。此時大約是卯時初（五點）。

「啪！啪！」清亮的鳴鞭聲在廣場響起，鳴贊官高唱：「排班！」—— 文武百官的班次早已排齊；贊禮官高唱「鞠躬」，太和們的大樂隨即奏起，百官在樂聲中向皇上四拜，然後樂止；典儀官高唱「進表」，大樂再起，兩名給事中走到陳設表章的案前，引導序班舉案進入太和殿，放置殿中，奏樂停止。這些表章事先已經閱讀整理處了一份目

錄，太和殿內的贊禮官「宣表目」，馬上又一名官員跪下，宣讀表目，也不用皇帝表達意見，讀完叩首後站起；最後，序班舉表案出太和殿，放置在殿門外東側。殿外贊禮官再高唱「跪」，文武百官齊刷刷跪下，暫時不能起身。

朝參的主要內容是一名官員代表朝臣，出班跪於丹陛，向皇帝致詞。

乾清宮內景（孫珊珊 攝）

中和殿西側內景（孫珊珊 攝）

致辭內容根據朝會節日而定。明清兩代都固定的大朝會日期每年有三天：元旦（正月初一）、冬至和萬壽（皇帝生日）。如果是元旦，明朝

官員通常會說：「具官臣某某，茲遇正旦，三陽開泰，萬物咸新。」如果是冬至，官員慶賀：「律應黃鐘，日當長至，恭唯皇帝陛下，應乾納枯，奉天永昌。」如果是萬壽，致辭通常是：「具官臣某某，欽遇皇帝陛下聖誕之辰，謹率文武官僚敬祝萬歲壽。」在大朝會上致辭是一名官員的莫大榮耀，他往往不是官爵最高、實權最大的那位，而是資歷最老、聲望最響的老者。不過，對於年逾古稀的致辭官來說，完成整套流程、保持致辭洪亮，而且集中在北京城寒冬臘月的清晨，著實不是件輕鬆的事。

致賀結束，贊禮官引導百官伏地禮拜。奏樂響起，寬敞的廣場上，一排排官員整齊地伏地禮拜、挺身跪直，再伏地禮拜，如此反覆四次後起身。太和殿廣場空曠了上百日，就為了這一天的充實與熱鬧。現代影視劇中表現紫禁城百官朝拜的場景，經常選擇這一幕，只是規模往往大為削減。

奏樂停止後，有一名官員從大殿東門出來，走到丹陛上面東而立，高呼：「有制！」贊禮官又唱「跪。宣制。」官員們再次跪下，恭聽皇帝對致辭的口諭。元旦通常是「履端之慶，與卿等同之」，冬至是「履長之慶，與卿等同之」，萬壽節皇帝不用答詞。

傳制之後就到了百官「山呼萬歲」的環節。贊禮官跪地唱山呼，百官以手加額、整齊高呼「萬歲」，再唱山呼，百官再齊呼「萬歲」，三唱山呼，百官齊呼「萬萬歲」！每次百官高呼「萬歲」時，在場的樂工軍校也必須齊聲呼應。在持續不停的跪拜和山呼之中，君權神授、代天牧民的觀念不知不覺地得到了反覆宣化。山呼萬歲之後，百官伴隨著大樂行跪拜禮四次，然後起身樂止。太和殿內的中和韶樂開始響起，這是大朝會的唯一一次奏響。

清亮的「啪啪」鳴鞭聲再次響徹宮廷，這是皇帝起駕的訊號。尚寶

官捧寶、導駕官前導，一行人簇擁著皇帝回中和殿。中和韶樂正式停止，儀式結束，百官可以散朝了。

民間稱太和殿大朝會為「金鑾殿坐朝」。這是紫禁城最隆重的典禮，也是天朝上國最重大的禮儀。它聲勢浩大、整齊肅穆，它繁文縟節、耗費不菲，它牽涉眾多機構，有些甚至只為它而存在，比如中和韶樂、馴象所等；它注定需要事先操演，除了強化皇權的至高無上之外解決不了任何現實問題，與其說是朝會，不如說是君臣禮節性的表演。大朝之上，反覆跪起的群臣看不到端坐寶座上的皇帝，皇帝也看不到絕大多數大臣；沒有一個朝臣能夠提交哪怕火燒眉毛的政事以供討論，沒有一件事皇帝可以當朝詢問，哪怕是皇帝心心念念之事。而為了這場演出，君臣們凌晨早起，全副裝扮，全程莊肅持重，對雙方而言都是不小的負擔。

高大壯麗的太和殿，莊嚴隆重的大朝會，既不是給文武百官準備的，也不會替九五之尊著想，它是至高皇權的產物，也只為至高皇權服務。

# 風骨聖地左順門

　　既然是天朝禮儀，就不能偏廢，也不能寄託解決實際問題的期望。

　　可是天下政務千頭萬緒、源源不斷，君臣總得要有商議政務的管道。

　　明朝除了上述三節的大朝，每月初一、十五兩日也舉行「朔望大朝」，也都是齊會群臣，禮節相同。大朝會日日舉行確實不便，也沒有必要。沒有大朝會的日子，明朝紫禁城每天舉行規模更小、更務實的「常朝」。

　　從漢唐開始，帝王就有在宮門口設寶座、聽取奏事、當場決策的決策方式，稱為「御門聽政」。紫禁城建成的次年，三大殿就不幸毀於火災。朱棣沒有重修，而是在奉天門（太和門）舉行常朝聽政。三大殿在正統年間重建後，太和門常朝聽政的傳統卻保留了下來。

　　御門聽政也在清晨舉行，與大朝會相比流程和儀式大大簡化。朝參的範圍是京城衙署的主要負責人及其行政骨幹、相關官員。清晨微光下，午門廣場聚集的人群應該只有千人左右。午門擊鼓，百官文左武右從左右掖門入宮，先在金水橋南依品級站立，等候鳴鞭再依次過橋，到太和門東西丹墀站定。太和門正中擺放著龍椅寶座，明朝謂之金臺；皇帝升座，小太監持一柄金黃絹包裹的小扇，站立座後；鞭聲響起，大臣行一跪三叩禮完畢，議事就正式開始了。

　　首先，鴻臚寺官員對著龍椅宣讀謝恩、見辭的官員名單。官員升遷轉任、京官外放出差，或者其他勖賞，一絲一毫恩典都出自皇恩，官員都要向皇帝謝恩、辭行。這些官員當日要在太和門丹陛下或在午門外行五拜三叩頭大禮。這個環節也是朝廷正式宣布人事變動、執行賞罰的場合。

　　接著，官員按照次序奏事。官員奏事之前，先咳嗽一聲，以便他人知曉何人將出班陳奏。於是，寂靜的廣場之上響起此起彼伏的咳嗽聲，官員們俗稱為「打掃」。奏事官員咳嗽完，先退到班末，然後走到御前跪奏，不能橫穿朝班出列，奏畢再退回朝班。奏事時，官員不是口語講話，而是照著本章大聲朗讀文言文。通政司、鴻臚寺官員除了引奏，有時還要代讀缺席官員的奏疏。奏事的現場效果，與官員的容貌、朗讀關係甚大。北方人通常比南方人身材高大，而且發聲響亮，因此御門聽政的參加者以北方官員居多。道光年間北京城有「牛吼一聲坐中堂」一說，說的就是外貌與發聲對官員仕途影響巨大。比如，京官中的贊禮郎升職普遍較快，因為他們相貌堂堂、聲音響亮且經常在御前行走，以至於其他官員感嘆：「十年窗下苦，不及一聲嚎。」客觀而言，嶺南省份官員少有位列高位的，在這方面吃虧不少。

　　皇帝會在奏事之後做出決策。聽政時，內閣官員侍立在龍椅東側，以備顧問；錦衣衛長官立於龍椅西側，負責傳旨。明朝早期的皇帝確實是現場決策，乾綱獨斷。發展到後期，常朝陳奏的政務事先都有溝通，皇帝的決策乃至聖旨早已備好。當日候旨的官員便提前在內閣官員身後站好，領旨後謝恩退回本班。各衙署陳奏完畢，鳴鞭響起，皇帝起駕回宮。百官散朝回家。

　　後人口中的「早朝」對應的是御門聽政的常朝。無論是大朝會，還

是御門聽政，都有御史遍布現場糾舉禮儀，喧譁、耳語、咳嗽、吐痰等，就連步履跟蹌、跟不上朝班乃至年邁跌倒，都屬於御史彈劾範圍之內。更不用說偷帶食物、臨時解手等行為了。皇帝退朝前，糾儀御史會當場彈劾失禮官員，三品以上候旨處分、四品以下當場從嚴處理。史上有年邁官員因為朝儀蹣跚或者傾跌而勒令致仕的（強制退休）。

朱元璋時期，每日退朝後賜百官朝食。辛苦了小半天的文武官員不用再花個幾小時回家吃飯，或者餓著肚子開始一天的工作。此制很快就因為供應不上而停止。三四十歲的朝臣尚且能夠忍受勞累與飢餓，年過半百甚至更老的朝臣就難免心懷怨言了。

常朝除了早朝，明代還有晚朝。所謂晚朝，其實是在午時之後舉行，稱為午朝更合適。晚朝並非常制，凡是遇到早朝時有重要事務需要督辦，或者日間有突發事件，才召集晚朝。晚朝以「奏警急事」為主，範圍更小，需要參加的只有涉及官員。早朝晚朝必須參加的，只有侍從錦衣衛和通政司官員。晚朝召集的次數，可能比大朝會還少，所以不太為人所知。

晚朝在太和門廣場東側的左順門（會極門、協和門）召集。當時，皇帝在左順門內北側就坐，朝臣在門內東西並立。

左順門與紫禁城同齡，兩邊的圍房是文武官員向宮中傳遞題奏本章的地方。一直到清代，左順門南北兩側房間依然是內閣公署和傳遞公文之處。明代的不同之處是朝廷公文不是直接遞給內閣，而是先給司禮監太監。太監們收集本章後，先呈遞御覽，再交付內閣處理。宦官集團由此掌握了朝廷本章的優先處理權，暗地扣押對己不利的本章。嘉靖時期，朝廷從太監錢寧家搜出題奏本章四十餘件，查出太監江彬攔截邊情軍事文字 136 件，司禮監集體隱藏不報的本子高達數百件。（胡丹：〈明

代早朝述論〉，載於《史學月刊》二〇〇九年第九期。）這些都是發生在左順門內外的真事。

左順門應該是明朝官員最熟悉的紫禁城宮禁之一。入宮的官員，都是從午門出入，如非朝會就止步於左順門辦事。

明英宗正統十四年（西元一四四九年）八月二十三日，左順門突然召集了晚朝。

說是晚朝，幾乎所有在京官員都洶湧到了此處；說是朝儀森嚴，官員們議論紛紛、交頭接耳，朝班混亂不堪。並不寬敞的左順門根本容納不下成千上萬人，多數官員擁擠在左順門西側的臺階四周，情緒激昂。到底出了什麼事情呢？

八天前的八月十五中秋節，明朝大軍在圓月映照之下於土木堡全軍覆沒，御駕親征的明英宗做了蒙古人的俘虜。史稱「己巳之變」。如今，蒙古鐵騎裹挾著明英宗，即將兵臨群龍無首的北京城下。

噩耗傳來，朝野能不群情激憤？混亂之間，朝臣推舉明英宗弟弟、郕王朱祁鈺監國。朱祁鈺因為不是皇帝，不能召集大朝會或早朝，權宜之下召集晚朝。危如累卵之際，左順門稱為了拯救危難的指揮所。

年輕的朱祁鈺只有二十一歲，戰和不定，猶豫不決。大太監王振之前攬權干政，又慫恿明英宗親征，引來滔天大禍。群臣紛紛要求清算王振，緝拿其姪王山。朱祁鈺於眾多建議中只確認了這一條，不過卻讓司禮監太監金英負責查辦王振黨羽。大臣們反對由太監來查辦太監，建議由都察院御史負責。朱祁鈺未置可否，留下一句：「百官暫且出宮待命，此事今後再議。」軟弱無謀的朱祁鈺下令開啟左順門，準備回宮。

形勢哪裡容得拖延？門內的大臣們不顧禮節，紛紛上前阻攔。侍衛御前的錦衣衛指揮使馬順上前喝斥群臣。馬順之前便勾結王振，狼狽為

奸，如今還這般盛氣凌人，性情剛直的戶科給事中王竑憤怒衝上前去，一手抓住馬順頭髮，一手揮舞朝笏劈頭蓋臉打過去，激憤之下竟然用嘴咬下了馬順臉上的一塊肉。大臣們群起傚尤，拖著馬順拳打腳踢，很快就把他打得血肉糊塗，一命嗚呼了。在場錦衣衛武士眾多，竟然眼睜睜看著指揮使被活活打死！馬順是唯一一個群毆致死的錦衣衛指揮使。

群臣又向郕王朱祁鈺索要王振的黨羽毛貴、王長隨二人。太監金英趁勢將兩人踢給群臣。大臣很快又將兩人毆死。一些大臣拖著三具屍體，掛到了東安門上，任由軍民唾罵打砸。

錦衣衛指揮使馬順腰牌

血濺朝堂，百官冷靜下來後深感不安，一時不知如何處置。二十一歲的朱祁鈺目睹這血淋淋的場面，身子早已不自覺地往左順門後溜去。他沒有想到，朝堂之上竟然會有血光之災。人群中，兵部侍郎於謙見狀，擠到朱祁鈺前面，拉臂進諫：「馬順等人其罪當誅，群臣心繫社稷，

為天下除害，請殿下赦百官無罪。」朱祁鈺鎮定下來後，隨即降旨馬順罪有應得、群臣忠心可嘉。左順門內外，群臣紛紛拜謝。經此一鬧，朱祁鈺發現人心可用，下定決心承擔責任、挽救祖宗社稷，他宣布王振及其黨羽全家財產充公、其侄王山當眾凌遲，下令加強北京城防。百官情緒大定，紛紛退出左掖門。

出宮途中，吏部尚書王直拉住於謙的手感嘆：「國家正是倚仗您的時候。今日之事，一百個王直也處理不了！」於謙迅速升為兵部尚書。此次左順門的流血事件，不僅推動了朱祁鈺的擔當作為，也促進了以於謙為核心的抵抗勢力的形成，在明史中留下了光鮮的一筆。

沒想到，七十五年後，左順門又見證了一場憂國憂民的血案。

嘉靖三年（西元一五二四年）七月，大禮議之爭如火如荼，嘉靖皇帝逐漸占據上風。

嘉靖皇帝趁勝追擊，要刪去生父興獻王稱謂「本生皇考」中的「本生」二字。如此一來，興獻王就與帝王無異了，儒臣文官們堅持的大明血統與法統都將受到動搖。嘉靖皇帝的固執強硬，文官集團已經在先前的較量中見識過了，尋常勸諫根本不起作用。名相之子、新科狀元楊慎號召同僚：「國家養士一百五十年，仗節死義，正在今日。」他建議發起死諫。

七月的一天，嘉靖皇帝在外東路的文華殿齋戒。從辰時（七至九點）開始，陸陸續續有文官頂著烈日，來到左順門前，默默地跪在地上，直到聚集了 700 多人。黑壓壓的人群中有兵部尚書金獻民、戶部尚書秦金、刑部尚書趙鑒、工部尚書趙璜、工部尚書俞琳、吏部左侍郎何孟春、禮部右侍郎朱希周、刑部左侍郎劉玉、都御史王時中、都御史張潤，有九卿 23 人、翰林 20 人、給事中 21 人、御史 30 人，還有各部、

院、寺、監的現任官員，集體大呼「太祖高皇帝」、「孝宗敬皇帝」。（百官高呼明太祖是因為明太祖朱元璋是明朝開國皇帝，代表列祖列宗；高呼明孝宗，是因為他們要求嘉靖皇帝以「過繼」給伯父明孝宗的形式繼承皇位，延續皇室血統不斷，而嘉靖皇帝堅持以原本身分繼承皇帝，尊明孝宗為「伯考」。）

烈日烤得地磚開始發燙，呼聲中的哭腔越來越重。

幾個小太監出現在了左順門臺上，傳口諭命群臣散去。文官們藉口沒有書面詔書，拒絕離開。等詔書到後，群臣依然拒絕散開。接著，錦衣衛奉命出動，逮捕翰林學士豐熙等 8 人入詔獄。此舉火上澆油，場面趨向混亂，哭喊聲更響亮了。楊慎等人更是衝到左順門前，拍門大哭，「聲震闕庭」。此處離文華殿不到兩百公尺，嘉靖皇帝聽得是清清楚楚。皇帝已經表明了態度，這些飽讀詩書又諳熟政治的官員們依然執著地拍打著宮門，他們的哭泣不是感嘆觀點得不到採納，而是哀嘆觀點背後的思想觀念得不到伸張。在儒家士大夫看來，王朝是建立在仁義道德之上，而不是權力與實力之上的。正道不存，國之將亡。一聲聲敲門聲，是對政治理想的堅持，是對強權胡為的反抗。

哭喊聲、敲門聲引來的是更大的打壓。午時（十一至十三點），錦衣衛校尉四出，將五品以下官員 134 人逮入詔獄拷訊，四品以上官員 86 人居家待罪。錦衣衛的棍棒與繡春刀，最終蓋過了文官們的吶喊、打碎了士大夫的堅持。五天後，最終處理結果出來。相關大臣四品者以上奪俸，金獻民等高官之後陸續隱退；楊慎等五品以下者 180 多人「廷杖」。

廷杖，是紫禁城施行的對大臣最屈辱的懲罰，皇帝將逆鱗之臣綁出午門，在御道東側當眾打屁股。制度初創時，廷杖是形式高於實質。不過，對於視榮譽勝於生命的文人士大夫來說，當眾受此屈辱，真的比丟

了性命更難受。逐漸地，廷杖常常取人性命，開始從精神和肉體兩方面消滅那些清高、頑固計程車大夫。這是因為廷杖由太監執行，宦官就把行刑權作為與文官集團爭鬥的武器。據說行刑前，宮中會吩咐「用心打」還是「著實打」。太監用心打，受刑者常常殘廢；太監著實打，受刑者則絕無生還可能。就連現場監督的太監也有自由裁量權，監刑太監腳尖張開，行刑太監要注意分寸，留人性命；腳尖併攏，就是棍棍要人性命了。左順門事件中的廷杖官員有 17 人受刑而死，午門廣場一時間血跡斑斑、斯文掃地。生還官員中有 8 人發配偏遠地區充軍。一代才子楊慎充戍雲南，最終老死邊疆。史稱「左順門事件」。

明代士大夫的氣節風骨在左順門事件中展露無餘；在明朝堅持風骨的代價，在左順門事件中也暴露無遺。

明代皇權已經強大到可以挑戰儒家意識形態的程度，在與官僚集團的鬥爭中取得了絕對優勢。皇帝需要文人士大夫知天下，卻不願意與文人士大夫共天下。皇帝需要的是順著皇權心意的順臣，而不是直臣、諍臣、忠臣。在大禮議之爭，凡是支援嘉靖皇帝尊崇生父的都得到了優待，甚至破格晉升入閣。它傳遞出明確的訊號：順皇權者昌，逆皇權者亡。可悲的是，漢唐時期計程車大夫風骨在嘉靖朝之後迅速消散無存。叩闕死諫事件，作為士大夫的集體行為，再也沒有發生過。左順門事件使「衣冠喪氣」，誠如斯言。

左順門，原本只是紫禁城內一座尋常宮門，有幸見證了明朝士大夫的錚錚鐵骨，見證了士大夫最後的風骨。它是錚錚鐵骨的匯聚之地，也是折戟之所。

後世的讀書人時常經過左順門，想必要帶有瞻仰自省之心。

太和門廣場地磚（張程 攝）

# 皇帝不坐朝？

　　人們批評皇帝的一個刻板印象便是：皇帝不坐朝。似乎坐朝是皇帝勤政的標配，不坐朝的皇帝就是置家國於不顧的昏君。紫禁城裡有兩位主人是這種刻板印象的典型代表：嘉靖皇帝和他的孫子萬曆。爺爺有二十多年沒上朝，孫子則乾脆三十年不上朝。可是，明朝並沒有在嘉靖、萬曆年間滅亡，官府仍舊照常運轉。不坐朝的皇帝始終掌控政權、如臂使指。

　　問題就來了：皇帝不坐朝，怎麼處理政務？

　　皇帝上朝，在紫禁城中是指太和殿大朝會、太和門常朝聽政和左順門晚朝。大朝會的禮節性質決定它不可能處理政務，晚朝非有緊急事情或突發情況而不召，二者都可擱置不論，單論常朝聽政。

　　御門聽政的範圍與流程雖然大為簡化，但對數千名官員來說，每日奔波勞累著實是一樁苦差事。明太祖朱元璋每日堅持上朝，無論寒暑，因為他有著旺盛的權力欲和過人的謀略，是個為皇權而生的工作狂。朱元璋將每天清晨的御門聽政定為「祖宗家法」，可是他忽視了一點：並非人人都是他那般的政治動物。

　　距離朱元璋死後不到三十年的宣德六年六月初八，鴻臚寺就奏報當日早朝缺席的文武官員超過 500 人，其中缺席超過兩次的達 300 多人，請求治罪。又過了六十多年，弘治十五年八月十二日早朝缺勤數目達到了 1,160 人，包括泰寧侯陳璇等顯貴。明朝官員逃避常朝聽政的手法五

花八門，「或借言公差，或妄稱疾病，填注門籍，歲無虛月」，甚至「經年累月稱疾不朝」。弘治皇帝的兒子明武宗自由散漫，不喜拘束，從經常下旨免朝到乾脆早朝全廢，明朝的常朝制度從中期就開始廢弛了。這是嚴苛的制度設計之下，君臣雙方共同的逃避行為。

朱元璋這般雄才偉略、一路廝殺過來的開國君臣，擁有乾坤獨斷的能力與威望。可是，朱明子孫並不具備這樣的素養。

明朝第五位皇帝明英宗繼位時僅九歲，尚且不知人間冷暖，談何在朝會上決斷大臣們的奏事？可是，皇帝是朝會的絕對主角，這是他一個人的舞臺，不允許其他人插嘴一個字 —— 這也是廢宰相、收權於皇帝的朱元璋的「祖宗家法」。於是，明英宗時期的常朝也淪為如大朝會一般的表演。先是宮廷限制了大臣奏事數目，每次朝會不得超過八件；即便是這八件奏請聖裁的事項，官員要提前一天書寫「面帖」呈進，輔政大臣提前給皇帝書寫建議，明英宗第二天朝會只需照本宣科即可。君臣都知曉，此時的早朝就是一場彩排過的表演。

明英宗之子明憲宗朱見深登基時十七歲，年紀不算小，可依然不具備五世祖朱元璋那般的判斷與謀略。朱見深的對策是：套用標準答案。如果大臣啟奏之事與吏部職權有關，朱見深就回答：「吏部知道」，如果與都察院有關就回答：「都察院知道」，如果是替本衙門申請利益就答道：「該衙門知道。」

端坐龍椅寶座的朱見深，有一個難言之隱：因為口吃發不出「是」字。當頒給官員誥敕及請寶用印時，皇帝照例要回答「是」。鴻臚寺卿施純彥最先揣摩出了「玉音不便」，奏請類似情形時皇帝答語改為「照例」，深得朱見深歡心，迅速青雲直上，不久榮擢禮部尚書。旁人諷刺為「兩字得尚書」。

即便機械復讀，朱見深也深以為苦，下旨削減每日常朝奏事不得超過五事。萬曆皇帝登基時十歲，輔政的張居正以皇上年幼為由將朝會削減為每月逢三、六、九日上朝。從此，明代早朝一月只舉行九次，已經不再是「日日早朝」了。等到明熹宗繼位時，貪玩昏聵加上不識字，皇帝少數幾次坐朝聽政，只如「傀儡之登場，了無生意」。

朝會淪落至此，根本原因是這項制度規矩太嚴、空文太多，「大庭之上，體貌森嚴，勢分懸隔，上有懷而不得下問，下有見而不敢上陳」，君臣雙方都被限制得死死的，除了宣揚皇權沒有其他實效，徒增負擔而已。

紫禁城裡還有不少只具其表、少有實效的制度，朝會只是其中之一。這座輝煌的宮城，生而為皇權的體現。至高無上的皇權不為任何人而生，只要所有人臣服於他。

以三十年不上朝著稱的嘉靖皇帝，對皇權的本質看得十分透徹。他直言「早朝無用」，「朝堂一坐亦何益？」

就連風雨無阻天天上朝的朱元璋，其實也不完全依靠御門決策。人的精力、體力與智力畢竟是有極限的，不可能以一人之力治天下。在持續了二十多年每年無休、每天起早摸黑處理數百件公文的超高強度工作之後，朱元璋設定了「內閣」，臨時招募一些年輕的中低階官員在身邊出謀劃策，備問諮詢。鋼鐵巨人一般的開國君主，最後也給自己找了一根枴棍。

大明帝國的決策中心搬移到紫禁城之後，內閣隨之而來。此時的內閣，還是一個可有可無的臨時機構。

朱元璋的曾孫子、明宣宗朱瞻基在中國政治制度史上留下了深刻的一筆。朱瞻基開始任用親近大臣內閣大學士，正式賦予「票擬」之權。

即內閣大學士可以替皇帝批閱奏章，草擬出處理意見。內閣的處理意見寫在小紙條上，附在本章之上，稱為「貼票」。皇帝對政務的處理，簡化為對內閣票擬意見的處理。內閣掌議天下之政，大學士分享了皇權。（明代內閣的職權是：「預機務，出納帝命，率遵祖憲，奉陳規誨，獻告謨猷，點簡題奏，擬議批答，以備顧問，平庶政。」清代內閣的職權是：「掌議天下之政，宣布絲綸、釐治憲典，總鈞衡之任，以贊上理庶務。凡大典禮，則率百寮以將事。」）在明宣宗及其子明英宗時期湧現了多位領袖群臣的宰相級內閣大學士。

朱元璋廢宰相的祖制，被曾孫子迂迴突破了。

內閣的出現，紫禁城朝會的政治功能遭到徹底虛化。

內閣分沾皇權而生，是在紫禁城內辦公的國家最高行政機構，也是明代紫禁城內最大的外朝機關。那麼，明代內閣在紫禁城何處辦公呢？

明朝官員入閣，早期稱為「直文淵閣」。文淵閣本是南京明皇宮中的藏書樓。紫禁城仿南京明宮，也早早建了文淵閣。紫禁城建成後，南京文淵閣的珍貴藏書載運北京，入藏新的文淵閣。當時負責這項工作的翰林院官員挑選了一百個櫃子的藏書，督舟十艘，浩浩蕩蕩進京。北京文淵閣的起點很高，到明英宗正統年間稱為天下數一數二的藏書樓了。當時的內閣大學士楊士奇編撰了《文淵閣書目》，統計文淵閣藏書達到 43,200 冊、10 萬卷以上。這幢圖書館一樣的建築，就是內閣辦公樓，是大明帝國最高的行政機關。【內閣草創時期，大學士都由翰林官員充任。文淵閣同時也是翰林院的辦公場所，直到正統七年翰林院遷於長安左門東南方向（今公安部大院東側），文淵閣才成為獨立的內閣公所。】

如今故宮的文淵閣是在明代聖濟殿遺址上後建的清代建築，並非明朝的文淵閣。

　　後人只能從故紙堆中觀看明代文淵閣的模樣：「（嘉靖十六年）文淵閣中一間，恭設孔聖及四配像；旁四間各相間隔，而開戶於南，以為閣臣辦事之所。閣東誥勅房裝為小樓，以貯書籍。閣西制勅房南面隙地，添造捲棚三間，以處各官書辦，而閣制始備。」中間有四個房間，是內閣大學士們辦公決策場所，估計面積不會太大，加上存放書籍、畫像，辦公條件也不會太好；兩邊是內閣辦事官員書寫誥勅、處理文書的場所，條件估計比大學士更遜一籌。決策機關的高低，不在於場所條件，而在於與皇權的親疏遠近。這條中國政治制度史的規律，在內閣身上又一次得到了驗證。

　　文淵閣的具體位置，眾說紛紜，是紫禁城的一樁歷史公案。

　　根據「文東武西」的布局原則，後人都贊同文淵閣肯定在紫禁城東南部，在東華門與左順門（協和門）之間。現在協和門外東南部留有清朝內閣的舊址，有人說明朝文淵閣就在內閣舊址一帶；有人說明代文淵閣在現在的文華殿附近，或殿南、或殿北。

　　明憲宗時期的內閣首輔大學士彭時曾記載：「文淵閣在午門內之東，文華殿南面，磚城凡十間，皆復以黃瓦，西五間，揭『文淵閣』三大字牌匾。」清朝乾隆時的學者型官員于敏中、寶光鼐考證認為明代文淵閣在清代內閣之東，「規格庫陋」。明代文淵閣既有可能在現存清朝內閣舊址略微偏東的地方，與文華殿隔路相望。

　　之所以會出現這樁案子，是因為文淵閣在李自成撤軍時燒成了一片瓦礫。文淵閣內所藏的宋元珍本付之一炬，儲存的明代檔案化為烏有，是中國文化與政治的一場浩劫。

　　遙想當年，明朝皇帝退朝還宮，將當日需要內閣處理的奏章親御翰墨、識以御寶，交給小黃門送往文淵閣。小黃門出乾清門，沿著三大殿的東牆外一路快走，走向花木掩映中的文淵閣。內閣大學士票擬完畢，

用文淵閣印封好，派遣內閣中書送回乾清宮。

遙想文淵閣中，楊士奇、楊榮、楊溥三個人從青年到壯年再到老年，把大半輩子都耗在了這座樓中。他們三位歷仕永樂、洪熙、宣德、正統四朝，先後加大學士銜輔政，史稱「三楊」。時人稱楊士奇有學行，楊榮有才識，楊溥有雅操，勵精圖治，開創了明前期的治世。

遙想明朝後期，夏言、嚴嵩、徐階、高拱、張居正等政壇英豪你方唱罷我登場，各領風騷幾十年，分別在明朝政治史上書寫下自己的印記。尤其是張居正主掌內閣時期，內外協同，大刀闊斧，推行了以他的名字命名的變法改革。張居正之後，文淵閣再無名相。

遙想當年閣門之上聖諭高懸：「機密重地，一應官員閒雜人等，不許擅入，違者治罪不饒。」天下億萬讀書人無不以入閣為人生目標，千萬仕途新進無不以拜相為職業生涯的終點。可是，他們中的大多數人終其一生只能收到內閣的公文往來。

一部文淵閣，大半明朝史。只有紫禁城的宮殿，才有可能享有殊榮。而這份殊榮在明朝落在了文淵閣頭上。

每一天數以千百計的題本、奏本、賀表和敕令在文淵閣進進出出。內閣代皇帝承擔了繁重的日常政務。但是遇到疑難大事時，朝廷需要擴大議事範圍，集思廣益。皇帝將疑難雜案、重典大禮、國計民生大事等交付內閣和六部九卿等高階官員集體商議，參與官員集議後呈報聖裁。這種介於朝會和內閣之間範圍的政務處理模式，雖然罕見卻效率很高，明代稱之為「廷議」。清朝將明代廷議發展為「大學士九卿會議」或「大學士六部九卿會議」，越到後期使用越頻繁。其中的九卿虛指在京四品以上文官機構的長官。（李文傑：〈廷議與決策 —— 晚清的大學士六部九卿會議〉，載於《史林》二〇一九年第三期。）

內閣處理常務、廷議處理急務，完全接替了大朝會和常朝聽政的奏事決策功能，後者最終簡化為純禮節性的儀式。皇帝不參加朝會，不等於不理朝政。來往乾清宮和文淵閣的小黃門，上傳下達，保障著朝廷日常執行。凡遇大事，由群臣廷議，再大的事情皇帝可以召見內閣大學士或貴戚重臣面議，保證對大事、急事及時做出反饋。皇帝可以煉丹修煉，可以貪戀女色，可以醉心木工，也可以田獵巡遊，只要內閣運轉正常、廷議照常召集，朝政就不至於停滯中斷。

嘉靖皇帝曾為三十年不上朝自我辯解：「早朝率多彌文，至軍國大務，何嘗不日經心？」

嘉靖確實數十年自我封閉在重重深宮。大多數官員終其一生，都沒有見過皇帝一面，哪怕是遙望一下；重大人事和獎懲賞罰無法在大朝會上公布，導致部院官員缺員不補。但是，嘉靖皇帝沒有置祖宗的江山社稷而不顧。朝廷的大事小事乃至對皇帝的冷嘲熱諷都可以正常傳遞給內閣，至於嘉靖皇帝會不會批覆就是另一碼事了。名人海瑞痛罵嘉靖皇帝昏聵無恥的《治安疏》就直達御前，龍庭震怒，幸虧內閣大學士陳情海瑞才僥倖活命，可見嘉靖後期政務處理是流暢的。

中國政治發展到明朝已經高度發達，皇帝個體內化為了龐大政治機器的一個螺絲釘。一枚螺絲釘的懈怠，會影響整體效率，但不至於導致整個機器的失衡。

皇帝不上朝，空洞累人的朝會停頓荒廢了，其他制度設計依然保障皇權不墜。

皇帝不上朝，政治體制頂端那個勤政的偶像不存在了，對民心仕風都有消極影響，倒是真的。如果皇帝都不上朝，紫禁城作為皇權體現、彰顯皇權尊貴的作用就大大削弱了。

# 從內閣到軍機處

# 內閣小院與大庫

紫禁城不是為某個帝王建造的，但是帝王個人會給紫禁城塗抹上濃厚的個人色彩。

帝國體制不是為某個帝王創制的，但是帝王個人在體制上刻下了深刻的個人印記。

明初的朱元璋和清初的康熙皇帝，都是大有作為的皇帝，都給紫禁城留下了深刻的印記。

康熙皇帝幾乎憑一己之力梳理了一遍大清帝國的難題，精力旺盛、意志堅強，一心做一個勤勉求治的明君聖主 —— 事實上，他也做到了。康熙繼承了朱元璋的強悍與勤政，幾乎把明初的大朝會和常朝聽政制度照搬到了紫禁城。

清代紫禁城，每年元旦、萬壽、冬至三大節照樣舉行大朝會，皇帝親臨太和殿，百官雲集慶賀，禮節基本相同，只是部分操辦機構的名稱有所改變，比如明代的錦衣衛清朝改稱鑾儀衛。明代每月朔望大朝，清代改在初五、十五、二十五這三日舉行，每月增加了一次。（李文傑：〈清代的「早朝」—— 御門聽政的發展及其衰微〉，載於《故宮博物院院刊》二〇一六年第一期。）

大朝會依然是禮節重於實務，處理政務主要在常朝聽政時。康熙定下的常朝禮儀大體照搬明代，最大的不同是「御門」從太和門改到了乾

清門。清朝御門聽政時間稍晚，夏秋為辰初（七點），冬春為辰正（八點）。朝參官員的範圍與明代基本相同，每日早早齊集在午門外廣場，前者為卯正一刻（六點十五分），秋冬為辰初一刻（七點十五分），入宮後走三大殿的東側，分別從中左門、後左門走過，然後隨值日侍衛至乾清門丹墀東邊西向列隊而立。起居注官已經在丹墀西邊東向而立。

每一天，康熙皇帝都準時出現在晨曦中的乾清門。龍椅居中，御案橫陳。北京的冬天，西北風凜冽勁吹，早晨奇冷。內務府在龍椅周圍設圍帳，並在座前擺放兩個銅火盆取暖。對於寬敞的乾清門廣場，取暖效果並不明顯。勤勉的康熙，除了離宮辦事或狂風暴雨，堅持每日聽政，從少年到晚年，直至成為太廟裡「聖祖仁皇帝」。

康熙皇帝御門升座後，大內侍衛在丹陛下石欄旁東西排立，起居注官由西階升至乾清門簷下侍立。各部院衙門依次從東邊臺階走上門臺，跪捧奏章放至御案，然後退到東邊向西而跪，開始奏事。清代官員似乎可以口語奏事，而不用像明朝前輩那樣照本宣科。奏事完畢，官員再從東邊臺階退回朝班。下一個衙門照此進奏。清朝御門奏事的順序是宗人府、吏部、戶部、刑部、禮部、太常寺、光祿寺、鴻臚寺、國子監、欽天監、兵部、督捕處、太僕寺、工部、理藩院、都察院、五城兵馬司、通政司、大理寺、內閣、翰林院、詹事府，然後才是九卿會奏廷議事件、科道官條陳監察事項。某衙門沒有陳奏事宜，下一個衙門遞補。無事衙門的堂官，當日也要齊集御門隨同上朝。各衙門奏事畢，所有官員跪送皇帝退朝，隨侍衛由後左門出宮。

康熙執政的半個世紀，是紫禁城御門聽政制度執行最好、最規範的時期。帝國體制的最大弊端或許是個體對體制的影響太大。隨著康熙皇帝駕崩，御門聽政不再嚴格。雍正年間，各衙門奏事不均，有時奏事繁

多，有時竟然無一事啟奏。雍正皇帝規定八旗各分一日輪奏，六部各分六日，都察院與理藩院為一日，內務府為一日，這樣就每天都必須有「一旗一部」陳奏政務。其他衙門根據政務繁簡附於主體部院奏事。

事實上，清朝繼承明朝的內閣制度，行之有年，御門聽政早已不復往日。內閣深度介入了政務流程，日常政務也及時匯總內閣。乾清門所議，變為了對內閣所呈題奏本章的討論，尤其是「折本」的面奏請旨。內閣本章票擬進呈後，皇帝沒有反饋的，官員稱為「折本」。折本不是存在疑問，就是茲事體大，皇帝通常會在本子上摺角。御門聽政之時，君臣討論折本更有針對性。不過，常朝聽政也變為了內閣行政的補充。

內閣完全把持了日常政務處理。清代內閣建制更全、規則更細，從大學士、學士到侍讀學士、侍讀，再到典籍、內閣中書，各司其職，維繫著龐大帝國的政情暢通。

內閣大學士額定六人，名稱冠以紫禁城的殿閣名字。明初有「四殿兩閣」大學士：中極殿大學士、建極殿大學士、文華殿大學士、武英殿大學士；文淵閣大學士、東閣大學士。清初根據大殿名稱的改變，前兩位大學士改為中和殿大學士、保和殿大學士，其他不變。乾隆年間改「中和殿大學士」為「體仁閣大學士」，內閣形成「三殿三閣」格局。新入內閣的大學士，稱為「協辦大學士」，類似見習性質。大學士按照保和殿、文華殿、武英殿、文淵閣、東閣、體仁閣、協辦的順序定高低尊卑，也按此順序遷轉。當然，大學士不一定滿員，最尊貴的「保和殿大學士」就不輕易授予大臣。大臣也不一定非要從協辦大學士開始入閣。

排名第一大學士尊稱為「首輔」，大約因為處於襄贊大政、票擬批答的首位，掌握內閣決策之權，朝野視之為宰相。基層辦事的內閣中書，則往往是新科進士的第一份工作。

　　紫禁城外東路最南端，南牆以北、協和門之東、內金水河以下的大片土地上，坐落著清代內閣舊址。

　　今天的遊人行走在協和門和東華門之間的大道上，或者遊玩在故宮東南城牆之上，很難料到路牆之間這片不起眼的平房裡在近三百年時間裡是帝國的行政中心，集中著大江南北的精華讀書人。平房區大致分兩部分，東部一排排連房是中國紫禁城學會；西部的小院似乎閒置了，頗有瓦楞枯草、窗稜傾斜的感覺。

從南城牆上俯視內閣小院（張程 攝）

　　時光倒流一百多年，平房西部小院是內閣大堂，是行政核心的核心。清初內閣大學士在昭德門東南隅辦事，康熙中期開始移到此處辦公。內閣大堂坐北朝南，面闊三間，黃琉璃瓦硬山頂。堂後為內閣大學士的齋宿之所。小院在成百上千的紫禁城宮院中平凡得不能再平凡了，和內閣的地位完全不配。事實上，紫禁城只彰顯帝王的尊榮、搭配帝王的地位，外臣機構不在紫禁城建築烘托的範圍內。

皇帝將內閣設定在東南角毫不起眼的平房中，極可能是有意貶之。內閣本就是皇帝設想的顧問諮詢機構，實權來自於皇帝的授權。真正的宰相已經在朱元璋手中埋入了歷史的塵埃，之後的所有權臣都不是法定的宰相，而是在制度縫隙中騰挪攬權的成功者。最高的決策者和行政核心，只能是皇帝本人。紫禁城中自然不能有與內閣實權相配的建築。

內閣主體機構也都擠在小院中。清代內閣的規模相比明代擴大了許多。除了天下政務增多之外，還因為滿漢雙語交流的需求，增設了翻譯機構。小院中有典籍廳，類似於內閣辦公廳，典籍廳印信代行內閣大印；有漢本房、滿本房、漢票簽處、滿票簽處、批本處、紅本處、誥敕房，都是圍繞文書處理流程建立的機構。其中，漢票簽處是內閣核心部門，在小院的左廂房，坐東朝西三間房，中屋為內閣侍讀草擬意見的地方，然後提交內閣大學士定奪；內閣大學士確定意見後，交到北屋由內閣中書繕寫最終票擬意見，呈送御覽。經過御覽得旨的本章稱為「批本」，由批本處從內廷收回，由內閣學士用硃筆書寫聖意，形成「紅本」，最後由紅本處交給宮外的六科給事中分發落實。此外，內閣在左順門南北圍房處還有值班房和稽察欽奉上諭事件處等下屬機構。

內閣小院之東是占地三倍左右的內閣大庫。大庫有三幢磚石結構的大排房，牆上開窗，窗有鐵柱，外罩鐵板，一切設計都是為了更安全、長久地儲存檔案文書。三座庫房，分別存放紅本、典籍、關防等，稱為紅本庫；存放實錄、書籍、賀表、表匣等，稱為實錄庫；還存貯歷科殿試考卷、前代帝王功臣畫像等，以及清朝入關之初從盛京移來的舊檔、部分明末檔案。這些珍稀材料和原始史料，宮廷視為祕藏之物，除內閣負責官員循例編目外，外人不能查閱，甚至「九卿、翰林有終生不得窺其一字者」。

內金水河對面的廊房就是內閣誥敕房，誥敕房右側即風骨聖地左順門（郝磊 攝）

宣統元年（一九〇九年），學部參事羅振玉到內閣辦事，發現內閣大庫年久失修，有一座倉庫塌了一角，庫內檔案史籍堆積如山。羅振玉順便撿起來一份，是百年前漕運奏摺，再開啟一份是乾隆朝征討金川的奏摺。羅振玉認為內閣檔案亟待保護，一問內閣官員竟然聽說他們準備銷毀部分材料！文人氣息濃厚的羅振玉上報了時任內閣大學士張之洞，請求他奏請保護。最終，在羅振玉的主持下，內閣數以百萬計的檔案材料，除歷科殿試考卷轉移到學部後樓儲存外，其他檔案裝成了八千麻袋移到國子監存放，後來又轉移到午門外朝房和端門門口存放。一九二十一年春，財政窘迫的北洋政府決定出售內閣檔案，鬧出「八千麻袋事件」。羅振玉再次出面保護，在此過程中檔案還是大量散失，大部分最終歸於臺灣中央研究院。

清朝內閣可謂數千年政務實踐歷史的集大成者，最成熟者。

正當內閣職掌日益明細、設定日益精緻之時，它的替代機構也悄然誕生了。

# 「臨時」軍機處

最高行政機構趨於完善之時，就是消亡之日。丞相、尚書省、中書門下、內閣，都沒能逃脫這條鐵律。

循著小黃門傳遞本章的路徑，我們從內閣大堂出發，沿著三大殿東牆走到景運門，進入乾清門廣場，經過內左門、乾清門、內右門，在右前方有一排瓦房，這就是新的最高行政機構——軍機處。

軍機處的誕生是內閣的內在缺陷與君主集權趨勢雙重作用的結果。內閣處事效率並沒有提高多少，不少政務就耗費在公文流轉批駁之間。這是所有趨向繁密精緻的機構不能避免的「官僚病」。同時，很多事情不適合在一個大的範圍或者公開場合宣講討論，尤其是涉及爭鬥、機密或軍務時。這是內閣及之前行政機構通行的缺陷。

內閣的致命缺陷是依然不能避免權相的誕生，比如嚴嵩、張居正。大朝會雖然不實用，可是能確保皇帝的主角光環，內閣大學士的配角光芒卻時常蓋過皇帝這個主角。這是皇帝最不能容忍的。

早在明朝後期，王公貴戚遇到急事要事，可以繞過內閣，將奏本直送御前。康熙皇帝將這項特例固定為慣例，並且擴大授權範圍。官員們直送康熙的公文既不是陳奏公事的「題本」，也與匯報私事的「奏本」不盡相同，於是產生了一種新的公文形式「奏摺」，俗稱「摺子」。有權上摺子，是清朝官員身分地位的象徵。

雍正七年（西元一七二九年），雍正皇帝用兵西北，為免內閣事機不密效率不高，招親信大臣組成「軍機處」，在隆宗門外、內右門旁臨時搭建的板屋處理軍務。之所以選擇此處，一來離雍正的寢宮養心殿最近，便於皇帝隨時召喚，二來此處是前朝和後寢的交界，戒備森嚴，便於保密。這塊外臣能夠到達的最靠近內廷的地方，是雍正皇帝最理想的大臣待詔輔政之地。

雍正君臣都沒想到，軍機處從此「臨時」存在了將近二百年。

雍正及其子孫驚喜地發展，軍機處能夠避免內閣的缺陷，還給皇權專政以極大便利。既然是臨時機構，軍機大臣的選用全憑皇帝喜好，沒有法定的標準，更無須像內閣大學士選拔那般遵守官僚集團的規則；既然是臨時機構，軍機處就沒有任何法定權力，不能票擬，不能號令，只能仰仗皇帝的垂青，做皇帝的耳目爪牙。清朝皇帝無意之中找到了壓制相權、釋放皇權的制度法寶。君權專制將藉由軍機處攀登頂峰。

軍機處值房（張程 攝）

現存軍機處之房為磚瓦建築，最早由乾隆皇帝改建，牆上掛有雍正皇帝御書匾額「一堂和氣」和咸豐皇帝御書匾額「喜報紅旌」。整座房

屋低矮侷促，粗樸清寒之氣撲面而來。半百花甲乃至古稀之年的軍機大臣，在此辦公會商的窘迫之情，可以想見。

明清內閣的辦公條件本就談不上寬敞，軍機處得辦公條件根本談不上正常。這又是皇權有意為之。嚴格來說，軍機處值房並非辦公場所。作為一個無專官、無衙署的臨時機構，哪裡需要辦公場所？

當年，沒有俸祿、沒有品級、沒有許可權的軍機大臣們在丑正（二至三點）到達值房，預備著寅卯之間（五至六點）皇帝召見。商議時，軍機大臣大多數時候是跪聽聖訓，執行皇帝的決策。他們沒有內閣票擬權，更接近於諮詢顧問的角色。可是他們又沒有顧問大臣的待遇，最多享受賞賜的墊子，絕無坐著椅子君臣論政的可能。君臣議事可能遲至辰初（八點），皇帝傳散，軍機大臣們要躬身後退，至門口再轉身出去，不能背對皇帝。皇帝與軍機大臣商議，門口無使喚人員，資質最低的軍機大臣進出時需要替同僚撩舉門簾，稱為「挑簾軍機」。帝王對待大臣禮節之卑，到此趨於頂峰。

傳散後，軍機大臣要抓緊落實會議內容，如果幸運，他們白天還能處理本職工作；如果事務繁雜，皇帝一起之內會數次召見，在早間稱為「早面」，晚間稱為「晚面」，軍機大臣終日都要耗在狹隘的值房內，無暇處理本職工作。

清末御史張瑞蔭直指：「（軍機大臣）類皆小心敬慎，奉公守法。其弊不過有庸臣，斷不至有權臣。」

軍機處只處理奏摺，理論上與內閣並無衝突。題本和奏本繼續匯總到內閣處理，內閣官員很快發現各衙署匯報的事項無非例行公事、用於私事的奏本數量迅速萎縮排而匯入題本，甚至部分題本涉及事項已經透過奏摺御覽，經軍機處辦理後再走內閣流程。內閣淪為照章辦事、機械

瑣碎的官僚機構，不得預聞機要。奏摺後來居上，江河泛濫，軍機處又沒有屬官，軍機大臣們可不要日夜操勞？

奏摺聖裁後，軍機處負責傳達落實。軍機處傳旨大有學問，對於需要公開的決策，軍機處傳遞給內閣頒發諭旨，稱為「明發上諭」；對於不便公開的決策，軍機大臣直接給相關官員致信，稱為「字寄」或「廷寄」。這種來自軍機處的信籤，沒有寄信人的署名，上書「軍機大臣字寄某官開拆」或「傳諭某官開拆」，都是由四百里或六百里加急文書寄出。字寄不是聖旨，但比聖旨更重要，收件人不能有絲毫怠慢，原件年底必須送回軍機處。

字寄上印有「辦理軍機事務印記」，滿漢雙語篆刻，它相當於軍機處的「官印」。此印收藏在乾清宮西南角的內奏事房。領班軍機大臣佩帶印鑰，值班的軍機章京保管一塊「軍機處」金牌，用印時軍機章京請示大臣拿到印鑰，再以金牌為質向內奏事處太監借印，太監核對金牌、印鑰無誤後才借出印記。

軍機章京是軍機處的臨時辦事人員。軍機處只有大臣和章京兩個層級。軍機章京必須是有科舉功名的、能力出眾、處事縝密的年輕京官，還得善於書法。入選者通常是七品左右小官，處理文書、撰擬文稿、夜間值宿、承辦案件等等，事務非常繁重。夜間遇警，如果軍機大臣不在，皇帝也會單獨召見值日軍機章京，直接宣諭旨意。嘉慶年間定軍機章京為滿漢各兩班，每班八人，共三十二員。各班設領班、幫領班章京各怡人，由軍機大臣在資深章京中挑選。軍機章京也是臨時兼職，但一入軍機處肯定無暇處理本職工作，然而可以照常晉升職銜。軍機章京的本職升至通政司副使、大理寺少卿或者三品官後，會強制調離軍機處回歸本職。因為到達這個層級，已經接近封疆大吏了，不便留在軍機處聽差辦事。

　　清代官員辦公叫「上衙門」，只有軍機章京例外，兼職不叫「上衙門」而叫「上班」。軍機處的兼職叫「班務」。他們不會想到，「上班」在幾百年後會成為最常用的漢語。

　　「臨時」之外，軍機處的第二大關鍵詞是「祕密」。

　　軍機大臣參與會商，卻不能竊為己有，生殺賞罰都出自聖裁。隻言片語都只能由皇帝公布。乾隆十四年三朝元老張庭玉致仕，乾隆同意他配享太廟。這是莫大的恩榮，軍機大臣傅恆、汪由敦先行向張老道賀。結果兩位都受到訓斥。嘉慶二十四年，有人告發軍機章京程同文將文字攜回寓所辦理，下旨革職。後查明是另一名章京張文垂把公文帶到家中，張文垂革職。

　　乾隆皇帝決定傳位嘉慶皇帝，軍機大臣和珅馬上向嘉慶傳遞如意，表示擁戴攀附之意。嘉慶皇帝親政後誅殺和珅，第一條罪狀就是和珅洩漏機密。

　　都察院御史每日在軍機處西邊的內務府值房坐鎮，監視軍機處有無內外官員勾結。非軍機處兼職官員，不能踏入軍機處範圍半步。軍機處需要想王公大臣傳諭的事項，在乾清門臺階下宣旨，不能在軍機處傳述。晚清湖廣總督張之洞奉慈禧太后諭旨找軍機大臣議事，張之洞走到軍機處附近，無論軍機大臣如何恭請，都不敢邁前半步。軍機大臣們只好出屋，幾位老人就站在乾清門廣場上討論了起來。據說，這是因為雍正皇帝曾下旨：「軍機要地，有上臺階者處斬。」

　　外西路南部咸安宮東邊的方略館，劃歸軍機處管理。這可能是軍機處的唯一「下屬」機構。清朝凡是取得軍事大勝，都要撰寫一部方略。方略撰寫由軍機大臣任總裁，設方略館主持其事。沒有撰寫任務時，方略館的主要職責是儲存軍機處檔案。

奏摺聖裁後，軍機處會抄錄全文及御批存檔，稱為「奏摺副本」。原件交給相關衙門或啟奏之人執行，副本就儲存在方略館，按月製作成包存放。年終交還的奏摺原件，多數的最終歸宿也在方略館。此外，少數難以決策或者不便讓第三者知曉的祕密奏摺，皇帝擱置不議，稱為「留中奏摺」。這些留中不發的奏摺軍機處也有輯錄成目錄。兩百年的奏摺原件、副本和目錄，都儲存在方略館。奏摺中附帶的賀表、地圖、清單、口供等也存在其中。方略館儲存著清朝要政大事的決策始末、原始資料，是政治史研究的寶貴資料。幸運的是，這部分檔案儲存完整，現儲存於中國的歷史檔案館中。軍機處檔案的命運，遠幸於內閣檔案。

軍機章京值夜，也宿於方略館。方略館有東西平房三間，兩邊是軍機章京宿舍，中間為飯廳。章京們退食於此。

軍機處高效運轉、內閣循序漸進，朝會的角色更加尷尬。

早在康熙中期，就有大臣指出了朝會的形式弊端。大理寺司務趙時楫上疏稱：「諸臣每夜三更早起，朝氣耗傷，未免日間辦事，反難精密」，朝會不僅不務實而且影響日間工作。他建議削減朝會的規模和頻率，「緊要事宜必須面陳者，分班啟奏」。康熙皇帝沒有採納。雍正朝以後，朝會的衰敗便不可避免了。嘉慶六年，嘉慶皇帝明發上諭指出御門聽政，每次都是刑部呈進三件、其餘部門只呈進一件，相沿舊例，但「朕每日披閱章疏，隨時發行」。嘉慶要求各部不要拘泥慣例，朝會時積極奏事。皇帝的要求並不能逆轉朝會的頹勢。各衙門奏事，如果是例行公事，可以題本交給內閣，如果是緊急大事，隨時發放軍機處，朝會時都是象徵性地選擇個別題本啟奏。常朝聽政，已經沒有必要了。皇帝臨朝聽政，主要是做出勤政表率。

乾隆朝之後，御門聽政次數逐年銳減；嘉慶朝只有當折本存放積

累至十件以上時，才舉行御門聽政。咸豐帝在位十一年，才御門聽政四十八次，平均每年不到五次。咸豐九年（西元一八六〇年）十二月十三日，「上御乾清宮聽政」，這是紫禁城戲劇性的最後一次御門聽政。（李文傑：〈清代的「早朝」——御門聽政的發展及其衰微〉，載於《故宮博物院院刊》二〇一六年第一期。）

與御門聽政的衰敗相反的是，日理萬機、夙興夜寐是清朝皇帝的常態。

愛新覺羅家的皇帝，是歷代皇室中最勤政的，並沒有出現懶政荒廢之人。軍機處的建立，既增強了對朝政的掌控，同時加大了皇帝的工作壓力。朝政之多，逼迫皇帝需要經常日以繼夜批閱本章和摺子。雍正皇帝常年秉燭硃批，除了元旦休息之外幾乎無休，每日平均睡眠不超過四小時。乾隆皇帝每天晚膳後批閱文書之外，習慣與軍機大臣「晚面」。乾隆時期，隆宗門外軍機處常常燈火通明。奏摺深夜送至，乾隆皇帝一定會披衣御覽，隨時召軍機大臣面授機宜。對於軍機章京草擬的諭旨，乾隆常常親手批閱改定。有時從起草到確定文字需要一個時辰，乾隆皇帝會披衣等候。

清代的紫禁城是一臺龐大而高效的行政機器。

來自五湖四海的訊息編織成巨大的網，罩向紫禁城後，抽絲剝繭，分發各處，一一得到妥善處理。幾千年來中國政治制度的經驗教訓與智慧成果，集大成於此時此刻。

# 小軍機的日與夜

維持這臺巨大行政機器運轉的，是每日進出紫禁城的大小官員。

京官難做，在紫禁城當差的京官更難做。早出晚歸是他們的日常，「退衙歸逼夜，拜表出侵晨」，作者白居易這首詩的名字就是〈晚歸早出〉。唐朝政府機關多集中在皇城區域，而百官居住在皇城外的街坊中，所以白居易回到家時「逼夜」了。明朝官員也不能住在皇城，大多在城南擇屋而居，居住在現在東西長安街附近的朝官最多。每天清晨，朝參官員披星戴月趕到皇城，從東西長安門步行入內，再向北穿過承天門（天安門）、端門，就見到了巍峨雄壯的午門。他們在這裡的廣場靜靜等候午門開啟。端門和午門之間兩側建有兩排聯簷通脊的朝房，一部分是六科公署，一部分是朝房，官員們按品級入內歇息。明代高啟〈早至闕下候朝〉寫道「月明立傍御溝橋，半啟栱門未放朝」，說的是官員早到待朝的普遍現象。

清朝北京城的特殊之處在於，內城規劃給八旗子弟居住，其他人不得入居。絕大多數官員只能居住在外城（原北京市崇文、宣武區）乃至城外郊區。官員居所與紫禁城相隔更為遙遠，清朝官員在紫禁城上下班的生活注定更加辛苦。

每逢朝會或當差之日，清朝官員凌晨時分坐上小轎，抓緊時間在轎子裡打瞌睡或者看書。有些文人型官員，每日最主要的閱讀時光竟然是在上朝轎子裡的這一個時辰。不過如果遇到雨雪天氣，街道泥濘不堪，

車轎顛簸，加之雨雪風寒，上朝之路苦不堪言。清朝官員惲毓鼎一次入宮辦事，因起床過早，子末（一點）起床後強忍著頭暈啟程，結果在路上嘔吐了，不得不半路折回家。再考慮前日應酬辛苦、慢性疾病纏身，上朝更是一樁苦差事。

明朝官員活動區域集中在午門、三大殿區域，少數官員會進入外東路的內閣；清朝官員主要在朝會期間進出此區域。隨著朝會的衰頹，清朝官員從東華門進出日益增多，入東華門後分赴內閣、軍機處、鑾儀衛、御藥房、侍衛處、修書處、本衙門值房和乾清門廣場各處。

東華門在星星點點中迎來了一位位打著燈籠的官員。再往前，官員就不能提燈入宮。

明代紫禁城有照明路燈，魏忠賢當權後下令盡廢路燈。清代紫禁城除了朝房及各處大門外，杜絕燈火，目的是消弭火患。這就給明朝末期和清朝的官員造成了極大的不便，百官「戊夜趨朝，皆暗行而入，相遇非審視不辨」。視力不佳的官員，磕磕碰碰難以避免，甚至發生過官員雨夜趕路滑入御河溺死的悲劇。此時，一燈如豆的引導，就成了很多官員的期盼了。

清朝親王與部院堂官入宮，宮中都派專人打燈引導至景運、隆宗二門；軍機大臣另有角燈匯入內右門。此外，奏事處官員、各衙門遞奏官和各省提塘官，因為傳遞的公文關涉君臣議事，也特許給燈。官員們只好一堆堆聚在東華門口，遠遠看見有宮燈過來，往往一哄而上，跟在有燈官員身後亦步亦趨，稱為「借光」。一群官員圍堵一盞燈火，是清代紫禁城一景。

對老年官員而言，腿腳不便是更大的問題。即便有燈籠引導，從東華門到乾清門廣場一千五百公尺的路程也是不小的負擔。紫禁城原本嚴禁騎馬，清代特賞年邁官員可以騎馬，又稱「賞朝馬」。清初只有親王、郡王等親貴才有這種殊遇，康熙年間才給年老的高官特准在紫禁城內騎馬，

恩准自東華門騎馬入宮，至箭亭下馬；或自西華門入，至內務府前下馬。吏部每年開列有在紫禁城內騎馬資格的官員名單，奏請皇帝批准。候選名單包括所有一品以上官員及六十歲以上的侍郎。當然，皇帝也可以在名單之外特賜這項恩典。咸豐、同治年以後，凡是在兩書房（上書房、南書房）當差的軍機大臣及侍郎，不論年歲都賜紫禁城內騎馬。

尷尬的是，很多年邁官員無力騎馬。乾隆後期准許賞馬的大臣有疾病不便騎馬的，可以「肩輿入宮」。肩輿本質上是一把坐椅，旁縛短木，由兩個人肩扛行走。此制一出，紫禁城內騎馬逐漸為坐肩輿所替代。乾隆末年開始，高官顯貴普遍乘肩輿入紫禁城。但是「賞朝馬」制度始終存在。

不過，大多數入宮的官員是與燈籠、騎馬無緣的。他們要摸黑徒步，清末軍機章京呂式斌長期雙腳丈量地磚，摸黑行走，「新靴一雙，兩三月即已穿破」。

軍機章京人稱「小軍機」，意為權勢僅次於軍機大臣。可在呂式斌看來，這個「小」更是渺小、弱小、無力的意思。

白晝的光與影（張碧君 攝）

光緒三十三年（一九〇七年）十月，軍機章京出缺，不由吏部選拔，而是軍機處直接招考。各衙門保送官員報考，七品小官呂式斌就在其中。應試者130多人，僅錄取25名實習生，競爭激烈。十一月初，四名軍機大臣在東華門內親加考試，先筆試，題目為〈君子以辯上下定民志義〉，限兩小時交卷；交卷後，軍機大臣當場面試，明顯不行的當場淘汰；三天後複試，題目為〈敏事慎言論〉，限一小時交卷。呂式斌書法又快又好，能夠日書小楷八千字，雅號「呂八千」，在考試中脫穎而出，名列第六。

通過複試後，還有最後的「引見」環節。引見是官員任職前，由選拔部門引導覲見皇帝，接受皇帝的面試。此制成熟於雍正時期，雍正皇帝常常每日接見面試數十人。前期多有官員在引見時獲得擢升或者否決，後期則流於形式。光緒皇帝堅持引見軍機章京實習人員，足可見朝廷對軍機處的重視。十一月十五日，包括呂式斌在內的51名候選人在西苑覲見光緒皇帝。每八人列一隊，由軍機大臣帶領逐次來到光緒皇帝寶座前，整齊跪下，然後一一自報姓名、籍貫、出身、年歲等，簡單自我介紹。第一次見光緒皇帝的呂式斌緊張得幾乎語無倫次。當時已經幽禁瀛臺的光緒皇帝沒有發問，而是低頭在看軍機大臣事先呈上的綠頭牌（清制皇帝召見臣工時，書寫臣工姓名、籍貫和簡單履歷的竹木小排。公爵以下者，牌頭塗抹綠色，稱綠頭牌。貝勒以上用紅頭牌。）。呂式斌高超的書法戰勝了拙劣的臨場表現，最終成為25名候補軍機章京之一，另外26人淘汰。

這一候補就是兩年。

宣統元年（一九〇九年）十一月，呂式斌等九人遞補「額外軍機章京上行走」，正式入軍機處當差。上班伊始，軍機大臣集體接見新人，呂

式斌等人統一行一揖禮，首席軍機大臣、慶親王奕劻一一詢問每個人的情況，加以鼓勵。隨後，呂式斌被分配到二班，立刻忙了起來。

供職軍機處是典型的圍城，外人豔羨不已，身在其中者冷暖自知。

軍機章京內部分化嚴重，忙閒不均。部分章京上有軍機大臣倚重，草詔書旨，下有朝野官紳巴結，饋贈不絕；部分章京旬日無一事交辦，只處理查閱資料、摘章引句的瑣碎工作，甚至謄抄複寫、充任助手，不僅在軍機處無地位，也為外人輕視。乾隆年間的紀曉嵐，既進不了內閣又入不了軍機處，仕途算不上一流，諷刺起軍機章京來卻是一流好手，作〈章京詩〉諷刺前一類「紅章京」：

流水是車龍是馬，主人如虎僕如狐。

昂然直到軍機處，笑問中堂到也無？

又嘲笑後一類「黑章京」：

篾簍作車驢作馬，主人如鼠僕如豬。

悄然溜到軍機處，低問中堂到也無？

呂式斌觀察發現，滿漢章京相互很少來往，漢章京普通忙碌異常，滿章京則清閒自在。這應該是與清朝後期公文通行漢語，滿語逐漸邊緣化的趨勢相關。

軍機章京值房在隆宗門南側，與軍機處值房南北相望。建築基本相同，可章京人數更多，辦公條件更加狹隘。瓦房五間，北向，西邊兩間為漢章京辦公房，東邊兩間為滿章京辦公房，中間一間是蘇拉、紙匠等下人聽差的場所。領班、副領班用方桌，略大；普通章京用長方小桌，排列在窗下，桌面上都黏著藍布，常年使用累積了厚厚的汙垢、油墨。即便是白天，屋內依然光線昏暗，常常需要點燃四五根蠟燭照明，以至

於室內終日煙霧繚繞。辦公時，人與人幾乎靠在一起，連轉身的空間都沒有。

如此糟糕的辦公條件並非末期形成，早在乾隆四十年入值的軍機章京馮培就曾抱怨：「斗室何由解鬱蒸，葛衫蕉扇小窗憑。」盛夏時節，屋內將是煉獄一般的場景。軍機處多次行文內務府要求供應冰塊降溫，但是馮培上班時沒有見到一塊冰，只好自嘲：「臣心已自涼如水，不藉頒來內府冰。」

軍機章京們忙到除了自嘲，沒有多餘時間和精力解決辦公難題。除了日常文字工作外，章京們隨時準備跟從軍機大臣面聖。軍機大臣往往就讓兩名章京攜帶筆墨隨行，在殿外等候，如果要書寫諭旨或其他文字便喚章京入內。如果沒有必要，章京就得正襟危坐等候無聊的一、兩個時辰。白白浪費時光不說，對人的精力也是極大損耗。軍機大臣返回後，章京們最忙的時候到了。軍機大臣口述聖旨，章京要集中精神揣摩聖意，又要用最快的時間撰寫出來。軍機大臣認可後，遞送給太監……這才剛剛開始擬旨的第一回合，鬼知道會經過多少回合的修改斟酌？呂式斌很快遭遇了手忙腳亂。他近視，如今更是伏在長方小桌上飛速繕寫諭旨，顧不上毛筆不時與頂戴打架「得得」作響，因為軍機大臣就站在身邊催稿。忙完稿子，呂式斌無不渾身大汗，苦不堪言。

帝國機器轉動的效率，是建立在呂式斌這樣的零件的煎熬消耗之上的。

上班時間長後，呂式斌發現即便是漢族章京，頭班和二班的風氣也截然不同。頭班大多是南方人，二班則是北方人；頭班章京闊綽的多，清貧寒酸的大多在二班。奇怪的是，陸續提拔外放的都是鮮衣怒馬的頭班章京，而免職、丁憂的倒楣事卻都輪到二班。二班的窮酸章京們在家

劈柴縫衣，擔心兒子學費沒著落，到了辦公室唉聲嘆氣，感嘆：「二班之班運不佳。」外人總以為軍機章京收受部院衙門和地方督撫海量陋規，隱形收入豐厚。呂式斌才發現那是頭班章京和個別老章京的特長，他在軍機處三年只收到一次陋規，當時小激動了一下，回去一看才二十兩銀子而已。外人還想當然地認為宮廷對軍機章京們會有賞賜補貼。每逢重大節慶，紫禁城確實會賞賜軍機章京。呂式斌先後獲賞九次，每次都是綢緞之類，華而不實。他缺的是銀子。受賞之日，軍機章京們要集體進宮跪謝，行三跪九叩大禮。

儘管滿是心酸苦水，呂世斌慶幸的是同事關係尚且融洽。班內，實習章京尊稱資深章京為「老前輩」，自稱「侍生」。前輩對晚輩章京也都耐心指導，「真摯之情，殊可感也」。規定每夜要有兩人在方略館值宿，大家默默只安排一人上夜班，為的是減輕所有人的工作量。值夜章京主要工作是整理近期檔案和摺子，分門別類，抄錄記號，工作枯燥乏味且長時間抄寫導致手腕痠疼。呂式斌值夜時，不時聽到宮城城牆上官兵不時高呼，好似市井小販叫賣。呂式斌不懂滿語，滿族章京告訴他是滿語「小心火燭」。

軍機處有專屬的服務人員，有三名紙匠負責紙張採買、裝訂、用印等，其中一名老紙匠竟然有六品頂戴；好幾位蘇拉（雜役）也有頂戴，大多是祖先給他們賺的世襲之職。軍機處還有專門的廚子，章京們常常拜託廚子幫忙傳送衣服包裹。這是因為清朝官員服制規矩較多，軍機章京四季服飾繁多，僅冬夏帽就有十餘種，此外還有朝珠、領帶及荷包、扇套等飾品的不同搭配。章京在揮汗如雨時、覲見皇帝時、外出差遣時，又不能是同樣裝扮，這時就需要廚子和自家僕人在紫禁城內外奔波傳遞了。

　　考慮宮中服飾講究，呂式斌在實習的第二個月就忍痛拿出八十兩銀子，買了件二手貂褂，穿到軍機處後尷尬地發現全體章京的穿戴「以餘之貂褂為最不美」。

　　種種付出，都是為了晉升。外人以為軍機章京身處中樞，且由軍機大臣直接保薦升轉，又想當然認為他們會青雲直上飛黃騰達。狹窄的值房內，確實有彭蘊章、陳孚恩、錢應溥、許庚身、徐用儀等二十多人軍機章京累官至軍機大臣。

　　軍機章京的晉升，因人而異。呂式斌班內有一名山西籍的軍機章京，進軍機處近二十年都沒有獲重用。呂式斌本人晉升倒是很順利，實習一年期滿後正式充補軍機章京，又過一年參加軍機處檔案重修，負責校對，事後加四品銜。當年（宣統三年）京察，呂式斌又以資深得列一等，以道府記名。一旦地方出現實缺，他就可以告別早出晚歸、壓力巨大的紫禁城上班生涯，去外省主政一方了。當年呂世斌二十九歲。

　　非常遺憾，呂式斌沒能等到這樣的機會。當年秋天，辛亥革命爆發，大清王朝亡了。

　　有人在紫禁城斬獲榮華富貴，有人在紫禁城感悟人間百味，呂式斌最大的收穫或許是在方略館夜宿時，翻閱軍機處庫房的陳年舊檔，沉積下了深厚的文史素養。他留給後人的標籤，不是官員，而是書法家和文史學家。呂式斌是民國書法大家，北京四九城爭請題字，「中華門」匾額即出其手。（呂式斌事跡見林濤〈末代軍機章京呂式斌〉，載於《文登大眾》二〇一九年二月十四日。）故宮所藏文物字畫的題籤，也多是呂式斌的手筆。

　　呂式斌留下了一部《樞曹追憶》，系晚年回憶軍機處情形，是紫禁城內當差小官的原生態紀錄。

# 朝臣待漏五更寒

「將軍鐵甲夜渡關，朝臣待漏五更寒」，形象描述了官宦生涯之辛勞。

古人常刻漏計時，看著流水一滴滴漏下，等待著時間的來臨，稱為「待漏」。明清官員在紫禁城中輪班當值、奏事待召、引見朝覲等，無不提前早到，在各處朝房中等待時間的到來。這些候召聽宣的朝房，也叫做「待漏所」。多數待漏所就設在本衙門的值房之中。

紫禁城現存的待漏所、值房集中在乾清門廣場兩側、隆宗門和景運門一帶。隆宗門內外是清代軍機處和內務府的值房，嚴格的保密措施阻止百官靠近。文武官員只能擠在景運門外門的低矮瓦房中待詔、辦事。

景運門內外連簷通脊、灰頂黑瓦、不施斗栱、裝修樸素的排房，就成了官員的中轉站。

在那裡，最醒目的人群卻不是王公大臣，而是一位位昂首挺胸、橫刀跨立的大內侍衛。

景運門與隆宗門是進入乾清門廣場，進而向南通往三大殿、向北去往內中路的重要門戶，因此也稱「禁門」，加之人員往來頻繁，侍衛森嚴。王公大臣無事或無召，不得擅入。他們所帶之人距離景運門外臺階二十步就要停步，嚴禁向前。

景運門外、毓慶宮前的排房為八旗護軍值房。紫禁城大部分門禁、

宮殿、院落是由上三旗護軍營、八旗前鋒營官兵護衛的，此處就是總管機構。護軍統領、前鋒統領輪班入值。景運門內、乾清門東側房屋則是內班侍衛值房。侍衛在衛兵之上，乾清門等重要宮禁有侍衛守護。侍衛們除了安保，還負責引導公卿百官入後寢區面見皇帝。

　　景運門內、乾清門東側有排瓦房，統稱「九卿值房」或「百官待漏所」，各朝有關九卿的範圍並不一致，一說指六部及督察院、通政司、大理寺。清代有大九卿、小九卿之分，諭旨常常「六部九卿」並稱，泛指朝廷各部門負責人為主的高階官員。九卿值房對面、廣場南側有王公值房（王公待漏所）。兩處值房是高階官員、滿蒙王公等待召見、奏事的休憩之所。可惜，規格和軍機處相同，並不是舒服的休息場所，不過紫禁城本來就不是供百官歇息的地方。

　　九卿值房並非九卿專享，細分之下機構繁多。除了內侍衛值房，還有蒙古王公值房，更有接收百官本章的外奏事處。清代負責政令上傳下達的機構，名為「奏事處」，在乾清門外的稱外奏事處，接收外朝的例行公事；在乾清門內、月華門南側圍房的是內奏事處，接收軍機處直遞的奏摺和外奏事處轉達的題本、奏本、貢品等。外奏事處由朝廷選拔文筆出眾的低階京官充任外奏事官，內奏事處則是宦官的天下。奏事太監負責向外奏事處傳達諭旨。外奏事官再向相關人等傳宣諭旨，也負責帶領引見官員、排定部院朝班和輪值班次順序。奏事處是皇帝指揮行政的第一雙手、第一道關卡，隸屬御前大臣管轄。但凡機密重要的部門，都不以高堂大屋自相標榜。

　　除了乾清門廣場，太和門廣場兩廂南側是另一個文官密集辦公之處。

　　起居注館，在熙和門南圍房。起居注是古代帝王的言行錄，由文官

每日隨侍左右據實記錄。它的作用是「防過失而示後王」，客觀上也為日後撰修國史提供基本資料。記載的官員稱為起居注官。如果他們能夠繼承「董狐筆太史簡」的傳統，那麼起居注將是紫禁城的良心。關於起居注最經典的解釋來自《資治通鑑》對唐太宗李世民意圖篡改宣武門之變當日記載的描述：

上謂諫議大夫褚遂良曰：「卿猶知起居注，所書可得觀乎？」對曰：「史官書人君言動，備記善惡，庶幾人君不敢為非，未聞自取而觀之也！」上曰：「朕有不善，卿亦記之邪？」對曰：「臣職當載筆，不敢不記。」黃門侍郎劉洎曰：「借使遂良不記，天下亦皆記之。」

可是在清朝，連軍機大臣都只能「跪聽聖訓」，皇帝哪裡會允許起居注官如實記載自己的功過優劣？起居注官也淪為了裝飾盛世、只唱讚歌的侍從，起居注中無從查詢帝王壞話。清代自康熙十年編纂起居注，除康熙五十七年至六十一年暫停過五年外其餘時間連續不斷，直到清亡。起居注官常年在宮中當值翻書房，在起居注館南側，負責文書典籍的滿漢雙語互譯。這是清朝特有的機構。

稽查欽奉上諭事件處，在翻書房對面，協和門最南側圍房，為軍機處下屬機構。明清兩代都重視行政效率，尤其是對諭旨交辦事項的落實情況。除有六科給事中固定督察效率，該處專門稽查上諭交辦事項的落實進度，緊盯著完成期限，此外還稽察國史館工作。這也是清朝特有的機構。

在紫禁城的最東南，由角樓、東華門和內金水河圍繞的區域，坐落著清代的鑾儀衛。

明朝滅亡後，赫赫有名的錦衣衛降清，清朝予以收編，只保留儀仗隨從的功能，剝離了特務、司法等政治功能，並改名為「鑾儀衛」。

　　一進東華門左拐，內金水河蜿蜒向南，緊靠著東華門馬道就是鑾儀衛的鑾駕東庫和值房。剝離了政治功能的鑾儀衛，主體建築都是存放御用傘蓋、斧鉞、樂器等各種儀仗用品的倉庫。說紫禁城東南角為清朝御用品的大倉庫，也未嘗不可。每當皇帝出行時，鑾儀衛安排車轎馬匹，組建儀仗隊隨從，此外還負責午門、鐘鼓樓的敲鐘報時。

　　鑾儀衛雖然是個儀仗部門，卻是頂格配置。鑾輿衛掌衛事大臣是正一品的武官，規格比六部、各省都高。副職是鑾輿使，正二品；其下有雲麾使、治儀正、整儀尉等官員，都是中高階官員。鑾儀衛官員職數眾多、品級很高，關鍵是職掌隨從護駕，工作輕鬆體面，責任輕壓力小，簡直是理想差使。

　　鑾儀衛負責人一般在滿蒙王公貴族中挑選，從來沒有漢人出任過。內部職官也幾乎由滿蒙八旗子弟出任，絕大多數世受恩榮的功勳子弟。他們無需參加考試，憑著祖輩的高官顯爵直接做官。達官顯貴都喜歡把子弟安排進鑾儀衛，接近皇帝、磨礪鍛鍊，贏在仕途起點上。

　　鑾儀衛在紫禁城現存兩座大庫，硬山頂黃琉璃瓦，四邊是磚砌的厚重牆身，兩山建有琉璃博風板，前後封護簷不露木構件，只在前簷開門窗、安雙扇鐵門。東庫五間，坐東向西，儲存車駕；南庫十間，坐南朝北，儲存實錄紅本和書籍表章。這兩座倉庫只是內鑾儀庫，皇城東安門附近另有外庫。

　　鑾儀衛曾出土明代的「古今通集庫碑」，證明此地在紫禁城建成之初是古今通集庫。該庫收藏皇帝頒給宗親功臣的誥封、鐵券，以及給文武百官的誥封底簿等，此外還有印信、勘合、符驗、信符等檔案，隸屬宦官系統的印綬監。嘉靖年間，紫禁城東牆外建造了皇史宬，更加厚重安全，作為專門的皇家檔案庫，古今通集庫的檔案轉移到了皇史宬。清朝

將鑾儀衛設在原明朝的檔案庫舊址上，或許是鑾儀衛職權大減後，不需要太多辦公用房，更需要庫房的原因吧？

鑾儀衛長官輕鬆體面，執事官吏卻勞心勞力。皇帝出行騎馬、坐轎兩便，鑾儀衛因此有走轎班和騎馬班。最高等級的御輿，長十餘公尺、寬兩公尺多，內有轎室、茶室和各種御用品，需要三十六人肩扛，為一班。走轎班同時安排好幾班人手候著。走轎班都希望皇帝騎馬，騎馬班都希望皇帝乘轎。可是即便夢想成真，走轎班在皇帝乘馬時也時刻待命，在皇帝變更主意時有所準備。打聽皇上行蹤，是辦好差事的必備，他們摸出御駕規律是：「皇帝出宮都得吃完飯才回去，給太后請安都是騎馬，打圍回來身體疲倦總要坐轎。」

職場怨言牢騷、對長官的調侃，在充斥在紫禁城的各處角落。低階官員和素拉差役們羨慕長官們：「虛架弄靴帽鮮明衣服車馬，為的是將來接續好去辦事沽名。」長官輕輕鬆鬆地拋頭露面、沽名釣譽，工作都交給下屬做，基層官吏能不抱怨嗎？

可是，長官們也有柴米油鹽的苦惱、也有更高層次的長官的喝斥指令，更有四處求人辦事的時候。清代八旗子弟的打油詩〈司官嘆〉就直言各司局長官：「哪裡有鞭板鎖棍威風樣，幾曾見傘扇旗鑼膽氣豪。只一輛破車兒沿著街跑，枯他勒手拿坐褥又背包。怎比那外任縣堂榮任美，翰院成名品望高。」（枯他勒，滿語，隨從、跟班之意。轉引自郭曉婷、冷紀平著〈從子弟書看清代旗人官吏的日常工作〉，載於《海南大學學報》二○一一年十二月。）

贊禮郎，專門為紫禁城而生的官職。為了在大典大禮中朗讀好文章，引導好君臣行禮，贊禮郎要天天吊嗓子，還有諸多生活禁忌，「最可恨求從學念先斷酒，真可憐吃飯之時不許貪鹹。到了那要念之時還得坐

氣,又可笑辮根亂抖兩膀齊端。」贊禮郎最大的益處,或許是在祭奠時能夠站在朝班前方,結束時還能分到一些祭品,比如祭神的白肉。

不過,像贊禮郎這樣的紫禁城底層官員,更希望的是離開宮城謀一份地方實職,最好是鹽務、賦稅、河道、漕運等實權崗位。他們覬覦其中的補貼、陋規,希望發家致富,然後有豐厚的財富來提升生活品質、謀求更加的職位,也是人之常情。

常遭下屬調侃的高階官員們,強撐不再年輕的身體堅持紫禁城的日日夜夜。他們終於擁有了實踐仁政善治的機會,擁有了革故鼎新的機會;他們希望能夠平安到站,收穫最後的哀榮。在帝國最高的政治舞臺上,有人漏夜赴考場,有人寒冬守值房,有人告老還鄉,終歸是這座永恆宮城的過客⋯⋯

無數人把青春與年華奉獻給了這座宮城,驅動著龐大疆土的正常運轉,影響著億萬黎民的衣食住行。

# 太監的兩重天

# 二十四衙門／司禮監

　　左順門，明代內閣大學士往來文淵閣上下班的必經之地，也是宦官機構文書房接收朝臣文書的法定場所。

　　張璁擔任內閣首輔大學士時，文書房太監看到張大人進朝，都主動打躬致意。夏言繼任內閣首輔入朝，太監們平眼看望。等到內閣首輔大學士換成嚴嵩時，嚴大人入朝，先拱手向太監們致意，然後再入左順門。

　　清朝官員入朝遭遇太監，卻無任何禮節講究。清代太監看到朝臣進內，必須起身肅立；行走之際雙方相遇，太監必須無條件讓路，垂首恭敬侍立道旁。即便是年過花甲的太監總管遇到一位年方弱冠的九品小官，也依此執行。

　　明代太監為什麼有如此烜赫的權勢，他們的晚輩為什麼又卑微至此？到底是什麼造成了清明兩朝太監地位的兩重天？

　　太監，閹割後的皇家奴僕，完全依附於皇權的可憐人。紫禁城是他們最後的家園。

　　太監是現代人對他們的稱呼，歷史上還有宦官、司宮、巷伯、寺人、閹人、黃門等等稱呼。可是，如果一個清朝太監被人稱為「太監」或者「公公」，他會暴怒與人拚命。外人要稱呼清朝太監為「爺」。如果一個明朝太監被人稱為「太監」或者「爺」，他大機率也會與你拚命。外

人要稱呼明朝太監為「公公」。稱呼背後隱藏著太監群體強烈的敏感、深深的自卑。

在閹割的那一刻，太監徹底斷絕了回歸正常社會的可能，餘生注定要消耗在大洋深淵一般的宮苑之中。仰人鼻息的奴僕，已經是傳統觀念中的賤人了，而只能仰仗皇權而活的太監自然更低一層。他們沒衣食住行，沒喜怒哀樂，不配擁有人格和尊嚴，是正常人眼中的「至卑至賤之人」。晚清太監劉子傑說：「我們當太監的是真正的奴隸，主人高興的時候，拿我們開心取樂，也許喚我們的小名或外號，讓我們學貓學狗叫；心煩沒地方發洩時，我們就倒楣了，有時蒙頭蓋臉地打你一頓，打死了拖出去一扔了事，根本無人管。」

太監的可悲之處不在於卑微本身，而在於身處耀眼皇權之側，在於永遠的比較，在於徹底的無視。

紫禁城保障太監的生活，同樣照耀著太監的命運。太監最大的籌碼是皇帝的信任。而信任是紫禁城裡最稀缺的資源。難以計數的夜晚，陪伴皇帝皇子身邊的是太監；尋常無味的白晝，陪伴皇帝皇子身邊的還是太監，如果是從襁褓之中的餵養、蹣跚學步之時的呵護，雙方的感情不是親情卻更似親情。登基為九五至尊後，皇帝們無不延續情感依賴，借力於太監，如果是幹練有才的太監，更是治國理政的有力助手。這是人之常情。

情感之外，太監也是借力的理想人選。他們是「無根之人」，篡位不可能獲得輿論的支援，更不符合主流意識形態，所以是最不可能是皇帝的取代者。他們是皇權身上塗抹的油彩，脫離了依附物，油彩將不復存在。當皇帝放眼四周，繁重的執政壓力、強大的官僚集團、曖昧的外戚勢力環伺，就剩太監可以依靠了。崇禎皇帝說得很直白：「苟群臣殫心為

國，朕何事乎內臣？」（《明史‧宦官傳》）

太監集團是有「底線」的政治勢力，這個底線何嘗不是皇權的「保障」？

明太祖朱元璋嗜權好強，又有足夠的權威和能力，大可不必借力太監。因此，明朝初期的太監回歸伺候宮廷的本職，形成不了大勢力。明成祖朱棣靖難之役成功，太監出力眾多，開始沾染權力。明英宗幼齡即位，內閣票擬的本章小皇帝無法決斷，便授權太監中的菁英分子代為批示。此後，皇帝只在內閣呈遞的票擬中硃批幾本，多數本章由太監用硃筆代為批示，稱為「批紅」。批紅是皇權的核心權力。宦官把持批紅權，意味著明代宦官掌握了最高權力。

明代的政務流程變更為朝臣上本、太監收本、內閣票擬、太監批紅、落實執行。太監掌握了其中兩大環節，具備了操縱政務的可能。太監勢力的膨脹不可逆轉。

至明朝中期，太監形成十二監、四司、八局共計「二十四衙門」的龐大機構。十二監分別是司禮監、御馬監、內官監、司設監、御用監、神宮監、尚膳監、尚寶監、印綬監、直殿監、尚衣監、都知監；四司分別是惜薪司、鐘鼓司、寶鈔司、混堂司；八局分別是兵仗局、銀作局、浣衣局、巾帽局、針工局、內織染局、酒醋面局、司苑局。

在名義上，二十四衙門是平行機構，明代並不存在最高的太監統管機構。在實踐中，掌握批紅權的司禮監素有「第一署」之稱。司禮監始置於洪武年間，最初職如其名，是執掌內廷禮儀的機構，後來權力擴張為批紅本章、負責皇城禮儀刑名、管理太監差事等等，掌握了決策與人事大權。文書房為司禮監下屬收納文書的機構。司禮監自上而下設有提督、掌印、秉筆、隨堂等太監，在二十四衙門中僅司禮監設立「提督太

監」，為事實上的太監統領，但不常設，司禮監掌印太監就成了明代太監統領。

　　紫禁城落成的當年（永樂十八年）十二月，一個重要的太監機構應運而生。明成祖朱棣設了新官署「東緝事廠」（東廠），負責偵緝、鎮壓異己力量。東廠從錦衣衛中挑選精銳組成，可以監視所有機構和臣工，爪牙遍布天下，很快演變為人見人憎的特務機構。東廠的首領是太監集團中僅次於司禮監掌印太監的二號人物，通常由司禮監秉筆太監擔任，全稱為「欽差總督東廠官校辦事太監」，也稱廠公或督主。東廠是皇權疑心病的症狀之一，這種病症很快又爆發出名為「西廠」的症狀。明憲宗成化年間成立了西廠，勢力一度凌駕在老前輩東廠之上，可只短暫存在過，至明武宗時撤銷。東廠、西廠和錦衣衛在刑部、都察院、大理寺這三個司法機關之外，形成了皇權直轄、執掌詔獄的特務系統。東廠憑藉親近皇權、掌握批紅權，凌駕於錦衣衛之上。明朝後期，錦衣衛指揮使幾乎唯東廠提督太監馬首是瞻。東廠的存在，極大強化和擴張了司禮監的實權。尤其是兼任東廠提督的司禮監掌印太監，更是大權在握，無人能出其右。

　　《明史》承認：「凡內官司禮監掌印，權如外廷元輔；掌東廠，權如總憲。秉筆、隨堂視眾輔。」司禮監與內閣，一內一外，共掌行政實權。掌印太監與內閣首輔大學士對柄機要，他人尊為「內相」。內相掌管公文收納和批紅大權，更近皇權，有時內閣首輔還要事先與掌印太監溝通協商。內外和諧，才能決策暢通。張居正變法的一大前提，便建立在他與司禮監掌印太監馮保的攜手合作之上。

　　這是紫禁城決策機制的重要變革。

　　司禮監之後為御馬監。御馬監不僅管理御用馬匹，還下轄武裝力

量，後期稱為勇衛營。排名第三的內官監，下轄木、石、瓦、土、塔材、東行、西行、油漆、婚禮、火藥十座作坊以及米鹽庫、營造庫、皇壇庫的倉儲，上自宮室陵墓營建，下至妝奩冰窖都歸內官監負責，類似明朝紫禁城的後勤保障機構。其他多數衙署執掌，大致體現在了名字上。值得一提的有：御用監負責御前器皿傢俱的造辦，清朝將之改造、擴充為造辦處；直殿監掌管各殿和宮院的掃除；都知監隨駕前的警蹕；寶鈔司不是負責鈔票，而是製造粗細草紙；混堂司掌管沐浴；司苑局負責蔬菜、瓜果供應。另外，浣衣局並不是負責洗衣服，而是負責年老及罷退宮人的居留。浣衣局不在皇城內，其他二十三個機構都圍繞著紫禁城，在皇城之內。

各個衙署都設掌印太監一員，掌管該衙門，「太監」是二十四衙門首領的專稱。絕大多數太監是不能享用這個稱呼的。太監之下有少監、監丞、奉御等高階太監，有品級的中級太監有資格稱為宦官，人數最多的基層太監只能稱為「火者」。魏忠賢初入宮便是從火者做起，有論者據此認為魏忠賢起點是伙房小太監，是對宦官制度不熟導致的望文生義。

朱元璋曾禁止太監出宮干政，但是限制迅速被突破。明宣宗開始有太監出任使職，明中期開始在重要城池設定鎮守太監、邊鎮和行軍設定監軍太監、礦藏稅關設定礦監稅監。二十四衙門的太監出使大江南北，各有任期，各踞一方。明朝地方行政體制之外，又凌駕了一套宦官系統。權力中書的司禮監與內閣並立，泛溢成為地方的二元治理體系。朝臣與太監的矛盾也慢慢積累。

明代宦官人數，長期維持在一萬五到一萬五千之間，最高曾超過兩萬人。考慮到如東廠、勇衛營等宦官掌控的機構，以及受太監驅使的機構，說宦官群體將近十萬也不算誇張。

宦官們鮮衣怒馬，充斥在紫禁城內外，是明朝的一大風景。

明代太監的制式服裝是夏穿青紫，冬穿青素，都是素色的絹、絲服裝。隨著權勢增長，宦官服裝日漸鮮麗奢侈。永樂年間，大太監穿蟒服、飛魚服，比一品文武大臣都要貴重。其他太監沒有資格穿戴蟒服，但稍有能力者就穿戴似蟒又似斗牛的衣服，自創名為「草獸」，金碧晃目，揚鞭長安道上，無人敢問。魏忠賢擅政之後太監服飾更加僭越，魏忠賢本人蟒服只比龍袍少一爪，其他大宦官服飾光耀射目，爭相誇尚，以豔麗為美。

明朝中期以後小皇帝層出不窮、皇帝一代不如一代，又有嘉靖、萬曆這樣懈怠之君，王振、汪直、曹吉祥、劉瑾、魏忠賢等權閹在皇權乏力的荒漠上茁壯成長，吞噬朝廷的實權。晚明名臣楊漣彈劾魏忠賢說：「宮中府中，大事小事，無一不是忠賢專擅。……且如前日忠賢又往涿州矣，一切事情，必星夜馳請意旨，票擬必忠賢到，始敢發批。……天顏咫尺之間，忽漫不請裁決，而馳候忠賢意旨於百里之外。」魏忠賢遠遊涿州，本就屬於違反制度，竟然能遙控指揮朝政，猶如帝王出巡，以至於政務捨棄近在咫尺的皇帝而遠送涿州，令人瞠目結舌。正常的朝廷制度，已經在權閹破壞之下支離破碎了。

魏忠賢當權之時，宦官「內操」的鼓炮之聲震駭北京城。內操是太監勢力登峰造極的一大表徵。好武好嬉鬧的明武宗訓練了一支由宦官統領、宦官組成，皇帝直接指揮的「天子親軍」。這支軍隊在皇城內教場舉行內操，內教場在豹房附近，即今天北海公園西側北部，至今還保留校場胡同的地名。這支軍隊人數約在三千人左右，操練列隊、騎射、火炮、火銃等等，由八局之一的兵仗局、火藥局提供軍械火器。

崇禎十七年（西元一六四四）三月中旬，李自成兵臨北京城下，守

城兵心渙散。崇禎皇帝命宦官守城。太監們譁然，有的說：「諸文武何為！且言官罷內操，我輩兵械俱無，奈何？」有的說：「我輩月食五十萬，效死固當。」最終，數千太監上城防守。這些服裝鮮豔、裝備精良的太監內操僅僅是表演，實際戰鬥力微乎其微，臨陣只敢放空炮，驚恐萬分，或散或降。

乾隆皇帝立論：「明亡，不亡於流賊，而亡於宦官。」

漢唐都有宦官專政，明朝又添加了一例。譴責宦官專權，將內憂外患的責任推給宦官，是傳統正史敘事的一代特色。似乎太監執政就是錯的，宦官專權就是皇權的淪落。

明朝宦官干政，不是某個太監的個人行為，而是制度性安排。宦官批紅和外派辦事，可以減輕皇帝的壓力；東廠偵緝四出，太監與朝臣關係惡化，皇權可以盤踞在爭議的頂端行牽制權衡之術。皇帝開啟了宦官專權的制度大門，明代太監只是循著這套制度自然發展而已。王振專權時，明英宗是二十多歲的成年人，一心效法先祖建功立業；劉瑾專權時，明武宗也已經成年，只是生性好動，一心胡鬧；魏忠賢專權時，明熹宗也是成年人，只是好木工不好循規蹈矩處理朝政。皇帝自然知道大太監在代行皇權，但或多或少滿足了他們的需求。

明代宦官再亂搞，始終沒有突破「底線」。大太監沒有威脅到皇權的根本，相反在新皇登基後迅速灰飛煙滅了。

制度是客觀存在的容器，實際效用是由裝載的物品決定的。大太監決定了宦官制度的效率乃至善惡。王振、劉瑾、魏忠賢等人的事跡拜文藝作品所賜，已經廣為人知，似乎明代太監一團漆黑。《明史》中入傳的宦官並非全是負面人物 —— 《明史》是文官士大夫編撰的。

明憲宗朝的大太監懷恩，出身官宦大家，因為父兄獲罪誅連滿門，

從小遭閹割入宮，賜了一個包含諷刺的名字「懷恩」。懷恩生性忠鯁，宦官們都敬憚他。明憲宗要誅殺大臣，懷恩執掌司禮監堅決反對。明憲宗氣得大罵懷恩，還把硯臺擲向他。懷恩免冠伏地號哭，稱病不起，私底下派人警告錦衣衛，不要為難獲罪的大臣。另有一次，章瑾進獻寶石，謀求錦衣衛鎮撫官職，明憲宗同意了。懷恩又一次反對：「鎮撫掌詔獄，奈何以賄進？」

明穆宗大太監李芳，為人持正。工部尚書徐杲侵吞修建盧溝橋的銀兩數以萬計，還利用工程冒舉太僕少卿、苑馬卿等職銜數以百數。李芳掌權後迅速彈劾徐杲，將他下獄遣戍，盡汰其所冒冗員。李芳還上奏革去上林苑監增設的皂隸，減去光祿歲增米鹽及工部物料，侵害了太監集團利益，大為同類所嫉。李芳後在內鬥中失敗，杖八十，下刑部監禁待審。刑部尚書毛愷等人主動護著李芳：「芳罪狀未明，臣等莫知所坐？」

可見李芳的所作所為是得到文官集團肯定與支援的。太監和文官的關係並未盡如水火。更突出的例子是萬曆朝大太監陳矩。陳矩勤勉盡職，最終端坐在內直房而逝，死在了工作崗位上。文武百官都親臨弔唁，素服送葬的人多至堵塞道路。大學士朱賡、李廷機、葉向高親臨祭奠，祭文中哀悼陳矩之死「三辰無光，長夜不旦」。陳矩生平恪守「祖宗法度，聖賢道理」八個字，廉潔從政，不害人不濫權，朝野稱之為「佛」。

可惜的是，宦官制度缺乏有效的權力制衡，一旦遇到放權的皇帝，就會放大掌權者的惡，孕育出為患一時的權閹。

紫禁城的前兩百多年，宦官制度沒能限制好太監群體，更沒能將他們導向好的方面。

# 內務府／敬事房

順治十一年冬至次日，紫禁城大宴群臣。

十三衙門的太監們紛紛出席盛會。明朝覆滅，大部分宦官降清，順治皇帝延續二十四衙門的規格創立了十三衙門。十三衙門操持順治朝紫禁城的方方面面——除了政治決策。（清初由議政王大臣會議和內閣掌管決策，且初期滿族政治家輩出，完全不用借力宦官。因此十三衙門剝離了政治決策功能。）十三衙門的太監，大多數是明朝舊人。

他們頭腦裡留存著濃厚的前朝作風。明代藩王為了及時足額拿到歲俸，常常反過來向家奴、大太監們求情疏通。太監們輕視藩王慣了，在順治十一年的大宴上超越滿族諸王的班次，爭先入殿拜舞。乾清宮執事官太監孟進祿跪拜時自稱「老臣」。

順治皇帝隨即下諭宣布，朝賀大典太監不得按明代制度入班行禮，並將孟進祿等十三衙門的負責太監交付刑部懲處。這道諭旨，掀開了清代壓制太監的序幕。

清朝前期愛新覺羅家族雄主輩出，後期又沒有出現均值以下的庸主、昏君，他們不太需要藉助宦官治國理政。清朝又是傳統政治制度趨於縝密、平衡牽制如火純青的朝代，軍機處與內閣相互制衡牽制，奏摺制度使得人人都可以是東廠和錦衣衛，愛新覺羅家族更不必多此一舉，放出宦官去打破已然精密的制度設計了。於是，清朝皇帝們對宦官的基

本原則是防範，而非利用。

　　恰好，紫禁城的上一任主人家給愛新覺羅留下了赤裸裸的教訓，清代只要反其道而行之就可以了。

　　明朝士大夫傳說明太祖朱元璋曾經立有「太監不得干政」的鐵牌。這多半是士大夫的鬥爭策略，鐵牌子虛烏有，不然在和魏忠賢等人死鬥之時，他們早把這法寶亮出來了。順治皇帝不知是否受此啟發，特意鑄立鐵牌，強調太監「但有犯法干政、竊權納賄、囑託內外衙門、交結滿漢官員、越分擅奏外事、上言官吏賢劣者，即行凌遲處死，定不姑貸」。這鐵牌，被很多戲曲和傳說演繹為「嚴禁太監干政」「太監私出宮門一步者，斬」的金牌。清朝「恪守祖制」，這塊牌子就成了後人不敢踰越的紅線、太監擅權的緊箍咒。

　　康熙皇帝繼位後，清廷立刻裁撤十三衙門，以上三旗包衣為內務府的成員。這是清朝第二次壓制宦官。康熙皇帝對太監的管理制度非常理性：「今宮中使令，無太監不可，故使之耳。朕豈肯以權假次輩？」

　　內務府是清朝汲取數千年內廷管理的經驗教訓，杜絕宦官擅權的一大制度創舉。

　　首先，內務府綜理與宮廷有關的一切事務，從服務皇帝、管理紫禁城到經營皇家產業、充盈紫禁城的小金庫。事無巨細，無所不管。太監的職權被壓縮到了最低的程度。

　　內務府運轉以內務府堂為中樞、七司三院為業務主體、數十家衍生機構提供支撐。

　　在外西路，出右翼門進入斜角的內務府門，左手大院便是內務府堂，內務府大臣辦公的地方，綜合協調龐大的機構群維持內務府的日常運轉。下屬機構坐落在內務府堂附近及宮城四周。七司分別為廣儲、會

計、掌儀、都虞、慎刑、營造、慶豐司，執掌倉庫出納、財務出納、禮儀祭祀、莊園賦稅、刑名懲處、宮廷修繕、牛羊畜牧。前六司職權都能在二十四衙門中找到影子，只有慶豐司最具滿族特色，為明代所無。它原名「採捕衙門」，地點在西華門外北長街。

會計司在皇城外、西長安街南側（今北京第一六一中學校舍），主管內帑出納及皇莊田畝等項事務，機構最為龐大。從秦代開始，皇室財政與國家財政是分開的，國庫與「內帑」分立。戶部掌管國家財政，皇帝的荷包則由會計司掌管。內務府的一項職能是為皇帝理財，經營皇莊、榷關、鹽業、貢品交易等，支撐紫禁城的運轉。愛新覺羅的私家產業相當興旺，僅會計司主管的莊園就多達七八百處。應該說，內務府經營有道，清朝後期內帑多次撥款支援國庫。另外，會計司下屬有一個處：「掌關防管理內管領事務處」，以下詳細介紹。

人們一般簡稱該處為內管領處或掌關防處。之所以有那麼拗口的一個名字，源於清代八旗上三旗每期輪番派遣包衣奴才入紫禁城服務，其中的管理官員稱為「內管領」，為五品官，副職「副內管領」為六品官，普通執役人員稱為「蘇拉」。掌關防處作為他們的管理機構，因此得名。上三旗每年各派遣十名內管領、十名副內管領，共60名內管領率領4,950名蘇拉（其中食錢糧的常年蘇拉2,700名）完成會典規定的職責任務。如此龐大的隊伍，想必蘇拉是八旗子弟重要的職業去向，一如在禁旅軍中扛槍吃糧；如此龐大的隊伍，使得掌關防處雖然是內務府下的三級衙門，卻比朝廷其他任何一個部院寺監的人數都多。

《大清會典》規定掌關防處：「掌供大內之物役，凡宮中之事，率其屬而聽焉。」字少事多，這是一個負責宮中大小雜事的後勤部門。上自宮廷房屋修繕、車輿管理，下自窗戶裱糊、庭院灑掃拔草，都由它負責。

每位妃嬪、皇子額定擁有「聽差蘇拉」，從一、二人到二、三十人，聽差蘇拉承擔後寢的服侍雜役，負責各宮各處分例食品、用具的備辦供應。這些原本都是明代宦官的差使。

內務府在書面上吞噬了二十四衙門的職權，內管領處在實踐中搶走了明代宦官的工作。

內務府七司運作類比朝廷六部則為：「總管內務府衙門擬內閣，內務府大臣擬閣撰，廣儲司擬戶部，都虞司擬兵部，掌儀司擬禮部，慶豐司則因清代起於游牧，故甚重之；而會計司擬稅關與丁糧之稅收，營造司擬工部，慎刑司擬刑部，至於吏部銓選之事，則歸之於坐辦堂郎中。」（曹宗儒《總管內務府考略》）

三院為武備、上駟、奉宸院，可類比朝廷體制中的各寺、監等行政輔助機構。上駟院在南三所影壁正西，管理御用馬匹。武備院在東華門外北池子路西，管理宮廷兵器甲冑和軍用器械。奉宸苑在西華門外西苑門旁，管理景山、西苑、南苑等皇家苑囿園林，轄區最大。

內務府還有龐大的支撐機構，擇要舉例有武英殿修書處，御茶膳房，雍和宮、圓明園、頤和園、暢春園管理處和三大織造處（江寧織造、杭州織造、蘇州織造）。

內務府門的右側，慈寧宮建築群的東南大院，大約三個宮格，是內務府造辦處。造辦處是皇家工藝美術製品廠，在康熙前期建立的養心殿造辦處基礎上擴張而來，下設諸多專業分廠。乾隆朝時，造辦處有四十餘作坊：裱作、匣作、木作、漆作、雕鑾作、刻字作、燈作、裁作、鑲嵌作、眼鏡作、如意館、做鐘處、硯作、銅作、玻璃廠、鑄爐處、炮槍處、輿圖房、弓作、鞍甲作、琺琅作、畫院處等。今人熟悉的郎世寧、姚文翰、徐揚等宮廷畫師，便是其中畫院處的成員。有些作品造辦處不

能完成的，就行文蘇州、杭州、江寧織造製辦。如今故宮陳列的許多金銀珠寶玉石工藝品，大多出自內務府造辦處。

內務府額定官缺過萬人，是清朝最龐大的機構，相比只有幾百員缺的六部而言堪稱「巨無霸」。如何約束這個巨無霸呢？

內務府直到雍正末年才從正三品衙門提升為正二品衙門，依然比同在紫禁城的鑾儀衛、領侍衛處等衙門都要低。這是皇帝刻意壓制內務府的級別。

打破內務府封閉獨立隱患的利器，是將內務府官員納入流官系統，與文武百官一體管理。總管內務府大臣由王公朝臣調任；掌管內帑的廣儲司有八個官缺是六部司官的專缺；三院管理大臣和院卿，以及諸多附屬機構長官，都向全體朝臣開放；內務府官學，主體官員由翰林院系統或理藩院系統官員出任。內務府官兵俸餉、旗人科舉、考核升調，分別由戶部、禮部、吏部操作。暢通的流動性，客觀上有利於內務府和各部院的業務協同，有利於提高辦事效率。而內務府官員出身上三旗，伴君之側，往往升遷便捷，反而不一定樂意長留內務府。

內務府是清朝資歷最老的機構，從滿清入關之前直到一九二四年溥儀離開紫禁城，存在長達二百八十餘年，稱得上與愛新覺羅家族「同呼吸，共命運」。它始終是皇權的奴僕，清朝皇帝駕馭有方。

內務府的主體是上三旗包衣。滿族八旗殘留著部落聯盟的痕跡，正白旗、正黃旗、鑲白旗入關前就是皇帝親自率領，稱為上三旗，其他五旗為下五旗。包衣，是滿語奴僕的意思。上三旗包衣就是皇帝私家奴僕，入關後繼續為宮廷服務。他們奔走在廣儲司、會計司、慶豐司、武備院等處，承擔著宮廷倉儲、錢糧、武備等方面的繁瑣勞作。在明朝，這些都是太監的工作，沒了工作執掌的太監在清朝顯著減少。包衣取代

太監，改變了之前歷代宮廷以宦官為主的狀況。

宦官從前朝完全撤退到內廷的深處，晝夜從事端茶梳頭、清掃落葉、傳遞物品等「本職」。太監輕易不得外出，除了購買個人日用品等瑣碎小事外，其他事項都由內務府代購。相比明代宦官的內操，清代宦官凡有在宮中私藏鳥槍、火藥、金刃器械，一經發覺，即行正法。

總管內務府大臣的大多是顯赫一時的王公顯貴，如莊親王允祿、恭親王奕訢及傅恆、和珅、榮祿等，太監群體完全無法抗衡。和珅任內務府大臣時，管制太監最為嚴苛，細微小事就大行刑罰，宦官只能俯首聽命、任由驅使。

康熙初年還規定太監永遠不准充當職官，不准冠戴翎頂，不准衣錦金繡及海龍、貂皮、水獺，銜名一律改為「太監」；太監御前回話或叩見皇子、宗室、王公大臣時，不准稱臣稱職，一律自稱「奴婢」；太監不准和士大夫交遊，要以使女、婢婦自居。太監的地位跌到了歷史最低谷。

然而，內廷太監畢竟人數眾多，分散在內務府各處管理不便。康熙十六年，紫禁城設立了「敬事房」（宮殿監辦事處）作為太監的主管部門。敬事房在乾東五所的第三所，是純粹的太監機構，總管和副總管都是太監。這是清朝太監重新授職的開始。雍正八年明確了太監品秩，只有正品沒有從品，從正五品到正八品共五個品級。

敬事房總管（宮殿監掌印太監）是太監首領，加「宮殿監都領侍」銜的，正四品，俗稱「大當家的」；加「宮殿監正侍」銜，也是正四品，俗稱「二當家的」。具體某個宮殿的總管太監，稱「某某宮總管太監」，加「宮殿監副侍」銜，正五品。其下有首領太監、御前太監、隨侍太監、太監等諸多等級。最底層的太監，沒有任何品銜，俗稱「散太監」。按照工作場所劃分，分配在宮內的叫「大內太監」，在壇廟神殿佛堂內當

差的稱「司香太監」，服務各行宮的叫「行在太監」，守護山陵的叫「陵寢太監」，宮內各機關（如軍機處、侍衛值房等處）的雜役太監叫「蘇拉太監」，在王公貝勒府邸服務的叫「府邸太監」。

清代太監數量大為減少，額定數量才 3,000 名，缺員是常態，通常維持在 2,500 名上下，與數以萬計的明朝前輩相比，相去甚遠。

太監在清朝官制中明確為宮廷主管部門的一個司區域性部門，方方面面受到朝臣集團的管轄與牽制。朝臣擁有了隨時懲處太監的制度力量，甚至可以先斬後奏。明代太監視朝臣為草芥，清代朝臣視太監為豬犬，對犯罪太監毫不手軟，往往極刑伺候甚至連坐。

乾隆年間，一個太監在談話時直呼大臣梁國治的名字。當時梁國治並不在場，但路過的內務府大臣和珅聽到了，勃然大怒，「梁為朝廷輔臣，汝輩安可輕之？」當即杖責這名太監數十下，勒令其向梁叩頭認罪。

光緒年間，內閣學士溥顧請寶來遲，首領太監賀進喜大罵出口。內務府大臣福錕立刻逮捕賀進喜，嚴加審訊，並不顧賀進喜「溥顧向我徒弟辱罵」的辯解，革去其首領太監職務，杖一百枷號一個月，分撥下賤處當差。

清代太監犯錯，細微小過由各宮殿自處，其餘由敬事房報內務府處理。太監只有在購買私人用品、親屬喪事等少數情況下，經過嚴格審批才能請假出宮。御前太監出宮，內務府派兩人隨行，並設立檔冊，將太監出入時刻、去處、隨行人員等詳細列名，存檔備查。嘉慶十八年，部分太監參與了天理教造反，內務府對太監的監控更加嚴苛，嚴禁太監隨意請假，即便批准還常常縮短請假天數。太監告假回家期間，內務府派官役到門口監視。

清朝管制太監如此之嚴，為什麼還出現安德海、李蓮英等大太監呢？

　　安德海、李蓮英等人的做派，在明代太監和朝臣看來簡直是小兒科。安德海私自出宮，被山東巡撫丁寶楨輕鬆斬首——這是明代官員不敢想像的。李蓮英突破了敬事房總管四品的限制，最後加銜二品。但是在安德海伏誅後，「敬事房掌印太監」的官職就閒置不授了，李蓮英終其一生本職都是「宮殿監衛寧壽宮五品大總管」，並非法定意義上的「李大總管」。很多人以為李蓮英統轄宦官群體，其實這權一直掌握在慈禧太后手中。（本文有關明朝太監的生活細節，多引自高豔：《明代宦官日常生活研究》，西南大學碩士學位論文；有關清朝太監的細節，多引自王樹卿：〈清朝太監制度續〉，載於《故宮博物院院刊》一九八四年第三期、愛新覺羅·恆蘭：〈清廷太監雜憶〉，載於《武漢文史資料》二〇〇六年第一期。）晚清太監勢力有所抬頭，本質上是慈禧太后掌權，缺乏依靠力量，不得不有所借力的結果。

　　乾隆初年，奏事太監為秦、趙、高三姓。乾隆皇帝這麼做，是為了自儆，時刻牢記秦朝太監趙高指鹿為馬，攬權亂政的教訓。乾隆皇帝待太監極嚴，之後凡是可能參與奏事或者沾染政務的太監，事先都強令改姓為王。「王」姓普遍，太監改個大眾姓氏，讓其他人分不清此「王太監」和彼「王太監」到底誰是誰？「宵小無由勾結也。」（徐珂《清稗類鈔·閹寺類》）

　　乾隆皇帝上諭說：「我朝列聖家法事事超越往古，而內庭法制尤為嚴密。……從無一人能竊弄威福者，固由於法制之整肅，而實由於君德之清明。」乾隆喜好自誇，可這個論點並不算過。

# 太監的三個「兒子」

宦官是無家之人。可是，家庭是人類的本能追求。身體殘缺的宦官們無一例外，而且更加渴望享受家庭的溫暖。

在皇帝的設定裡，紫禁城就是太監的家。明初規定宦官「月米一石，衣食於內庭」，內庭可以提供宦官的一切生活所需，卻提供不了家的靈魂和溫暖。

明代宦官的飲食、起居都在直房進行。那一座座普通的瓦房就是宦官生活的主場。司禮監秉筆、隨堂太監的直房在紫禁城護城河河邊，在今北河沿大街和東筒子河之間，一共有八處房子。景運門西南有都知監太監的直房。隆宗門東北是司禮監太監直房，內廷紙紮書箱都貯藏於此。隆宗門南邊是監官、典簿太監直房。再西是大庖廚、尚膳監等處太監直房。武英殿西南有御用監太監居所。

司禮監掌印、秉筆太監直房不止一處，在養心殿殿門內向北也有一處直房，方便輔佐皇帝處理政務。宮中舊制，司禮監掌印、秉筆等太監需要每日在此直宿。其餘宦官等候聖駕安寢，便將寢殿宮門關閉，散歸各自直房安歇。司禮監大太監手下經管衣帽的小太監，將官帽一頂、貼裡道袍大襖或褂共上一條領者一付，總綴兩條帶子，將絳牌穗亦掛得妥當，在關門前遞送給大太監。一旦夜間突發意外，或是皇帝臨時傳召，殿內直宿的大太監可以迅速穿戴好衣冠，趕到御前。這套衣物名日「一把蓮」。

北城牆和後寢之間、西城牆和內金水河之間都有狹長的空地，興建了中下層太監的直房。這些連排瓦房從西、北兩個方向，像一個半圓形包圍了紫禁城的主體建築。

玄武門迤東廊下家有十一道門（東長房），玄武門迤西有九道門（西長房）。自紫禁城西北角自北而南、內金水河西畔，連排有三十四門。這五十四道門的瓦房，總稱「廊下家」。廊下，一說是低階太監只能在宮殿廊下候命，他們的住處因此得名廊下家；一說是低矮的胡同的意思，廊下家在明代紫禁城中建築規格最低，安頓的也是最卑微的底層太監。名稱之謎並不妨礙廊下家成為紫禁城內最有市井氣的區域，每到飯點炊煙四起，每逢佳節各門互賀。太監們慣常在門前房後栽種棗樹，長年累月以後廊下家以代樹木森鬱。紫禁城的土壤似乎特別適合棗樹生長，所產棗子甘甜爽口。太監們以棗子為基底釀酒，戲稱為「廊下內酒」，貧困者甚至銷售棗酒為生。當年的廊下家，尤其是內金水河畔一帶，樹木成蔭、靜水長流，景色優美，逐漸吸引了中高層宦官過來霸占好房子作為直房。

清代太監住處稱為「他坦」。他坦是滿族人狩獵時臨時休息的窩棚，此處指的是紫禁城內規格很低的太監住處，與廊下家邏輯相通。清代太監數量大減，他坦集中在西城牆內中段偏南地區，以及內務府區域西側院落。前者自北向南分別有長春宮他坦、中正殿他坦、南書房他坦、果房他坦、衣庫他坦等。內金水河東側、內務府衙署西邊院落，自北往南分布著內閣他坦、乾清宮他坦、四執庫他坦、皇貴妃他坦等。內務府銀庫西邊院落是獨立的內奏使處他坦。從名稱可見，清代太監以效力處所為單位，集中居住。考慮到他們出宮的機會少之又少，效力處所和他坦構成了兩點一線的日常時光的重心。

　　對於明朝大太監而言，紫禁城真的只是工作場所，他們的家在「外宅」、「私邸」。

　　正統年間，明英宗特賜直殿監太監劉通宮外居第，還允許他娶「王氏之女」為妻，料理家政、照顧老母親。這是「至厚」的恩情，同時表明明朝前期太監就可以有外宅，可以娶妻了。絕大多數有權勢大太監紛紛在外建造私人府邸，營造「家庭生活」。

　　明代宦官死後經常捨宅為寺，京城許多寺院可以溯源至明代太監。法華寺是正統年間大太監劉通的私第，智化寺是一代權閹王振的外宅。很多大太監乾脆一開始就將私第建為寺廟，還從皇帝那求來「敕建」的牌子。不明就裡者很難想到這些敕建廟宇竟然是宦官宅院。其實這是宦官自卑軟弱的暴露，用寺院形式來留存外宅。更深層的原因是身為刑餘之人，太監死後不能歸葬祖墳，不想成為孤魂野鬼的他們只能皈依佛門，死後沐浴在佛光下，對抗殘酷的輪迴法則。寺廟就是他們的墳塋之所。

　　明代宦官是京畿地區佛教事業的慷慨贊助者。他們普遍信仰佛教，且動用權勢修繕、興建寺廟。「京師巨剎，大興隆、大隆福二寺為朝廷香火院。餘有賜額者，皆中官所建。」大太監獨力為之，力有未逮者聚眾為之。北京西郊很多寺廟是中高層宦官集體出資修建維護的，預備為日後集體安歇之所。宦官平日出宮，通常會去自家廟宇沐浴、休憩。這些廟宇也是朝臣和宦官的密會勾結場所。

　　既然有了家，就需要有家人。太監們最在意的是「嗣子」，日後祭祀自己的繼承人。絕大多數宦官出身孤立無援的赤貧家庭或者誅滅滿門的罪臣之家，沒有近親可以過繼，或者幼年入宮，不知自家譜系，便選擇蓄養「養子」、「義男」。歷史上最著名的太監養子，當屬東漢大太監曹

騰之子曹嵩。曹嵩生子曹操。曹魏建立後，追封曹騰為中國歷史上唯一的太監皇帝。明代太監為養子義男乞求官位蔚然成風，猶如親生父親一般護佑養子的仕途。明朝後期，宦官義子濫賞官職，占據要位，為其爪牙，禍亂朝政，成為太監擅權的一大弊政。一些無恥之徒乾脆不顧生父尚存，不顧年齡差距，直接拜大太監為父為祖，賣身博取官爵和利益。舉朝阿諛魏忠賢之時，爭先恐後向魏忠賢行五拜三叩大禮，大呼爸爸爺爺的，大有人在。

不過，魏忠賢屬意的繼承人應該是親侄子魏良卿。魏良卿在魏忠賢扶持之下扶搖直上，出任太師，甚至代天子祭禮。如果能找到宗法血緣意義上的繼承人，大太監們自然傾向於過繼他們為嗣。

外宅的另一大功能是廣積家財。幾個擅權的大太監聚斂的金銀珠寶數以十萬計。王振抄家後，家產為「金銀六十餘庫，玉盤石，珊瑚高六、七尺者二十餘株，他珍玩無算。」劉瑾敗滅時，抄出「火玉帶八十束，黃金二百五十萬兩，銀五十餘萬兩。」弘治年間，太監李廣家中抄出賂籍，明孝宗看到其中多有文武大臣，「饋黃白米各千百石」，發問：「李廣能吃多少，怎麼收了這麼多米？」左右解釋道：「此乃隱語。黃者金，白者銀也。」賄賂是太監巨額財富的主要來源，其次是搜刮民脂民膏。

頂尖的大太監還有「私臣」，「私臣曰掌家，職掌一家之事；曰管事，辦理食物、出納、銀兩；曰上房，職掌箱櫃、鎖鑰；曰掌班、領班，管理東西班答應官人；曰司房，打發批文書、謄寫應奏文書。其下則管帽、管衣靴、茶房、廚房、打聽官、看莊宅各瑣屑事務也。」需要注意的是，這些私臣本身也是太監。私臣是他們的兼職，也是宮廷地位的表現。

外宅、養子、私臣，都是極少數大太監的專利。絕大多數中低階太監則藉助「對食」來營造家庭生活。早在漢代就有太監和宮女自行配

對，相互照顧飲食的做法，稱為對食，這在晚明紫禁城幾乎是公開現象。太監與宮女對食之風越來越盛，如果沒有對象，就會遭到同伴的嘲笑——太監與宮女無一例外。雙方成配同樣有媒妁之言，「唱隨往還，如外人夫婦無異。其講婚媾者，訂定之後，星前月下，彼此誓盟，更無別遇」。正常婚姻的外殼與禮數，宮中對食一樣也不能少。雖然不是正常婚姻，卻已經讓清代太監豔羨不已了。清朝太監路遇到宮女，都要讓宮女走過再行，不許擾雜爭路。太監宮女不准認為親戚，非奉本主使令，不許擅相交語，更嚴禁嬉笑喧譁。太監的他坦不肯留宿外人，一經發展先杖責再逐出紫禁城，發往外圍充當苦差。因此，清朝絕無對食之風。

明代對食將「食」字發揮到了極致。雙方對飲食極為上心，似乎飲食是男女間的大事、家庭中的主軸。中高層宦官的直房臨近主體建築，不敢設庖廚。太監的飲食都是在河邊等處做好後抬入，溫熱後再享用。大太監們食不厭精，「凡煮飯之米，必揀簸整潔，而香油、甜醬、豆豉、醬油、醋，一應雜料，俱不惜重價自外接辦入也。」部門大太監甚至承辦了明朝後期的御膳，可證太監炊事之強盛。

逢年過節，太監宮女如同民間夫妻一般準備節日飲食。自年前臘月二十四日祭灶之後，「各家皆蒸點心儲肉，將為一、二十日之費。三十日，歲暮，即互相拜祝，名曰『辭舊歲』也。」中秋節「家家供月餅瓜果，候月上焚香後，即大肆飲啖，多竟夜始散席者。如有剩月餅，仍整收於乾燥風涼之處，至歲暮闔家分用之，曰『團圓餅』也。」臘月起，家家買豬醃肉。臘月初八煮臘八粥，「舉家皆吃，或亦互相饋送」。廊下家各門各戶時常相互饋贈，互相誇讚精美，共同慶祝佳節。明代紫禁城發展出了太監的節日宴會。如每年重陽前後太監相邀宴會，稱為「迎霜宴」。席間吃兔肉，又稱為「迎霜兔」。

太監的「家」和美好生活建立在權勢之上。如何保持權勢？明代太監結成了政治上的「家」，爭取權力在自己的譜系中流傳。

大太監有把持權力的需求，新入宮的小火者也有發展的需求。淨身男子入朝，各衙門的大太監擇其中面容姣好、聰慧機警者納入名下，結成「本管／名下」關係，以備傳承衣缽，雙方形同父子。本管對名下太監有教導、提攜的義務，名下要服從前者。不過，大太監通常無暇親自教導，而是派心腹太監照管，又形成「照管／名下」關係，雙方類似叔侄。同一個大太監有多位名下太監，他們之間互為「同官」。同官宦官之間不論官位，以入宮前後為長幼，後輩對前輩要恭敬執讓，情同兄弟。一個大家庭就此誕生了，以本管太監為尊，以照管太監為支柱，多名同官加薪添柴；同官再接納新的名下太監，譜系就形成了。這類似士大夫們的科舉關係網絡，本管相當於座師、照管相當於房師，同官相當於科舉同門。他們都通過某種紐帶結成了帶有約束力的政治派系。

有人研究明代太監派系，譜系最多的是嘉靖朝太監孫彬集團，達到四代。弘治十四年，十五歲的孫彬入宮，司禮監太監蕭某納其為名下。在本管蕭太監的關照下，孫彬歷任司禮監寫字、乾清宮近侍等職，後升為內官監太監。孫彬又先後教導了孫經、車欽、馬蓋等九人為名下，名下太監又收納張才、胡英、王保等孫輩太監。孫彬身邊就形成了一個四代同堂的太監集團。（李軍：〈拉名下：明代宦官政治權力之傳承與派系生成〉，載於《史學月刊》二〇一五年第二期。）

太監的肉體會消亡，但其所在的派系將延續下去。名下太監不僅繼承了本管太監的政治利益，還往往延續了前者的行事做派和政治風格，更有義務照料本管太監的晚年，為長者求取身後哀榮。政治意義上的兒子，比大太監們在宮外收納的養子義男和尋覓到的血脈親屬更加可靠和有力。

　　任何派系都是雙刃劍,在宮廷鬥爭中更加明顯。明代大太監一旦失勢,名下黨羽無不剷除殆盡。魏忠賢誅殺王安時,將王安派系斬盡殺絕。王安名下曹化淳、王裕民、楊春、張若愚等宦官都遭慘遭酷刑,倖存者發往南京,白天用石墩鎖住,夜晚強迫打更。王安私臣則直接誅殺。輪到魏忠賢覆滅時,其名下派系同樣清洗得一乾二淨,名列閹黨,永世不得翻身。

　　清代太監也有師徒之別,但是無法營建政治派系。晚清太監魏子卿說:「留在宮裡以後,首先要認師父。能當師父的都是地位高、年紀大的太監,就是總管、首領之類的人,他們一輩子能收許多徒弟⋯⋯實際上師父把徒弟當成自己的僕役。天不亮,徒弟先起來給師父準備漱口水,洗臉水。時候到了,再輕輕地走到炕邊把師父叫醒,侍候他穿好衣服。

夜裡，要等師父睡下後自己才敢休息，而且還不能睡的太死，師父一呼喚，要立刻應聲。」清代的太監師徒關係更多是照料生活起居，與政治傳承無關了。

一張白紙的小火者成長為治國理政的大太監，離不開系統的教育。宣德時期，紫禁城設立了內書堂，召翰林教育宦官讀書。內書堂的小宦官是大太監的後備人選，他們相互之間有構成同學關係，相互提攜。小宦官們學成分發各衙門，就有了政治依靠，升遷順利。明代太監視入書堂讀書為「正途」。當然，內書堂讀書並不是一樁輕鬆的事。晚明小太監王安入內書堂後，不刻苦學習，好嬉戲玩鬧。照管太監杜茂得知後，將王安的雙腿綁在書桌的兩腳上，略有懈怠就棍棒相加。系統教育和刻苦學習，使得明代宦官文化素養較高。嘉靖朝的司禮監秉筆太監鮑忠，多學善書，閒坐樹下時還拾樹葉寫詩。他名下太監田義也練得一手出眾的書法，日後成長為司禮監掌印太監。晚明太監劉若愚，好學有文，著有《酌中志》一書。該書是唯一一本流傳至今的宦官著作。

明代極可能是太監生活最愜意、最接近正常社會的朝代。各種形式的宦官家庭、太監團體，本質上是對身體殘缺的補償。或許有太監會迷失在種種「正常的假象」之下，但他們的日常生活終究是不正常的。

# 太監的日常生活

宦官是紫禁城的主要居民，人數最多，比例最高。

明代北京人王敏，擅長蹴鞠。明宣宗聽聞後，召王敏及其同伴入宮表演蹴鞠。同伴嚇得事先潛逃了。王敏老實入宮表演，深得明宣宗的賞識。一紙詔書，將王敏送去施加宮刑，要留他在紫禁城常伴帝王蹴鞠。王敏創傷痊癒，拖得病體回家，妻子驚聞噩耗，兩人相抱慟哭。

明代太監來源主要是京畿赤貧人家子弟、罪官子弟、周邊少數民族戰俘等，極少數是野心勃勃、自宮入內的成年人。清朝嚴禁八旗子弟當宦官，紫禁城太監的來源基本是京師和直隸的赤貧子弟。一般幼年閹割成活率高，且日後衰老速度慢。年長者閹割，不僅要漫長的心理建設，還要承受巨大的身體風險。

經歷殘忍的手術，休養月餘，倖存者下地之日就是他們的大喜之時。下地意味著手術成功，清代稱為「出劫成道」。當天，施刀匠和被閹者相互賀喜，過了這一天，太監再遇到喜事，就不能再對他說「賀喜」或「您大喜了」，只能說「您吉祥」。因為「喜事」特指清代太監下地成功，日後再提喜事，便是對太監的嘲諷。「大喜」二字是清代太監最忌諱的用語。

每個太監割下的生殖器稱為「升」，手術者會收藏待價而沽。日後太監身故入殮必須「物歸原處」，方能蓋棺下葬。太監富貴之後，或者三、

四十歲後，往往選擇吉日重金贖回生殖器，稱為「贖升」。太監穿戴禮服將「升」接回住所，在本人臥室的房樑上整理一尺餘長的地方，將「升」供奉樑上，借「樑」、「升」之音寄託「託生」的美好願望。太監希望來世投胎，能夠做個健全人。自然，「升」字也是太監的忌諱。太監升官，他人不能祝賀「高升」，還是要用「您吉祥」來代替。清朝太監尤其忌諱吵架時他人罵：「你們家窩裡，供的是什麼東西？」倘若有人如此咒罵，他會與對方拚命。

為了「升」的長期儲存，需要反覆油炸。清代北京城飯館內「油炸雞塊」都改名「炸八塊」。倘如飯館菜牌寫有「油炸雞塊」，太監一經發現會上門搗毀。種種忌諱，都隱藏著太監們的缺陷於自卑。

清代太監入宮前，先向內務府會計司報名，填寫姓名、年齡、籍貫、住址、親屬等資料，形成「投充花名冊」，然後寫保證文書。會計司把每個人的保證行文與他們的原籍府縣核實，原籍府縣將調查情況寫在備用太監的「投充花名冊」上，加蓋府縣官印，諮送內務府。以上手續完成後，等候「驗淨」。會計司「驗淨」沒有固定日期，一般註冊滿十人驗看一次。

「驗淨」由會計司會同掌儀司共同辦理。兩司官員先看備用太監是否瘸子、口吃，面貌是否端正，然後按照年幼者、京畿直隸人優先的原則做出決定。年齡偏大或別省之人撥給親王、郡王府邸使用，其他人入堂驗淨。驗淨由一名年老太監負責，稱為「司淨太監」，且有內務府官員和其他太監在場。所有人要對結果負責。明清二朝，在北京宮禁內，從未發生過假冒或未淨身入宮事件。有關太監穢亂宮闈的傳說，確定是子虛烏有。

驗淨完畢，兩司官員呈明內務府總管大臣。年輕貌秀者送敬事房，

由總管太監分配工作，稱為「內廷新補太監」；次等的分派各處行宮、壇廟、陵寢服務，稱為「外圍太監」；再次的留在內務府供差遣，名為「聽差太監」。分配完成，他們的太監生涯才算正式開始。

清朝太監的一輩子，大多奔走在差事地、他坦之間，最多再加定期去東華門外恩豐倉領取祿米，人生比較單調無聊。

晚清太監王悅微說：「做太監的也分等次，生活上有天地之別。總管和首領，如服侍慈禧太后的李蓮英和服侍隆裕太后的小德張，生活享受和皇帝、皇后幾乎沒有什麼兩樣。他們一天到晚，除了在主子面前獻殷勤、討主子的歡心之外，是沒有什麼正經事可做的。可是我們下層太監就不一樣了，行動處處受限制，和坐牢差不了多少。服侍主子無時無刻不提心吊膽，頂頭太監叫你幹什麼，你就得幹什麼，不是人幹的活也得幹。一切要看別人的喜怒行事，什麼委屈只有壓在自己的心裡……我們一進到宮裡，便再難回家了，家裡來人看望也有一定的限制，不能常來，見面談話也有人看著。」

明代太監也分等次，但即便是底層太監生活也非常豐富。這是明朝寬鬆的宦官制度決定的。夜深下班之後，太監們燒暖地炕，飽食逸居，無所事事又寢寐不甘，於是三五成群「飲酒擲、看紙牌、耍骨牌」，玩耍到二、三更才散。也有好學的太監，或臨帖練字，或讀聖賢之書，或杜門篝燈，草衣粗食，磨礪精神。但這樣的太監寥寥無幾。清代太監不能賭博，不能聚眾玩鬧，賭博初犯的太監枷號三個月，重責四十板，發往東西陵當差，後來改發往打牲烏拉給官員為奴，三年期滿釋回，分撥外圍當差；第二次賭博，即絞監候。

在太監眼裡，也許紫禁城是這個顏色（郭華娟 攝）

　　清代太監不僅生活單調，而且待遇微薄。宮人們與京城普通人家的穿戴差別不大。不得意的宮女大多自製荷包，拜託太監尋覓機會出宮銷售，針黹極為精緻，每套售價才四兩。

　　宮禁森嚴、生活窘迫，一些太監不堪苦悶，往往自殺或脫逃。清朝中期，內務府每年抓回的逃跑太監達四、五十人之多，這還不包括沒有追回的太監。紫禁城不得不從府邸太監中補充力量。嘉慶九年，質郡王綿慶照例要交納八名太監入宮，其中四名聞訊後便潛逃。內廷太監生活之苦，令府邸太監聞風而逃了。咸豐元年，慎刑司逃犯太多，人滿為患，內務府大臣奏請將永遠枷示的逃走太監改發黑龍江監禁。個別的太監逃跑五、六次之多。

　　清代紫禁城還剝奪的太監、宮女的自殺權力。「凡太監、宮女在宮內用金刃自傷者，處以斬立決；欲行自縊自盡、經人救活者，處以絞監候。」自盡的太監宮女，屍骸拋之荒野，還連累親人，家屬要流配新疆伊犁給兵丁為奴。

　　只有衰老和重病才能讓太監離開紫禁城。清代規定老太監「在外養病一年未癒，如係六十五歲，或係篤疾者，驗看屬實，方准給予執照為民。」原則上，出宮太監需要回到原籍，接受家鄉官府的監管。可是很多老太監六親無靠，無家可歸，難以回歸故鄉，因此在不得不寄身京城的寺廟，或荒郊野嶺。明代起碼給無權無勢的底層太監設定了一個去所——安樂堂。安樂堂在北安門裡，位於養蜂夾道中，即現在中南海後門馬路對面、北京圖書館舊館西側，原本是永樂年間建造紫禁城時工匠的治病之所。後來，沒有名下太監、沒有外宅、沒有寺院可依託，且重病纏身的太監，安置於此。說是「養病」，其實是讓他們自生自滅。如不幸病故，內官監給棺木，惜薪司給焚化薪柴，抬至西直門外淨樂堂焚化。可嘆清代太監連安樂堂都沒有。

　　清代太監只能拚命積蓄錢財，就為晚年出宮後能有一個好結局。他們拿著有限的錢財，到寺廟拜方丈、住持為師，或購買土地捐贈給寺廟，依靠寺廟的香火和經營土地的收入維持生計。寺廟只能供應基本的柴米、衣靴。宦官終老寺廟，死後則就地埋葬。清末北京郊區的恩濟莊、立馬關帝廟、金山寶藏寺、岫雲觀、玄真觀等二十餘處都是出宮太監生活的地方，至今存留著許多太監遺蹟和墳塋。

　　晚清太監張德修述說他們的晚年：

　　太監在宮裡一般都是從小做到老，直到無力服侍人的時候，還是得被趕出宮去。出宮以後住在哪兒去呢？哪兒是我們太監安身立命的歸宿之所呢？像大太監李蓮英、小德張，或者比他們次一等的太監，是不存在這樣問題的。可是，我們這些一般的太監，情形就完全不同了。頭一條，那時太監是被人瞧不起的，罵太監是「老宮」，這種情緒當然也就影響到三親六故了，誰願意跟一個沒混出頭的太監認親呢？第二條，當

太監的大多出身於貧苦家庭，你在宮裡待了幾十年，自己的家也許就無處找了，有的太監是自幼被人拐騙來的，根本就不知道家在哪兒。第三條，我們從小傷了身子，在宮裡除了侍候人，什麼手藝也沒學會，真是棲身無所，謀生無術啊！這樣一來，太監們就只有把超脫塵世的寺廟當作苟延殘生的唯一所在了。

　　這些可憐人，終歸是皇權大業的螻蟻，只不過依附皇權太近，灰飛煙滅得惹人注目罷了。

# 皇子教育記

# 文華殿／清寧宮／端本宮

愛新覺羅・弘曆步入晚年後，常常推開養心殿的後門，走過長長的西二長街，在長街盡頭的百子門站定。

門的後面，珍藏著他的美好記憶。

弘曆出生在雍親王府，父親登基後搬入紫禁城，先是和諸兄弟在毓慶宮住了幾年。雍正五年，弘曆大婚並擁有了自己的獨立宮苑：乾西二所。乾西二所在西六宮北、百子門後面。在屬於自己的這處院子裡，弘曆生兒育女、受封寶親王、父皇賜屋名「樂善堂」……乾西二所成為了乾隆盛世的肇祥之地。

成為乾隆皇帝後，弘曆將乾西二所升格為重華宮，大規模改造東西兩側，改建為皇帝專屬的內廷別院。乾隆皇帝對這片龍興之地眷戀情深，時常回重華宮休憩暫住。從乾隆八年開始，每個新年伊始，乾隆皇帝都在此舉行茶宴，召集內廷大學士、翰林等人雅集聯句。自詡為詩人皇帝的乾隆，總會即興創作詩作多首，命人刻匾懸在重華宮的前殿——崇敬殿內簷。弘曆詩興之濃、對詩作之自信，以至於到乾隆六十年宮殿四周已經掛滿了乾隆詩匾。此情此景，是典型的乾隆皇帝做派。

現存重華宮保留了乾隆時期的風貌：三進院，前院為崇敬殿，面闊五間，進深三間，黃琉璃瓦歇山頂，前簷正中有三間抱廈，殿內懸掛匾額「樂善堂」，這是雍正十二年新春弘曆受封寶親王時親筆題寫的。崇敬

殿中間放置寶座；中院為正殿重華宮，是弘曆早年的臥室，西室是弘曆大婚的洞房；後院正殿為翠雲館，東間是「長春書屋」，是弘曆即位前的書房。在成為整個紫禁城的主人之前，弘曆熟悉這三進院的一瓦一木，摩挲過一桌一椅。

重華宮或許是乾隆皇帝用情最深、最為熟悉的宮院。

他記得「長春書屋」最早的名字是「抑齋」，取這個名字是為了時刻自我提醒韜光養晦、謹言慎行；他記得喬遷新居的當年早些時候，父皇殘忍處死了三哥、自己最大的競爭者弘時；當重華宮還叫乾西二所的時候，弘曆牽著畢生摯愛、原配富察氏，看著嫡長子永璉在院子裡歡蹦亂跳。永璉是弘曆心中的頭號繼承人選。可惜，歲月奪走了父皇雍正、奪走了愛子永璉、奪走了愛妻富察皇后，乾隆的畢生功業、八十多年喜怒哀樂，沒法分享給最愛的人，也沒有理想的繼承人選，空餘一所重華承載回憶。

乾隆皇帝曾在七十三歲的時候，飽蘸深情，寫下了《重華宮記》：「少而居之，長而習之，四十餘年之政，皆由是而出……蓋宿學之所安，舊劍不能忘也，是以四十八年以來，元旦除夕，無不於此少坐。」「舊劍」用的是漢宣帝立后的典故。漢宣帝為權臣霍光所擁立，群臣奏請立霍光之女霍成君為皇后。漢宣帝深愛微時舊愛許平君，於敏感時期下詔說丟失一把「舊劍」，要眾臣幫忙尋找。君臣最終立許平君為皇后。乾隆用此典故，致敬摯愛的孝賢純皇后富察氏。

重華宮的內飾，乾隆皇帝完全按照自己與富察氏生活時的原貌復原，室內擺滿登基前的各種生活用品。重華宮陳設有一對醒目大櫃，是富察氏陪嫁的妝奩；東首的頂櫃放著祖父康熙皇帝賜給弘曆的物件──孩提時弘曆深得康熙喜愛，乾隆引為終生驕傲。祖父是乾隆的偶像；西

首頂櫃東邊存放雍正所賜物件，西邊存放生母崇慶皇太后所賜物件；兩個頂櫃下的箱子裡，都是弘曆登基前常用的服飾物品。乾隆皇帝內心最柔軟的記憶，永遠封存在了這裡。

兩百多載日月流轉，弘曆與富察氏當年的生活樣貌始終未變。

兒子嘉慶皇帝延續每年重華宮茶宴聯句的做法，作為家法，在每年正月初二至初十期間舉行。孫子道光朝繼承傳統，但並非每年舉行。曾孫咸豐以後，重華宮新年茶宴終止。

紫禁城中，皇帝只有一位，皇子皇孫數以百十計。

人生歲月，當皇帝十幾年，只是人生的一部分，而非全部。

當皇帝還是小皇子時，他們住在何處宮院，紫禁城又是怎麼教育他們的？

東方，五行屬木，寓意萬物生長；紫禁城外東路，自然成為皇子居所的首選之地。

文華殿，外東路最醒目的建築，紫禁城落成時就矗立在那裡。文華殿位於東華門與協和門之間，偏近協和門，與外西路的武英殿相呼應。文華殿居東，中國人習慣稱太子為「東宮」，兩項正好符合。

文華殿建築橫跨內金水河南北，南邊是主殿大院。北邊是後院。文華殿主體建築呈工字形，南向，面闊五間，進深三間，黃琉璃瓦歇山頂，下有甬臺，甬臺向前直通文華門、向後包括了後殿主敬殿。主敬殿規格與文華殿相似，但進深稍淺。主殿與後殿之間以穿廊相連。南邊大院有東西配殿，分別是本仁殿、集義殿。清代在大院東側增建了跨院傳心殿，是皇帝經筵前祭祀孔子的地方。

紫禁城落成之日，文華殿就迎來了第一位主人：四十三歲的朱高熾（明成祖太子、日後的明仁宗）。

銀裝素裹望端門（郝磊 攝）

朱高熾居住在主敬殿，太子屬官分班入值。朱高熾雖說是皇太子，卻是一位經驗豐富的政治家了，幾度在父皇朱棣離京的時候監國理政。文華殿就成了太子觀政的場所，百官入文華殿朝拜太子。此外，文華殿還是皇太子在父皇病重期間提前進入皇帝角色的場所。明英宗病重期間，皇太子朱見深就在此代父處理政，發號施令。文華殿極易形成紫禁城內新的權力中心。

明朝初年以加強君權為趨勢，即便是親生兒子、即便是選定的接班人，皇帝也不能允許他威脅到自己。好在朱高熾之後，歷代皇太子都沒有成長到可以獨居、觀政的年紀就稱帝了，文華殿一直沒有新的主人。皇帝與太子的權力之爭並沒有機會爆發。

但是文華殿沒有閒置，變成了太子出閣就讀場所。

皇子皇孫開始接受正規教育，成為「出閣」。明代太子出閣的年齡通常在八歲左右，明英宗朱祁鎮二歲出閣，明孝宗朱佑樘六歲出閣，明武宗朱厚照八歲出閣，明光宗朱常洛十三歲才出閣就學，這與萬曆皇帝不想立朱常洛為太子密切相關。

　　每日早朝退朝後，太子出閣讀書。東宮官屬先在文華殿參拜太子，宦官再帶領皇太子到主敬殿就座、奉書，教授太子的講官進入後殿、分成東西兩班站立。東班侍讀官員先陪伴太子讀四書十餘遍，叩頭退出；西班侍讀官員再陪伴太子讀五經或者史書十幾遍，也叩頭退出。誦讀完畢，侍書官員陪伴太子練習書法。皇太子書法春夏秋三季每天寫一百字，冬季寫五十字。如此，太子讀書功課就算完成了。侍讀內容，皇太子三天複習一次，要達到背誦成熟的程度。複習當天不再進講新內容。午膳後，太子需要學習騎射，但明代要求不嚴，也可以自由遊玩。

　　明代皇太子在這套制度的培養下，大機率會成為儒臣希望的文人皇帝。

　　明英宗「南門復辟」之後，對皇權尤為敏感，連皇太子讀書都不願意設定專宮。天順年間，明英宗將文華殿改為皇帝的便殿，將太子講學移到文華殿東邊的本仁殿。明朝皇太子從此失去了與朝臣接觸的專宮。嘉靖初年，嘉靖皇帝進一步將文華殿改作皇帝齋戒、經筵之所，全宮建築換上黃琉璃瓦頂。內金水河北邊的後院修建了聖濟殿，撥給御藥房使用。

　　不知道純屬巧合還是天意使然，之後明朝竟然再未出現成年的皇太子。

　　嘉靖皇帝本人迷信「二龍不相見」之說，後期對事實上的繼承人、唯一存活的兒子朱載垕極為冷淡。朱載垕始終沒有冊立皇太子，而且出居藩邸。紫禁城在漫長的嘉靖朝並沒有皇子生活。萬曆朝則是朱常洛、朱常洵兩位皇子爭位，鬧出妖書案、爭國本等諸多爭端。萬曆二十一年，萬曆皇帝不甘不願地立朱常洛為太子，此時地朱常洛已經十九歲了。朱常洛的太子位並非出自萬曆本意，他長期得不到父愛，並未享受

出閣講學待遇。

　　成年後的朱常洛居住在清寧宮，一直到再過十九年登基成為明光宗。

　　清寧宮已經無存。外東路是紫禁城建築變動最大的區域，宮殿歷史複雜。我們只能從歷史典籍中拼湊清寧宮的面貌了。

　　其實，清寧宮就在文華殿後東北方，即明朝中後期文獻記載的端本宮。（姜舜源：〈紫禁城東朝、東宮建築的演變〉，載於《故宮博物院院刊》一九九五年第四期。）

　　從東華門入宮，跨過內金水河上的石橋，右手側大幾十公尺之外又是蜿蜒東流的內金水河，三座白石橋橫跨河上。過橋便是一道紅牆，三座琉璃門隨牆而開，俗稱「三座門」。進入三座門是一處開闊的廣場，一座巨大的琉璃影壁傲立中間。歷經歲月滄桑，今人很難想見此處四五百年前挺立著清寧宮。

　　清寧宮應該是紫禁城最早的一批宮殿之一，三座門就是清寧宮的正門「前星門」，大影壁及其東西沿線是當年宮院建築的南緣。大影壁與三座門之間的空地，當年極可能也是空地。清寧宮有三進院落，以三宮格計。東西跨度極可能也是三個宮格，整個建築群占地九個宮格。清寧宮西部有端敬殿，接續文華殿的作用，預做皇太子日後讀書、觀政之用。

　　清寧宮的定位就是太子宮。然而，宮殿長存，太子卻不常有。紫禁城的太子宮殿也好，皇太后太妃宮殿也罷，都與太子太后的存廢有關。總體而言，皇太子人數遠少於皇太后、皇太妃。清寧宮大多數時間沒有主人，從明英宗時挪作了生母孫太后的居所。當明朝兩位太后並立時，清寧宮便成為太皇太后或地位略遜一籌的皇太后居所。一直到迎來朱常洛常住，清寧宮重新名實相符。

　　萬曆四十三年，有一個來歷可疑的老百姓張差，直入東華門，衝進前星門，來到清寧宮殿前，試圖杖擊太子朱常洛，引發梃擊案。朝野沸議，普遍同情朱常洛、懷疑鄭貴妃。梃擊案以鄭貴妃前往清寧宮向朱常洛求情，朱常洛鞏固太子位而告終。

琉璃影壁（孫珊珊 攝）

　　清寧宮最初照搬南京明朝皇宮的木製建築，房屋連排而建，毀於嘉靖十年的火災。災後，嘉靖皇帝親自考察，指示將接棟連楹的木結構建築改為以磚石為主體的建築，同時指示「宮中建築連棟毗楹，弊端頗多，當修防火牆，開闢防火通道才是」。在廢墟中重建的清寧宮改為了磚石宮殿。明末，崇禎皇帝將皇嫂、懿安張皇后移居清寧宮，改名慈慶宮。崇禎十五年，為預備太子大婚，慈慶宮再次更名「端本宮」，恢復為太子專宮。

　　崇禎皇帝除了太子外，還有定王、永王兩位皇子。普通皇子也在紫禁城中出閣，接受系統的儒家教育。二王就學處在皇極門（太和門）外右廂房。據史料記載：皇極門外兩房四十八間，除曠八間外實四十間，

東二十間為實錄玉牒起居諸館，及東閣坐公揖處。西二十間，上十間為諸王館，下十間則會典諸館也，定王書堂在西第六間，為讀書處，第五間懸先師孔子像，四配侍側蓋吳道子筆及永王出閣因移定王第四間而永王在第六間（孫承澤：《春明夢餘錄》卷十〈文華傍室〉，轉引自侯鑫忠：《明朝宗室教育研究》，西北師範大學二〇一四年碩士畢業論文。）

諸王出閣，一早到達右順門（熙和門）的北書堂，面東而坐，宦官把本日講讀的圖書翻開在桌案之上，然後宣「先生進」；講讀官入門，向諸王行四拜禮；講讀官站在書桌旁，陪諸王讀書十數遍，再行禮告退。萬曆以後，親王書堂陳設發生變化，分設左右兩邊書桌，左邊書桌讀書，右邊書桌練字，由侍書官侍奉。一個上午時間，親王也是先讀書再練字，中間以傳令「先生吃酒飯」作為分隔。（《明史・禮志九》）

天皇貴冑，正在接受紫禁城最好的教育。不出意外，他們將構成帝國日後最高的統治層。

# 毓慶宮／北五所／南三所

理論和史實都證明，皇太子是一個高危崗位。

明朝共冊立了 22 位皇太子，其中順利登基的有 11 位，夭折的高達 9 位，另有兩位失蹤：建文帝太子朱文奎和崇禎皇帝太子朱慈烺。

清朝只冊立過一位皇太子：胤礽。他是康熙皇帝的嫡長子，不幸成為紫禁城的最後一位太子，更不幸的是最後登基的是他的弟弟胤禛。

從康熙後期殘酷奪位戰中走出來的雍正皇帝登基以後，不再預立皇太子。皇太子制度成為歷史。毓慶宮入住了雍正皇帝的兒子們。乾隆、嘉慶還是小皇子時，都曾住在毓慶宮。乾隆入宮之初住在這裡。嘉慶五歲離開生母后的第一個住處也是這裡，接受乾隆皇帝禪位後，已經是天子的他又搬回毓慶宮住了四年 —— 當時的養心殿為太上皇乾隆繼續占用。清朝最後三位皇帝同治、光緒、宣統都是幼年登基，毓慶宮是三位小皇帝讀書受教之所。

嘉慶皇帝對毓慶宮感情最深，效仿父皇乾隆改建重華宮的先例，將毓慶宮作為「幾暇臨幸之處」。毓慶宮成為了紫禁城中的第二座「潛龍邸」。現存毓慶宮為「二門三殿周圍房」格局，正南大門名「前星門」（與明代清寧宮正門同名）而非「毓慶門」，門內為第一進院落，僅有值房，西牆開有陽曜門通往齋宮。向北過祥旭門進入第二進院落，有前殿惇本殿；繞過前殿就是正殿毓慶宮，工字型建築，前後都面闊五間、進

深三間，黃琉璃瓦歇山頂，中間由廊房相通，兩側均為檻窗；正殿之後為繼德堂，西次間為毓慶宮的藏書室，嘉慶皇帝賜名「宛委別藏」，東耳房有嘉慶御筆題匾的「味餘書室」、「知不足齋」。毓慶宮第二進院落三面原本有遊廊包圍，乾隆年間替代為轉角露頂圍房數十間，繼德堂兩側延展開的圍房把惇本殿、毓慶宮給包圍了起來。整個毓慶宮占地不大，建築較密。

左為毓慶宮，右為奉先殿入口的誠肅門，紅場角落為值房（郭華娟 攝）

太子住在毓慶宮，皇子們則住在乾東五所和乾西五所。

東西六宮區域北邊各橫排開三個宮格，分別修建了五所格局相同的宮殿，因為宏觀上都是乾清宮的附屬建築，所以得名乾東乾西五所。為什麼選擇建五所宮殿？一般認為東西五所合為十天干，與東西六宮合成的十二地支相應。

東西五所最大的特點是交通不便。此地位置不算偏僻，分處內東路和內西路最北側，但是東西北三面都沒有門戶，只能匯總到五所南側共有的夾道出入。乾東五所向南出千嬰門、透過東二長街溝通東六宮，乾

西五所向南出百子門、貫通西二長街連線西六所，最終都匯總到中間的後三宮主體區域。

「深宮」一詞，形容東西五所，再恰當不過了。

如此設計，客觀上是給小皇子們提供一個安全寧靜的環境，確保安全。另一個不太方便明言的目的是防止皇子與朝臣勛貴們聯絡勾結，威脅皇權。在家國一體的大背景中，家人也是敵人。

乾東五所自西向東分別是頭所、二所、三所、四所、五所，稱呼時冠以「東」字。每所都是南北三進院落，前院南牆正中有黃琉璃瓦歇山頂正門，進門就是木影壁屏門；前院、中院都是「一正兩廂」的三合院格局，中院西南角有井，上有亭，主要用作防火；後院較侷促，統一是黃琉璃瓦硬山頂宮殿一座。各所之間有矮牆相隔，相互獨立；矮牆上開有小門，又彼此相連。

乾西五所由東向西分別為頭所、二所、三所、四所、五所，稱呼時冠以「西」字。格局、規格與東邊相同。

康熙年間是紫禁城中皇子最多的時候，隨後皇子數量遞減，直到清朝最後三個皇帝連一個皇子都沒有。乾東乾西五所逐漸改為他用。

乾隆三十年以後，乾東五所自頭所到五所分別改為如意館、壽藥房、敬事房、四執庫（存放皇帝各類服飾）和古董房。敬事房掌管宮中太監，而其他四處事務事實上也有太監負責，乾東五所成為了太監的勢力急聚地，以東三所的敬事房為中心。敬事房後院宮牆西北角增開了一座隨牆小門，成為乾東五所通向北橫街的唯一通道，平日關閉，遇到每月打掃或有事時才開啟。乾東五所交通大為改觀。

乾西五所改造的時間更早。乾隆皇帝登基後不僅將西二所升格為重華宮，還將乾西頭所改為漱芳齋並新建大小戲臺，將西邊的三所改為重

華宮廚房，改建四所五所並向南占領西六所西側的三個宮格，擴張為建福宮及其花園、中正殿、雨花閣等。建福宮花園除吸收四所、五所土地外，又向西拓出 10 多公尺，北邊花園的西牆較中正殿西牆突出，擠壓得西筒子夾道更像是夾道了。原本內東路和內西路整齊劃一的規整格局徹底改變了。

乾西五所不復存在，乾東五所因為在內東路最北，逐漸得名「北五所」。

話說康熙皇帝有三十五位皇子，即便一所擠進去三位皇子，住處還是不夠，怎麼辦？

康熙皇帝趁著修繕外東路明代宮殿的機會，在最北端修建了兆祥四所安置皇子。

曾經入住兆佳四所的最有名的皇子是乾隆的五阿哥永琪。永琪聰明伶俐，圓明園九州清晏殿發生火災時，他背著乾隆皇帝逃出火場。乾隆皇帝很喜歡永琪，在他二十四歲時就封其為榮親王。永琪是乾隆諸子中最早受封親王的阿哥。乾隆二十五年，五阿哥永琪自圓明園遷進了兆祥所。乾隆三十一年二月，永琪生病，乾隆親臨兆祥所看望患。不想第二個月，永琪病逝。二十多年後，乾隆曾對來訪的英國使節馬加爾尼說：「其時朕視皇五子於諸子中更覺貴重，且漢文、滿語、蒙古語、馬步、騎射及算法等事，並皆嫺習，頗屬意於彼。」永琪是乾隆皇帝繼嫡長子永璉之後屬意的第二個接班人人選，可見他對永琪的喜愛。

明代太子宮端本宮，也陸續得到修復。康熙年間，太子允礽之宮人於此居住。乾隆十一年（西元一七四六年）在端本宮原址偏北修建了三所院落，作為皇子居所。因為在外東路最南端，同時與北五所相呼應，紫禁城稱之為「南三所」，也稱「阿哥所」（阿哥，滿語對年輕男子的稱

呼，後來專指皇子，尤其是沒有成年的皇子。）或「所兒」。

南三所建成後，嘉慶皇帝在此住了二十年，直到乾隆六十年接受父皇禪讓。成為皇帝后就不能再住在南三所，而太上皇又占著養心殿不走，嘉慶只能移居毓慶宮。嘉慶年間，皇阿哥幼年住毓慶宮，成婚後分府前暫居南三所。道光皇帝、咸豐皇帝都曾是南三所得住客。宣統年間，攝政王載灃一度也暫居南三所監國理政。

皇帝登基後，慣例升潛邸為宮殿。嘉慶所住的中所曾是擷芳殿所在，官民也按習慣稱南三所為擷芳殿。許多文獻也以擷芳殿指南三所。

今日南三所建築，基本保持乾隆時代的風貌。大影壁往北是高大的紅樓，正中是一座三開間的王府式大門，門上無匾無額，綠琉璃瓦歇山頂。門內有一個東西窄長的小廣場，三所宮殿進出共用這座宮門。南三所門禁嚴格，除了皇子師傅、御醫、侍衛外，常人不許擅入。清朝嚴禁皇子交接朝臣，為的是杜絕潛在的皇權威脅。

小廣場北側自東向西依次排列三所宮殿，每所都是形制相同的三進院落，最南端是琉璃門，前殿面闊三間，中殿、後殿面闊五間，全都是綠琉璃瓦硬山頂。綠琉璃瓦規格稍遜於黃琉璃瓦，以示皇子所居。紫禁城現存建築中只有南三所及北邊寧壽宮區南緣小院用綠琉璃瓦。每座宮殿前面都有東西配殿各三間，每所中殿前都有井一口，上有亭一座。

南三所設計特別重視防火。前中後三殿之間各保持 25 公尺安全距離，東西配殿之間保持 30 公尺安全距離；宮殿左右都採用防火山牆，後山牆均採用封火簷；每個院落各有銅質大水缸 2 口，每所則有 6 口。紫禁城內共有水井 37 口、大型消防水缸 309 口，南三所就有水井 3 口、水缸 18 口，可見防火設施之足。從建成到至今的二百七十年左右，南三所從來沒有發生過火災。（王銘珍：〈紫禁城外朝東路阿哥所〉，載於《北

京檔案》二〇〇四年第十一期。）光緒年間的御藥房大火，摧毀了御藥房區域，一牆之隔的南三所安然無恙，足可以證明防火效果。

明朝皇子出宮前往封地，稱為「就藩」或「之國」；清朝皇子出宮前往王府，稱為「分府」。在此之前，他們就居住在乾東乾西五所、南三所等地。

可憐的是，多數皇子在就藩、分府之前就夭折了，紫禁城的房子見證了他們的整個人生。

# 上書房讀書

欲戴皇冠，必承其重。

發展到明清，皇帝是牽引龐大帝國的動力源、是天朝體制的核心與靈魂。

皇帝素養的高低，關係到帝國體制的健康與否，關係到天下黎民的衣食住行。對皇子的培養，不僅攸關一家一姓的興衰利害，還是天下大事，於公於私都不能怠慢。紫禁城自有一套完整的皇子教育制度。

朱明皇室起自草莽，建政後給子孫提供了古代中國能夠創造的最好的教育資源。經過大明帝國層層選拔的菁英書生，成為紫禁城的家庭教師。他們按照儒家傳統來塑造學生，很不幸地迅速步入與鄉間老塾師相同的道路。從明英宗時代起，皇子的教育內容逐漸固定僵化為讀書、聽講、寫字，朝著訓詁句讀的方向發展。明太祖朱元璋曾經問諸位皇子：「汝等聞修德進賢之道乎？」皇太子朱標誠實地回答：「每聞儒臣講說，知其略矣，未領其要。」所學非所用，甚至可能朝著實踐相反的方向前進。明代皇子們既得不到處理大局的實際鍛鍊，又沒有唐宋時期出任地方官的政治積累。

皇太子則因為身分尊貴，缺乏強而有力的監督。「東宮講學，寒暑風雨則止，朔望令節則止，一年不過數月，一月不過數日，一日不過數刻。是進講之時少，輟講之時多。」皇太子真正學習的時間少，就在不

多的授課時間裡，老師們也不過講授寥寥幾段，教學效果非常可疑。

　　皇太子培養的目的是塑造一個滿腹經綸同時深諳君德的儲君。可是無論是出閣講學，還是觀政監國，皇太子所處的情境不是虛擬的、就是形式化，他完全得不到真正的歷練。再考慮到皇家父子隔閡、內廷權力爭鬥，明朝多位太子甚至連正常的教育都不能保證。明武宗是明孝宗的獨子，父母的溺愛加上生性頑劣，從小不好好讀書，登基之初甚至連大臣的奏章都看不懂；明光宗子以母賤，生父萬曆皇帝甚至不願意承認這個長子，導致他二十歲還沒有受到連續的正規教育；明光宗自身難保，對兒子明熹宗的教育既無心也無力，惡性循環，兒子十五歲了還沒有授書識字，這些太子治國能力的養成更談不上了。

　　應有的教育缺位，其他「老師」就趁虛而入。他們就是與皇子朝夕相處的服侍太監們。

　　明孝宗為皇太子時，太監覃吉日夜相伴，從句讀讀音到禮儀故事，乃至人情世故都給小太子詳細講解。對於生母暴斃、父皇繁忙的明孝宗，覃吉是真正陪伴他長大的人。好在覃吉為人正派，連宦官禍國的歷史教訓也毫不避諱地傳授給皇太子。他的心願就是天下能有「聖明天子」。明孝宗親切地稱呼覃吉為「老伴」，這是民間老夫妻相互稱呼的俚語。我們暫且不論太監能夠給予皇子的教育內容與效果如何，試想，如果覃吉是大奸大惡之人，明孝宗朝豈不是就多了一位權閹？可惜的是，覃吉畢竟是少數，太監中更多的是王振、劉瑾和魏忠賢之流。王振在明英宗咿呀學語時就陪伴左右，英宗繼位後，任命王振掌管司禮監，開啟了明朝宦官攬權的先例；明武宗出生七個月即立為皇太子，由太監劉瑾等人在深宮中服侍長大，日後劉瑾也成了「九千歲」；魏忠賢的崛起更為典型。深宮冷院，一個無人看顧的小孩，一個年近半百的老太監，兩人

一起飲食、一起數星星、一起擔驚受怕。後來，小孩幸運地成為明熹宗天啟皇帝，老太監則換了一個令時人聞風喪膽的名字：魏忠賢！閹宦之禍，根植於皇帝心理，缺席的皇子教育難辭其咎。

皇子的保姆、奶媽等同樣趁虛而入，占據了不應得的位置。明憲宗時期的萬氏、明熹宗時期的客氏，攬權干政，起因與閹宦相同。

明朝後期皇帝不是恣意妄為，就是舉止失措，極大拉低了明朝皇帝的平均水準，要對朝政敗壞負重大責任。教育失敗，又要負根本責任。

一百年之後，年輕的內閣中書趙翼入直軍機處，凌晨四點左右入隆宗門外辦公室值早班。在灰濛蒙的天際線下，黑暗中值夜的太監們偷懶倚靠在欄柱上瞌睡假寐，趙翼的同僚們還在趕赴宮城的路上，只有少數蘇拉奔走在宮苑之間。隱隱中，趙翼發覺辦公室外有一點點紗燈進入隆宗門而去。他揉揉眼睛，仔細觀察，發現是一位位小皇子們。早班同僚見怪不怪地告訴他：「皇子進書房了。」趙翼大為感慨：「我輩寒窗苦讀，皓首窮經，是把讀書當作衣食飯碗，尚不能早起。而這些天皇貴胄、金玉之體，卻能日日如此！」

趙翼認為：「本朝家法之嚴，即皇子讀書一事，已迥千古。」

清朝皇子教育內容之全面、執行之嚴格、理念之務實，多有可取之處。愛新覺羅宗室的平均素養，高出朱明宗室許多，這是清朝教育成功的明證。

愛新覺羅家族入關之前，就高度重視皇子教育，主動吸收漢族優良文化。萬曆十七年（西元一五八九年）女真軍隊在遼東戰場上俘虜了一位年輕的浙江紹興商人龔正陸。努爾哈赤尊龔正陸為師傅，掌管文書、處理外事，同時教導兒子們讀書。龔正陸滯留關外三十多年，褚英、莽古爾泰、阿巴泰以及皇太極等清朝開國勳貴，都是他的學生。

　　入關後，內廷乾清宮東南廡房設立了上書房（或稱尚書房），作為皇子皇孫的讀書之所。皇帝出居皇家園林，皇子必須隨駕前往，所以清朝常駐行宮中也常設讀書場所，一體管理。

　　清朝皇子入學年紀是六歲，真實年紀才五周歲左右。每日學習時間是「卯入申出」，早晨五點至下午兩點半，中間只有一兩次休息，每次不超過十五分鐘。全年只在皇帝萬壽、本人生日、春節、端午、中秋五個時節，皇子才能休息。另外還有類似暑假寒假的「半功課」，前者是每年的酷暑期，大約有一個月時間，後者是春節前後「封印」至「開印」期間，時間將近一個月。半功課期間，每天課程減半，午前十一點就放學，並非完全是放假。

　　皇子分府出宮之日，原則上就應該從上書房「畢業」了。但是即便在宮外自立門戶了，甚至結婚生子了，如果皇子年紀尚輕而且沒有差事在身，仍然需要留入上書房讀書，而且每天上下學更辛苦。或許為了減輕分府皇子上下學的辛勞，他們可以提前到午前十一點放學。

　　咸豐五年三月，皇弟、二十五歲的惇親王奕誴因為「失禮」，降貝勒，罷去一切差使，勒令回上書房讀書。七月，皇弟、二十三歲的恭親王奕訢因為在其母病重期間「假傳聖旨」（當時奕訢生母靜太妃病重，奕訢請求咸豐皇帝晉封生母為皇太后，咸豐皇帝含糊其辭未置可否，奕訢隨即傳旨冊封靜太妃為皇太后，引起咸豐皇帝不滿。），在生母入葬的第二日，革去軍機大臣、並罷免一切職務，勒令回上書房讀書。當時咸豐皇帝尚且無子，上書房變成了兩個弟弟回爐再造的場所。

　　清朝皇子在上書房一般都要學習十年以上。

　　乾清宮東南角幾間毫不起眼的廡房，不知是多少愛新覺羅家小屁孩的夢魘，又不知是多少宗室藩王日後參預治國理政的起點？

　　上書房教學內容主要有兩課：第一課是經史子集詩書辭賦。嘉慶皇帝六歲入上書房讀四書五經，十三歲學寫詩，十七歲開始長篇文賦。此科內容與明朝基本相同，但愛新覺羅子孫的學習效果更好，以康熙皇子為例，皇三子胤祉精於書法，還主持編纂了兩部大書《律歷淵源》和《古今圖書整合》；皇十六子允祿精通數學和音律；皇二十一子允禧則是著名的宗室畫家。第二課是「國語騎射」。清朝以騎射得天下，愛新覺羅家族視騎射為「立國之本」，追求嫻於騎射彰顯民族身分。國語自然是滿族語言文字學習，騎射包括騎馬、射箭、槍械、武術等，其中武術又包含拳腳、兵器兩項。清前期幾位皇帝都擅長拳腳，戎裝畫像有模有樣。即便是看似瘦弱，甚至有點弱不禁風的道光皇帝，也頗為精通武術，曾經自創了一套刀法「二百連環刀法」。

　　滿語稱老師為「師傅」，上書房設「總師傅」二、三人，全面負責皇子皇孫的教育。皇帝通常在進士出身的大學士、尚書等王公重臣中挑選，不是聲望卓越，就是學有專長的宿儒名臣。總師傅不能親自授課，但每月都要親臨稽查。總師傅可以稽察每個學生的功課，也可以詢問任課師傅的教學。上書房師傅，不僅是一份差使，更是一項榮譽。

　　雍正元年正月，雍正皇帝命朱軾、張廷玉、徐元夢、嵇曾筠等為上書房師傅，傳諭「皇子見師傅禮當拜」。開學那天，朱軾等人堅持不受禮拜，改行揖禮。之後，皇子皇孫見上書房師傅作揖致敬。

　　每位皇子都有專師授讀，漢文師傅皇帝一般從品學兼優的翰林中挑選，滿蒙師傅從進士出身、民族語言嫻熟的大臣中遴選。滿洲、蒙古師傅也稱「諳達」（滿語夥伴的意思）。「諳達」又分為內諳達與外諳達。內諳達教導滿語和蒙語，外諳達教授弓箭和騎射，並且管理鞍馬、弓箭。每位皇子都有三、五名諳達。諳達之上有負責稽查的「總諳達」，由滿族八旗大員

出任。每位皇子還配有多名「哈哈珠塞」，負責服侍皇子及其師傅的雜事，類似書僮。哈哈珠塞由八旗大員子弟充任，每天二人，輪班入宮當差。

諳達普遍是在旗的官員，是皇家的「奴才」，不能稱「師傅」，與宗室學生相見時要自稱奴才，並長跪請安。看似上書房八旗官員的地位低於漢族師傅，但是主僕稱呼表示大家是一家人，師生反而是外人。所以，皇子皇孫們應該和諳達們心理更親近。

上書房的朗朗讀書聲，要想長盛不衰，僅靠總師傅稽查肯定是不行的，關鍵看皇帝本人。

皇帝對上書房的重視，與其本人的素養正相關。清朝鼎盛時期的康熙皇帝、乾隆皇帝幾乎天天都去上書房巡視，視察子孫們的功課。康熙皇帝尤其在意，幾乎每天九點準時到上書房聽孩子們背書，有時下午四、五點再來一趟。他本人就是嚴苛教育的成果。小玄燁五歲就和大臣們一道隨朝站班，宮苑門檻太高邁不過去，侍衛們就把他抱過去；散朝後他要趕到書房學習經史子集，每天老師要求每篇文章要念一百二十遍，直至把《大學》、《中庸》、《論語》、《孟子》完全背下來；回宮後祖母孝莊皇太后又指派侍女蘇麻喇姑手把手教他「國書」（滿文）。高強度的讀書，累得玄燁咳血，咳完了繼續讀書。玄燁成為康熙皇帝後，對皇太子允礽的教育督導同樣嚴格，不僅重複自己的兒時路，而且帶著小皇子一同出巡狩獵。不滿十歲的允礽騎馬跟隨父皇行進在隊伍前面，耳聞目睹出巡的一切、策馬馳騁狩獵。

乾隆皇帝的督導，主要是「抓紀律」。一次得知皇八子永璇（二十五歲）未告知師傅外出辦理私事，不僅嚴厲訓誡永璇，還懲處了失察的總師傅、專職師傅；皇長孫、定郡王綿德與部員秦某交結饋贈，乾隆皇帝不僅革去綿德的王爵降為閒散宗室，還將他的師傅革職、逐出上書房，毫不留情；

乾隆皇帝八十歲時，從門衛紀錄發現上書房七日內竟無一位師傅入值，大怒之下連發兩道諭旨，自總師傅劉墉以下，降職、降級、革職留任十數人。

明清兩相比較，皇帝的表現有天壤之別。弘治年間，太子朱厚照出閣讀書，宦官屢次滋事干擾講讀，太子僚屬上疏抗爭，明孝宗未採取改正措施。吏部尚書馬文升憂慮太子耽於遊樂而荒於學習，上疏建議皇太子每月三次御文華殿講學，明孝宗依然沒有亡羊補牢。明孝宗的溺愛最終害了朱厚照。

更難能可貴的是，愛新覺羅皇帝並不要子孫讀死書、死讀書，教育理念求真務實。

上書房懸掛雍正御題的「立身以至誠為本，讀書以明理為先」。讀書明理，而不該沉迷於句讀、計較於詞句，後者自有文人大臣去鑽研。宗室子弟是要治國理政的，宮廷教育也要為此展開。乾隆三十一年，擅長書法的皇十一子永瑆（十五歲）在給弟弟永琰（嘉慶皇帝）題寫扇面時落款「兄鏡泉」。乾隆皇帝看到後，認為「非皇子所宜」，先歸咎永瑆的師傅書生習氣，以取號為美，妄為皇子取字，接著斥責永瑆「鄙俗可憎」，最後嚴肅申明皇子讀書要正心立身，不能崇尚虛名，更不應該追求尋章摘句。對於詞章書畫，在皇帝看來是「末藝」，正道人心、天下大勢才是宗室子弟應該在意的。

古代皇室數以十計，愛新覺羅家族是其中平均素養最高的。上書房功不可沒。

繁重的學習和嚴苛的督導，擠壓了太監、後宮親近皇子的機會，對捍衛皇權功不可沒。

紫禁城是所有皇子的人生起點，它留存著少年們在關於皇權與生活的主動或被動的選擇當中的一切懵懂，痴心，敬畏和遺憾。

# 明暗太子

　　皇帝的一生，要解決一個緊接著一個的難題，皇帝生涯晚期的最大難題莫過於如何處理與皇太子的關係。

　　皇帝出於國祚永固、血脈綿延的考慮，必須培養一位文武全才、深得人心的皇太子，這是符合邏輯的。

　　皇帝擔心皇太子結成游離於皇權之外的勢力團體，威脅到當下統治，必須防止皇太子坐大，千方百計加以限制。這也是符合邏輯的。

　　從巫蠱之禍到玄武門之變再到到紹熙內禪，從曹丕曹植相爭到楊勇楊廣爭位再到唐肅宗逼唐玄宗為太上皇，皇太子惹的禍歷代皆有、流的血瀰漫江河。面對血的教訓，歷代皇帝依然前赴後繼地設定皇太子、配備僚屬，並且期望合格的太子在合適的時機繼位 —— 皇帝不能沒有繼承人。皇太子簡直是古代政治制度設計的一個悖論。

　　明朝的建立者朱元璋，終其一生都是一位傳統的中國農民，他建政後就立長子朱標為皇太子，忠實繼承了嫡長子立嗣制。嫡長子以血緣為基礎，立嗣首選嫡子、立嫡以長不以賢。它優點突出，就是標準簡單而且客觀，有利於杜絕其他人的覬覦之心、建構穩定的皇位繼承制度。嫡長子繼承制源於古老的宗法制，歷史悠久，符合中國人樸素的心理。朱元璋就給朱明皇室規定：「朕唯昔帝王之子，居嫡長者，必正儲位。」

　　嫡長子制度的缺點也很突出，那就是嫡長子很可能不合格，或者在

嫡長子之外還有更合格的人選。朱元璋對這項制度也有過懷疑。太子朱標早逝後，朱元璋根據嫡長子制度立年幼的嫡長孫為皇太孫，預備接班，但心底更屬意「英武類己」的皇四子、燕王朱棣。他曾對廷臣說：「國有長君，社稷之福。朕第四子賢明仁厚，英武似朕，朕欲立為太子，何如？」翰林學士劉三吾進諫道：「陛下言是，但置秦、晉二王於何地？」朱元璋無言以對，大哭而罷。（《明太祖實錄》）在強大且自定的繼承規則面前，皇太孫最終繼位，四年後靖難之役爆發。朱明皇室同室操戈，才決出了第二代君主。朱元璋要對身後的骨肉相殘負責。

　　嫡長子不合適，僅僅是皇太子制度最明顯的特徵。冊立皇太子後，更大的弊端隨之而來。皇太子既立，自然有一整套僚屬，上自師傅下至隨扈，培養太子成為合格的皇帝、隨時準備接班是他們的職責，也是利益攸關。加之皇太子不時處置奏章、聽取匯報，甚至提前監國攝政，自然會積累聲望、積聚政治勢力。皇太子隨時可以替換父皇，皇帝豈不是親自培養了一個潛在威脅？

　　皇權的一大本質特徵是無處不在的排他性。如果能容許威脅長存，皇權就不是皇權了。即使血脈相連，皇帝也忌憚太子的存在。朱元璋就在固執嫡長子繼承制之餘，偷梁換柱，並沒有給朱標配置專屬官員。明代太子僚屬，高位如太子太傅、太師、太保由朝廷高官兼任，普通如侍讀、侍講、洗馬、贊善等由翰林官員兼任。前朝的太子衙門 —— 詹事府，無專責可從事，變作為翰林院的從屬，前朝的太子官職異化為翰林官員的升轉臺階而已。明朝皇太子無羽翼無手足，威力大降，可依然不能讓皇帝放心。明世宗嘉靖皇帝就「諱言儲貳，有涉一字者死」，長期不立太子，嘉靖三十九年大臣郭希顏上書建言立儲，觸怒嘉靖，慘遭處斬。

　　滿族人傳統是由王公大臣公推新的大汗。康熙皇帝效仿明代，冊立皇太子允礽，這是皇太子制度在清朝的迴光返照。可惜，傾注康熙皇帝半個世紀心血的允礽，卻在康熙四十七年、五十一年兩次廢立。其中固然有允礽自己的問題，不容忽視的是過早冊立太子，將太子置於明槍暗箭的聚光燈下，對允礽也是不公平的。允礽這個太子，並沒有保證康熙後期牢固、穩定的繼承秩序，反而引起了激烈的九子奪嫡風波。清朝唯一一次立皇太子，以失敗告終。

　　雍正皇帝總結前代及父皇的教訓，認為失敗的根源在於「明立皇太子」。

　　他親手埋葬了皇太子制度，改為「祕密建儲」。

　　雍正元年，雍正皇帝公開宣布：「今朕特將此事（皇太子人選）親寫密封，藏於匣內，置之乾清宮正中世祖章皇帝御書『正大光明』匾額之後，乃宮中最高之處，以備不虞。諸王大臣咸宜知之。」同時，皇帝隨身攜帶一道同樣諭旨，駕崩之後王公大臣公開驗看兩道諭旨，核對無誤後，迎立新皇帝。皇太子由明變暗，每個皇子都有可能是人選，每個皇子都不敢有絲毫怠慢，反而有助於皇子發奮圖強、表現自己。一切明爭暗鬥都是冗餘。皇帝也隨時可以更換更合適的人選。野心家篡改諭旨的難度極大，貿然為之便會惹禍上身。雍正朝之後，清朝從來沒有出現過皇子爭位的新聞。

　　一個小小的技術改變，換來了大大的制度進步。「祕密建儲」制便是明證。

　　中國帝制王朝在最後一朝，終於找到了最好的繼承人制度。

　　呱呱墜地，皇子們開始錦衣玉食的一生；垂髫之年，小孩子黎明即起，穿戴整齊混在一幫爺爺輩大人中上朝站立。

孩子總是盼望長大。明代皇子一般十二至十五歲行冠禮，出宮「就藩」沒有硬性的年齡標準，從明史傳記看一般在十八歲左右。明朝宗室待遇優厚，皇子封親王，有封地、賜王府、享厚俸，且世代相襲，隨著朱元璋的龍種繁衍，明朝後期超過一般的國家財政用來供奉宗室藩王。唯一不好的是，宗室非召不得入京，不得私下聯繫，更不能從業謀生。明代宗室多是寄生蟲。

清代宗室要寒酸得多，爵位不全靠血緣，而靠表現。自身不硬，沒有功業，即便是皇帝嫡子也不能封王。除了享有「世襲罔替」待遇的十二位親王外，爵位不能世襲，要按次降級。即便如此，清朝對犯錯的宗室處罰嚴厲，愛新覺羅子孫因為犯錯或世系疏遠而沒有爵位的，大有人在。要想重振祖業，必須效力出彩。清朝的宗室制度，也比明朝要先進。宗室出宮「分府」的年紀，比明代宗室就藩略晚。

就藩、分府，不單單是新的人生階段的開始，更有深層次的涵義。

嬉戲友愛的兄弟，在冊封的那一刻基本注定了下半生，同時決定了各自子子孫孫的命運。其中一個人會成為日後的皇帝，掌握其他兄弟的生殺大權；其他人貴為親王，也是臣子與奴才，貧富福禍繫於皇帝的一念之間。子子孫孫亦如是。念及於此，他們中的個別人，日後會籌劃奮力一搏乃至同室操戈，為太子之爭提供新的談資。孩子們原本純潔的眼神，在封爵的一瞬間，或染上不甘，或變為卑微，或自帶光芒。

就藩也好分府也罷，兄弟不再是兄弟，而是帝國權鬥場的前鋒戰士。

在紫禁城的主人中，明英宗、明代宗兩親兄弟的恩怨情仇已經廣為人知。明代宗彌留之際，得知哥哥透過「奪門之變」篡奪了皇位，只說了一句：「哥哥當皇帝了，挺好的。」這一句遺言百感交集，既有至高無

上的權力喪失之後的自我安慰，更有年復一年的防範重壓卸去之後的輕
鬆釋然。

顯壽康宮及正殿內景，正殿內高懸「慈壽凝禧」匾額為乾隆御筆（張程 攝）

　　以父慈子愛著稱的乾隆皇帝，與兄弟手足也有微妙的「互動」。乾
隆皇帝有兩位在世的弟弟：和親王弘晝、果郡王弘瞻。一次，兩位王爺
一同前往壽康宮向崇慶皇太后請安，並在太后座位旁膝席跪坐片刻後辭
出。不幾日，聖旨下：和親王弘晝、果郡王弘瞻當日跪坐之地是乾隆皇
帝平日跪坐之地，弘瞻「儀節借妄」由郡王降為貝勒，罷去所有官職，
罰銀一萬兩；弘晝「跪坐無狀」，罰俸三年。一樁小事，竟引來雷霆
大怒。

　　為什麼弘瞻的處罰遠遠重於弘晝呢？

　　弘晝與哥哥弘曆出生時間僅差三個月，從小一起長大。清朝宮中流行嬪妃換養孩子，崇慶太后就和弘晝的生母裕妃交換撫養兩個孩子。崇慶太后將弘晝視同親生，護犢情深；弘曆也和裕妃感情深厚，登基後尊為皇貴妃。而果郡王弘曕與哥哥弘曆的關係就要疏遠許多。其生母謙妃壽辰時，乾隆爺沒有加賜稱祝。弘曕便將不滿形之於色。乾隆借跪坐不當這樁小事，嚴懲弘曕。一向標榜「豁達」、「寬容」的乾隆列舉了諸多弟弟弘曕的「罪狀」：侍奉母妃菲薄，向母妃索取財物；圓明園失火，弘曕住處最近，來得最晚，還和晚輩們嬉嬉哈哈⋯⋯

　　和親王弘晝一生行事多有荒唐，比如他喜歡操辦自己的葬禮，看別人給自己哭喪，導致人緣很差。或許恰恰因為沒有人望，弘晝反而得到乾隆皇帝的信用，安享富貴終生。

　　微風響掛鈴、細雨鑲紅牆，六百年來，一代代皇子皇孫在這座城裡遊蕩、跳躍，憧憬著、奮鬥著，各奔東西，最終成為《明史》、《清史稿》中的一篇篇傳記或寥寥幾筆。

　　皇權的一大悲哀在於無論是得到還是失去，都將留下永恆的遺憾。

　　所以，這是群可憐的紫禁城孩子。

# 宮裡的女人們

# 皇帝選秀與大婚

夜幕點綴著點點星光，籠罩在北京四九城上。地上，一輛輛騾車從毛細血管一般的胡同街巷匯聚到地安門外，入皇城向南轉向神武門方向。每輛車前挑掛的雙燈，猶如流動的星火，將從地安門城樓到筒子河北畔變為一條流淌的光河。

每一輛騾車裡都端坐著一位八旗秀女，趕赴三年一度的紫禁城選秀。

選秀，是上層八旗人家的義務。每一位十三歲至十六歲之間、父輩官職大約在三四品以上的旗人少女（原本所有八旗人家都要送女子參加選秀，隨著人口繁衍、選舉工作量太大，後來限定為中高階官員女兒才有資格候選。宗室女子和有公主血統的旗人女子，不能參選。）都要先經過紫禁城的挑選才能談婚論嫁。選秀是八旗人家的人生大事，接到戶部的選秀公文後，各旗無不精心籌劃，旗官們深夜陪伴旗下秀女參選。他們指揮本旗的騾車銜尾而立，維持秩序，就著微光查驗各車的標誌。高聳的神武門城樓，隱隱矗立在前方。選秀共分四天，每天參選兩旗。各旗按照滿、蒙、漢軍三類順序，每一類秀女再根據年歲高低排定車次後，靜靜地等待著神武門開啟。

或興奮或忐忑的女孩子們，最早從前一天的傍晚就上車出發了。來到神武門外時，她們至少已經度過了難挨的三、四個時辰。

「啟門了！」各旗騾車按照排定的順序，魚貫駛向神武門。到了門前，秀女下車。車伕趕著騾車，轉向神武門東夾道，沿著紫禁城的城牆和圍房之間的小道向東華門而去。秀女們整隊輕聲進入神武門。這或許是她們當中的絕大多數人平生唯一一次踏進紫禁城，剩下的少數少女則會由此開始觸控命運的奇妙安排。

神武門城門內側懸掛著「有以纏足女子入宮者，斬」，這是順治初年孝莊皇太后的聖旨。正是這條聖旨，將帝國人數最多的漢族女子擋在了候選隊伍之外。

秀女隊伍入宮後，直行幾十公尺，集中到御花園北門——順貞門外恭候。主管選秀的戶部，早有司員在此管理。秀女們五人一班，等候太監宣召進入御花園接受挑選。少女們的目光都集中到了門口。一個太監步出順貞門，宣召下一班秀女入選。五名秀女緊張地走向御花園，接受命運的選拔……

秀女面聖有一項特權：立而不跪。每名秀女都有一塊類似於官員引見的綠頭牌。牌子上書寫：「某官某人之女，某旗滿洲人（蒙古、漢軍），年若干歲。」選舉時中意的秀女，內廷留下名牌，俗稱「留牌子」，進入下一輪的複選。不留名牌者就是落選，俗稱「撂牌子」。

挑選完畢後，秀女們出御花園，再從神武門出宮。此刻，送她們來同一輛騾車已經在門外等候。之前，騾車出東華門，由崇文門大街直至北街市，還繞道地安門返回神武門。每一名秀女神奇地登上同一輛騾車，朝廷發給她們每人白銀一兩，算是參選的費用。每一天上百上千輛騾車，管理得當，并然有序，謂之「排車」。

少女們陸續回家的時間，大約在臨近中午的巳午之間。

不久之後，其中的佼佼者將會重複這段旅程，進入複選。複選增加

了體檢環節，體檢通過的接受皇帝親自挑選。有時正值隆冬，北京的早晨天寒地凍，複選秀女們長時間恭候階下，冰凍縮蹙，相向飲泣者不在少數。（轉引自朱子彥、周凱：〈清代後宮制度論述〉，載於《文化學刊》二○○八年第二期。）不過，比起選前的漫長等待和入宮後的腥風血雨，選時的寒苦真不算什麼。

八旗女子理論上人人都有封后成妃的機會，因此在參選前在家可以不跪長輩、甚至父母。不過，這種特權在選秀結束後就消失了。返家的秀女們開始物色好人家，走上尋常女子的人生軌跡。一些應選女子因為各種原因沒能參選，超過了十七歲就「逾歲」了。逾歲女子需要經由各旗申報朝廷後，才能正常婚嫁。還有一些留牌子的女子因為各種原因沒能參加複選，也要申報朝廷說明情況，否則終身不得婚嫁。乾隆朝兩廣總督瑪爾泰，奏請允許逾期未能複選的女兒完婚，結果遭到乾隆皇帝的斥責。

通過複選的秀女，皇帝最中意者留作后妃，其次分配給皇子皇孫為妃嬪，再次者發往宗室府邸為配偶。並非每次選秀都有留作后妃的機會。事實上，留作后妃的秀女，往往是低階的「答應」，只有極少數幸運者才能獲得「貴人」或者以上頭銜。至於「母儀天下」的皇后人選，更是預先篩選，選秀只是履行程序而已。

選秀決定皇后人選後，就要開始擇日大婚了。皇帝大婚的隆重儀式，開始於「納採禮」。

在陽光明媚的早晨，太和殿罕見地大門開啟。大殿正中設節案，案上放著內閣早早準備好的「節」。內務府早早準備好禮物，馬匹由上駟院牽上丹陛，排列在東西兩側；其他禮物都放入龍亭，由鑾儀衛校尉抬上陛上，也分左右停放。納採正副使、執事官員、文武大臣穿戴朝服，在丹墀東部列隊等待。

　　吉時一到，正、副使走上丹陛，跪聽聖旨：「皇帝欽奉皇太后懿旨，納某氏某女為后，命卿等持節行禮納彩。」讀畢，內閣大學士取節授予正使。正使持節，帶副使下丹陛，在御仗前導下先行，鑾儀衛校尉抬著龍亭，宮廷侍衛牽馬匹隨後。浩浩蕩蕩的隊伍出太和中門、午門，前往未來的皇后府邸。

　　納采之後是「大徵禮」，即紫禁城向皇后家贈送大婚禮物。清代大徵禮物有良馬若干匹、黃金二百兩、白銀一萬兩、鍛一千匹以及金、銀茶具和銀盆等物品。這是愛新覺羅家族娶妻的聘禮。大徵禮儀式與納采禮相同。一切禮節妥當，就是高潮的大婚禮了。

　　大婚當天，紫禁城張燈結綵、喜氣洋洋。各處御路紅氈鋪地，廣場清掃乾淨，門神、對聯煥然一新。午門以內各宮門、殿門紅燈高照，太和門、太和殿、乾清宮、坤寧宮等主要建築懸掛雙喜字綵綢。

　　皇后的特權不僅有通行御路，還擁有皇后冊寶（黃金製作的冊封冊文和寶印）。婚禮當日，皇帝親自去太和殿檢閱冊、寶。清代金冊和寶印都鐫刻滿漢雙文，寶印形式與皇帝御寶相同。皇帝閱寶後，使臣攜帶冊寶出宮前去皇后府邸冊封。新皇后立於自家庭院中，等待冊封使節的到來。只有經過冊後禮，她才算是名正言順的皇后，正式成為法律意義上的一國之后。

　　冊後禮結束後，緊接著進行奉迎禮。顧名思義就是迎娶皇后入宮。

　　新皇后乘坐九輦金鳳頂大儀車（鳳輿）入宮。鑾儀衛校尉將鳳輿抬到後家內堂正中。鳳輿只能皇后專享，不用婚嫁使用的紅色，而是皇家專用的明黃色，鳳輿內放置御筆「龍」字。起駕後，鼓樂、儀仗導引在前，九凰曲柄蓋高舉，鳳輦隨後，皇後頭遮繡龍鳳同合紋的紅緞蓋頭，一手持蘋果，一手持金質雙喜如意，取其諧音「平安如意」，坐在輿內緩

步前往紫禁城。鳳輿由南向北，經過正陽門、大清門、天安門、端門，由午門中門入紫禁城，過內金水河，行至太和殿臺階。鳳輿在此立定，皇后下輦開始步行。皇后走過太和門、中左門、後左門至乾清門前，隊伍再次立定。朝臣輕易不能入乾清門，龍亭在門前停止，正副使臣在此覆命，正式完成了大婚的使命。因為到了乾清門，紫禁城的女主人「到家了」。領侍衛內大臣率侍衛們也在此告退──新媳婦進家門見夫君，侍衛自然不便隨行了。

皇后在乾清門階下交出手中的如意、蘋果。內務府營造司預設火盆於乾清宮殿內；武備院預設馬鞍於坤寧宮門檻上，鞍上壓有兩個蘋果，寓意「平平安安」。皇后跨過火盆，出乾清宮，步行到達坤寧宮，跨過門檻上的馬鞍，正式進入大婚的洞房。

在坤寧宮洞房內，皇帝穿明黃色龍袍，皇后穿龍鳳同和袍，夫妻正式相見。皇后享用子孫餑餑後，換穿八團龍鳳褂，帝后行合巹禮（「巹」原意為把瓠分成兩個瓢，合巹即新婚夫婦各拿一瓢飲酒。合巹是傳統婚禮中最關鍵的程序，是婚禮的最高潮。）。太監隨後進獻合巹宴。喜床沿下鋪好了坐褥，皇后居左，皇帝居右，對飲對食。新婚夫妻用餐之時，有結髮的侍衛夫婦在坤寧宮外屋簷下用滿語唱「交祝歌」。合巹禮當晚，帝后要吃長壽麵。皇帝另外需要出駕太和殿，舉行大朝會，接受宗室王公和文武百官的祝賀，同時詔告天下，舉行盛大宴會。在舉國同慶、群臣同賀之中，皇帝大婚慶典落下了圓滿的帷幕。天下的「明媒正娶」，莫甚於此。

在歷史上，紫禁城舉辦皇帝大婚的機會屈指可數。清朝僅有順治、康熙、同治、光緒四位皇帝舉辦過大婚禮。其餘諸帝成婚於登基之前，入主紫禁城後冊封福晉為皇后（選秀中北分配給皇子皇孫的秀女可以透過這種途徑迂迴進入紫禁城），或在皇后死後扶立妃嬪為后，無緣舉辦大

婚禮。因此有幸享受大禮的女子，也寥若晨星。

　　能否享受大婚禮，對妃嬪區別很大。皇帝娶妻為「迎娶」，妃嬪入宮只能稱「迎接」。皇后婚禮乘坐鳳輿，妃嬪則是喜轎，配套的鹵簿儀仗更是有天壤之別。更大的區別在於，鳳輿走大清門、午門，皇后是從正門入紫禁城。妃嬪只能從神武門，也就是後門入宮。皇后有坤寧宮作為洞房，妃嬪則臨時指定一處寢宮為洞房。

　　無論是迎娶還是迎接，踏入紫禁城的那一刻，少女們便不自覺地告別了正常的生活，餘生與父母血親再難相見。除了伴隨皇帝巡幸出宮外，宮禁苑囿就是她們的囚籠。只有那些得寵的嬪妃，恰好父母年老，再經皇帝特旨恩准，才可能允許父母入宮會面一次。照顧起見，入宮探視女兒的老人家，可以暫住在最東北角的兆佳所。兆祥所規格簡陋，正房僅有屋兩間，另有配殿兩間。但娘家人能入住兆佳所，是多少低階嬪御一輩子的念想啊？咸豐朝時，懿妃誕育唯一的皇子，恩寵正隆，才由皇帝「賜回家省親一次」。懿妃就是日後的慈禧太后，她的這一次「回娘家」是紫禁城數百年難遇的「特恩」。

　　明憲宗的妃子邵氏留言：「女子入宮，無生人樂，飲食起居皆不得自如，如幽系然。」

　　邵氏所言，並非誇張。大多數妃嬪一年面聖都沒有幾次，更不用說承澤恩寵了。看雲卷雲舒，追光影流動，守萬條宮規，做無謂的夢，是她們生活的主要內容。

　　生日或許是她們每年一度最快樂的節日。後宮生日有固定的賞賜，還可以接受好姐妹的慶賀。皇后、太后過生日，則更為隆重。清代皇后生日稱「千秋節」，皇太后壽誕為「聖壽節」，都是朝廷大典。每逢千秋聖壽，王公大臣、妃嬪、卿或大夫之妻都要向皇后、太后慶生，奉獻

賀禮。千秋節前後數日,禁止民間屠宰牲畜,當天是朝廷百官的法定假日,可以不理政務。京官還要穿戴禮服,又稱「花衣期」。

更多的日子,後宮女子為條條框框所纏繞。所有的規矩,除了緊鎖宮門的禁錮令外,就是等級森嚴的禮制。

明朝後宮有皇后、皇貴妃、貴妃、妃、嬪、才人、婕妤、昭儀、美人、昭容、選侍、淑女等十二個等級。清朝後宮有皇后 1 位,皇貴妃 1 位,貴妃 2 位,妃 4 位,嬪 6 位,貴人、常在、答應沒有定數,一共八個等級。後宮女人之間,尊卑有序,禮制森嚴。比如,妃嬪見皇后,如同面聖一樣必須行臣妾之禮。皇后駕臨內宮,妃嬪要迎於宮門之外,等皇后先入後隨從進宮;皇后回駕,送於宮門之外。比如,節慶之日和朝廷慶典,妃嬪要向皇后行禮祝賀。又比如,不同等級之間的膳食、車輿、儀仗、冠服、頭飾、生育、喪葬諸方面待遇更不相同。再比如,皇后是所有後宮所生子女名義上的「嫡母」,可以撫養任何一個龍種,而親生母親不能反對。後庭的時時處處,都在彰顯高低貴賤,等級尊卑。

深宮常寂寞,孤芳多自賞(郭華娟 攝)

晉升等級，很自然異化為後宮子女的人生目標。所有人晉升的最大武器，就是誕下龍種。歷朝後宮女人在吸引皇帝垂青方面，百花盛開、百招齊出。清朝的做法則簡單粗暴許多，皇帝有意臨幸后妃，會在晚膳之後翻牌子。這個過程類似於選秀，只不過不用后妃到場。名為晚膳，時間卻是午後，中選的后妃有充足的時間準備晚間侍寢。夜晚來臨，「妃嬪召幸，遣內侍叩宮門，直趨臥榻，用紅錦被裹而負之以行。至第一間房，除去衣錦，裸體而進；至第二間房，復取衾；至第三間房，方是皇帝寢室。」后妃剝洋蔥般的投懷送抱，據說是為防止后妃行刺而設計的。

皇帝臨幸后妃或其他人，都由隨行太監報敬事房記下詳細時間，以備被幸者懷孕之時查驗。傳說清代太監會在皇帝行房之後，奏請是否「留龍種」。出於常理考慮，並且缺乏正史記載佐證，我相信應該是無稽之談。皇帝臨幸事宜的記錄本，名為「承幸簿」，只有三個人有權翻閱：皇帝、皇太后、查驗太監。皇帝駕崩，承幸簿隨之付之一炬，成為真正的宮闈祕事。

承幸簿化為灰燼之時，便是一朝后妃的人生陷入灰暗之際。她們的生命已經伴隨之前圍繞的那個男人消逝了。

她們的一生，有養尊處優、有盛大禮節、有保障有婚姻，恰恰沒有愛情。

當那些鮮豔綻放的少女，知道她們的人生價值與目標僅僅是爭奪一個沒有愛情的人臨幸，該是何等失望與淒涼？

# 東六宮／西六宮

　　紫禁城裡有一對「一夫一妻」（嚴格而言，中國古代始終奉行一夫一妻制，男子有且只能有一名「正妻」，平民的妾室和皇帝的妃嬪都不是「妻」，而是介於婢女和女主人之間的侍妾。妻妾之間，天壤之別。本處採取更寬泛的理解，凡經公開禮儀、共同生活的女性伴侶都是妻。）的模範帝后，也是古代唯一一對：明孝宗朱祐樘和孝康敬皇后張氏。

　　張氏是明憲宗給兒子選定的太子妃，朱祐樘與張氏成婚於年少時。難得的是，朱祐樘一生把張皇后寵上了天，沒有再納一個妃嬪。夫妻倆在紫禁城的日常生活就是秀恩愛、放閃。

　　身為開創「弘治中興」的有為君主，朱祐樘日常政務忙碌，可堅持與張皇后同居共食，對張皇后俯首聽命。一次，張氏患口瘡，朱祐樘端水遞藥，正要給妻子餵藥。宮女們扶張皇后起坐，張氏看著丈夫準備吃藥。朱祐樘突然快跑下榻！原來，他要咳嗽了，怕噴到皇后而臨時跑開。又有一次，大臣處理涉及張氏家事的一樁政務，沒能讓張皇后滿意。張皇后發怒生氣，朱祐樘馬上訓斥大臣一頓。張皇后回宮後，朱祐樘向大臣解釋：「剛才責罵你們是為了給皇后消氣，此事你們照章辦事即可。」明孝宗在公私之間，拿捏得很好。

　　之前，明代諸位帝后並不通宵相處，只有御幸之時才召皇后侍寢。臨幸之後，宮人執火炬簇擁皇后回宮，稱為「避寒氣」。只有「孝廟最寵

愛敬皇后，遂淹宿若民間夫婦」。一句「民間夫妻」，不僅是紫禁城女子的奢求，更是羨煞多少市井夫妻？

遺憾的是，朱祐樘只有一位。愛情，如同信任一般，是這座宮城中最為珍稀的寶貝。

紫禁城內東路六宮、內西路六宮中，兩朝24代皇帝安置了多少妃嬪，如今無法確數，能夠確定的只有與宮城同齡、基本保持初建時格局的 12 座妃嬪宮殿。皇帝的後宮常常超過 12 人，怎麼安置呢？

東西六宮每處居住不止一位嬪妃，多則同時居住三、四名。每宮由一位高等級妃子擔任「主位」，管理同宮的低階妃嬪。雍正朝之後，皇后也居於東西六宮，后、妃、嬪就是各宮的主位，每處只有一位。貴人、常在、答應隨妃嬪分居於十二宮。主位不僅是一宮之主，而且有更誘人的待遇。每逢新年，主位妃嬪可以委派自己宮中的首領太監前往娘家慰問，但嚴禁傳遞「內外一切事情」。

東六宮按照由內而外、由南到北的順序，分別為：景仁宮、承乾宮、鐘粹宮、延禧宮、永和宮、景陽宮。宮殿之間有過道，其中兩列豎排宮殿之間過道中無宮門間隔，形成一條長街，東六宮長街即為東二長街。作為對稱設計，西六宮中間有西二長街。

景仁宮，永樂十八年紫禁城剛落成時初名長寧宮。之後，嘉靖皇帝在嘉靖十四年大規模更改過紫禁城宮名，永樂宮更名景仁宮，沿用至今。

十二宮是規整的一個宮格，五十公尺乘以五十公尺，建築格局基本相同。我們就以景仁宮為例，了解格局布置。

景仁宮為二進院，正門朝南，與宮殿同名「景仁門」；前院有正殿，即為「景仁宮」。景仁宮面闊五間，黃琉璃瓦歇山頂，簷角有角獸五隻，

簷下施以單翹單昂五彩斗栱，裝飾龍鳳和璽彩畫。正殿正房高懸乾隆御題匾額「贊德宮闈」。這是清朝內宮教育內容的一部分，熱衷書法的乾隆皇帝給十二宮都提攜了匾額，教導妃嬪們要守德弼政、管好自己。室內方磚墁地，殿前有月臺。東西有配殿，各三間，黃琉璃瓦硬山頂，簷下裝飾旋子彩畫，南北還有耳房。景仁宮後院正殿面闊五間，黃琉璃瓦硬山頂，簷下施以斗栱，同樣裝飾龍鳳和璽彩畫，兩側建有耳房。東西各有配殿三間，與前院相同。後院西南角有井亭一座。

　　景仁宮落成時，就是這樣的格局。六百年的風雨侵蝕，東西十二宮經歷多次修繕，部分宮院毀於李自成大火後重建，但建築格局沒有改變。

　　景仁宮中第一位著名的主人，是明宣宗的皇后胡善祥。明朝皇后居坤寧宮，胡善祥此生本與景仁宮無緣。無奈，儘管胡善祥才貌雙全、賢名在外，而且還是明宣宗的祖父明成祖朱棣隔代指定的皇后人選，明宣宗就是不喜歡她。加之年輕衝動，明宣宗於宣德三年逼迫胡善祥以「無子多病」為由辭位，出家修道。從此，坤寧宮少了一位悶悶不樂的皇后，景仁宮多了一位「靜慈仙師」。多年後，明宣宗也頗為後悔，承認「此朕少年事」，可惜前緣已斷、物是人非。胡善祥幽居景仁宮而逝，在明英宗時期追認為皇后。

　　順治年間，景仁宮的主人是皇妃佟佳氏。順治十一年，景仁宮誕生了一位小皇子：玄燁，也就是日後的康熙皇帝。景仁宮是康熙大帝人生的起跑線。佟佳氏母以子貴，成為了慈和皇太后。雍正年間，景仁宮再次住進了一位日後母以子貴的妃子：熹妃鈕祜祿氏。她的兒子弘曆後來成為了乾隆皇帝，鈕祜祿便成了崇慶皇太后。

　　景仁宮唯一一位皇后主人，是嘉慶皇帝的孝淑睿皇后喜塔臘氏。她

是嘉慶皇帝的元配、道光皇帝的生母，可惜在嘉慶二年就去世了，只在景仁宮居住了一年出頭。

景仁宮最後一位著名的主人是光緒朝的恪順皇貴妃他他拉氏，人們更熟悉她的另一個稱號「珍妃」。從入宮到遭到幽禁為止，珍妃基本生活在景仁宮。

承乾宮，在景仁宮北，初名永寧宮，崇禎五年更名，顧名思義是要順承乾清宮，服從皇帝的安排。承乾宮大堂懸掛乾隆御題「德成柔順」匾額。它最著名的主人是兩位貴妃一位皇后。貴妃一為崇禎朝寵妃田貴妃，一為順治朝董鄂妃；皇后為康熙皇帝第三任皇后佟佳氏。

內東路內側最北是鐘粹宮，初名咸陽宮，嘉靖十四年更名鐘粹宮。前殿高懸乾隆御題「淑慎溫和」匾額。鐘粹宮居住過多位清代皇后。首先是雍正皇帝的原配孝敬憲皇后，接著是道光皇帝第三任皇后、咸豐皇帝的生母、孝全成皇后鈕祜祿氏。咸豐皇帝奕詝在此居住長達十七年。生母死後，靜貴妃，也就是他弟弟、日後的恭親王奕訢的生母從永和宮搬入鐘粹宮，負責撫養小咸豐。咸豐與恭親王，異母所生，同母所養。靜貴妃死後獲贈孝靜成皇后，得力於此。

鐘粹宮在晚清意外迎來了歷史的高潮。先是咸豐皇帝的孝貞皇后入宮後，就以鐘粹宮為寢宮，同治、光緒年間她晉升為慈安皇太后，因為居住在東六宮，與居住在西六宮的慈禧皇太后相區別而得名「東太后」。中間除了少數幾年外出垂簾聽政外，慈安一直以鐘粹宮為家，直到光緒七年病逝於此。

光緒大婚後，鐘粹宮迎來了最後一位女主人：隆裕皇后靜芬。隆裕皇后完全是姑姑慈禧太后的一枚棋子，度過了沒有愛情、沒有親情的二十年皇后生涯。每天，她早晚一次到太后、皇帝宮中請安，然後回到

鐘粹宮重複又一個無聊的日子。她是一個不願意生事、也不喜歡處理事情的人，雖然統轄六宮，卻沒有管理之才。後宮長期入不敷出，隆裕皇后擔心慈禧太后生氣，報喜不報憂，報盈不報虧，只能委屈自己節衣縮食，甚至典當首飾維持周轉。進入宣統朝後，隆裕升級為皇太后，從鐘粹宮移居西六宮的長春宮和太極殿。接替隆裕的是末代皇帝溥儀，溥儀入宮之初曾住在鐘粹宮。

內東路外側南端為延禧宮，初名長壽宮，嘉靖十四年改稱延祺宮，清代又改名延禧宮。

延禧宮的原貌已經不可見，因為毀於道光二十五年的大火。當年的大火，焚燒得延禧宮只剩下宮門和院牆，內部完全化為灰燼。道光皇帝節儉至吝嗇，沒有重修；之後咸豐、同治等朝國家多事，也沒人主持重修。宣統元年，端康太妃（光緒朝的瑾妃）提議在延禧宮原址興建一座西洋式建築——水殿。水殿設想為三層：地下一層，四周環繞砌有條石的水池，計劃引河水入內；地面第一層四面開門，四周環以圍廊，大殿正中有四根蟠龍鐵柱；第二層是五座鐵亭，四面出廊，四角與鐵亭相連。重建後的延禧宮以鋼鐵為棟梁、玻璃為幕牆，底層地板也是玻璃，以便觀賞水池蓄養的游魚，簡直是一座水晶玻璃世界。隆裕太后題匾額「靈沼軒」，宮中更習慣稱之為「水晶宮」。由於財政窘迫、國運多舛，水晶宮先是在辛亥革命年間停建，又在一九一七年張勳復辟期間遭到直系軍隊的飛機轟炸，挨了一枚炸彈。一座鋼筋水泥的半成品，在黃瓦紅牆的傳統宮苑群中孤獨地屹立在延禧宮一百多年。

永和宮，初名永安宮，嘉靖十四年更名，懸掛乾隆御題「儀昭淑慎」匾額。它的著名主人有康熙皇帝的孝恭仁皇后、光緒朝的瑾妃。

延禧宮內廢棄的宣統年間西洋建築遺蹟（張程 攝）

東六宮最東北處地景陽宮，初名長陽宮，嘉靖十四年更名。因為距離乾清宮最遠，不受寵的妃嬪才安置於此，景陽宮最符合傳統標準中的「冷宮」。奇怪的是，景陽宮的建築規格卻非常之高，採用黃琉璃瓦廡殿頂。

景陽宮最著名的主人是明神宗萬曆皇帝的孝靖皇后王氏。皇后名分是追封的，王氏終其一生只是個冷宮中的可憐人。王氏十三歲時參加了選秀，沒能成為妃嬪，留在萬曆皇帝的生母李太后身邊當侍女。萬曆九年的一天，明神宗拜見太后時，私下臨幸了王氏。王氏有孕，明神宗卻諱莫如深，不願承認。但是，盼孫心切的李太后發現了王氏身孕，且有內起居注佐證，便勸兒子承認。萬曆皇帝百般不情願，嘟囔了一句：「她只是一個都人（都人，明代宮女的代稱。萬曆皇帝生母孝定李太后，原

本是隆慶皇帝身邊的都人，因為生育了萬曆晉升為妃。）」李太后大怒：「你也是都人之子！」萬曆皇帝驚恐之下，不得不認下王氏。王氏非常幸運地誕生了皇長子朱常洛，又非常不幸地遭到了萬曆寵妃鄭貴妃的迫害。兒子被奪，自己幽居景陽宮。丈夫冷落、寵妃迫害、奴才欺凌都沒有擊垮她，十多年的骨肉分離，即便兒子當了皇太子母子也不能相見，最終壓垮了她。王氏哭瞎了雙眼，於萬曆三十九年九月病危。

皇太子朱常洛奔跑向景陽宮，要見生母最後一面。太子趕到，景陽宮宮門深鎖，朱常洛破鎖而入，這才看到了彌留之際的生母。兒子近在眼前，王氏卻看不見了，就連撫摸兒子臉龐的力氣都沒了，只能伸手摸著兒子的衣服。她淒然淚下：「兒長大如此，我死何恨？」王氏死後，內閣建議厚葬，萬曆皇帝居然不同意。她的墳墓考古發現，陪葬品只有寥寥幾件銀器，滿是破洞和缺口，應該是王氏生前的日用器皿。

清代的景陽宮掛上了乾隆御題的「柔嘉肅敬」匾額。康熙二十五年後，景陽宮改作存放圖書之所，後院正殿名為「御書房」。乾隆年間，御書房藏有宋高宗所書《毛詩》、馬和之所繪〈詩經圖卷〉，乾隆御題「學詩堂」三字。

西六宮內側三宮為永壽宮、翊坤宮、儲秀宮，隔著西二長街外側三宮自南向北為啟祥宮、長春宮、咸福宮。

永壽宮，初名長樂宮，嘉靖十四年改名毓德宮，萬曆四十四年再更名永壽宮。正殿大堂高懸乾隆御筆匾額「令德淑儀」，東壁懸掛乾隆〈聖制班姬辭輦贊〉，西壁懸掛〈班姬辭輦圖〉。其他十一宮的匾額，都是照永壽宮的樣式製造的。永壽宮主人中出名的有明孝宗生母紀氏。之前，明憲宗朱見深謎一般地寵愛萬貴妃，而萬貴妃極妒，迫害後宮子嗣，導致朱見深長期無子。朱見深偶然臨幸紀氏後，紀氏有孕，躲過了萬貴妃

的迫害，在安樂堂中生下了兒子。明憲宗與兒子相認後，百官恭賀，紀氏移居永壽宮，但在幾個月後暴斃於此，留下明史中一樁不大不小的謎案。進入清代，雍正皇帝駕崩後，崇慶皇太后暫居永壽宮。由於永壽宮離慈寧宮、養心殿最近，多次作為內廷筵宴的場所，清代公主下嫁，多次在此宴請女眷。

翊坤宮，初名萬安宮，嘉靖十四年改為翊坤宮，意為輔佐坤寧宮，做好皇后的助手。翊坤宮主人中出名的有萬曆朝鄭貴妃，也就是生育了萬曆愛子福王的寵妃；雍正朝的敦肅皇貴妃，她更廣泛流傳的名字是「年貴妃」或「華妃」。身為權臣年羹堯的妹妹，年貴妃受哥哥的恩惠，也為哥哥所連累。她的結局不像影視劇中那般悲涼，而是為雍正皇帝生育了三男一女，得以善終；乾隆的第二位皇后烏拉那拉氏也住在翊坤宮。乾隆三十年南巡，烏拉那拉氏因忤旨剪髮押送回京，囚禁於翊坤宮後殿。乾隆皇帝收回皇后冊寶，不廢而廢。烏拉那拉氏第二年病故於此。之後烏拉那拉氏的主人是惇妃。惇妃在此生育了固倫和孝公主。公主是乾隆皇帝的最小的女兒，也是乾隆皇帝最鍾愛的女兒。乾隆皇帝「以其貌類己」，曾說：「汝若為皇子，朕必立汝儲也。」

如今，翊坤宮大堂高懸的是慈禧的御筆「有容德大」匾額。慈禧太后五十壽辰時在此接受朝賀。光緒皇帝選妃也在此舉行，隆裕皇后、瑾妃、珍妃就是在這裡決定了後半生的命運。

儲秀宮，原名壽昌宮，嘉靖十四年改為儲秀宮。清朝皇后不居坤寧宮，移居儲秀宮的最多。乾隆皇帝第二位皇后烏拉那拉氏被廢后，儲秀宮皇妃魏佳氏統攝六宮，並生育了日後的嘉慶皇帝永琰。嘉慶皇帝繼位後，魏佳氏追封為孝儀純皇后。嘉慶原配皇后喜塔臘氏病逝，其子旻寧交由儲秀宮的皇貴妃鈕祜祿氏撫養。鈕祜祿氏也晉升為皇后，即孝和睿

皇后。鈕祜祿氏自身生育有皇三子綿愷、皇四子綿忻，卻對旻寧視若己出，關懷備至，一心推舉旻寧為帝。旻寧與養母孝和睿皇后的感情親近，視她如生母，稱其為「皇母」。道光朝的孝慎成皇后佟佳氏，也住在儲秀宮。清朝中期一連三代，儲秀宮都是皇后寢宮，地位無可附加。誰能料到，儲秀宮的輝煌竟然還在後面！

景陽宮（張程 攝）

咸豐二年，新科秀女蘭貴人住進了儲秀宮的後殿（後定名「麗景軒」），很快升為嬪妃，成為了儲秀宮的主位，又生育了咸豐皇帝唯一的兒子載淳，兒子成為同治皇帝後晉升太后，因為居所在西六宮，得名「西太后」。她就是慈禧太后。其後移居南邊的長春宮，垂簾聽政二十年。五十大壽時，慈禧太后又住回儲秀宮，這一住就是十年。昔日的蘭貴人此時已經是全天下的幕後主人了。儲秀宮進行了大規模的裝潢，金玉雕砌，富麗堂皇。儲秀宮換上了楠木雕萬字錦底、五蝠捧壽、萬福萬壽裙板隔扇門；萬字團壽紋的窗子；精巧華麗的油彩。儲秀宮的大堂正中添設地屏寶座，後有五扇紫檀嵌壽字鏡心屏風，上懸「大圓寶鏡」匾額；東側擺上了花梨木雕的竹紋裙板玻璃隔扇，西側置辦了花梨木雕的

玉蘭紋裙板玻璃隔扇，增加了空間層次。次間、梢間有花梨木透雕的纏枝葡萄紋落地罩、萬福萬壽紋邊框的大玻璃隔扇。其中西梢間建為暖閣，是慈禧的寢室。

為了配合慈禧大壽，內務府置辦了一對戲珠銅龍和一對梅花銅鹿，安放在儲秀宮正殿臺基下東西兩側。這對銅鹿梅花形犄角高高向上，眼神柔順，嘴唇微張，佇足靜立，整體造型溫順、秀麗。在中華傳統文化中，鹿是祥瑞之獸，是在神山仙境之中陪伴仙人，與仙鶴、仙草靈芝、松柏神樹構成了中國人理解的昌盛祥和、布福增壽的天堂景象。鹿的形象，遍布在傳統建築之中，象徵永享祿壽，又和蝙蝠一起寓意「福祿雙全」，又和仙鶴同銜一株靈芝仙草，寓意延年益壽、安康祥和。儲秀宮前的銅鹿自然有祥瑞安康的寄託。鹿還象徵愛情，古代婚娶男方要送女方兩張鹿皮作為聘禮，同時愛新覺羅家族對鹿茸、鹿肉、鹿血青睞有加。慈禧太后在居所前面安放銅鹿，有追求家庭幸福、延年益壽的第二層期待。而身為政治人物，儲秀宮的銅鹿也是「逐鹿中原」中的那隻鹿，隱藏著慈禧太后對權力的嚮往。（周乾：〈故宮獸像負載的文化與歷史〉，載於《決策探索》二〇一九年第四期。）龍、鹿配合幽靜的庭院、蒼勁的古柏，儲秀宮真是一個富貴終老之處。

同治駕崩後，他的皇后阿魯特氏曾短暫入住儲秀宮兩個月左右，有說是為慈禧太后逼迫自盡的，有說是鬱鬱而終的。

儲秀宮是慈禧太后人生最重要的宮院。五十歲後返回儲秀宮後，她似乎有將之擴建、在此終老的計劃，可惜晚清不具備乾隆修建寧壽宮的財力，紫禁城也沒有空地可供發揮，慈禧只能在儲秀宮的一方天地裡揮毫潑墨。慈禧將儲秀宮與前方翊坤宮打通，拆除兩宮之間的宮牆，又拆除了儲秀門，在空出來的地方新建了體和殿，作為兩宮的連線之殿，

還把東西耳房各有一間改建為穿堂，形成相互貫通的「兩宮四進院」格局。同時，體和殿兩側各連線原本的宮牆，只要將東西穿堂的宮門閉上，又恢復為獨立的儲秀宮、翊坤宮。體和殿周邊建有迴廊，廊壁上鑲貼琉璃燒製的〈萬壽無疆賦〉，為慈禧五十壽辰群臣集體撰獻。

為了重修儲秀宮，窘迫的清廷擠出了白銀六十三萬兩，並且打破了乾隆皇帝定的後世不得更移六宮陳設的「祖制」。

儲秀宮的最後一任主人是末代皇后婉容。她居住於此直到一九二四年遭驅逐出紫禁城。

內西路外側最南端為啟祥宮，原名未央宮。嘉靖皇帝的生父興獻王朱祐杬生於此宮，因此於嘉靖十四年更名啟祥宮，晚清改稱太極殿。萬曆年間，乾清、坤寧兩宮火災，萬曆皇帝朱翊鈞一度暫居啟祥宮。啟祥宮北邊為長春宮，初名即為長春宮，嘉靖十四年改稱永寧宮，萬曆晚期復稱長春宮。乾隆皇帝的結髮妻子孝賢皇后富察氏曾居於此。辛酉政變後，慈安、慈禧兩位太后在此垂簾聽政，並同居長春宮。

咸豐九年，啟祥宮和長春宮最早啟動了連通宮城。長春宮拆除了長春門，啟祥宮的後殿改為穿堂殿，咸豐皇帝御題命名為「體元殿」。長春宮、啟祥宮兩宮也連通成了「兩宮四進院」的格局。原本東西對稱的十二宮，開始打破了平衡。本次改建的一大亮點是，體元殿後簷連接抱廈，延伸進入長春宮前院，建成戲臺。慈禧五十壽辰，宮中在此演戲慶賀，長達半月之久。體元殿與長春宮東西配殿有迴廊相連，廊壁繪有《紅樓夢》題材巨幅壁畫十八幅，為光緒十年所繪。另外，長春宮後殿有一個文雅的名字「怡情書史」。

內西路最西北角為咸福宮，初名壽安宮，嘉靖十四年更名咸福宮。它和景陽宮一樣是離乾清宮最遠的「冷宮」，前院正殿屋頂也是黃琉璃瓦

廡殿頂的超高規格。

十二宮中最偏遠的冷宮反而屋頂規格最高，在功能使用上都逐漸挪為御用。景陽宮後來成為了御書房，咸福宮也逐漸不安置妃嬪，挪作皇帝的別院。咸豐皇帝曾在此為父皇道光守孝，守孝期滿後仍經常來此居住。咸福宮後院化作為琴房畫室，正殿名為「同道堂」，殿內東室為「琴德簃」，收藏古琴；西室為「畫禪室」，收藏王維的〈雪溪圖〉、米芾的〈瀟湘白雲圖〉等無價之寶。這些寶卷都是董其昌「畫禪室」的舊藏，此室因此得名。

宮門常閉舞衣閒，略識君王鬢便斑。

卻羨落花春不管，御溝流得到人間。

整齊劃一的東西六宮，很符合古人宮苑詞、怨婦詩的舞臺設定。千百年來，后妃的悲歡離合、喜怒哀樂，一而再再而三地在後宮重演，彷彿有天定的劇本。

# 后妃悲喜劇

正統七年（西元一四四二年）五月，陽光明媚的一個夏日，十六歲的錢氏頭戴九龍四鳳冠，身著真紅大袖褘衣、紅羅長裙、紅褙子、紅霞帔，在鼓樂喧天、官民朝賀之中被抬入紫禁城。她將嫁給十五歲的當今聖上、明英宗朱祁鎮，成為大明帝國的皇后。

這是紫禁城落成之後的第一場皇帝大婚。

等待這第一位紫禁城敲鑼打鼓迎娶的皇后的，又會是什麼樣的命運呢？

閻崇年統計明清兩朝二十八任「第一任皇后」，或早逝、或無過被廢、或年輕寡居、或死於非命，從皇后順利做到太皇太后的只有兩人。明代一共 16 代，被廢的皇后有 4 位，被打入冷宮的 3 位，還有一個被燒死。明代后妃踏入宮城，甚至隨時有生命之虞，洪武、永樂、洪熙、宣德各朝妃嬪殉葬分別為 38 人、16 人、5 人、10 人。明宣宗時期可憐的郭嬪，入宮不到兩月便被殉葬。（程彩霞：〈明代后妃制度的政治文化解讀〉，載於《山東社會科學》二〇〇六年第十二期。）具體到錢氏身上，她的皇后生涯會不會是一個悲劇呢？

故事的起點充滿了幸福與溫馨。錢皇后是太皇太后張氏（明仁宗皇后）給孫子挑選的妻子，但是朱祁鎮對這位素未謀面的女孩相當滿意。錢皇后祖輩寒微，曾祖參與明成祖朱棣靖難起兵，家族才開始崛起，但

直到父親錢貴時仍然只是金吾右衛的都指揮僉事，算是中層武官。朱祁鎮可憐妻家勢力單薄微弱，便想封錢貴為侯。錢皇后再三遜謝，朱祁鎮起初以為是照例客氣，後來看錢皇后是真心實意的，才打消封侯的念頭。所以，錢氏是明朝歷代皇后中唯一沒有封爵的。

明代紫禁城選妃的地域，主要限於北京附近。除了明成祖朱棣迎娶了開國元勳徐達的女兒為皇后，其他后妃都出身寒族單門，有的皇后甚至連家世都搞不清楚，上演了兒子稱帝後滿天下尋找舅舅的悲喜劇。明朝皇帝是故意為之，目的是防止有根基有聲望的家族成為外戚後更加強勢，威脅到皇權。清代紫禁城繼承了朱明家族的選妃思路，除了與蒙古同盟的考慮，迎娶蒙古王公女子政治聯姻外，后妃出自八旗中等人家居多，很大比例來自上三旗包衣奴僕。清代后妃出自鈕祜祿氏的最多，共十二人，其中六人為皇后。出身包衣家庭的有十多人，集中在康熙、雍正、乾隆、嘉慶四朝。有的皇帝生母即為包衣之女，如雍正皇帝生母烏雅氏母家是鑲藍旗包衣、嘉慶皇帝生母魏佳氏出身正黃旗包衣之家、道光皇帝生母喜塔臘氏祖輩都是正黃旗包衣。

天皇貴胄和世俗暴發戶一樣在意婚配對象的家世背景，不過前者故意避開豪強門閥，後者一心攀附富貴大戶。背後邏輯是一脈相通的，都是追求家族利益最大化。

朱元璋始終是一個傳統農民，希望子孫迎娶的是「良家女子」即可，還定下家法：「天子及親王后妃宮嬪等，必慎選良家子而聘焉，戒勿受大臣所進，恐其夤緣為奸，不利於國也。」因此，前代存在的進獻美女行為，在明朝是嚴禁的。朱明皇室沒有讓一個美女通過例外管道踏入紫禁城。朱元璋吸取前代禍亂宮廷的教訓，定后妃「備職事，侍巾櫛」而已，即便「皇后之尊，止得治宮中嬪婦之事，即宮門之外，毫髮事不預

焉」。後宮不得干政，朱元璋明確要求子孫後代永世遵守。

明神宗嘉靖皇帝最寵愛鄭貴妃，一心一意要傳位給她所生的皇三子。即便恩寵如此，一次司禮監文書房缺員，太監史賓善書能文，遠近聞名，嘉靖皇帝也說史賓可以補缺，在一旁的鄭貴妃順勢大讚史賓，推薦他出任文書房。嘉靖皇帝聞言大怒，不僅變了主意，而且將史賓施以笞刑，再放逐到南京，棄之不用。鄭貴妃戰戰兢兢，知道自己的無心之言觸碰了嘉靖皇帝最敏感的權力神經，懷疑后妃與宦官相互勾結。她戴罪了多日，嘉靖皇帝才釋懷。至於史賓，前途算是沒了。

明英宗的錢皇后，恪守祖制，與丈夫明英宗耳鬢廝磨。美中不足的是，錢皇后入主中宮多年沒有生育。不過，小夫妻倆都才二十歲上下，來日方長。明英宗並不著急，相信錢皇后一定能夠生育嫡子。最大的證據就是雖然妃子周氏生育了皇長子，明英宗遲遲不立太子。

人類永遠不知道意外和明天，哪個先來。錢皇后二十三歲時，明英宗御駕親征，結果在土木堡全軍覆沒，丈夫也成了階下之囚。這場驚天巨變，將錢皇后的人生劃分為截然不同的悲喜兩段。

皇帝深陷他國囚籠，天下臣民措手不及，久居溫柔富貴鄉的錢皇后一介女流，更沒有得力舉措。她能想到的，就是傾中宮之財拼湊「贖金」幻想迎回丈夫。希望是如此虛無縹緲，失望卻累積成了絕望。錢皇后唯有祈禱上天，日夜哀泣，因為長期倦臥在地，一條腿瘸了；又因為沒日沒夜哭泣，一隻眼睛瞎了。年輕的皇后在如花似玉的年歲，成了肢體不全的殘廢。

一年後，丈夫朱祁鎮得釋歸來，不再是皇帝，而是幽居南宮的太上皇。南宮七年，是朱祁鎮的至暗時刻，沒有往日的排場，沒有昔日的供應，連宮門的鎖眼都被封死了，正常飲食都不能保障。錢皇后選擇與丈

明代后妃冠冕（孫珊珊 攝）

清代后妃冠頂（孫珊珊 攝）

清代后妃冠冕（孫珊珊 攝）

清代后妃朝冠（孫珊珊 攝）

夫共患難，親自做一些女紅央求下人出去售賣換錢，還時時刻刻照顧丈夫情緒，百般慰藉。朱祁鎮跌宕起伏的內心，仰仗髮妻的勸慰來平息波瀾。夫妻感情愈加深厚。七年後，朱祁鎮在一場政變中復辟成功。有聲音反對錢氏復為皇后，認為她身體殘缺且已經無法生育。明英宗朱祁鎮毅然堅持以錢氏為皇后。

　　明英宗生前，後宮紛爭已經出現。錢皇后無子，明英宗立庶長子為皇太子。生母周貴妃的地位實際上壓過錢皇后。為防止錢皇后日後受辱，明英宗臨終遺言：「錢皇后千秋萬歲後，與朕同葬。」明英宗重申了錢氏的「皇后」地位，表達了與她「生同床死同穴」的明確意願。書寫大臣同情錢皇后，將這一句寫入了遺詔。

　　明英宗的擔憂並非多餘，他剛駕崩，太監為討好周貴妃，竟然傳諭獨尊周氏為皇太后！內閣力爭後，繼位的明憲宗朱見深同尊嫡母錢皇后、生母周貴妃為皇太后。內閣大學士堅持將錢太后的名位排在周太后之前。

　　錢太后並未享幾年清福，四年後追隨丈夫而逝。錢周名位之爭，變為了喪葬矛盾！

　　嫡后與皇帝合葬，禮制歷代為之，況且明英宗遺詔指定錢皇后同葬。周太后卻想取而代之，一心阻擋錢皇后入葬裕陵。錢太后在後宮孤苦無依，在外朝卻得到了群臣的廣泛支援。紫禁城傳諭錢太后不與先皇同葬的當天，就有詹事、給事中等清要士大夫上疏勸諫。第二天，禮部尚書領頭、四百七十名大臣聯名上奏，為錢太后請命，要求帝后合葬。周太后一意孤行，反而諭令錢太后另擇葬地。第三天，數十名言官早朝後集體跪在文華門外哭諫。哭聲嘹亮，傳遍後宮。群臣不顧明憲宗的退散諭旨，自巳時（九點至十一點）一直跪到下午申時（三點至五點），錢太后不得合葬就不罷休。最終周太后被迫答應了大臣要求。

　　錢太后終於入葬裕陵，與丈夫明英宗同穴。

　　周太后並沒有完全認輸。明英宗建裕陵時，只預留了錢皇后合葬的墓室，並沒有預留第二個合葬位。周太后為了自己百年後也入葬裕陵，重新營建裕陵墓室。她暗中授意經辦太監，將錢太后的墓室與明英宗

「同陵異隧」，即堵塞了錢太后與明英宗墓室的隧道。她自己和丈夫明英宗的墓室通道，卻暢通無堵——儘管明英宗並不想與她合葬。同時，在供奉前代帝后神位的奉先殿內，周太后也撤去了錢太后的牌位——她預備將來自己的牌位陪伴丈夫。

又過了三十六年，太皇太后周氏才病死。當時在位的皇帝是她的孫子明孝宗朱佑樘。

明孝宗，一位深知世態炎涼的傳奇皇帝，年少時由周太后親自撫育。他與祖母感情極深，如今一心要為祖母爭取哀榮。周太后生前不是皇后，卻按照元配嫡后的待遇享受身後事。明孝宗要將祖母「祔廟」，即將神牌放置於太廟、奉先殿等祖宗祭祀場所，與明英宗並尊。禮制只有原配嫡后才可以祔廟，繼后及嗣君生母可以尊為后位，卻沒有資格祔廟。內閣認為周太皇太后畢竟只是先帝妃子，有嫡庶之分，不能祔廟，而且還拿出了明英宗的遺詔，指出先帝生前承認的是錢皇后。明孝宗的過人之處在於他遵從了內閣的意見，在個人情感和禮法之前找到了平衡。他將祖母周氏、生母紀氏一起別祀於紫禁城新建的奉慈殿。

奉慈殿，《明史》記載位於奉先殿西一區，可能就在現在的毓慶宮。顧名思義，奉慈殿是供奉沒有資格祔廟的太后牌位，並早晚祭祀的場所，沒有太廟、奉先殿之名，卻享受二者的禮儀與待遇。明憲宗生母周太后、明孝宗生母紀太后，還有日後明世宗嘉靖皇帝的祖母邵太后，三位的神位安置於殿中，享受後世香火。萬曆十五年，萬曆皇帝將三位太后移奉於陵殿。奉慈殿禮罷，很快淹沒在歷史之巨幕之中。

不過，明孝宗給祖母爭取到了合葬裕陵的待遇。自周氏以後，明朝嗣君生母開始與皇帝合葬。祖母入葬時，明孝宗才發現陵墓中早先合葬的錢太后與祖父明英宗的隧道竟然是堵塞的。他想打通隧道，礙於風水

問題沒能施工。可憐的錢太后，終歸沒能與丈夫「死同穴」。

孝莊睿皇后錢氏的身後事，全賴文官士大夫的強力支援。錢氏是儒家思想觀念中的理想皇后，忠貞不二、恪守婦德，關鍵是從不干政。錢氏就是後宮的榜樣。士大夫集團自然希望這樣的榜樣遍布後宮。他們的知音或許是愛新覺羅家族。清代紫禁城廣立宮訓，大興典型榜樣宣傳。乾隆皇帝管理後宮，尤其推崇歷代賢妃的示範教育。他製作〈宮訓圖〉十幀，分掛十座後宮：景仁宮〈燕姞夢蘭〉、永和宮〈樊姬諫獵〉、承乾宮〈徐妃直諫〉、鐘粹宮〈許后奉案〉、延禧宮〈曹后重農〉、景陽宮〈馬后練衣〉、儲秀宮〈西陵教蠶〉、啟祥宮〈姜后脫簪〉、長春宮〈太姒誨子〉、咸福宮〈婕妤擋熊〉。這十幀畫描繪的都是賢妃們德行的經典場面，是乾隆皇帝希望后妃們遵循的言行規範。

除了道德教育、典型宣傳外，紫禁城還有明確的硬性制度，防止后妃干政、外戚攬權。

帝王沉溺女色，荒政廢職，連累國勢，歷史教訓歷歷在目。帝王話語體系稱之為「紅顏禍國」。努爾哈赤建國之初就告誡子孫不得縱慾，專門指定了「祖訓」，賦予後代皇后在丈夫貪戀女色時候的規諫權、對迷惑皇帝的寵妃先斬後奏的權力。

清代皇帝御幸某位妃嬪，要造冊籍申報皇后。皇后可以對不合格者進行杖責。即便侍寢正在進行，太監在寢宮門外誦讀努爾哈赤的祖訓，皇帝必須立刻披衣起床，跪聽祖訓後，出朝辦公。據說，咸豐六年春天，咸豐皇帝連續留戀於懿貴妃的寢宮，數日不視朝。咸豐皇后就行使了這項特權。她來到懿貴妃居住的儲秀宮，頭頂祖訓跪在門外，命隨侍太監在門外請皇帝起身聽政。太監剛開始誦讀祖訓，寢宮裡就傳來了咸豐皇帝的聲音：「予即聽朝，勿誦訓。」他隨即出宮理政，突然意識到不

對勁，很快返回後宮，問懿貴妃何在？有宮人回答說隨皇后前往坤寧宮了。咸豐皇帝大叫不好，坤寧宮是皇后賞罰嬪妃之所，他連忙趕往坤寧宮，果然發現皇后坐在大殿中間，懿貴妃跪在地下。皇后細數懿貴妃的過錯，要依祖制杖罰。咸豐皇帝急呼「懿妃有孕」，這才救下懿貴妃。

外戚依靠后妃，勢力膨脹，導致皇權旁落，甚至篡朝奪位的，也是血淋淋的歷史教訓。紫禁城成功杜絕了外戚擅權，明清兩代都沒有出現飛揚跋扈的外戚。清末慈禧太后掌握實權，但其母系親屬沒有一個人進入朝廷中樞。其弟桂祥只是虛銜的副都統。這客觀上有慈禧太后母系力量薄弱的原因，另一方面是制約外戚的制度起效了。

陪伴朱元璋創業的馬皇后曾經對外戚有清醒的認知：「妾家親屬，未必有可用之才。且聞前世外戚家，多驕淫不守法度，每致覆敗。陛下加恩妾族，厚其賜予，使得保守足矣。」明朝紫禁城不從貴戚中挑選后妃，從源頭上杜絕外戚形成強大的政治勢力，同時嚴格限制外戚參政，恩賜高爵厚祿作為交換。不過，一旦發現外戚干預朝政，輕者削爵，重者下獄，皇帝對岳父、國舅們絲毫不留情面。明憲宗的寵妃萬貴妃，集萬千寵愛於一身。其父萬貴出身縣衙門椽吏，經常接受皇宮的厚賞。每受重賞，萬貴都憂形於色，看到兒子驕侈過度，反覆告誡不要妄費、要居安思危。萬貴說：「官家賜物皆注於歷，他日復來追汝無以為償。」明代外戚純屬皇權的附著物，皇帝可以重賞，也可以隨時剝奪一切榮華富貴。清代繼承了明代對外戚的嚴格限制，在措施上更進一步。清代外戚「名既專屬，等復攸殊，裁抑制防，視明尤屬。用是終清世，外家皆謹守法度，無預政事者，不可謂非詒謀之善也」。

紫禁城中預防后妃干政最殘酷的措施，莫過於生生剝奪母子聯絡，不允許后妃撫養親生皇子。畢竟，后妃干政最扎實的基礎就是母子親

情——另一種紫禁城內的珍寶。人為淡薄母子親情，就掏空了日後后妃干政的根基。

后妃衣食無憂，按說有充足的時間和精力照顧兒子，事實上卻沒有一個後宮的女子可以如尋常母親那樣撫育兒子。

萬曆朝皇太子朱常洛一家居住在慈慶宮。朱常洛有二子，長子朱由校生母被父親寵愛的李選侍毆打致死，次子朱由檢生母劉淑女（劉景嫻，宛平人，崇禎帝朱由檢生母，初入太子宮為淑女。）受父親責罰含冤而死，兩個孩子都交給李選侍撫育。兄弟二人的童年，充滿委屈、無助與淒涼。朱由校繼位後，控訴李選侍：「侮慢凌虐，朕晝夜涕泣……朕之苦衷，外廷豈能盡悉。」童年陰影導致二人的人格、心智都不健全，對日後明朝政局造成了負面影響。

朱由檢在哥哥登基次年獲封信王。信王思念生母，無奈五歲時生母劉淑女就冤死了，母親的印象早已模糊，而且權閹魏忠賢監視諸王，對信王的監視尤其嚴密，他只能偷偷委派親信太監去西山的生母墳地代祭，不能親臨。七年後，二十三歲的天啟皇帝朱由校駕崩，因為無子絕嗣而由弟弟朱由檢繼位，是為崇禎皇帝。朱由檢追尊生母劉氏為皇后，一系列的禮儀都需要劉氏的畫像，可惜劉淑女生前如同紫禁城的荒草雜藤一般，自生自滅，早已無人知曉她的容貌了。後來找到一位傅懿妃，當年與崇禎皇帝生母劉氏同為淑女，比宮而居。根據傅懿妃的描述，再經劉太后母親瀛國太夫人指正，最終完成了劉太后的畫像。崇禎皇帝以隆重的禮節迎生母畫像入宮，親自在午門跪迎，並將畫像懸掛於宮內請老年宮女觀看。有人說像，有人說不像，崇禎皇帝悲從心來，跪地不起，淚如雨下。

清代皇子呱呱墜地，即交予奶媽撫養。皇子在數以十計奴才的伺候

之下，長到五歲就要站班當差，同時每日入上書房學習。皇子與生母相見次數屈指可數，不但有固定時間，而且受種種禮制約束，並不能如親生母子般談心論情。公主格格與生母的關係更為疏遠，從誕生至下嫁與生母相見不過數十次。不客氣的說，紫禁城要求後宮「多生不育」。后妃干政的夢魘，導致紫禁城把后妃們設定為近乎生產機器。

后妃們最大的希望就是兒子有出息，自己晚年能夠有所依靠。明朝生子的前代嬪妃，經過皇帝恩准，可以投奔就藩的兒子。做藩王府的王太后，或許是前代妃嬪最好的結局了。清朝太妃們連這項微薄的待遇都慘遭剝奪。乾隆元年，乾隆皇帝的兩個叔叔莊親王允祿、果親王允禮奏請分別迎接自己的生母密太妃、勤太妃在自家王府養老。乾隆皇帝為此發了一道上諭：「若不允其迎養之請，則無以展二王之孝思；若允二王之請，迎養太妃於府第，則脫網於奉養，此心實為歉然。自今以後，每年之中，歲時伏、臘令節、壽辰，二王及各王、貝勒，可各迎太妃、太嬪於府第。計一年之內，晨夕承歡者可得數月，其餘仍在宮中。」從此，太妃太嬪們一年可以有幾個月住在兒子的府邸 —— 前提是有兒子，且兒子有爵位和府邸。

孝和太后是清代唯一一位以皇帝繼母身分尊封的皇太后。道光皇帝尊稱她為「皇母」。道光三年，道光皇帝委任孝和太后的親生兒子惇親王綿愷在內廷行走，算是委以重任，但很快以惇親王福晉乘轎逕入神武門，罷去綿愷的差使，又罰俸五年。不久，道光皇帝又陪著孝和太后去惇親王府，「闔家歡聚」，順勢減罰綿愷王俸三年。

孝和太后的真實境遇，道光皇帝的帝王之術，都包含在這個小例子裡。

# 女官與宮女

　　晚清宮女榮兒回憶，小時候離家入宮時，不知道宮裡什麼樣，只當拜訪親戚，後來才知道這一別就是生離死別。（《宮女談往錄》）

　　朱紅明黃壯麗輝煌、雕梁畫棟栩栩如生、鼓樂旗仗響徹宮廷，構成了宏大富貴的敘事體系，這套體系過於高高在上，漠視了個體的鮮活和靈活，消磨了人們的心智與夢想，對後宮生活的乾枯沉悶難辭其咎。

　　年復一年日復一日，后妃宦官宮女們如陽光節令一樣有規律，到時候更換皮裘、綢緞、輕紗，照制度更換內飾、打掃落葉、疏通溝壑……

　　後宮除了后妃，還有兩類女子：女官、宮女。女官是管理後宮事務、指揮宮女的官員，最著名的女官或許是《還珠格格》裡的容嬤嬤。

　　最早時，女官與妃嬪是高度重疊的。周天子曾立王后、夫人、嬪、世婦、御妻、女祝、女史等後宮女子等級，其中王后、夫人是天子之妻；嬪、世婦、御妻等既是姬妾也是女官，嬪負責教育後宮女子，世婦掌管後宮祭祀、迎送賓客，御妻照顧天子飲食起居；女祝、女史是專職女官。當然在實踐中，皇帝可以臨幸任何女官或宮女，不管她的「專職」是什麼。

　　隋朝開始確立六局二十四司的女官體制。每局下轄四個司，司下又設若干層級，高者五品，低者九品，女官等級嚴明。唐朝出了一位重量級的女官 —— 上官婉兒，她因罪入宮，憑藉出眾的文才專掌帝王檔案，

百官奏事多由她裁決，號稱「女宰相」。

明朝延續了六局二十四司（女官六局為尚宮局，領司四：司記，司言，司簿，司闈；尚儀局，領司四：司籍，司樂，司賓，司贊；尚服局，領司四：司寶，司衣，司飾，司仗；尚食局，領司四：司膳，司藥，司醞，司饎；尚寢司，領司四：司設，司輿，司苑，司燈；尚功局，領司四：司制，司珍，司彩，司計。一司為宮正司。）體系，明初的六局尚宮掌政令、文科、印璽、玩器；尚儀掌禮儀、音律、朝見；尚服掌服飾、化妝品；尚食掌食品、藥品、器皿；尚寢掌床褥、整理、用具；尚工掌營造、衣服、財務，此外獨設宮正司，掌管糾察宮闈、戒令、謫罪之事。各局負責官員為正五品。比如，尚食局設女官「尚食」二人，正五品，負責膳饈飲食。凡皇帝進御，尚食要先試吃試毒。但是，女官掌管的後宮事務，與宦官存在競爭關係。宦官勢力在明代紫禁城日漸膨脹，迅速侵蝕女官的職權，直至取而代之。明代中期即取消了六局，只保留尚宮「一局四司」，負責女官就叫「尚宮」。這套女官制度為朝鮮所仿照，如今在古裝韓劇中還能看到這套女官制度的模樣。

明孝宗生母紀氏，俘虜入宮後擔任女史。明孝宗就是在她工作的內藏庫中撞見了她，引發了之後的傳奇故事。女史是記錄皇帝在內廷言行的低階女官，類似女版的「起居注官」，《紅樓夢》中的賈元春入宮之初擔任的就是女史。

清代紫禁城也有女官，遴選之時除了年齡、身體條件外，還要求精通女工、人品端正。秀女中選入宮後，先試繡錦、執帚等技藝，並觀察秀女的言談舉止，其中的優秀者進一步接受掖庭規程的教育，每天一小時讀書寫字，持續一年時間。一年後，最優者侍奉后妃起居，其次分配為尚衣、尚飾，成為各方面的女官。

　　清代紫禁城雖然沒有一手遮天的宦官，卻有全知全能的內務府，女官也和明代一樣弱勢。加之清朝宮廷精簡人員，便沒有建立六局二十四司。清朝女官主要分為服侍各宮殿的女官，和專職專業的女官。比如，掌事嬤嬤管理所有宮裡大事，負責分發俸祿，分配宮女等，正三品，比太監總管的法定品級都高；各宮主管女官，從五品；御花園、各處佛堂等處主管女官，正六品。從五品以上女官，可以稱「姑姑」。各宮女官由該宮主位后妃管理。

　　女官之下為宮女，侍奉帝王后妃的生活起居、接受帝王后妃的驅使應承。明代宮女引發的最著名事件是「壬寅之變」。嘉靖皇帝強迫宮女提供處女經血煉長生丹藥，為此大量徵召十三四歲的少女入宮。少女們經期不能進食，只能吃桑葉、喝露水，於嘉靖二十一年（壬寅年）不堪痛苦策劃在夜晚勒死嘉靖，結果忙裡出錯結了一個活結，刺殺以失敗告終。

　　明代宮女入宮服務五六載，可以回家，任由婚嫁。願意留在紫禁城的，可以；一旦授職為女官，父母會收到俸祿。老死的女官與宮女，可以歸葬母家；無家可歸的，抬至淨樂堂焚化。淨樂堂有東西二塔，塔下有眢井，盛貯這些可憐女子的骨灰。

　　清代宮女從內務府包衣佐領、管領以下家庭的女子中挑選。十三歲以上的女孩子都要參選，由內務府會計司負責。容貌姣好的入選者分配到各宮侍候太后、皇后、妃嬪起居。后妃依等級驅使相應數量的宮女，皇太后有宮女 12 人，皇后 10 人，皇貴妃、貴妃各 8 人，妃嬪各 6 人，貴人 4 人，常在 3 人，答應 2 人；次等的入選者分配到尚衣、尚飾等處服役。宮女的分配，與女官相同。清代宮女數量進一步縮小，康熙朝宮女不過四五百人而已。

仰望深宮一角（張程 攝）

在高牆之內，宮人哪裡還有自由（張碧君 攝）

　　清代紫禁城對宮女的管理一如太監制度，極為嚴格。進宮第一天，姑姑就宣布宮女不許擅離宮門一步，「離開宮門，打死不論」；不許邁進其他宮殿一步，私自串門者「不是砍頭就是發邊疆」；不許在宮中獨自行走，半差都是成雙成對。宮女講究「行不回頭，笑不露齒」，即便有太大的苦楚也要笑臉示人，即便是挨打了也要謝恩稱謝。嚴格管理之下，清代宮女似乎沒有爆過醜聞。作為代價，榮兒等宮女天亮即起，深夜才

睡，「不該問的不能問，不該說的話不能說，在宮裡當差，誰和誰也不能說私話，就像每個人都有一層蠟皮包著似的，誰也不能把真心話透露出來」。（《宮女談往錄》）

清代宮女衣著錦緞，四時更新，表面看光鮮亮麗，實際吃住條件非常惡劣。宮女們居住在當差宮院的配殿耳房之中，「所居屋漏牆記，巷十室，居十人」。房屋低矮、破舊，生活用具和器皿也十分簡陋。現存宮女居所陳設，除了陶壺等簡陋器皿，一無所有。伙食也很糟糕，「每餐置飯木桶，滷雞、鴨肉一片佐之，臭腐不中食，還之，下餐復進、故宮女姿色多減」。（何剛德《春明夢錄》）

清代宮女一般到二十五歲才能出宮，任由婚配，如果患病不癒則提前遣返。有的宮女到齡因為帝后鍾意，可以繼續留在宮中當差十年，再次到齡出宮就已經三十五歲了，在清朝很難正常婚嫁了。這樣的宮女可謂是將一生都獻給了紫禁城。

很多包衣家庭不願意女兒入宮，發動各種人情或資源免除這樁苦差。榮兒則是因為父親吸鴉片，家道衰微，不得不犧牲女兒換取每月幾兩銀子。有的人家是貪圖宮女俸銀，有的家庭則是希望女兒入宮學點規矩，找個好婆家。很多宮女往往嫁給侍衛，日後侍衛提拔了，宮女也跟著發跡了。可悲的是，榮兒最終被慈禧太后賜婚給了梳頭太監。

（張碧君 攝）

女官、嬪妃們雖然地位高，生活不至於粗陋，卻要在各種明槍暗箭、陰謀詭計中殺出一條生路來。她們的生活壓力更大，生命更危險。宮廷最大的悲哀，莫過於可憐人之間相互排擠殘殺了。

明熹宗天啟年間，住在長春宮的李成妃一次偶然得到了侍寢機會。她自身並不受寵，卻在侍寢時為當時遭到幽禁的範慧妃求情。盤踞後宮的客氏、魏忠賢得知後，非常不滿，將李成妃幽禁於宮牆之間，並斷絕了飲食。之前，性格耿直的張裕妃就是得罪了客氏和魏忠賢，在懷孕的情況下仍然被囚禁在宮牆之間，活活餓死。李成妃吸取了張裕妃的教訓，事先藏了許多食物在宮牆夾縫內。半個月後，明熹宗突然想起了李成妃。客氏發現李成妃竟然還活著，以為她有神助，沒有進一步加害。李成妃雖然倖免於難，但被貶為宮女，逐去西五所做苦工。李成妃父親李謙受到株連，貶官到幾千里外，李成妃的幾位兄弟則慘遭殺害。四年後，崇禎皇帝繼位，撥亂反正，李成妃這才恢復成妃位，得以安享餘生。說是餘生，李氏其時才二十三歲而已。

宮裡的女人們，和其他居民一樣，都是紫禁城的過客，都是龐大宮廷的小螺絲釘。

她們的青春和夢想都消耗在了這座紫禁城，或八面玲瓏，或鬱鬱寡歡，或孤老內宮，或遣返故里。

唐朝詩人元稹有〈行宮〉詩：「寥落古行宮，宮花寂寞紅。白頭宮女在，閒坐說玄宗」。

# 在紫禁城養老

# 皇太后安置難題

日月曝光下的紫禁城，總有一些光線忽略的角落和無人關照的可憐人。

在明朝正德年間的後宮，邵氏就是這樣的可憐人。由於出身赤貧，邵氏從小就被狠心的父親賣給了杭州鎮守太監為奴為婢。沒有人知道她確切的年紀，沒有人知道她是否還有親屬，宮中只知道她來自杭州。

邵氏曾經給皇祖憲宗成化皇帝生育過三位皇子：興王朱祐杬、岐王朱祐楡、雍王朱祐枟。她規規矩矩做人，只求老了能出宮投靠兒子。兒子就藩封地時，邵氏投靠的請求遭遇冷冰冰的拒絕。她只能老死宮中。

邵氏牽掛遠在湖北、江西和湖南的三個兒子，擔心他們在千里之外水土不服，牽掛他們的婚嫁生育和柴米油鹽。起初，邵氏還給兒子們寫信，陸續傳回的卻是三個兒子的死訊。其中兩個兒子還因絕嗣而除藩。

上天似乎將所有的人倫悲劇都安在了邵氏身上。她時常哭泣，又哭瞎了雙眼，日子更加艱難。在無盡的黑暗裡，邵氏只能從閒言碎語中拼湊孝宗駕崩、武宗駕崩，朝廷刁難藩王等訊息。想來，自己都已經是三朝太妃了。

正德十六年（西元一五二十一年）五月，喧囂與喜慶突然撞向邵氏。剛剛駕崩的明武宗無嗣，邵氏的獨孫朱厚熜要承繼皇位了！一位十五歲的少年來到邵氏跟前，她嚎啕大哭，顫抖著摸遍孫子全身，自頂至踵，難以自己。

這嚎啕大哭是幾十年壓抑艱辛的發洩，更是對即將到來的幸福生活的喜極而泣。

不幸的是，邵氏於嘉靖元年十一月崩逝，只做一年太皇太后。孫子嘉靖皇帝不顧內閣反對，將祖母遷葬茂陵，以皇后禮與祖父明憲宗合葬，上諡號曰「孝惠康肅溫仁懿順協天祐聖」。邵氏簡稱孝惠太后。

邵太后的傳奇經歷，只是紫禁城的特例。絕大多數妃嬪不會邂逅幸運之神。

邵太后的幽居終老，卻是紫禁城的常態。所有後宮妃嬪都會生老病死，都面臨終老問題。

皇帝與太后太妃的關係，是皇室家庭關係中最無害的一種。與父子、兄弟關係不同，母子利益一致，母以子貴。更何況天底下哪有不希望兒子好的母親？母親對兒子的付出是最無私純潔的。母子間的血肉關聯，無法輕易割斷。

歷朝歷代無不高調奉養前朝后妃，宣揚孝道，利於治政。

「以孝治天下」是中國傳統治國理政的基本方略。帝王在封建宗法中是天下大宗，小家的孝最終導向大國的忠。宣揚孝道有利於王朝統治，國家長治久安。「夫孝，三皇五帝之本務，而萬事之紀也。夫執一術而百善至，百邪去，天下從者，其唯孝也。」（《呂氏春秋》）以孝治天下，是帝王維護意識形態，表率天下垂範後世最廉價也最真實有效的方式。

於是，孝治大旗鮮豔奪目，飄揚在紫禁城上空。雍正皇帝有言：「朕唯古昔帝王，以孝治天下。誠以孝者，天之經，地之義，民之則也」。乾隆皇帝則說：「朕唯致治之本，孝道為先。」

不過明朝開國之初並沒有皇帝盡孝的機會，明太祖、成祖、仁宗三位皇帝的母親都早早去世，未能見到兒子位登九五。尤其是明太祖朱元

璋，父母如同螻蟻草芥般歸於塵土，無尺寸葬身之地，給幼年朱元璋留下了深深的心理創傷。貴為帝王后，每逢父母誕辰，朱元璋都悲戚哀嚎。人間一大憾事就是子欲盡孝而父母不在，皇帝尤甚。

紫禁城第一次出現皇太后，是明仁宗朱高熾去世後，兒子明宣宗朱瞻基尊母親張氏為皇太后。明英宗繼位後，尊祖母張氏為太皇太后。

前朝后妃在丈夫駕崩後，便不能再居於東西六宮。明宣宗給張太后挑選的奉養之所是外西路中北部的仁壽宮。早期紫禁城，除了三大殿和後三宮，仁壽宮是體積最大的宮殿，整個建築群整整占據了九個宮格。而就陰陽五行而言，西部屬「金」，寓秋天收藏之意。因此將皇太后安置仁壽宮養老，較為妥當。這位張太后屬行節儉，不喜鋪張，宣德三年過生日僅是與兒子兒媳同遊西苑和景山而已。明宣宗「親掖皇太后輿登萬歲山，奉觴上壽，獻詩頌聖德」。

仁壽宮最初的格局，應該與西六宮區域的九宮格相同，東邊兩進宮格是居住區，西邊空出一宮格寬、三宮格深的區域留作機動、留作建造佛堂等用。

明宣宗駕崩後，張太后升為太皇太后，紫禁城出現了第二位皇太后：明宣宗之妻孫氏。孫太后歷經正統、景泰、天順三朝。她力挽狂瀾，深度參與了土木之變和奪門之變的政局，化解了朱明王朝兩次皇位危機，後人在《女醫明妃傳》、《大明風華》中都能看到她的身影。從此直至明武宗的八、九、十年時間裡，紫禁城都至少有兩位皇太后或各有一位太皇太后、皇太后並存。兩人顯然不能共處一室。如何安置多位太后，成為擺在孝子賢孫們面前的迫切而微妙的問題。

湊巧的是，同時期紫禁城中沒有出閣獨居的皇太子，文華殿後的太子東宮便更名為「清寧宮」暫作太后居所。孫太后成為了清寧宮的第一

位主人。明朝前期的太后太妃，一代代輪流安排在仁壽宮、清寧宮兩地。雖然不是制度，也漸成慣例。

期間值得一提的是，明孝宗朱祐樘是在仁壽宮中長大的。小朱祐樘橫空出世後，生母紀氏受迫害致死。祖母周太后為防孫兒不測，親自接入仁壽宮撫養，輕易不讓離宮。在仁壽宮長大的朱祐樘，與祖母感情深厚，繼位後尊周氏為太皇太后，隆重地移祖母入清寧宮居住。弘治十一年冬清寧宮火災，朱祐樘親自為太皇太后扶掖，安慰取悅，通宵不眠，陪侍左右，並請祖母暫移仁壽宮前殿居住，同時抓緊重修清寧宮。不到一年清寧宮重修完工，周氏還居清寧宮。朱祐樘事祖母亦至孝。周氏身體不豫，明孝宗都陪侍跟前，親奉湯藥，竭誠致禱。這三個舉動，也成為了日後帝王事親的常規行為。

明朝前期奉養太后的慣例，在嘉靖皇帝登基後遭遇了危機。

嘉靖皇帝朱厚熜給紫禁城帶來了一個太皇太后、兩個太后並存的禮制和人情難題！

明武宗正德皇帝駕崩之時，紫禁城已經有一位皇太后：慈壽皇太后張氏，依慣例居於仁壽宮。張太后是明孝宗的髮妻、明武宗的生母。明武宗無子而終，張太后和首輔定策引入血緣最近的朱厚熜為新君。不想，朱厚熜入主紫禁城伊始就爆發了「大禮儀之爭」。這場爭吵的本質是朱厚熜堅持原生血脈，乃至替換明朝現有的傳承脈絡。具體到奉養太后上，便是如何安頓親生母親蔣太后的問題。

張太后已經占據仁壽宮，而明武宗皇后夏氏和妃子提前入住清寧宮。生母蔣太后無專宮可住，住在仁壽宮側宮，面對張太后處於卑弱地位。嘉靖皇帝冥思苦想要破除這個難題。

兩場火災幫了嘉靖的忙。嘉靖元年，清寧宮後部房屋發生火災。嘉

靖皇帝以此為藉口，強迫明武宗皇后夏氏和賢妃德妃等從清寧宮遷至仁壽宮，兩代三家女眷同住。嘉靖四年十月，清寧宮修繕完工後，只有蔣太后入居了清寧宮。緊接著，嘉靖四年仁壽宮也遭遇火災。嘉靖帝以「歲災民困」為由，沒有馬上修復仁壽宮。這一停就是十年。期間，張太后失去了專宮。

嘉靖皇帝的終極方案是捨棄舊仁壽宮，新建宮殿奉養前朝后妃，並定為「祖宗之制」。清寧宮恢復為太子東宮，在其後、外東路北部建起了慈慶宮，作為太皇太后居所；在仁壽宮基礎上擴建慈寧宮，作為皇太后居所。【根據當代考古挖掘結果顯示，明代仁壽宮大殿應該在慈寧宮東南側院落（清內務府造辦處）。】慈慶宮和慈寧宮，一東一西，相互呼應。

嘉靖十五年（西元一五三六年），嘉靖皇帝諭禮部：「朕恭備祖宗一代之制，命建慈慶宮為太皇太后居，慈寧宮為皇太后居。今工有次第，以慈寧奉聖母章聖皇太后，以慈慶奉皇伯母昭聖皇太后，一應供張，悉取給內府，如祖宗例行，著為令。」

嘉靖皇帝給慈寧宮主殿東西拓展了半個宮格長度，南北占據兩個宮格。新落成的慈寧宮是一座比標準一宮格寬敞、總面積三宮格的大宮殿，而且在嘉靖十五年春便建成。慈慶宮要遲至嘉靖十九年冬才竣工。嘉靖皇帝的一揚一抑，可見一斑。

慈寧宮占地廣闊，南北幾乎與中軸線太和殿至乾清宮段平行，而建築體積與密度明顯小於後三宮。宮殿的布局更是比東西六宮要舒朗開闊，光照效果明顯好於東西六宮乃至後三宮。光照條件是檢驗紫禁城建築品級的重要標準。慈寧宮的這種設計，充分考慮到了老人家的尊榮和養老實際。

新落成的慈慶宮南北狹長，約占八個宮格，除慈慶宮主殿外有一號

殿（本恩殿）、二號殿（喊鸞宮）、三號殿（喈鳳宮）。張太后入居慈慶宮，孝宗朝的其他女眷依品位高低入住各殿及附屬房屋。

慈慶、慈寧尚未竣工，張太后的兩位弟弟就遭彈劾，嘉靖皇帝藉故殺死大弟張鶴齡。張太后苦苦哀求，以至衣敝褥席藁跪地求請。嘉靖不聽。張太后苦求無果，鬱鬱成疾。嘉靖十九年冬，慈慶宮建成，張太后入居慈慶宮，第二年八月去世，葬禮被嚴重縮減。二弟張延齡在張太后死後也伏誅。

嘉靖生母蔣太后在入住慈寧宮兩年半後，於嘉靖十七年十二月先於張太后去世。

家家有本難唸的經，只不過帝王家把這本經曝光在了歷史星空之中。

慈寧宮正殿（孫珊珊 攝）

儘管夾雜著皇帝的私心，紫禁城畢竟有了專門的太后奉養制度：皇太后居外西路慈寧宮、太皇太后居外東路慈慶宮。慈寧宮尊於慈慶宮。

明代慈寧宮最後一位重要主人是萬曆皇帝的生母慈聖李太后。萬曆皇帝幼齡登基，李太后一度居住乾清宮照顧兒子，同時大力支援張居正進行改革，是萬歷朝前朝政壇擎柱。萬曆皇帝臨終時，遺命封鄭貴妃為皇后。鄭貴妃與萬曆皇帝情深意重，可惜兩人一心冊立愛子、福王朱常

洵為太子，與文官集團展開了曠日持久的爭鬥。鄭貴妃本人在妖書案、梃擊案、紅丸案等事件中的角色不明不白。文官集團強力否決了鄭貴妃的皇后提案。不過，這不妨礙鄭貴妃依然是萬曆皇帝品位最尊的遺孀，依然入住了慈寧宮，掌管皇太后印璽。不過泰昌帝朱常洛在位僅一個月，鄭貴妃只享受了一個月皇太后的實質尊榮，便在明熹宗登基後被移往慈慶宮。

接著入住慈寧宮的卻是萬曆皇帝的另一位遺孀劉太妃。劉氏是萬歷朝第一批入宮的妃嬪，在宮中謙恭謹慎數十年，為明熹宗和文官選中迎居慈寧宮，掌皇太后印璽。劉太妃代行皇太后職權後，居慈寧宮直到崇禎末期才逝世。她繼續與世無爭，不越位不濫權，卻在挑選崇禎皇后等內宮大事上堅持原則，是文官集團理想的皇太后人選。

而鄭貴妃不僅在丈夫生前、而且在丈夫死後都遭遇了慘敗，在慈慶宮鬱鬱寡歡三年多時間後去世。她要等到十多年後，孫子弘光皇帝在南京建立南明，才追尊她為太皇太后。

明朝末代皇帝崇禎，登基後也在太后問題上遭遇尷尬：慈寧宮有劉太妃、慈慶宮有鄭太妃，哥哥明熹宗的懿安張皇后無處安置。以想法多、決策快著稱的崇禎皇帝大筆一揮，改太子東宮清寧宮為慈慶宮，安置嫂子張皇后；原慈慶宮改為明朝最早太后宮的名字：仁壽宮。幾年後，仁壽宮的鄭太妃去世，崇禎皇帝移張皇后住進仁壽宮，改慈慶宮為端本宮，預備太子出閣使用。慈慶宮的名字就此成為歷史。

崇禎皇帝的獨特決斷，加上不久後李自成的那一把大火，人為造成了外東路宮殿群的歷史複雜難辨。

# 慈寧宮的高光時刻

　　紫禁城的第二家主人 —— 愛新覺羅氏是一個大家族。孝莊皇太后陪伴著年幼的順治皇帝來到了紫禁城。她自己沿襲明朝制度，簡單修葺了一番就住進了慈寧宮。

　　孝莊皇太后是清朝慈寧宮的第一個主人。她的入住，立刻將慈寧宮推到了歷史的聚光燈之下。

　　身為清朝入關第一位皇帝順治的母后和聖祖皇帝康熙的祖母，孝莊忍辱負重扶正了兒子、運籌帷幄輔佐著孫子，在清初諸多重大事件中都留下了身影，政治能量有如清末的慈禧太后。如果沒有孝莊皇太后，清朝定鼎中原、鞏固江山的過程將會曲折許多。孝莊本人在慈寧宮從皇太后晉升為太皇太后，度過了四十四載光陰。

　　慈寧宮見證了順治皇帝暴病駕崩後宮廷的慌亂，孝莊太后壓制喪子之痛，做主迎立了玄燁為繼位者。紫禁城迎來了清朝第二位幼年繼位的小皇帝，孝莊陪著小康熙面對鰲拜的專權、三藩的反叛。慈寧宮見證了孝莊太后和孫子謀劃在宮中擒拿鰲拜，調兵遣將應對半壁江山翻盤的風雨飄搖。血雨腥風意外降臨了這片頤養天年的宮殿。慈寧宮中祖孫二人風雨同舟，血脈親情尤其深厚。

　　孝莊太后開始居住在慈寧宮後殿，隨著後殿改造為大佛堂，太后搬遷至慈寧宮東南角的圍房居住，數年後有搬到慈寧宮東側的小別院居

住。東側別院空間不大且裝修平實，好在太后不喜奢華鋪張，反而喜歡這幾處安靜樸實的小院。有誰能想到，十七世紀晚期中國大地的許多風雲變幻，策源地竟然是這幾處不起眼的院落。

康熙皇帝主政以後，數十年如一日地奉養祖母頤養天年。在紫禁城之日，皇帝每日來慈寧宮問安，即便是出巡在外也每天必發折向祖母請安，沿途撈獲的鮮魚和野味就派人亟送北京，讓祖母品嚐。慈寧宮傳來祖母欠安的訊息，康熙皇帝迅速趕回來侍奉。他不僅繼承了明孝宗當年的標準動作，還席地奉侍，親調藥餌，寢食俱廢。康熙二十六年（西元一六八七年），孝莊太皇太后病危，康熙悲急交加，晝夜不離地侍奉在慈寧宮，隔著帷幔席地而坐，一聽到祖母有什麼動靜，就立刻趕到榻前問詢。

慈寧宮側影（孫珊珊 攝）

遺憾的是，康熙的孝心敵不過自然規律。康熙二十六年，七十二歲的孝莊太后病逝於慈寧宮。深知孫兒性情的孝莊遺囑要求康熙節哀，指示喪事從簡且不必勞師動眾運回千里之外的盛京安葬。這一回，一向孝順的康熙皇帝並沒有聽從。他悲痛異常，連續幾天晝夜痛苦，哀號至

「五內摧迷」。儘管有大臣們竭力勸諫，康熙皇帝依然做出了幾個不尋常的決定。首先是將按照禮法二十七天後即可除去的喪事，康熙皇帝執意延長穿著至二十七個月；其次，推翻年內辦理喪事的祖宗之法，堅持要充分準備至年後再大辦祖母喪事。康熙皇帝提出了一項令大臣們目瞪口呆的陪葬方案：

拆除慈寧宮，給孝莊太后陪葬！

在孝心與現實的反覆協調之下，紫禁城最終取得了一項妥協方案：保留慈寧宮主體建築，將孝莊太后生前居住並鍾愛的東側五間別院宮殿拆遷至孝陵附近作為「奉殿」。

根據孝莊太后遺願，靈柩沒有運回關外與丈夫皇太極合葬，埋葬在了河北遵化清東陵。

或許是孝莊太后在清朝地位過於崇高，或許是孝莊太后在慈寧宮居住了漫長的近半個世紀，之後的前朝妃嬪都以崇敬孝莊太后、不敢與之並肩為由，推辭入住慈寧宮。雍正皇帝即位後，其生母仁壽皇太后原本居於東六宮之一的永和宮，計劃移居東北部的寧壽宮奉養，不幸於雍正元年五月病逝於永和宮。可證雍正時期，慈寧宮主體院落是閒置的。這一閒置便是兩百多年，直至清終，慈寧宮主體成為專門的典禮場所。凡是與皇太后有關的重大典禮，紫禁城都選在慈寧宮舉行：皇太后聖壽、恭上徽號、節日朝賀、進冊寶及公主下嫁等等。其中最隆重的典禮莫過於皇太后壽辰慶典。當時，皇太后登臨慈寧宮正殿，皇帝率妃嬪、皇子皇孫行禮，並且和近支皇族一起綵衣起舞。皇太后薨逝，治喪禮也在慈寧宮舉行。每逢婚喪嫁娶紅白喜事，慈寧門外儀仗大盛、冠冕雲集。

雖然無人居住，並不妨礙慈寧宮繼續逗留在聚光燈下。

乾隆皇帝，王朝鼎盛時期的太平天子兼紫禁城的大拆大建者，在登

基的第一個月就把自己對紫禁城的構想付諸慈寧宮實踐。

　　乾隆皇帝之所以如此迫切，是其生母崇慶皇太后需要一處奉養宮苑。乾隆皇帝尊崇曾祖母，保留慈寧宮主體宮院不動，於乾隆元年（西元一七三六年）在西側空閒三宮格處闢建了壽康宮，作為慈寧宮的附院。同時擴建北側、東側院落並修繕了南邊的慈寧花園，形成了今日我們看到的慈寧宮建築群的模樣。

　　乾隆元年十一月初六，乾隆皇帝陪著崇慶皇太后風風光光地移居壽康宮。修建一新的慈寧宮建築群就此拉開帷幕，暴露在眾人面前。

　　皇帝鹵簿出隆宗門，前方正對著慈寧宮建築群的東院牆。整個建築群的主出入口在東院牆居中的永康左門。皇帝必須在永康左門降輿，然後步入慈寧宮，以示孝順。所有人在慈寧宮內都只能步行，皇帝概不例外。

　　步入永康左門是一處東西狹長的封閉性庭院，因為北部是慈寧門，可稱為慈寧門小廣場。慈寧門小廣場將整個建築群分為南北兩大部分。

　　慈寧門坐落在北邊白玉石勾欄臺基上，大門東西兩側有八字影壁牆，牆前有一對鎏金銅麒麟，盤踞兩旁，威嚴肅穆，規格比肩乾清門。慈寧門中央設有龍鳳御路石，進門有高臺甬道通向正殿慈寧宮的月臺。整個慈寧宮都矗立在月臺之上，尊崇之餘也有免除皇太后上下臺階的勞累，尊禮之餘也有客觀的考慮。走上月臺，走進重簷歇山頂的慈寧宮，頭頂是鮮豔繁複的藻井，正殿懸掛著乾隆皇帝的御筆「寶籙駢禧」和「慶隆尊養」兩副橫匾。另有乾隆皇帝御筆對聯：

　　愛日舒長，蘭殿春暉凝彩仗；

　　慈雲環蔭，萱庭佳氣接蓬山。

　　慈寧宮正殿院落四周都是圍房，後側是太后們修身養性的大佛堂，左邊有徽音左門通往左側小院落，右側有徽音右門通往壽康宮。壽康宮

是一處南北狹長的庭院，通過徽音右門連通慈寧宮院落，南邊是兩個連續的院落連通慈寧門廣場。向北步入壽康門是壽康宮正院，有正殿、後殿和東西北三面廡。兩座宮殿也都建設在高臺之上，後殿左右有圍牆分割前後兩院，卻不違和，大大增加了壽康宮的層次感。壽康宮院落面積不大，但充分利用，規格齊全。

　　慈寧宮正北方、大佛堂之後，進深為一個宮格，並排三所三進院的陶瓦頂建築，分別為壽西宮、壽中宮、壽東宮，稱為「壽三宮」；東側空地，東西寬半個宮格、南北長三個宮格，也有三所宮院，是康熙二十六年將此處的五間宮殿拆遷至孝莊太后孝陵後新建的頭所殿、二所殿、三所殿。三座殿各成一院，自南向北排列，稱為「慈寧宮東三所」。在覆蓋黃色琉璃瓦的紫禁城中，這六處則是布筒板瓦，顯得非常突兀。這是由這六處宮殿的所有者身分決定的。安置於此的是隨主宮居住、名分較低的前朝女眷。東三所與慈寧宮並不直接相通，在東院牆北部另開慈祥門以供出入。慈祥門外是西筒子夾道南端，算是慈寧宮建築群的側門。

　　慈寧門小廣場南端是長信門，取西漢太后所居的長信宮命名。長信門由相互獨立的一大兩小三座門組成，正對慈寧門。開門向南是一條狹長街道，百公尺長街的南端名「南天門」，一個霸氣的名字。但南天門外是一個封閉小院，並不能繼續南行。

壽康門（張程 攝）

　　長信門南長街，又將慈寧門南端分為東西兩部分。小廣場和長街猶如一個「T」字，將慈寧宮建築群劃為三部分，其中東南部為清朝內務府的造辦處，西南部（長街以西）就是慈寧宮花園。慈寧宮花園是紫禁城最靠南的御花園，東西長 50 公尺，南北長 130 公尺，連同花園男封閉院落，正好占據三個宮格。花園大小建築十餘座，布局疏朗。正門攬勝門開在東牆正中間，入園後一路坦途，沒有一般園林的太湖石假山和曲徑通幽，也沒有登高望遠的設計。這是考慮到太后太妃們的身體狀況而設計的。慈寧宮花園除了平坦疏朗，就是按軸線左右對稱，左右建築嚴格呼應；且觸目都是長壽安康的祝福意向，北半部以咸若館為中心，突出「壽國福蒼生」，南半部以臨溪亭為中心，祝願太后「九如凝釐」，最南端清供大型太湖石，寓意「壽比南山」。

　　在一片慈雲寧壽之中，崇慶皇太后安詳晚年，直到乾隆四十二年（西元一七七七年）去世。

　　崇慶皇太后在壽康宮的近半個世紀，度過了自己的六十、七十、八十三大整壽。性好喜慶、熱衷高調的乾隆皇帝沒有放過大操大辦的機會。乾隆皇帝三次在慈寧宮大辦太后聖壽慶典，慶賀崇慶皇太后誕辰。慶典當天，慈寧宮人群川流不息、遍布各方敬獻的奇珍異品。乾隆皇帝率妃嬪、諸王、大臣向崇慶太后行跪拜大禮。慶典最富有滿族色彩的是皇帝親自跳舞為太后慶壽。乾隆皇帝三次身著綵衣，手捧酒觴，面向母后起舞稱賀，皇子、皇孫、駙馬等近親屬依次跟在皇帝后面手舞足蹈。崇慶皇太后八十大壽時，慈寧宮五世同堂，兒孫承歡膝下。當天，乾隆皇帝最後一次當眾起舞。當天，他已經六十一歲。

感寧宮院落一角（孫珊珊 攝）

　　有後人對乾隆的高調，頗有微詞。孝心在心不在形。可是，皇帝盡孝，不僅是家事，更有表率天下垂範後世的目的，高調自然有道理。家國一體，皇帝自有不得已之處。乾隆皇帝既是盡孝，也是工作。

　　崇慶太后逝世後，乾隆皇帝特意註明壽康宮「宜留為萬萬年奉養東朝」。壽康宮成為之後奉養皇太后的專宮，下一位主人是孝和太后。孝和太后是嘉慶皇帝第二任皇后，並非道光皇帝的生母，是清朝唯一一位以繼母身分尊封的皇太后。孝和太后並非沒有自己的兒子，相反生育了兩位成年的親王。她的過人之處在於遠離皇位紛爭，不希望親生兒子出頭，相反始終支援丈夫前妻的兒子、日後的道光皇帝登基。道光皇帝像對親生母親一樣孝順孝和太后，如明孝宗、康熙皇帝一樣隨侍左右。道光二十九年寒冬，孝和太后病重。道光皇帝在跟前席地而居，隨叫隨到。當時，孝和太后七十四歲，道光皇帝六十五歲 —— 母子倆僅相差九歲。大臣們考慮到道光皇帝龍體原本欠安，勸諫皇帝保重自身。道光皇

帝固執地堅持晝夜服侍太后。不幸的是，孝和太后依然於當年十二月薨於壽康宮。道光皇帝的身體也不堪重負，一個月後駕崩。當月，紫禁城覆蓋在一片雪白之中，需要操辦太后、皇帝兩場大喪。

道光皇帝是一個中規中矩、勤儉顧家的守成之君，壽康宮可以作證。

寬泛而言，慈寧宮建築群還包括壽安宮正北方的壽安宮、英華殿區域。雖說緊鄰，壽康宮與壽安宮之間沒有通道，必須輾轉走出慈寧宮、沿西筒子夾道才能抵達壽安宮南側兩宮之間的夾道。道北有三個獨立門戶的大門：壽安門。同樣，從壽安宮要前往英華殿，也要輾轉西筒子夾道才能抵達。英華殿從明朝開始便是紫禁城的佛教重鎮，將會是「紫禁城的神靈」部分的重點內容。

壽安宮在明代稱咸熙宮，嘉靖十四年（西元一五三五年）改稱咸安宮。天啟年間，大名鼎鼎的客氏占據咸安宮。清初在此設咸安宮官學。乾隆十六年，乾隆皇帝為籌辦崇慶太后六十慶典，在此處建設了壽安宮，同時在西華門內另建咸安宮。新建的壽安宮是一處寬敞疏朗的宮殿，大體可分為三部分。南部左右兩側散落著幾處房間；壽安宮位於中部，乾隆皇帝建造了一座三層大戲臺，為崇慶太后大壽演戲之用。嘉慶四年，拆除戲臺，在壽安宮的左右建造了二層延樓，環抱著壽安宮正南的一座高大建築「春禧殿」，形成了一座天井式庭院。庭院用來存放宮廷演戲機構昇平署的戲裝；壽安宮後部曲廊佳石，樹木成蔭之中有福宜齋、萱壽堂，可算是一處小庭院。

慈寧宮區域，是紫禁城內居與三大殿、後三宮之下的第三大宮殿區。

慈寧宮區域，明清兩朝的皇太后正宮，於清朝中期迎來了聚光燈下的鼎盛時期。

# 寧壽宮的頤養夢

乾隆三十五年（西元一七七〇年），愛新覺羅・弘曆即將迎來六十周歲生日。雄才大略的一代帝王，開始步入晚年。

六十年對於弘曆而言具有特殊意義。他最崇拜的祖父康熙皇帝在位六十一年，弘曆於登基之初就立誓不超過皇祖父的執政時長。如果自己執政滿六十年或者耳聾眼花，弘曆決心就退位頤養。如今，自己也年齒衰老，該把自己的頤養計劃提上議事日程了。

乾隆皇帝計劃修建一處理想的歸政養老所。它既要體現皇家的氣派與榮耀，又得是自己漫漫人生的縮影。這群理想的修養所是乾隆皇帝輝煌絢爛人生的收筆之作。

任何美好的事物都是需要時間磨練的。乾隆皇帝並不著急上馬新的建設工程，而是開始了耐心的準備籌劃。

當時紫禁城的後宮布局相對飽和，沒有大塊建設空地可用。乾隆皇帝把目光投向了之前帝王很少關注的宮城東北部。

清初，一般是一代遺孀居慈寧宮，下一代居仁壽宮，以此交替。皇太極遺孀居慈寧宮，順治皇帝遺孀居仁壽宮。清初，一位默默無聞的可憐皇太后在此處養老。她便是順治皇帝的皇后、康熙皇帝法律上的嫡母仁憲皇太后。之前，孝莊太后的兩位侄孫女嫁給了她們的表叔也就是順治皇帝，長者為後幼者為妃。順治皇帝與侄女皇后感情不睦，一度議論

廢后。可憐的仁憲太后沒能生育，二十歲即守寡，然後就是長達五十六年的皇太后生涯，是清朝在位時間最長的皇太后。

寧壽宮東配殿內景（馬大喬 攝）

時光推移，慈寧宮地位完全壓過仁壽宮，後者疏於修繕，日漸敗落。康熙皇帝曾對仁壽宮區域進行了一次技術性整修，康熙二十八年在此建造寧壽宮安置仁憲太后。孝莊太后的另一位侄孫女，康熙尊為皇考淑惠妃，陪著姐姐守在寧壽宮的孤燈寒雨之中。淑惠妃死於康熙五十二年，仁憲皇太后死於五十六年。五年後，康熙皇帝那些沒有生育或年輕的妃嬪，搬進了寧壽宮，繼續前輩的道路。

如今，乾隆皇帝看中了這塊地方，也相中了寧壽宮的名號，只是覺得規模侷促、格調欠雅。他大刀闊斧，拆除原有的仁壽宮、噦鸞宮、喈鳳宮及其服侍設施，以及北面的兆佳所南部。康熙朝妃嬪已經在乾隆三十三年全部故去，現居寧壽宮的雍正朝嬪妃們全部遷往外西路居住。拆除工作花費了一年多時間，在北五所北界延長線以南、南三所以北，平整出一塊跨越外東路一半長度、占紫禁城總面積六分之一的規整空地。

乾隆皇帝開始在這塊碩大的畫布上揮灑帝王氣概和文人雅緻。從正式宣布籌建頤養之所的乾隆三十五年八月，一直到乾隆四十四年（西元一七七九年）八月，這群名為「寧壽宮院」的太上皇居所才告竣工。工程耗時將近十年，僅硬裝就耗銀超過七萬兩。

後人形容寧壽宮院是縮小版的紫禁城。

這座「宮城中的宮城」最南端是一個狹長庭院。左右兩側各有三座分立的隨牆琉璃門，東側為斂禧門，西側為錫慶門。東側臨近東城牆，鮮少人流，主要通過西側的錫慶門進出。錫慶門外便是東筒子路最南端，再向外是一片正對著三大殿東院牆的開闊廣場，門南側有外奏事處房間。

寧壽宮南庭院的主體是靠南牆的九龍壁。高 3.5 公尺，長約 30 公尺。色彩鮮豔的琉璃瓦拼繪出身軀矯健、栩栩如生的九條龍，分置於五個空間，再坐落在雕刻精美的白石須彌座上。清代建築有在大門外正南建造影壁的習慣，九龍壁則是皇家專享。此處是紫禁城內唯一的九龍壁。九龍壁後南牆外是一處更為狹長的庭院，建有綠琉璃瓦覆蓋的排房，儲藏戲裝等，相當於寧壽宮的倉庫區。

皇極門前九龍壁，這是紫禁城唯一的九龍壁（孫珊珊 攝）

　　北邊是一排三座隨牆琉璃門，稱「皇極門」。皇極門的規格非常獨特，雖然是在牆上開鑿的三個券頂門口，卻也有漢白玉須彌座，門口上覆蓋門樓，採用黃琉璃廡殿頂的超高規格。這座門兼具牆壁和大門的實用價值，又鮮豔炫目、做工精美，是不可多得的宮門藝術品。

　　邁進皇極門，豁然開朗，是一處空無一物的廣場。廣場正對著寧壽門。寧壽門變為了屋宇式建築，黃琉璃瓦歇山頂，兩側接有八字影壁，壁正中間有黃綠琉璃紋飾圖案。大門建在漢白玉石臺基上，中設丹陛，門前左右有鎏金麒麟各一頭。紫禁城內有三處如此規格的大門建築，前兩處分別為乾清門、慈寧門，這是第三處。可見寧壽宮的主人只能是與皇帝及皇太后相提並論的人物。

　　寧壽門內設有高臺甬道，圍以欄板，與皇極殿相連。皇極殿重簷廡殿頂，殿中設寶座，殿內立有四根瀝粉貼金蟠龍柱，頂置金蟠龍藻井，規格僅次於太和殿。乾隆皇帝預備歸政後在此召見臣僚、參與政事。禪位的太上皇依然是九五之尊，皇極殿也就成了紫禁城最新一座，也是最後一座最高規格屋頂的宮殿。皇極殿後也有甬臺通往後殿——寧壽宮。寧壽宮兩旁又有圍房，東西蔓延，環抱著皇極殿，匯總與正南的寧壽門。皇極殿一如太和殿，兩旁也有宮牆將院落分為南北兩部分。

寧壽宮圍廊（張程 攝）

如今故宮中很少有明朝嘉靖年間的遺構，且多集中在寧壽宮。嘉靖年間，慈寧慈慶兩宮規格大致統一。皇極殿的基礎是嘉靖年間慈慶宮的禮殿；寧壽宮的建築面闊、進深、高度、材料與慈寧宮後殿大佛堂基本相同。寧壽宮基座高度與慈寧宮基座高度相近，寧壽門至寧壽宮之間進深也與慈寧門至慈寧宮後殿大佛堂之間進深相同，而且兩座宮殿的前殿兩側都建垂花門以通後庭，富於生活情趣，與前朝女眷居所性質符合。（姜舜源：〈紫禁城東朝、東宮建築的演變〉，載於《故宮博物院院刊》一九九五年第四期。）

樂壽堂（張程 攝）

紫禁城是數百年累積而成的，即便強悍如乾隆皇帝，翻建宮殿也不能隨心所欲，塗抹為白紙從頭開始。

上述是寧壽宮院的「前殿」，出了寧壽宮，有一東西小廣場隔出了「後寢」。

寧壽宮院後寢部分也分為中、東、西三路。中路有養性門、養性殿、樂壽堂、頤和軒、景祺閣和北三所（已毀）。如今養性殿基礎是原本恩殿，二號殿、三號殿位置大約是如今的樂壽堂、頤和軒。

　　顧名思義，養性殿參照養心殿，是乾隆預備批閱題奏、召對引見之所。如果說前方的皇極殿預備禮節性政務所需，為皇家規矩所繫，乾隆還能用「身不由己」加以解釋，那麼養性殿的建立則完全暴露了乾隆歸政而不放權的真實心思。試想，一個真心實意退休養老的太上皇，還需要批閱政務、與臣工密商嗎？養心殿喜暖閣有乾隆鍾愛的「三希堂」，乾隆皇帝是否動過整體搬遷的心思，後人不得而知。幸運的是，他恰好又獲得大臣進貢的南唐古墨，便仿三希堂在養性殿裡設「墨雲室」收藏古墨。

　　後寢東路依次為暢音閣、閱是樓、尋沿書屋、慶壽堂、景福宮、梵華樓。

　　後寢西路便是著名的「乾隆花園」。乾隆皇帝在此傾注了畢生的審美心得，映射了自己漫長而輝煌的人生，收穫了一處後人公認的宮苑精品。

　　乾隆花園建築依次為古華軒、遂初堂、符望閣、倦勤齋。南部以古華軒為中心，疊以山石亭臺，構築一方院落。乾隆皇帝取王羲之蘭亭修褉之意，在院西建「褉賞亭」，其抱廈中設「流杯渠」，曲水流觴，頗有雅趣。北部為整個花園最高、最華美的符望閣，鋪墊有整座假山，有廊與最後方的倦勤齋相連。假山上修建了一個五柱五脊梅花形小亭，全採用梅花裝飾，鮮豔別緻，名為「碧螺亭」，是宮苑亭式建築的精品。倦勤齋，位於整個寧壽宮院的最西北角落，似乎是乾隆皇帝預留給自己的最隱蔽、最寧靜的休養所。「倦勤」二字寓意主人操勞一生，終於天下太平，得以功成身退安享晚年。可見乾隆皇帝在內心最深處，仍然是積極入世的。追求功業，是他的人生底色。

樂壽堂明間內景。明間分兩層，二層高懸「與和氣遊」匾額，左右對聯為「座右圖書娛畫景，庭前松竹靄春風」（孫珊珊 攝）

　　乾隆花園的一園一景，瀰漫著淡雅的江南園林的味道。那是漢族士大夫的核心區，也是標榜滿漢一家的乾隆皇帝數次南巡的目的地。除了盛世明君的渴望，乾隆的骨子裡多少沉澱著江南書生的夢想。

　　縱觀寧壽宮總體布局，確實像紫禁城的縮影。宮院最主要的建築同樣建於南北向中軸線上，自南的皇極門到北部的景祺閣成一條直線。寧壽宮中軸線匯聚了十座建築，其數量和體積僅次於紫禁城的主軸。其次，寧壽宮院功能齊全，有舉行大典的正殿皇極殿，有祀神的寧壽宮，有議政的養性殿，還有寢宮、花園、戲臺、佛堂、書房等。乾隆皇帝把

一生中最喜歡的建築幾乎全部仿建到了寧壽宮，如養和精舍仿玉壺冰、符望閣仿延春閣、玉粹軒仿凝暉堂、竹香館仿碧琳館、倦勤齋仿敬勝齋等等。

如今的寧壽宮，最引人矚目的除了倦勤齋前、景祺閣西的珍妃井，就是後寢東路最南的暢音閣。暢音閣是一座大戲樓，建築恢弘，崇臺三層，見證了一個鼓樂喧囂的太平時代。

暢音閣（張程 攝）

暢音閣高 20 多公尺，捲棚歇山頂，三重簷，覆綠琉璃瓦，黃琉璃瓦剪邊。全閣面闊三間，進深三間，與南邊五開間的「扮戲樓」相接，平面呈「凸」字形。演員在閣、樓之間上下場。暢音閣三重簷三層閣，上

層簷下懸「暢音閣」匾，戲臺稱福臺；中層簷下懸「導和怡泰」匾，戲臺稱祿臺；下層簷下懸「壺天宣豫」匾，戲臺稱壽臺，每層各有本層的上下場門。第二層祿臺的演出部位只占前半部分，而福臺的演出只能在前簷下，這是與觀眾抬頭目光所及相一致的。因此壽臺面積最大，福臺更小。

暢音閣的特點在於它的機關。壽臺中部下方設有地井，裝潢絞盤，蓋板可根據戲劇內容開合，把布景和人物從地下托至表面，營造特殊戲劇效果。臺下地面四角各有一口窨井，南邊中間有一口水井，可為噴水表演提供水源。更奇特的是，暢音閣有天井上下貫通三層臺，祿臺、福臺井口安設轆轤，直對壽臺地井。後人揣測，暢音閣天井和地井是演員用來串場，演出大型立體劇目的，比如仙女下凡、陰陽相隔等等。光緒年間在暢音閣唱過戲的楊小樓先生解釋道：

「舊戲臺天花板中間都有天井，那是為聚音的。在很少的戲裡，也有從天井下來一些什麼的，譬如〈六月雪〉、〈走雪山〉，從天井灑一些白紙碎片，當作降雪。〈乾元山〉太乙真人收伏石磯娘娘，從天井下來一個九龍神火罩。我唱〈三進碧遊宮〉的廣成子，跟龜靈聖母對劍的一場，末了從天井下來一個翻天印。這些都是不輕易演的場子。從宮裡三層臺天井繫下一個雲兜，上坐一個神仙，這在開場承應戲裡也偶然有過，可是，承應戲裡神仙菩薩出場還是從上場門出來的居多。總而言之，不能說是凡扮神仙的都從天井下來，那是胡說。有一齣戲叫〈地湧金蓮〉，是南府的群戲，崑腔，挺熱鬧，末了從五個井口慢慢升上五朵大蓮花座，上坐五尊菩薩。每一個蓮花瓣裡都有燈。蓮花座是井下有人推磨給托上來的，此外我再沒見過從井下出什麼東西。」（轉引自朱家溍：〈清代內廷演戲情況雜談〉，載於《故宮博物院院刊》一九七九年第二期。）

　　可見使用三層臺的劇目不多，暢音閣主要使用底層壽臺，只有一些神仙怪戲才動用福臺和祿臺。

　　紫禁城與戲曲有著不解之緣。明清市井繁華，戲曲演出伴隨著市井煙火瀰散升騰開去，進入尋常百姓人家。紫禁城也早早引進戲曲，皇家尺度對戲曲表演進行刪改框定的同時，豐裕的物質基礎為宮廷戲曲發展提供了肥沃的土壤。

　　宮廷戲曲是一場場包裹在宣傳教化外衣之下的世俗娛樂活動。紫禁城挑選的戲劇內容，都是神仙美眷、人間團圓、善惡得報的正劇。內廷遇喜慶事，奏演祥瑞戲〈法宮雅奏〉；萬壽節奏演群仙神道添籌錫禧，以及黃童白叟含哺鼓腹，名為〈九九大慶〉；歲末演〈勸善金科〉，上元節演唐僧取經戲〈昇平寶筏〉演員演出時多有避諱，比如康熙禁止演員扮演孔子及諸賢，雍正禁演關羽；劇中情節須拜跪時，演員必須面朝皇上而跪，轉場不得背向皇上等等。乾隆時期是清代紫禁城戲劇演出高潮，專門設定了樂部統管內廷演出，並訓練太監演戲，稱為「內班」，同時命大臣撰寫進呈相關劇本。重華宮的漱芳齋，是乾隆時代戲曲演出的主場。

　　嚴格框定的戲曲內容，與後宮的娛樂需求存在較大的差距。而且太監們的表演水準參差不齊，能夠完成的劇目有限。紫禁城便引進社會戲班入宮供奉，稱為「外班」，進而固定僱傭民間藝人在宮中教習與演戲。朝廷先後設定了南府、和聲署、昇平署等機構，專門管理內外藝人和演出事宜。內廷慣常的演出流程是，內班太監們先演宣講教化的開場劇，再由外班演出真正的劇目。乾隆五十五年，為慶賀乾隆皇帝八十萬壽，紫禁城引入了四大徽班演戲。此舉開啟了國粹京劇誕生的序幕，無意間書寫了中國戲劇史上的大事件。

看戲，就成了后妃們重要的消遣手段；演戲，也成了皇帝們慶賀節日、孝敬太后的重要內容。

清末慈禧太后是戲曲愛好者，紫禁城在她當政時期迎來了最後的演出高潮。當時戲曲演出的主場轉移到了暢音閣。慈禧經常由光緒皇帝、皇后、妃、嬪、命婦以及王公大臣等陪同，浩浩蕩蕩地擠滿暢音閣院落。戲臺對面有觀眾席「閱是樓」，分上下兩層，皇帝和后妃在樓內看戲；東西北三面有兩層圈樓圍繞，大臣和宮女們只能在廊下看戲。演出開始，照例是內班太監們例行公事前來暖場，而觀眾們熱切地期盼著外班的大戲早日登場……

紫禁城中戲臺眾多，至今儲存完整的除了暢音閣，還有倦勤齋室內的小戲臺、重華宮漱芳齋戲臺及其室內「風雅存」小戲臺。原壽安宮中院三層大戲臺，長春宮怡情書史室內的小戲臺，儲秀宮的麗景軒室內小戲臺都已不存。

寧壽宮院落成後，乾隆皇帝是相當滿意的。這從他留在宮中的諸多墨寶就可以佐證。

乾隆給樂壽堂作詩〈樂壽堂有詠〉，詩中註解：「斯堂擅山水之勝，因以智樂仁壽為名。」他希望在山水勝景和六十載仁政中，實現長壽夢。他專門建造了「頤和軒」，取頤養和氣之意，御題對聯：

麗日和風春淡蕩，花香鳥語物昭蘇。

春光秀麗，惠風和暢，萬物生長，晚年的乾隆皇帝和凡夫俗子一樣渴望如此美好的畫面。自然，他清楚肉體不能永生，但他希望自己的功業和這座最後的作品能夠永生。乾隆皇帝特意囑託子孫：「若我大清億萬斯年，我子孫仰膺昊眷，亦能如朕之享國日久，壽屆期頤，則寧壽宮仍作太上皇之居……勿得輕為改作，用垂法守。」

　　遺憾的是，頤和軒並沒有伴隨愛新覺羅家族歲月靜好。多年後，他的四世孫光緒皇帝照搬了這個名字，在京西另建了頤和園 —— 那是另外一個夢想與故事了。

頤和軒（張程 攝）

# 以孝治天下

乾隆六十年除夕過後，乾隆皇帝履行諾言，禪位於兒子嘉慶，成為明清唯一的太上皇。

太上皇一刻都沒有住過寧壽宮，繼續居住在養心殿，直至去世。

後人可以批評乾隆戀棧不去，但客觀形勢也不利於他立刻撒手不管。先是白蓮教起義，蔓延華中數區；接著是水旱災害，百姓流離失所，而國庫空虛、無錢可支。所謂的「康乾盛世」眼看好似那洩氣的皮囊，要一敗塗地了。乾隆皇帝拖著遲暮之軀，幻想能夠力挽狂瀾。權力吞噬了愛新覺羅・弘曆最後的生命力。

皇帝這份職業，是沒有退休日期的。

事實上，皇太后、皇太妃、親王郡王們，他們也是沒有退休之日的。伴隨尊容富貴的是可怕的權力，而無時無刻的發揮作用，是權力的根本特性。

紫禁城賦予前朝嬪妃的無上榮光和豐裕奉養，也是帶有政治目的的。那便是用物質來交換權力。

防範後宮干政，尤其是杜絕太后干涉新君的皇權，是擺在歷代帝王面前的現實問題。歷史殷鑒不遠，明朝從平民百姓中挑選后妃，就是為了防止後宮有日後干政的依靠；清朝則制度嚴明，祖訓後宮不得干政、外戚不得掌權。

　　慈寧、壽康、壽安三宮清朝太后太妃「萬億年鈞庭福地」、「慈雲環蔭之吉祥」處所。慈寧宮大殿正中高懸「寶籙駢禧」、「慶隆尊養」御筆大匾。看似尊享無比，可是鈞庭福地也好，吉祥處所也罷，哪一個都沒有在人間。所有的祝願都是把太后、太妃捧在雲端，絕對不讓她們接觸政治。崇慶皇太后一次與兒子乾隆閒談，提及京城某處寺院衰敗，應該重修。乾隆皇帝當即應允。事後，乾隆訓斥壽康宮太監、宮女們「敢再拿俗務事勞煩太后，絕不姑息」！這條祖訓，道光皇帝於幾十年後再次搬出來，訓斥太監與宮女。可見，太后是不能過問世俗的，只能徘徊在雲端。「孝治天下」，只要天下看到皇帝盡孝就可以了，紫禁城不關心太后的感受。說到底，「孝治天下」是一種「治術」。

　　恰恰是尊養太后最為高調的乾隆皇帝，在約束後宮方面是最為嚴厲的。

　　乾隆皇帝親自制定了紫禁城宮規《欽定宮中現行則例》，用嚴密條例規章來制約后妃，規定了后妃們生活起居的方方面面，不能踰越雷池半步。為了防範嗣君與年輕的太妃太嬪爆出家門不幸的苟且之事，清廷強制太妃太嬪隨同太后居住，卻要和皇帝雙方迴避。前代妃嬪只有年過五十歲，才能同皇帝見面。

　　乾隆帝即位之初，崇慶皇太后的弟弟進宮謝恩，進入了東六宮區域的蒼震門內。乾隆皇帝震怒，嚴令迅速查明此事，並下諭：「蒼震門亦係宮闈之地，未奉旨意，豈可擅將外人領入門內？將來移居慈寧宮，若如此輕易帶領，成何體制？姑念初次，從寬免究，嗣後萬萬不可。」對於舅舅尚且如此，乾隆皇帝還刻意降低外戚封爵，並且編制所有外戚的名籍，交給宗人府管轄。在弘曆心中，江山只能永遠是愛新覺羅家的，皇太后再親，也是外姓人。

可嘆的是，皇帝素養的持續降低，是歷朝不能逃脫的歷史規律。當後世子孫不能如康熙、乾隆這般乾綱獨斷，甚至幼年繼位，皇權不得不仰仗與后妃的聯絡。後宮干政便露出了或長或短的苗頭。

慈寧宮正殿正中原本高懸「寶籙駢禧」大匾，為乾隆皇帝御筆。慈禧太后五十大壽也是再這所正殿舉辦的，作風強悍的慈禧親筆書寫了「仁德大隆」大匾，管理「慈禧皇太后御筆之寶」，替換掉了乾隆大匾。仁德大隆，是古代帝王自我標榜的好詞，慈禧太后自比明君，可算是對「慶隆尊養」的回敬。她的六十大壽，挪到了寧壽宮的正殿皇極殿舉行慶典，又在皇極殿寶座上高懸「仁德大隆」匾。這回輪到在天上的乾隆皇帝束手無策了。

對於幾百年形成的尊養之所慈寧宮，慈禧太后沒有搬進來一天頤養天年。

慈禧太后垂簾聽政早期，與慈安太后一道，居住在打通後的長春宮、啟祥宮。慈禧太后於辛酉政變後居住於此，垂簾長達二十多年，直到光緒十年（西元一八八四年）五十大壽才遷居儲秀宮。為改善居住條件，慈禧下令將儲秀宮與前方翊坤宮打通。十年後六十大壽，慈禧太后乾脆搬遷到太上皇宮殿 —— 寧壽宮居住。光緒皇帝將寧壽宮修葺一新，慈禧太后入住樂壽堂，以西暖閣為寢室，一直住到八國聯軍入侵倉皇「西狩」為止。臨出發前，慈禧下令將倔強的珍妃推入乾隆花園角落的一口井中，形成了日後的「珍妃井」景點。庚子回鑾後，慈禧入居西苑儀鸞殿（今中南海懷仁堂）。直至一九〇八年病逝。而與慈禧太后一起垂簾聽政的慈安太后，也沒有入住慈寧宮區域，從長春宮搬遷至東六宮之鐘粹宮常住，直至光緒七年去世。

　　乾隆皇帝不會想到，傾注畢生心血修建的寧壽宮唯一的住客，竟然是慈禧太后。

　　不過，令乾隆皇帝聊以欣慰的是，慈禧太后再強勢，也不敢入住並肩三大殿的寧壽宮前朝部分，畢竟她只是一個后妃，是皇權的附屬品。寧壽宮前部閒置了兩百多年。

皇極殿大堂（孫珊珊 攝）

# 吃在紫禁城

# 聚天下珍饈

當月光不緊不慢地遊走在宮闕之上、蟲鳥紋絲不動地酣睡在草木之間時，紫禁城內外的很多人已經開始了一天的奔波忙碌。

來自盛京的運送兵丁在搬運關外的熊掌、鹿肉，從更遠的黑龍江而來的八旗佐領在指揮興安嶺的人參、烏蘇里江的鱘鰉魚入庫，他們都有些看不上從張家口趕著牛羊而來的同行。看著這些遠道而來、氣勢凌人的隊伍，來自京畿周邊運送家常蔬果、瓜菜的村長們紛紛避讓到路旁；在紫禁城內，內管領們率領執役蘇拉，前往西華門外的官三倉領取米麵，到西宮牆內西北排房的菜庫領取蔬菜、東筒子路側院落的果房挑選瓜果，再去造辦處東側的冰窖鑿冰，然後分頭送往散落在宮中各處的廚房。早已在凌晨入宮的御廚們，開火、燒水，升起了一縷縷炊煙；而在內務府衙門，燈火通明，堂官們正在審核新一天的御膳選單，有司官指出新的菜品與昨天的某道食材相剋……

紫禁城，就在這紛紛嚷嚷中慢慢睜開了眼睛。

食物，喚醒了宮禁中的人們。

吃，是紫禁城最具塵俗之氣的部分，也是最能體現家國一體、公私相融的領域，當然更是所有人不能或缺的基礎需求。

既然不可或缺，那麼量國家之物力、聚天下之珍饈供養九五之尊，便成了題中之意。在現實中，紫禁城也是這麼做的。晚明宦官劉若愚留

下了「以國家供養一家」的記載：

「所尚珍味，則冬筍、銀魚、鴿蛋、麻辣活兔，塞外之黃鼠、半翅鶡雞，江南之密羅柑、鳳尾橘、漳州橘、橄欖、小金桔、風菱、脆藕，西山之蘋果、軟子石榴之屬，水下活蝦之類，不可勝計。本地則燒鵝雞鴨、豬肉、冷片羊尾、爆炒羊肚、豬灌腸、大小套腸、帶油腰子、羊雙腸、豬脊肉、黃顙魚、脆糰子、燒筍鵝雞、炸魚、柳蒸煎贊魚、滷煮鵪鶉、雞醢湯、米爛湯、八寶攢湯、羊肉豬肉包、棗泥卷、糊油蒸餅、乳餅、奶皮。素蔬則滇南之雞樅，五臺之天花羊肚菜、雞腿銀盤等麻菇，東海之石花海白菜、龍鬚、海帶、鹿角、紫菜，江南蒿筍、糟筍、香蕈（香蕈，又叫香菇、花菇、香蕈香信、香菌、冬菇、香菰，民間素有「山珍」之稱。味道鮮美，香氣沁人，營養豐富。），遼東之松子，蘇北之黃花、金針，都中之土藥、馬鈴薯，南都之苔菜，武當之鷹嘴筍、黃精、黑精，北山之榛、慄、梨、棗、核桃、黃連茶、木蘭芽、蕨菜、蔓菁，不可勝數也。茶則六安松蘿、天池，紹興芥茶，徑山虎邱茶也。」（劉若愚《酌中志》）

這尚且只是明代宮廷正月一個月所用的食材，已經匯聚了天下山珍南北海味，讀之垂涎。

這些食材閃耀著權力的光芒，洋溢著帝王的尊榮！

見過或不曾見過的食品、喜歡或沒有感覺的材料，從天涯海角來到紫禁之巔，匯聚成琳瑯滿目的貨架。這是市面繁榮的表現，也是天下一統、尊崇皇帝的象徵。

正如紫禁城不僅是皇帝的家，更是最高權力中心，公私合一，山珍海味也不是皇帝一個人獨享，而是保障宮中所有人的飲食吃喝。清代中後期，紫禁城內的皇室居民大約二、三十人；日常在宮內值班的滿漢大臣、軍機章京、翰林、御醫、教習、喇嘛，再加上侍衛、宦官、宮女

等，人數在四百到八百人之間。（張平真：〈清代宮廷的蔬菜供應〉，載
於《紫禁城》一九九五年二月。清朝內務府接手了大量明朝使用宮人承
擔的勞役，而內務府官役幾乎不在宮中飲食，所以清朝膳食系統供養的
人數已經大大減少。）他們都是天下珍饈的食客。

舉辦過千叟宴的皇極殿（孫珊珊 攝）

紫禁城最高的食客紀錄，誕生在乾隆六十年。當年，八十五歲的
「十全老人」弘曆志得意滿，預備來年禪位退養，他在新建的寧壽宮皇極
殿舉行了一次千叟宴，邀請了五千名耆老參加盛宴。這是紫禁城六百年
來最大規模的一次筵席。

美味食材從天南地北洶湧而來，每天又有數百人需要保障飲食，那
麼到底是誰在負責管理、操持紫禁城的吃吃喝喝呢？

飲食自古以來就是明尊卑、定禮數的要務，歷代高度重視宮廷飲
食，設有專責專職衙門。從北朝開始，中國形成了外朝的光祿寺和內廷
的尚食局（尚膳監等）共同執掌宮廷飲食的制度。二者的分工，大約是

與帝后、宗室相關的飲食、筵席由內廷負責,有政府參與的官方筵席、招待等則由外朝,也就是光祿寺操持。然而,在家國合一的體制下,很難清晰劃分內外與公私,於是人們經常看到光祿寺與內廷共同負責很多大宴席,比如君臣同慶、王公大朝等等。能夠確定的是,皇室內部的飲食,完全是由內廷負責的。

紫禁城建立後,沿用了這套制度。明代外朝由光祿寺主膳饈之事(光祿寺創立於秦朝,定名於西漢,下轄主體機構有四個:大官署、珍饈署、良醞署、掌醢署。前兩署掌管禽肉魚蛋、籌辦各類筵席;良醞署管釀酒、水質、乳酪;掌醢署掌管鹽、醬等佐料,管轄鹽庫。光祿寺設光祿卿、少卿、丞等官員,機構與執掌比較穩定。);內廷掌管飲食的機構眾多,司禮監、尚膳監、惜薪司、酒醋面局都直接涉及宮廷飲膳。尚膳監為主要機構,下轄的湯局、葷局、素局、點心局、乾炸局、手盒局、冰膳局、餾膳局、麵筋局、凍湯局等具體辦膳部門直接在乾清宮內為皇帝服務。此外,隸屬內廷的上林苑在京畿附近占地耕牧,下屬的良牧署、嘉蔬署分別為紫禁城供應禽肉與蔬果。從嘉靖時期開始,朝夕御膳開始為御駕左右的權閹壟斷。天啟皇帝每日所進御膳,都由司禮監掌印或秉筆太監、掌東廠太監等二、三人輪置辦。宦官以辦膳為市寵,材料及製作務求豐華。這是明代宦官權勢高漲的例證。

清代的飲食管理體制大體未變,光祿寺負責外朝飲食,座落於皇城內、東華門外的智德巷 —— 相較位於皇城外的朝廷衙署,光祿寺與宮廷關係更為緊密。清代內廷飲食則由內務府接手。內務府根據收儲、烹飪兩個原則,分別設定「掌關防管理內管領事務處」和「御茶膳房」主持其事。其他機構參與部分材料的收儲,如廣儲司的茶庫採買糖、蠟、油;營造司的炭庫、柴庫提供薪炭;掌儀司的果房和慶豐司管轄的牛羊群等

提供特定的材料。

　　聚天下珍饈的重擔，就落在了「掌關防管理內管領事務處」身上。內管領處好比是紫禁城後勤管理的實做部門，中國人一想到後勤管理，往往與飲食連繫在一起。內管領處最首要、最日常的工作，便是操持宮廷膳食；下轄五千多名包衣奴才中，相當一部分人是圍繞著「吃」高速運轉的。

　　該處是紫禁城的糧倉和食庫，在西華門外的圍房設官三倉，收儲皇室所用食材；在東華門外圍房設恩豐倉，收儲宦官所用食材；又設內餑餑房、外餑餑房、酒醋房和菜庫等，供應內宮所需點心、餑餑、祭點，製作、收儲相關材料。（王樹卿：〈清代宮中膳食〉，載於《故宮博物院院刊》一九八三年第三期。）

　　菜庫和酒醋房是清代宮廷蔬菜的主要供應管道。菜庫，也叫青菜庫，地址在紫禁城西北隅、城隍廟南的排房，常年供應葉菜、黃瓜、茄子、紅蘿蔔等。皇室所有的瓜地、菜圃每年額交「園差」20 餘種、17 萬餘斤瓜菜。不足部分或者急需品種，菜庫便到市場採購。菜庫負責將徵收與採購的蔬菜加工、擇淨，供廚房領取。

　　清朝同光年間，宮廷每年消耗蔬菜 180～200 萬斤，超過 50 個品種，涉及根菜、莖菜、葉菜、花菜、果菜以及食用菌等六大類。從品種上分析，青菜、蘿蔔類分別占供應量的六成和一成，這其中白菜又占了總量的三成。（張平真：〈清代宮廷的蔬菜供應〉，載於《紫禁城》一九九五年二月。）值得一提的是，愛新覺羅家族對大白菜情有獨鍾。乾隆、道光祖孫倆都曾寫詩吟誦過白菜，慈禧太后則喜歡吃白菜醃漬的酸菜。嘉慶十三年出巡熱河，內務府備帶食材中包括白菜 250 斤、醃白菜 9 壇共計 540 斤，可見白菜是絕對的主要食材。

　　酒醋房與明代的酒醋面局一脈相承，地址與菜庫不遠，在神武門內路西側連房，綿延三十多間房屋。酒醋房負責供應內宮所需的酒、醬、醋等物品，同時製作醃菜、醬菜。酒醋房相當於一座大酒坊兼制醬大作坊。清代宮廷釀酒分玉泉酒和白酒兩類，其中玉泉酒年使用量較大，凡宮中各處各類節慶筵宴、祭祀等多用玉泉酒。紫禁城年消耗量在 1,000 斤至數千斤之間。酒醋房制醬原料糯米由江蘇省蘇松太道、浙江省杭嘉湖道下屬州縣解交，且必須為白熟糯米和已經去殼的舂米；每月加工醬菜十餘種、兩千斤。清朝宮廷飲食有濃厚的關外滿族特色，重厚味，喜醬料，由此可見一斑。

　　乾隆五十四年，當年宮廷各處使用玉泉酒 1,039 斤 4 兩，醋 11,844 斤 3 兩 5 錢，薑 488 斤 14 兩 2 錢，另有茄子 1,784 斤、紅蘿蔔 1,448 斤。（王志強：〈清乾隆年間整頓內廷酒醋房述論〉，載於《故宮博物院院刊》二〇一四年第四期。）

　　除掌關防處收儲食材外，內務府其他機構也參與食材供給：掌儀司下屬的果房掌管部分乾菜和姜、蒜等調味蔬菜的供應，每年存放 20 餘種、約 300 箱（桶），還管理 500 餘個果園；慶豐司下屬各牛羊群供給，僅張家口外三旗牛群每年就額交乳油 1,397 斤 8 兩、乳餅 619 斤、乳酒 2,530 斤；廣儲司下屬茶庫管理各地進貢的名茶，僅安徽省六安州每年額交茶葉 400 袋（每袋一斤十二兩），浙江額交上等龍井茶 28 簍（每簍 800 包）；都虞司管理打牲烏拉處，兼管漁獵採捕事務。

　　還有一樣特殊的食材，是紫禁城自產自用的。

　　三九天，當刺骨的冷風颳過紫禁城筒子河和西苑三海時，內務府的蘇拉們穿著厚棉服，開始開鑿堅硬如鐵地冰面，拖曳出一塊塊寒冰。部分蘇拉卻把鑿出地冰塊棄之不顧，先在河海中挖出水池，再倒入淨水結

冰，準備第二天再鑿取純度更高的冰塊。前者是準備冷藏驅寒之用，後者則是入口的食材。從大自然中採冰，紫禁城稱為「打冰」，彷彿打魚狩獵一般。打冰，是紫禁城內外最愉快的時刻之一，也是蘇拉們最喜歡從事的差事之一。

長期打冰的經驗告訴蘇拉們，將寒冰鑿成每塊半立方公尺的尺寸，冰塊最不易融化。一塊塊方方正正的冰塊生產出來後，馬上有蘇拉用繩索拖走，在冰凍的大地上滑行，運至大內冰窖中。冰塊之間鋪蓋稻草，防止凝結在一起。

紫禁城內隆宗門往南、慈寧宮東南牆外有五座冰窖，最大藏冰量二萬五千塊。

冰窖是古代中國最先進的冷藏發明。紫禁城冰窖均為南北建造，硬山瓦房，半地下室結構，下沉地面約 2 公尺。冰窖內地面滿鋪大條石，一角留有溝眼通向暗溝、旱井，方便融化的冰水流走。建築牆體厚 2 公尺，沒有窗戶只有門。此種設計，最大限度地利用地下低溫來保持室內溫度恆定；厚牆體有利於將高溫隔絕在室外；光潔的石材地面有利於冰塊淨化。即便如此，每年仍有三分之二左右冰塊會在使用前融化。

清代紫禁城設立冰祛署，轉關宮城用冰。重要寢殿中都有冰箱，大約有一公尺立方大小，木質方形，金屬鑲裹，下端開孔排洩融冰。這種冰箱的主要功能是吸熱降溫，在酷暑難耐的北京城頗有效果。御膳房使用的冰箱，則是為了冷藏食物、製作涼飲。這種冰箱通常四周放滿冰塊，食品放置在內膽中保鮮；也有食材與冰塊雜放的設計，待冰塊融化殆盡，拔出底部木塞，放水後可以添冰再用。最常見的是冰鎮水果的大冰盆，水果與冰塊同置於盆內，冰化後瓜沉李浮，自由取用。每年春夏，冰鎮綠豆湯、酸梅湯、果汁等飲品，沁人心脾，爽口涼快，絕非一

般官民能夠享受。

正是由於珍貴，紫禁城用冰有嚴格的等級標準。就連內務府，每年
五月至七月各司員每日每人可以用冰一塊。皇帝賜冰便成為夏季的一項
隆恩。試想，當遠道前來覲見的南方官員、風塵僕僕前來朝貢的藩屬使
臣，獲准每日賜冰一方，怎能不驚嘆天朝物力、帝王恩典？

每年，掌關防處、掌儀司、慶豐司、廣儲司各處收納著源源不斷、
眼花撩亂的食材。

每天，掌關防處、掌儀司、慶豐司、廣儲司各處根據指令，將食材
送御茶膳房備用。

周而復始……

在御茶膳房，珍饈將最終變成美饌。御廚們擇取時鮮海味、搜尋山
珍異獸，精心烹製出花樣無窮的佳餚、應接不暇的美味。

# 御膳房

皇帝的飲食專稱御膳，因此嚴格的說，只有專供皇帝飲食的廚房才能稱為御膳房。皇太子的廚房都不能僭越稱御膳房。

嘉慶十一年，管理御茶膳房大臣呈遞一件奏章，內有「阿哥內膳房、外膳房字樣」。對此，嘉慶皇帝龍顏大怒，認為此舉「殊屬錯謬」，指出：「定製，唯承應御饌之處稱為膳房，豈可率意書寫？」從大臣到經手官吏，分別遭到了從罰俸到革職不等的處分。

在實踐中，人們通常將紫禁城裡的廚房統稱為御膳房。清朝官民日常也是如此稱呼的，即便他們清楚真正專供皇帝御膳的廚房只有一處。因此，我們也隨俗用御膳房稱呼紫禁城的所有廚房。

人們混稱的原因或許是食材是不能專用的，進入掌關防處等處的絕大多數食材是隨機送往宮廷各處廚房的。君恩雨露均霑，各處都分享到了帝王特供的光彩。

接過掌關防處等收儲機構的接力棒，協調宮廷各處廚房烹飪菜品的機構正式名稱是「御茶膳房」。御茶膳房，掌宮內備辦飲食及典禮筵宴所用酒席等事務。這一句話也屬字少事多，御茶膳房的工作極其繁冗，這是因為宮廷筵宴、典禮、祭祀繁多。僅列為制度性典禮的就有：慈寧宮筵宴儀、皇帝躬侍皇太后家宴儀、乾清宮家宴儀、皇后千秋內宴儀、皇貴妃皇妃千秋宴儀、乾清宮曲宴群臣儀、瀛臺賜宴儀、豐澤園凱宴儀、

紫光閣錫宴儀等大型宴飲，以及宮內帝后各節慶日慶賀儀、后妃冊封儀、太后上徽號儀、公主下嫁、皇帝大婚等典禮上的筵席等等，更勿論數百人的日常餐飲和不定期餐飲了。

或許考慮到御茶膳房關係重大、事務繁重，設總理事務大臣管理全域性，無定員，下設尚膳正、尚膳副、尚膳和尚茶正、尚茶副、尚茶等分管茶、膳事務。另有主事、筆貼式等文職官員辦公行政。其中，尚膳正、尚膳副、尚膳等授予一等、二等、三等侍衛，藍翎侍衛等親近武職，足見御茶膳房之顯要，亦證皇帝之重視。

御茶膳房下設御膳房、御茶房、買辦肉類處、肉房、乾肉庫、銀器庫等。各膳房設總領、庖長（行政總廚）、副庖長和庖人（御廚）。紫禁城大大小小的院落裡建有許多「膳房」。其中供奉皇帝的主要是內、外膳房。外膳房在外朝，主要為外朝值班的大臣和侍衛們備膳，籌辦大規模宮廷筵席比較多。君臣大宴的「滿漢全席」就是他們的作品。外膳房位於南三所西側、箭亭東外庫，是一處南北向院落，東西各有門，有瓦房約三十間。

內膳房專為皇帝供膳，位於養心殿正南，也稱「養心殿御膳房」、「大內御膳房」。內膳房是一處東西狹長的獨立院落，院南有一座東西走向的排房；南側另有一處小些的東西院落，為內膳房專用的南庫。帝王獨享的珍饈異饌、金杯玉盞就誕生在這兩處院落。

內外膳房起初也供應皇太后和高等級妃嬪的飲食，漸漸的後者也有專屬廚房。比如，嘉慶二十五年壽康宮茶膳房建成，專辦皇太后、太妃茶膳；皇貴妃、妃、嬪所居宮殿也開設小型膳房。妃嬪品級越低，所屬的膳房越小、製作水準越低，所用餐具也從金、銀到錫、瓷不同。至貴人、常在以下，後宮沒有膳房，只能隨本宮主位妃嬪飲食。在小膳房烹製小菜，或許是後宮女子消除寂寞、邀寵爭鬥的利器。此外，紫禁城還

設有皇子飯房、皇子茶房、侍衛飯房，也歸御茶膳房管轄。軍機大臣、南書房翰林、上書房老師、軍機章京、值班奏事官員、御前和各處侍衛等人，均由侍衛飯房管理飯食。熱乎乎的宮廷膳食，或許是對大臣、侍衛們高度緊張、伴君伴虎的宮禁生涯的些許安慰。又或許，對於一個宦遊數十年的官場中人而言，短暫的紫禁城印記深深鐫刻在了他的腦海中，當他端坐在江湖之遠的州縣衙門裡，當他回憶在風燭殘年的遲暮歲月中，侍衛飯房的膳食都是關鍵詞。

各處膳房的爐灶煙火，和庭院草木一樣，煥發著勃勃生機，給這秩序井然、鋪陳蔓延的宮禁繚繞上層層生氣。

御茶膳房的另一重要機構是茶房，御茶房位於乾清門內東廡，此外還有收管人參、茶葉、香紙等物的茶庫（位於永和宮東側院落，與果房同處）。清朝皇室並不熱衷飲茶，宮廷中的茶飲需求不高，因此茶房在紫禁城中是一個略顯尷尬的存在。

內廷廚房的御廚，是除了皇帝、皇子之外，固定長留後宮的正常男人。出於男女大防的考慮，只許他們烹飪菜餚，嚴禁步入後宮閒逛。上傳下達、辦公保障等事務則由太監接手。內膳房這些「司膳太監」數額可觀，總數在 100 人以上，僅抬水差使太監就有 10 人。（后妃也有用女官掌管膳食的，因此有尚膳、尚茶女官。）目的是限制御廚們於膳房之中。晨曦初現，御廚就憑腰牌入宮，天色昏暗後徑直回家，不許無故逗留宮中，更不會給他們接觸妃嬪和宮女的機會。皇帝會賞賜烹飪出其鍾愛菜餚的御廚，可即便極為欣賞，也不會當面召見，由太監轉交賞銀。因此，絕大多數御廚連後宮女人的臉都沒見過一次。他們對所謂「宮闈祕聞」的獲取，來源與外人無異。

與「廚房大拿」的刻板印象不同的是，大多數御廚一輩子只做寥寥

幾道甚至一道菜。這是御膳房分工過於細化導致的。內膳房細分為葷局、素局、點心局、飯局、掛爐局等機構，各局各司其職，製作特定菜品。葷局主做魚、肉、海味菜；素局烹飪青菜、乾菜；掛爐局主管燒、烤菜點；點心局製作包子、餅類、糕點等；飯局煮粥、做飯。各局中每道菜品都由一個三人小組負責，在單獨的灶臺操作；小組中的三個御廚，各司其職：先由打雜御廚挑洗原料，經內務府筆帖式檢查合格後，進入配菜環節，配菜御廚按照膳單處理各種原料、搭配相應調料，再經筆帖式檢查無誤後，由掌勺御廚烹飪。可見，專切蔥絲的丫鬟的傳說是虛構的，但各局的御廚不是全才卻是千真萬確的。

御廚事實上還是世襲的。滿族特色菜「黃金肉」（油塌豬肉片），據說為清太祖努爾哈赤所創。清宮大典筵席必先上黃金肉為第一道菜，後世的歷代皇帝都將黃金肉奉為至上珍饈，以示不忘祖宗恩典。而製作黃金肉的御廚雅咯穆，就靠這道菜行走了紫禁城一輩子。他年邁告退後，孫子接班做了御廚，繼續做黃金肉。其他御廚的情況也類似。御膳房允許年邁的御廚帶一個孩子入御膳房傳授廚藝，實質上預設了御廚世襲。這種御廚替換制度，保證了菜餚的品質和特色，也是為了保護皇帝飲食安全、防止下毒謀害事件發生。

如果該道菜餚沒有出現在膳單中，負責御廚就沒有烹飪的機會。因此，有的御廚每年僅做一、二次菜點，有的甚至一年到頭都沒有開張。如果遇到御廚不擅長的菜品，御膳房反而要額外招募廚役 —— 這也是宮廷御膳制度的弊端之一。

與宮外的同行相比，御廚的待遇可謂豐厚且有保障，算得上是肥差。一般廚師，想必也以躋身御廚為榮。至於其中有否圍城悖論，外人就不得而知了。

　　縱觀上述宮廷膳食制度，負責部門縱橫交錯，事權不一。清朝在內務府的統籌指揮之下，情況略微好轉，內廷膳食機構的角色作用超過了光祿寺。當時和現在都不乏批評內務府貪腐的聲音，其中就涉及膳食官員貪賄剝扣的醜聞，最常見的是後宮食材價格百倍於市價的故事，比如道光皇帝吃不起麵片湯、光緒皇帝吃的雞蛋每隻耗銀三十兩等等。且不論清朝有乾隆這般事無巨細「不恥下問」的皇帝，也不論有嘉慶、道光這般熟知世情的長君繼位，但就制度而論便不可能。宮廷食材供給途徑有三，各地各部門定額繳納、藩屬與地方長官進貢，為最主要的二途，數量龐大且是無償的。內宮採購僅是支流雜途，數量占比不大，且採購銀兩有領取、奏銷手續，偏離市價太多無法通過流程。

　　宮廷膳食機構的弊病，不在貪汙賄賂，而在於鋪張浪費。

　　乾隆二十四年正月，乾隆皇帝宴請王公大臣和藩屬使臣，發現筵宴準備的玉泉酒渾濁無味，顯然是劣酒冒充。「玉泉酒案」發，內務府大臣迅速徹查，發現當時宮中每次筵宴平均用酒高達 220 斤之多，浪費嚴重。再查酒醋房帳簿，發現每次領取酒量多寡不一，毫無規矩，且帳目多係事後補記、錯訛百出。酒醋房原本有專門的規章制度，隨著時日蔓延，首領太監等人逐漸不再按規行事。內管領等人便日益大膽領取物資，用度標準形同虛設，最後竟發展至辦理筵宴、祭祀時鋪張糜費、以次充好。酒醋房總管太監等瀆職，任由所負責部門濫支濫用。乾隆皇帝將酒醋房一眾太監重責四十板，發配東北或交香山充當苦差，不許出門；亡羊補牢建立嚴格奏銷程序，對宮廷用酒總量和不同筵席用酒量進行限制。

　　酒醋房如此，其他部門也不能全免；乾隆朝尚且如此，其他各朝更會如此。

# 皇帝的食譜

　　所有的鋪墊都是為了滿足帝王的口腹之欲，所有的制度都是為了君主安享珍饈美饌。

　　二月，「清明之前，……食河豚，飲蘆芽湯，以解其熱。……此時吃鮓，名曰桃花鮓也」。鮓，醃魚。

　　五月，「初五日午時，飲殊砂、雄黃、菖蒲酒，吃粽子，吃加蒜過水面。……夏至伏日，戴蓖麻子葉，吃長命菜，即馬齒莧莧也」。

　　十一月，「糟醃豬蹄尾，鵝脆掌、羊肉包，區食餛飩，以為陽生之義。冬筍到，則不惜重價買之。是月也，天已寒，每日清晨吃辣湯，吃生熻肉、渾酒以禦寒」。

　　這是明代劉若愚記錄的紫禁城食譜。歷朝的宮廷飲食，都經歷了由儉入奢的過程。大抵是開國君主勵精圖治，不樂於奢侈享樂，之後的守成之君不知民生多艱、耽於榮華富貴，宮廷飲食日趨奢靡鋪張。

　　這個歷史規律在明代的紫禁城體現得尤為明顯。明成祖朱棣篡位創業，生活節儉，曾怒斥宦官用米餵雞：「此輩坐享膏粱，不知生民艱難，而暴殄天物不恤！」明初紫禁城御膳多用豆腐和豬肉雞鵝等尋常畜禽，到中後期山珍野味充斥了紫禁城的膳房。比如，萬曆皇帝「喜用炙蛤蜊、炒鮮蝦、田雞腿及筍雞脯，又海參、鰒魚（鮑魚）、鯊魚筋、肥雞、豬蹄筋共燴一處，恆喜用焉」。就連宦官、宮女都食不厭精，膾不厭細，

「多不以簞食瓢飲為美」，對食物的色香味形都極其挑剔，進而安逸懶惰，不願意親自烹煮。當時，高階宦官、宮女常常僱傭有烹飪之長又貧賤無依的底層太監打工，而後者也甘於受人驅使，做飯取酬。後宮的這種享樂墮落是彼時政治黑暗的表現之一。

　　鑒於明代後期宮廷奢侈誤國，愛新覺羅家族入住紫禁城後，以史為鑒，順治等前期皇帝親加釐定、制定飲食標準，清宮「日用飲食，皆有恆經」。清初建章立制的原則，一是節約。雍正曾諭膳房：「凡粥飯及餚饌等類，食畢有餘者，切不可拋棄溝渠。或與服役下人食之。人不可食者，則哺貓犬。再不可用，則曬乾以飼禽鳥。」善於乾綱獨斷的乾隆皇帝，更是沒有放過規劃膳食的機會，在膳金、奏銷等方面多有籌劃。第二個原則是嚴格的等級制。食物定尊卑，不同身分的紫禁城居民享受不同的供應、菜餚和器具。后妃們的常例飯費，從 50 兩到 10 來兩不等，等級越低，份例越低，待遇越差。蔬菜供應，乾隆時期皇后每天 29 斤，貴妃和妃 15.6 斤，嬪 12.2 斤，貴人和常在 10.2 斤，答應 2 斤，宮女以及乳母等每天供應蔬菜不足 1 斤。清朝中後期，宮中大臣、侍衛的蔬菜供應每天人均 1 斤左右。再以雞為例子，皇帝每月 150 隻，皇后、皇貴妃、貴妃每月遞減為 30 隻、15 隻、7 隻，至嬪僅有 5 隻，常在、答應等低階后妃則無額定的雞鴨供應。

　　皇帝無疑占據著膳食金字塔的頂端。

　　清朝皇帝每日食材供應如下：「盤肉二十二斤、湯肉五斤、豬油一斤、羊二隻、雞五隻（其中當雞三隻）、鴨三隻，白菜、菠菜、香菜、芹菜、韭菜等共十九斤，大蘿蔔、水蘿蔔和紅蘿蔔共六十個，包瓜、冬瓜各一個，苤藍、乾閉蕹菜各五個（六斤），蔥六斤，玉泉酒四兩，醬和清醬各三斤，醋二斤。早、晚隨膳餑餑八盤，每盤三十個，而每做一盤餑餑需要上等白麵四斤、香油一斤、芝麻一合五勺、豆沙三合，白糖、核桃仁和

黑棗各十二兩。」另外，御茶房還要恭備皇帝每天用的茶、乳等。皇帝例用乳牛五十頭，每頭牛每天交乳二斤，共一百斤，又每天用玉泉水十二罐（皇上只喝西郊玉泉山的水）、乳油一斤、茶葉七十五包（每包二兩）。這些還僅僅是常規供應，不包括各地定期不定期進貢的數量可觀的鹿、野豬、狍、野雞等野味，以及燕窩、百合、鮮筍等特產。守成日久，奢侈之風日長，清朝後期紫禁城供應已經突破了祖宗的規矩，日益鋪張。溥儀回憶，他五歲的時候一個月就要「吃」掉 810 斤肉和 240 隻雞鴨。他和隆裕太后、四個太妃「一家」六口人，一個月共吃豬肉 14,642 斤，合銀 2,342 兩 7 錢 2 分。除此之外，每日還要「添菜」—— 添的菜比正常供應還要多得多。溥儀一家一個月的御膳用銀 14,794 兩 1 錢 9 分。

清宮御膳分早、晚兩頓正餐。早餐一般在卯正一刻（上午六點以後），有時推遲到辰正（上午八點以後）。晚餐在午正一刻（上午十二點以後），有時也推遲到未正（下午二點以後）。正餐之外，還有酒膳和各種小吃，一般在下午或晚上，沒有固定時辰，隨皇帝喜好而定。現代人習慣的晚餐，在紫禁城並不是正餐，清朝皇帝常常在酉時（晚六時）進一些小吃，宮中稱「晚點」，但並不固定。

膳單，是對皇帝選單的專稱，是現存最多的宮廷飲食文獻。這得益於嚴格的膳單審核規定，也得益於御膳房對此的重視。每天膳單詳細註明早晚用膳的時間、用何膳桌擺膳、在何地用膳，以及飯菜的品名。有些膳單還註明何人做何菜、各種菜餚用何餐具盛送。御茶膳房逐日開單具稿，呈送內務府大臣畫行，再交予御膳房烹製。

乾隆皇帝十二年（西元一七四七年）十月初一，御膳房所進晚膳膳單：

萬歲爺重華宮正誼明道東暖閣進晚膳，用洋漆花膳桌擺。燕窩雞絲、香蕈絲、白菜絲、釀平安果一品，紅潮水碗。續八鮮一品，燕窩鴨

子、火燻片館子、白菜、雞翅、肚子、香蕈。合此二品，張安官做。肥雞、白菜一品，此二品五福大琺瑯碗。肫吊子一品，蘇膾一品，飯房託場瀾鴨子一品，野雞絲酸醒菜絲一品，此四品銅琺瑯碗。後送芽韭炒鹿脯絲，四號黃碗，鹿脯絲太廟供獻。燒狍肉、鍋塌雞絲、晾羊肉攢盤一品，祭祀豬羊肉一品，此二品銀盤。糗餌粉餈一品，象眼棋餅、小饅首一品，黃盤。折疊奶皮一品，銀碗。烤祭神糕一品，銀盤。酥油豆麵一品，銀碗。蜂蜜一品，紫龍碟。拉拉一品，二號金椀；內有豆泥，琺瑯葵花盒。小菜一品，南小菜一品，菠菜一品，桂花蘿蔔一品，此四品五福棒壽銅琺瑯碟。匙筯、手布安畢進呈。隨送粳米膳進一碗，照常琺瑯碗、金碗蓋；羊肉臥蛋粉湯一品，蘿蔔湯一品，野雞湯一品。

當天晚膳，乾隆皇帝是在其鍾愛的重華宮東暖閣吃的。他經常在重華宮用膳，還將重華宮西側的原乾西三所改造為重華宮膳房。不知道當天的晚膳是重華宮膳房還是內膳房的作品？這頓晚膳，各式菜、湯二十餘品，用珍貴的金、銀、琺瑯、瓷等餐具盛放，而且是由御膳房的名廚烹製，對升斗小民而言稱得上是饕餮盛宴。在乾隆皇帝看來，只是尋常一餐，可稱節儉。當天晚膳有兩品大菜由著名廚師張安官承做。張安官也是乾隆欣賞的御廚之一。乾隆皇帝一次進食時，感覺膳單中註明廚師的四品菜不像張安官的手藝，命太監傳旨令張安官再做一品呈上。（徐啟憲：〈清代皇帝的用膳〉，載於《紫禁城》一九八〇年第四期。）

乾隆四十一年（西元一七七六年）四月二十八日，乾隆在西苑頤年堂春藕齋進的早膳。當日膳單真正稱得上儉樸：「五福琺瑯碗菜四品，攢盤肉一品，點心三品（黃盤），琺瑯葵花盒小菜一品，琺瑯碟小菜四品，湯膳碗照常琺碗金碗蓋。」雖說相對儉樸，御膳份量還是遠超常人正常飲食所需。不管皇帝用膳與否、多少，御膳房每日都按照審核過的膳單，

進膳呈達。這也是皇帝不自由之處。飲食制度既是因皇權而生、為皇權服務，身為皇權化身的皇帝遵守制度不僅責無旁貸，表率天下，更與自家的尊榮享受休憩相關。每頓膳食，人人皆知超越了正常需求，又日復一日不敢踰越規章制度一絲一毫。保障御膳定製規格，是政治，是儀式，是生活，正如數百年歸然不動並將千百年亙古不變的紫禁城一樣。

分析食譜，朱明皇室的膳食與漢族豪門飲食基本相同，更豐富、更精緻、更豪奢。朱明皇室祖籍江淮，又曾定都南京，飲食立足漢家特色，將傳統的漢族飲食發揮到了極致。而愛新覺羅家族祖籍白山黑水，飲食滿漢結合，以關外滿族特色為主。清朝皇帝御膳以雞肉、鴨肉和豬肉、羊肉為主，輔以白菜、茄子、韭菜、豆腐等，偶爾有鹿肉、魚肉，但鮮有海鮮。現代人追捧的魚翅、鮑魚、海參等，要遲至道光年間才進入紫禁城。這倒不是海鮮沒有普及，而是愛新覺羅家族對海鮮的陌生和忽視 —— 事實上，明代後期的御廚多有海鮮佳餚。

清朝皇帝對海鮮的漠視，是滿族膳食特色之一。更大的特色是餑餑在清朝紫禁城的普及。

餑餑，是一系列滿族特色麵食的統稱，包括餑餑、花捲、花糕、壽桃等等，是滿族人喜愛的主食。清朝宮廷也以餑餑為主食，而不是漢族人的粥飯。

清朝在京西的玉泉山、豐澤園和湯泉等地設定專門人員種植黃、白、紫三色稻米，供紫禁城食用。這些稻米就成了宮中餑餑的原料。宮中飲宴、饋贈都離不開餑餑。晚清大臣何剛德奉命勘查紫禁城工程，見到宮中妃嬪院中「必排百數十個餑餑」，庭院兩廊排列滿餑餑，「蓋宮人食料固以是為常品也」。他的同僚恩灝是慈安太后的內侄，每次年節都要送些鞋子針線等當作禮品入宮，宮中則以餑餑回贈。

# 御膳的味道

紫禁城御膳制度的最後一個環節，最誘人，最享受，那就是：吃。

皇帝要用膳了，御前侍衛下令「傳膳」。大小膳食官員立即動起來，用膳地的高階太監指揮小太監布置膳桌。由於膳食品種太多，清朝宦官往往需要拼湊數張桌子才能預備好餐桌。此時，御膳房太監迅速將當日膳食抬來，再由小太監們各將膳盒搭在右肩上，魚貫而入，遞給內侍太監；內侍太監接過膳盒，一一擺上膳桌。

傳膳隊伍，抬著食盒，緊步前行，行走在院落宮牆之間，是此時此刻人人矚目的隊伍。

之前的勞作，即將接受最終的檢驗。多少的心血，就是為了這最後的一笑一顰。

布置完備後，傳旨「開膳」。太監們簇擁著皇帝來膳桌入座，但還不能開動。傳說，每道御膳上都有一塊小銀牌，只要菜餚中有毒藥，銀牌就會變色。又傳說，內侍小太監還要試吃每一道菜試毒。紫禁城確實有「嘗膳」環節，最後一次確保膳食安全。明朝的做法是制定嚴格的衛生消毒內容。上菜的內侍要「口兜絳紗袋，側其面，防口鼻息出入觸於饌也」；每道御膳的盤面罩以金絲，防塵保溫。清朝的做法是更接近試毒。御膳烹製完畢後，負責御廚要首先試吃，接著由負責官員試吃。這是必要程序，稍有違反就會遭受笞杖。事實上，在御膳中下毒的可行性

不大，加上皇帝飲食無常，下毒的針對性太弱，成功機率渺茫。御膳房更在意的是「食禁」，也就是食品搭配安全。御廚「誤犯食禁，廚子杖一百」，其處罰與忘記嘗膳要重。

　　嘗膳完畢，才是皇帝真正用膳之時。只有一位紫禁城的主人留下了品嚐御膳的感想，那就是溥儀。他在《我的前半生》中感嘆：「耗費人力物力財力最大的排場，莫過於吃飯。」「我吩咐一聲『傳膳！』……一個猶如過嫁妝的行列已經走出了御膳房。這是由幾十名穿戴齊整的太監們組成的隊伍，抬著大小七張膳桌，捧著幾十個繪有金龍的朱漆盒，浩浩蕩蕩地直奔養心殿而來。」「隆裕太后每餐的菜餚有百樣左右，要用六張膳桌陳放，這是她從慈禧那裡繼承下來的排場，我的比她少，按例也有三十種上下。（這只是便餐，大餐的菜品數量要乘以十倍。）」

　　「這些菜餚經過種種手續擺上來之後，除了表示排場之外，並無任何用處。它之所以能夠在一聲傳膳之下，迅速擺在桌子上，是因為御膳房早在半天或一天以前就已做好，置於火上等候著的。他們也知道，反正從光緒起，皇帝並不靠這些早已過了火候的東西充飢。我每餐實際吃的是太后送的菜餚，太后死後由四位太妃接著送。因為太后或太妃們都有各自的膳房，而且用的都是高階廚師，做的菜餚味美可口，每餐總有二十來樣。這是放在我面前的菜，御膳房做的都遠遠擺在一邊，不過做個樣子而已。」

　　溥儀對御膳的觀感，顯然是寡淡無味的，評價相當負面。考慮到宣統年間是紫禁城日暮之際，溥儀品嚐的御膳水準或許是宮廷膳食的底線。但是，御膳真實的味道遠不如擺放的那般光鮮美味，當是定論。紫禁城的歷任主人，應該都類似溥儀，只品嚐少數面前的或者親人送餐的菜品；明清御膳房也難免有反覆溫菜、蒸碗的做法。

　　御膳至此，最能體現家國合一體背景中，皇室的生活無限擴大為天下大事，而真實的需求掩埋在了盛大浮誇的表象之下。

　　對個人而言，御膳如同諸多典儀一般華而不實、費而不惠。紫禁城的二十四位主人對這一點自然是最有體會，但只有回歸為普通人的溥儀真切表露出了這一點。

　　皇帝餐後剩餘的大量剩餘菜品，成為了賞賜物品。清朝皇帝將可口的飯菜賞賜給寵妃、近臣；將剩餘的膳桌賞賜給太監宮女侍衛們。考慮到明清的保溫能力，臣工收到的御膳不再是美味佳餚，可大臣們依然以御膳賞賜為榮。因為賞賜的不是美味，而是彰顯恩寵、分享尊榮。

　　更能分享權力的榮光的是紫禁城赴宴。

　　皇帝萬壽慶典，冬至、元旦等重大節日，大軍凱旋萬邦來朝等大喜事，紫禁城都會大宴群臣、普天同慶。幸運的文武大臣便會收到紫禁城的邀請。

　　這是對整個宮廷運作的考驗，更是對宮廷膳食系統的大考。光祿寺和內廷機構必須通力合作，有時還要加上禮部、太常寺等相關衙門，方能完成規模巨大的宴席。

　　清代紫禁城盛筵，一般在太和殿舉行。

　　太和殿筵宴之前，首先要在殿內寶座前設皇帝的御宴桌張，殿內再設前引大臣、後扈大臣、豹尾班侍衛、起居注官、內外王公、額駙以及一二品文武大臣和臺吉、塔布囊、伯克等人員的宴桌共一百零五張。其次，太和殿前簷下的東、西兩側，陳中和韶樂和理藩院尚書、侍郎及都察院左都御史等人的宴桌。太和殿前丹陛上的御道正中，南向張一黃幕，內設反坫（古代設於堂中供祭祀、宴會時放禮器和酒具的土臺。），反坫內預備大銅火盆二個，上放大鐵鍋兩口，一口準備盛肉，另一口裝水備溫酒。丹陛上共設宴桌四十三張，在這裡入宴的是二品以上的世

爵、侍衛大臣、內務府大臣及喜起舞、慶隆舞大臣等。再次，丹墀內設皇帝的法駕鹵簿（古代帝王駕出時扈從的儀仗。），如同大朝之儀，兩翼鹵簿之外，各設八個藍布幕棚，棚下設三品以下文武官員的宴桌，外國使臣的宴桌設在西班之末。太和門內簷下，東、西兩側設丹陛大樂。

太和殿筵宴之日，王公大臣均朝服，按朝班排立。吉時，禮部堂官奏請皇帝禮服御殿。這時，午門上鐘鼓齊鳴，太和殿前簷下的中和韶樂奏「元平之章」。皇帝陞座後，樂止，院內階下三鳴鞭，王公大臣各入本位，向皇帝行一叩禮，坐下以後，接著是一套繁瑣的進茶、進酒、進饌儀式，然後進舞……（通常挑選矯捷的侍衛扮演進喜起舞的大臣，人數在二十人上下）均穿朝服，先入殿內正中向皇帝行三叩禮，然後退立東側，等西邊的樂曲奏起，喜起舞大臣按對依次進舞，每對舞畢，行三叩禮後退居原處。舞畢進蒙古樂曲，還有朝鮮族、回族等人表演雜技和百戲，筵宴進人高潮，然後鳴鞭奏樂，皇帝還宮，眾皆出，宴畢。（王樹卿：〈清代宮中膳食〉，載於《故宮博物院院刊》一九八三年第三期。）

如此盛筵不是飲食，而是朝廷禮制。禮以導敬，樂以宣和。赴宴大臣如同上朝，是參加典禮，是完成政務。有幸參加者，留下的更多的是一項項流程的記載，而不關心菜餚的色香味 —— 一如他們收到賞賜的御膳一般。翁同龢便在日記中記載自己赴宴入席後，先象徵性吃幾口點心，接著皇帝便一道接一道地賞菜，每賞賜一道菜他就要跪地叩一次頭，三刻（四十五分鐘）後宣布宴會結束，他再磕頭回家。

翁同龢是帝師，是內閣大學士，能夠享受皇帝當面賞菜的榮耀。赴宴的大多數官員連太和殿入席的資格都沒有。吏部郎中何剛德就是後者之一，他參加了甲午六月光緒皇帝的萬壽盛筵。若干年後，他在《春明夢錄》中回憶當日情形：

賜宴太和殿，每部司官兩員。宴列於丹陛，接連及殿下東西。兩人一筵，席地而坐。筵用幾，幾上數層餑餑，加以果品一層，上加整羊腿一盤。有乳茶有酒（酒係光祿寺良醞署所造）。贊禮者在殿陛上，贊跪則皆起而跪，跪畢仍坐。行酒者為光祿寺署正。酒微甜，與常味不同。宴唯水果可食，餑餑及餘果，可取交從者帶回。赤日行天，朝衣冠，盤膝坐，且旋起旋跪，汗流浹背；然卻許從者在背後揮扇。歷時兩點鐘之久，行禮作樂，唱喜起，舞歌備極整肅。

太和殿的這場盛筵，顯然沒有給何剛德留下好的印象，相反不停跪拜磕頭以致汗流浹背的狼狽，幾十年後都印象深刻。對於膳食，何剛德給予了負面評價，「唯水果可食」而已。當然，他對赴宴本身還是深感榮耀的（畢竟只給了吏部兩名司官名額），拿了些餑餑和水果交給隨從帶回家享受宮廷餘輝。他對筵席也相當新鮮，估計四處張望，看到「宴之坐次，自王公大臣在丹陛上，各官各按憲綱，遞為坐次」，西邊末坐是圓領大袖、手執牙笏的朝鮮使臣。第二年甲午戰敗，朝鮮就不復為大清藩屬，何剛德再未見過朝鮮衣冠，在書中不禁嗟嘆一番。

何剛德不知道的是，他面前的膳食，是滿席四等席，每桌用銀四兩四錢三分。

談「吃在紫禁城」，最後不能遺忘的是太監、宮女們日常飲食。清代宮人們飲食仰仗於自己伺候的妃嬪、皇子的地位，當時紫禁城管理嚴格，不允許宮人自辦餐飲。而在宦官專權的明朝，宮人們的餐飲靈活而豐盛，自成一體。

明代太監、宮女飲食完全不需御膳房提供。或許，明朝是唯一一個允許宮女自建小廚房就餐的王朝。多數太監則就食於「對食」宮女處。高階太監近侍都有直房，由於位於乾清宮等處，不敢設庖廚，飲食都是

「從河邊等處做成,抬入宮,以炭火熱食之,不敢煤灶也」,也有就餐於宮女廚房的。宮女們稱就餐太監為「菜戶」,宮中預設食材供應由菜戶負責。「凡宮眷所飲食,皆本人菜戶置買,……凡煮飯之米,必撿簸整潔,而香油、甜醬、豆豉、醬油、醋廠應雜料,俱不惜重價自外接辦入也。」宦官掌握實權,保證了宮女小廚房市場的品質。

身為晚明太監,劉若愚在《酌中志》記載了宮眷內臣一起吃蟹的場景:「蟹始肥。凡宮眷、內臣吃蟹,活洗淨蒸熟,五六成群,攢坐共食,嬉嬉笑笑……為盛會也。」可見當時宮人飲食品質頗高。小廚房慢慢發展成為與御膳房相平行的系統。各家太監、宮女經常相互宴請至小家品嚐美食,或者幾家相約一道聚餐。如果剝離黃瓦紅牆的背景,此情此景與市井人家並無多大差別。這是紫禁城中最具塵俗氣息的一刻,相信也是這些可憐人最接近飲食男女的一刻。

# 紫禁城大夫

# 太醫院與御藥房

人們是一個走向死亡的旅途，沒有人能夠例外。

尊享榮華富貴的帝王們卻很難接受這一點，幻想能夠一直欣賞旅途的美景而不會抵達終點。於是，協助帝王延年益壽的醫療保健機構應運而生。

帝王康健與王朝興盛有著直接關聯。帝王醫療鮮明體現了「家國一體」。歷朝的中央醫療機構就是皇帝的私人醫院，元朝正式定名太醫院。明朝在元朝皇宮基礎上興建了紫禁城，也繼承了太醫院的設定。

和其他所有中央輔助性機構（隋唐以後，中國傳統政治制度形成了以六部為中央主體行政機構，各寺、監、院為輔的行政體系。如國子監，既是全國教育管理機構，又是國家最高學府。）一樣，太醫院既是國家最高醫政衙門，又是最優質的中央醫院，還是國家醫學院，職責繁多。凡此種種，都不如太醫院的另一項工作重要：為紫禁城提供醫療保健服務。太醫院官員在法律上是朝廷命官，是龐大文官集團的一員，實質上卻是晝夜供奉紫禁城的私人醫生。

明清兩代，太醫院有院使一人，負責醫政管理和醫療服務。院使是正五品官，可證太醫院大約是一個司局級建制。下面有左右判院各一名、御醫十數人、吏目數人、醫士數十人、醫生數十人。他們都是官員兼醫生，總人數維持在一百人上下。後人習慣上將他們都稱為「御醫」，

但真正有御醫頭銜的是太醫院的頂端人才。術業有專攻,明代將這百名醫生分為十一科:大方脈、小方脈、傷寒科、婦人科、瘡瘍科、針灸科、眼科、口齒科、正骨科、咽喉科、痘疹科,至清朝後期調整為大方脈、小方脈、外科、眼科、口齒科五科。此外,太醫院還有藥劑、文案人員,建有生藥庫收儲各種藥材。

醫生的水準,直接關係到帝王的壽命。紫禁城恨不得將天下名醫掐尖而為己用。

太醫院建立了嚴格的醫生選拔制度,挑選可資造就的年輕人才入院學習,然後沿著上述醫生序列培養選拔。挑選範圍起初聚焦在名醫世家,後來擴大到普通子弟。這些青年在太醫院邊學邊練,三年一試五年一考,至少要在太醫院供職六年以上才有資格候選入宮看病。如果沒有合適人選,太醫院寧缺毋濫。特殊情況下,太醫院也從各省官員舉薦的名醫中挑選人才。從明清實踐來看,出名的御醫主要是兩類人,一類是在民間自學成才然後入院的青年才俊,另一類則是中途棄文從醫的讀書人。明朝中期名醫劉溥,早年致力儒業,專心仕途,景泰年間都御史將其薦於明廷,卻沒被任用,無奈習醫入太醫院為官。在傳統觀念中,醫生與術士一樣,都屬於方伎之人,醫官在官僚系統中屬於「伎術官」,不為清流所納,不為朝野所重,平臺狹隘、仕進乏力。大學士丘濬就對劉溥深為惋惜:「好端端的一個人才,怎麼就去當醫生了呢?」(負有用之才,徒以末藝終於一太醫院吏目,天下惜之。)

太醫院在行政上隸屬於禮部,位置也與禮部相鄰,在皇城南端、大明門(大清門)東側,約在如今中國的國家博物館西南角。太醫院三座大門向西開,面朝天安門廣場方向。

讀者可能注意到了,太醫院位於紫禁城之外,萬一帝后有個頭疼腦

熱，如何及時就醫呢？御醫們又怎麼做到隨叫隨到呢？

　　紫禁城從建立開始，就在宮內設定了御藥房，與太醫院「互為表裡」。

　　御藥房職掌引見御醫診治、配熬宮廷藥餌，明朝設於紫禁城外東路文華殿後的聖濟殿。御藥房設正副提督太監各一員，另有太監二三十員，是明朝龐大的宦官機構的組成之一。有新的小太監入宮，紫禁城從中挑選三五十人送給醫官教習，待掌握中醫基本理論後送御藥房當差。太監之外，御藥房有尚藥奉御、直長、御醫、藥童、吏目等數十人。藥從口入，關係帝王的生死，因此御藥房「祖宗以來，無敢有閒人入藥房者，防至密也」。御藥房另有御藥庫，建於聖濟殿之後。嚴格來說，御藥庫不是倉庫，而是宮廷用藥的出納場所。日常宮廷所需藥品，主要從太醫院生藥庫領取，御藥庫則負責烹熬配置，然後呈送御用。御藥房的藥品進出紀錄、庫存清單，有著嚴格的造冊清查制度，重要材料要送外朝留存備查。一旦出現醫療事故，追查責任，御藥庫首當其衝。

　　聖濟殿毀於李自成大火，清朝在原址修建了文淵閣。清代藥房遷至南三所東牆和紫禁城東城牆之間的狹長區域 ── 前朝的醫療機構匯聚此處：南邊是太醫院的值班房，中間修有藥王殿，奉祭藥王孫思邈以及歷代名醫，北邊就是御藥房，還有中草藥切片、烘乾、研磨、蒸煮等加工用房。這片建築共有殿宇五十多間，全都覆蓋綠琉璃瓦。清代御藥房在繼承明代基本職能外，還多了一項特殊職能：清朝王公大臣通常由東華門入宮，覲見皇帝之前需要換朝服。大家更衣整容的官舍就在御藥房之中。

　　清代御藥房更大的變化，是體制上的。它由宦官掌管改為內務府下屬機構。內務府，這個清朝紫禁城的巨無霸，本就凌駕在宦官之上，順

勢接管了御藥房。御藥房的長官變為了管理大臣，由皇帝委派，但不常設。日常工作由內務府的司官負責。此外還有主事、內管領、筆帖士等官員，以及碾藥蘇拉、合藥醫生和首領太監、使喚太監等，共計數十人。太監依然在御藥房，但不再具有明代的份量。

與御膳食材同樣，紫禁城所需藥材也是量中華之物力、聚天下之精華。

宮廷藥材的主要來源是各地的義務供給。西寧或涼州進貢大黃，杭州進貢白芷，浙江進貢白芍，吉林、撫松進貢人參、鹿茸，都是本地特產。御藥房只選用藥材主產地的精品，其他產地的不用。

隨著商品經濟的繁榮和藥材市場的成熟，從京城藥店採購就成了御藥庫更有針對性、更高效率的藥材來源。越往後，紫禁城越依賴市場採購。清朝的北京城是人口數百萬的大都市，藥鋪林立，自行開發了許多中成藥。乾隆朝以後，御藥房經常向藥鋪傳藥交進，定價購買。御藥房採購的都是生藥材，只有一家例外。那就是同仁堂。浙江寧波人樂梧岡鄉試落第後，從醫謀生，於康熙四十年（西元一七〇二年）在前門外大柵欄開設了同仁堂藥店。雍正初年，樂梧岡一度供奉御藥房（御藥房供奉，清代受徵召入御藥房幫忙、顧問的百姓，由宮廷發給微薄飯食銀兩。）。之後同仁堂成為御藥房傳藥採購的固定店鋪，不僅是生藥材，丸散膏丹等成藥也在傳進範圍內。清末，固定有同仁堂八名藥生供奉御藥房，由太醫院開支薪酬。同仁堂定期與御藥房結算，當時憑著內務府的行文向戶部領銀。

清朝開始，外國藥品開始進入紫禁城。瘧疾曾經是中國人健康的一大殺手，康熙三十二年，康熙皇帝得了瘧疾。傳教士進獻特效藥金雞納（奎寧）。慎重起見，康熙皇帝委派四個大臣驗明藥力，先給患了瘧疾的

人使用，痊癒後四個大臣又都親自服用少量，結果證明無害，然後才請康熙皇帝服用。幾天後，康熙的瘧疾就好了。此後，金雞納作為「聖藥」供賞賜用，在中國傳播開來，同時又更多的外國藥物進入紫禁城。晚清時候，紫禁城賞賜王公大臣「西洋貢藥」成為一景。武英殿在東梢間開闢了露房，專門存放西洋藥物。

如果把醫療比作戰爭，那麼最精良的彈藥透過多種管道源源不斷地輸送到紫禁城戰場。

如今翻看御藥房遺留下來的實物，動物類藥材有麝香、猴寶、獅子寶、狗寶、蝦鬚、黃連蛇、穿山甲、虎骨、熊膽等；植物類藥材有獲苓、母丁香、金果欖、五加皮、檳榔、竹葉、藏紅花、金佩蘭等；礦物類有蟹化石、硃砂、紫牙石等；成藥有六味地黃丸、人參固本丸、七釐散、金黃散、益壽膏、活血祛風膏、延齡愈風丹、御製回生第一仙丹等。（惲麗梅：〈論清代紫禁城藥材來源及應用〉，載於《中國紫禁城學會論文集》（第六輯下）二〇〇七年）它們構築了紫禁城醫療最扎實的基礎防線。

御藥房藥材除了為皇帝延年益壽外，還保障朱明、愛新覺羅兩大家族的健康，更承擔著整座宮城的醫療保健重任。在養尊處優的紫禁城，「過度」醫療是順理成章的現象，因此御藥房傳藥、碾藥、配藥，活計是相當繁忙的。光緒五年十月至十二月，自兩宮皇太后至嬤嬤宮女，並各處宮殿來文從御藥房領取的藥品就超過 100 味，將近 500 斤重。有一個有趣的現象：清朝內廷用藥紀錄顯示太監頻繁使用「金衣八寶坤順丹」，此丹是婦科用藥，八味藥材配合使用，專治婦女經脈不調及胎前產後諸虛百損等症。這些丹藥應該是太監替宮女甚至是妃嬪主子們要的，而後者隱藏自身的目的，是難為情遮羞呢，還是另有隱情？這裡面就存在八卦和想像的空間了。

　　上文提及各處宮殿來文向御藥房取藥，是因為清代紫禁城常用中藥燻殿除蟲，宮中佛堂也經常使用中藥。每逢年節大慶、重大法事、宮殿修繕時，宮中對中藥的需求量大、時間要求緊。到時，應該是御藥房的碾藥蘇拉最忙碌的時候。值得一提的是：紫禁城的重要宮殿、大門的建築頂部正中脊筒內放置有寶匣。寶匣在古建築室內的最高處，匣內呈放鎮物，闢邪鎮宅。紫禁城發現的寶匣，質地有銅、錫、木三種，長方形，所裝的鎮物基本相同，有五色絲線、五色絲綢、五色寶石、五個元寶、五種香木、五種藥材、五穀、二十四枚金質壓勝錢和經咒等（五色寶石為紅寶石、藍寶石、翠、碧璽、玉石；五個元寶為金、銀、銅、鐵、錫各一；五穀為麻、黍、稷、麥、豆。）。其中「五藥」分別為五個紙包，並用墨字註明木香、地黃、沉香、人參、獲荃各三錢。五藥也由御藥房提供。

　　在太醫院和御藥房之外，明清宮廷醫療還有其他關聯機構。明朝有東宮典藥局，負責皇太子的醫療保健，建制規格等同於太醫院；內安樂堂，位於養蜂夾道中，即現在中南海後門馬路對面、北京圖書館（舊館）西側，安置生病的低階妃嬪和宮女之用。事實上，安置在此處的並非全是病人，還有後宮爭鬥的失敗者。此處形同「冷宮」。成化早期，內安樂堂中出現了一個小男孩的身影，他就是日後的明孝宗朱祐樘。由於生母紀氏受到萬貴妃迫害躲藏於此，朱祐樘一出生就是個「不存在的孩子」，全靠內安樂堂一群苦命女子的掩護撫養才長大成人。喝著內安樂堂的米湯艱難活下來的朱祐樘，長成了一位好皇帝、一個正常人；外安樂堂，安置沒有私宅、沒有家人的生病太監之所，在皇城內地安門附近。太監們在此自生自滅，萬幸痊癒了，銷假供職，如不幸病故了送出北安門，內官監給棺木收屍，惜薪司給薪柴焚化，抬到西直門外的淨樂堂焚化。

內安樂堂的住戶如果無法救治，則多一道手續，先送到浣衣局，死後再送淨樂堂火化。

清朝沒有典藥局、安樂堂等，巨無霸內務府包攬了一切。只是御藥房的權力分散了。乾清宮東圍房南端設定了內御藥房，規模小，但直接服務皇帝本人；同治以後，紫禁城內太后、皇后、貴妃等人居所陸續設定了壽藥房，定向服務。現在坤寧宮後端則門南屋、北五所的西二所都有壽藥房留存。當然，這些都是衍生機構，紫禁城的健康主要還靠太醫院和御藥房。

太醫院、御藥房共事紫禁城醫療，為什麼機構重疊呢？兩者又是什麼關係呢？

# 「傳御醫！」

「傳御醫！」

聖體違和，傳御醫診治。

始終處於待命狀態的太醫院高階醫官，帶著數名低階醫官，吉服入內。他們將在極端繁苛的規矩之下，開始一場奇妙的診治之旅。

御藥房的太監負責將太醫們領到相關宮殿門口。不論冬夏，殿門之內都設炭火一盆，中間焚燒蒼朮雜香等，一行人從盆上跨入，焚香消毒，以示鄭重。

太醫叩頭完畢，開始「跪診」：全程跪著診斷，用膝蓋爬行。太醫和皇帝雖然是醫患關係，更是臣與君的關係，要恪守君臣之禮，不能僭越。診斷開始，一名御醫膝行跪診左手，一名御醫跪診右手，然後交換再診。診脈完畢，兩人各將御體情況面奏皇上，各自提出診斷結論，奏報給皇帝。通常情況，御醫提出的方案只是略有差別，如果出現截然不同的診脈結論想必兩位御醫會提前協調，再奏報皇上。皇帝點頭認可後，診治就算告一段落。

御醫接著匯聚御藥房：對症開方，御藥房存檔供不時稽查。明朝的皇帝藥方，太醫院還要抄送禮部、內閣。清代藥方，御醫要抄送每位內務府大臣，如果是重病另需加送每位軍機大臣，畢竟皇帝的病情也是國家大事。病情公開，也有利於監管，放過來保障皇帝安全，避免用藥危

險或暴斃而亡；照方抓藥，也是御醫和太監同時在場，配齊後連同藥方一同封好，將藥性和療效寫成文字，簽上日期後由御醫和太監同時署名，恭請皇上過目；登記造檔，在御藥房留存，以備日後查驗；煮熬湯藥，照樣是御醫和太監同時在場，先前的處方御藥房備了兩份藥，煎熬時合二而一，熬出雙倍劑量的湯汁後分成兩碗。開方御醫、太醫院院判和隨同太監依次試嘗隨機一碗，幾個人都安然無恙後，將另一碗進呈御用。御藥房進的藥，用金罐盛放，罐口有「御藥謹封」封緘。接下來，就是等待皇上服用後的療效了。

　　種種監視、多重防範，目的不言自明。整個流程中，如果發現御用藥劑與處方不符，或份量有絲毫增漏，所有相關人等都將以罪論處。

　　皇帝既要借重御醫的精良專業，又不完全放心。御藥房及其太監，就在皇帝和太醫院之前搭建了溝通與防範的橋梁。《明史》說太醫院與御藥房「互為表裡」，一是兩者一在外一在內，太醫院的業務工作離不開御藥房的引見、烹製等環節的輔助；二是在實踐中，皇帝更信任御藥房。紫禁城將完整的醫療流程劃分為兩個機構，製造人為複雜，顯然是為了雙方相互掣肘、互相監視。皇帝盤踞在二者之上，確保安全。說到監視，皇帝顯然更信任宮城內的御藥房。御藥房太監的在場，貫穿治療始終，除了必要的輔助工作，根本目的還是防止御醫不盡職、動手腳。乾隆以後，製藥環節全改為太監操作，御醫不再參與煎藥。

　　這才是「互為表裡」的深層目的。

　　御醫出診的多數病人，是後宮妃嬪。男女授受不親，臣子與妃嬪更要大防。御醫不能目睹妃嬪的芳容，更不能與後者有身體接觸。問題就來了：看病怎麼辦？

　　民間傳得神乎其神的「懸絲診脈」，確實是部分御醫破解妃嬪診斷難

題的方法。將絲線的一頭搭在後宮女眷的手腕上，御醫在另一頭憑藉著懸絲傳來的手感診斷脈象。且不說其中的不可控因素，就算有微弱的絲線反應，診斷準確率也非常可疑。可中醫診斷的方法，除了切脈，還有望、聞、問。「望」和「聞」，御醫肯定也不能實施，剩餘的就是詢問病情了。御醫及其隨從，通常會仔細詢問妃嬪身邊的太監、宮女，大至妃嬪的飲食起居，細至大小便和微表情，事無巨細都不敢遺漏。因此，即便懸絲診脈是表面文章，御醫們也能做出判斷。他們基本依靠詢問病徵來完成診斷。皇帝也意識到了男女大防問題，明初紫禁城規定：「宮嬪以下，遇有病，醫者不得入宮，以證（徵）取藥。」宮嬪以上，御醫們還得跪著，做一遍懸絲診脈的表面文章。

多數時候，御醫們不用跪著，而是安靜地在值班房中待命出診。

明朝御醫們每天兩班，在御藥房輪值；清朝分為宮值和外值，宮值地點在御藥房，外值則在南三所東的太醫值房。宮值一般由太醫院院使、院判、御醫承擔，外值則由吏目、醫士、醫生等，少有御醫及以上醫官值班。顯而易見，宮值主要為皇帝及少數高等級後宮服務。外值則為紫禁城中的各色群體，宮女、太監、嬤嬤等提供服務，同時更多承擔公共保健和宮殿用藥需求。根據晚清太醫院報送內務府的〈太醫院入值官員名冊〉，每日輪流入值的醫官，上至院使下至肄業生共 102 人，占太醫院醫官總人數近 80%。太醫院為皇帝的私人醫院，家國一體，又添一個明證。

外界對御醫有諸多美好的想像，民間醫生更是以躋身御醫為至高榮耀。

「曉月禁垣雙佩入，春風都市一壺懸。」在明清人看來，紫禁城大夫是風光的美差，環境優雅、待遇優渥，即便有諸多限制，那也是：「金門

花暖春歸早，玉漏香濃夜語多。」史實證明，這些都是外界的想像。紫禁城大夫業務繁忙，壓力巨大，絕不是一椿美差。

日夜待命，不能出絲毫差錯，還要承擔扈從、保健、防疫等差使，無形的重壓時刻敲打著御醫的每一根神經。

每一次診治、每一道方子，都在種種規章制度注視之下，御醫能夠發揮的空間很少。傳統中醫又無固定之法，診病多有仁者見仁智者見智之時，稍有創新的病案便通過不了同行評議、長官審核。人人自然希望龍體康泰、診療沒有丁點冒險，如此才能皇上安康，皇上安康方能大家安全。須牢記，皇權生殺予奪，隨時可取人性命。龍體有變，都無需皇帝下令，層層安保制度便會嚴懲御醫。

《名醫類案》記載，唐代御醫秦鳴鶴為唐高宗治療風眩頭重，提出要「刺頭出少血即愈」。武則天聞言大怒，要斬秦鳴鶴。幸虧唐高宗同意一試，秦鳴鶴刺腦戶及百會後，高宗病體好轉。針灸一直是傳統中醫的重要診療手段，可除非有唐高宗這樣配合的患者，御醫們幾乎提都不敢提。道光二年，道光皇帝乾脆下令：「針灸一法，由來已久，然以針灸火灸，究非奉君之所宜，太醫院針灸一科，著永遠停止。」

皇上龍體欠安之時，便是御醫們戰戰兢兢之日。御醫出診，便踏上沒有援手、只有潛在危險的未知征途。明朝嘉靖「壬寅宮變」【壬寅宮變是發生在嘉靖壬寅年（嘉靖二十一年，西元一五四二年）的宮女弒君事件。嘉靖皇帝為求長生不老，強迫宮女們凌晨採露，宮女累病不堪。楊金英等十數名宮女乘著嘉靖熟睡之際，用黃綾布勒住嘉靖皇帝的脖子，企圖殺死嘉靖。因打了死結，又改用釵、簪等物刺向嘉靖，最後旁人趕到，宮女們刺殺行動失敗。】，嘉靖皇帝差點被宮女勒得奄奄一息，御醫許紳趕來急救，冒險急調峻藥給皇帝服下，經過幾個時辰後嘉靖吐出數

升紫血，從生死線上活了過來。事後，嘉靖皇帝加封許紳太子太保、禮部尚書，許紳無福消受，很快就病死了，留下遺言：「吾不起矣。曩者宮變，吾自分不效必殺身，因此驚悸，非藥石所能療也。」許紳戰勝了病魔，卻輸給了巨大的精神壓力，搭上了性命（《明史·方伎列傳》）。

中肯而言，歷代御醫的水準起碼在中等之上，幾乎不會有昏醫庸醫。然而紫禁城依然經常遇到疑難雜症，御醫們束手無策，甚至要各省舉薦名醫引入「外援」。這並非御醫們水準低劣，而是特殊的治療環境塑造了太醫院中庸求穩，遇事裹足不前的部門文化。

明仁宗朱高熾寵妃張氏經期不至數月。御醫「懸絲診脈」後都祝賀張氏懷有身孕了，唯獨盛寅認為張氏並非有孕而是有病。過了十個月張氏還未生產，得知盛寅的判斷後，指定由盛大夫一試。盛寅開出的處方是破血劑。朱高熾閱後，勃然大怒，斷然否決。又過了一段時間，張氏病重。紫禁城再傳盛寅診治，他堅持使用破血劑。張氏自己也願意服藥試試。朱高熾念念不忘「龍種」，一邊同意嘗試，一邊將盛寅關押起來。如果愛妃服藥後是墮胎，就殺了盛寅。張氏服藥後，排除大量瘀血，病體慢慢好轉。朱高熾釋放盛寅，還大加賞賜，禮送回家。此事，盛寅的家人已經在準備他的喪事了。

生老病死是不可抗拒的自然法則。疾病對人體的傷害是不可逆的，任何醫術都不可能藥到病除，更不可能包治百病。遺憾的是，幾乎不會有人聆聽御醫詳細剖析病理、陳述方案。從皇帝到太監，不聽細節、不擔責任，只要療效。如此環境，醫術再高超的御醫都磨成了中規中矩的泛泛之輩，不敢越雷池一步。御藥房最常用的藥材，大抵是人參、熟地、枸杞、鹿茸、杜仲、蓯蓉、何首烏、補骨脂、松仁等補氣益血的保健藥。

太醫院不求有功但求無過，御醫們明哲保身，謹小慎微。

這麼說，絲毫沒有貶低御醫們的意思。正是這些中庸謹慎的紫禁城大夫們，在醫療技術極為落後的明清時期，保障了宮城一方天地之內的衛生，延長了宮廷眾人的壽命。這是一項了不起的成就。

皇帝沒有實現長生不老，紫禁城最長壽的主人乾隆皇帝也只活了八十八歲。但紫禁城眾人的平均壽命遠高於全國平均。仔細分析，太醫院的風格對急病、重病的醫治談不上是最好的選擇，但對公眾健康、防疫抗疫確是相當有效。它辦事周到細緻，它有雄厚的物質保障，它還有機會接觸到最新的藥物和治療技術。其中一項傑作，就是紫禁城率先消滅了天花。

天花，是長期以來縈繞在中國人頭頂的死亡使者。患者嚴重的引起膿毒敗血症，死於數日之內，輕者痘潰破結痂脫落留下疤痕，餘生成為麻子。更可怕的是，天花還是傳染病。古人聞天花而色變。北京城是天花一再光臨的大都市，紫禁城也不例外。順治皇帝死於天花。康熙皇帝能夠從皇子中脫穎而出，一大重要原因就是他得過天花，具備了免疫力。清朝早期，來自草原的蒙古人將進京朝覲視為畏途，擔心感染天花。康熙皇帝設定木蘭圍場，「習武綏遠」，一大主要原因就是免除蒙古貴族的天花恐懼。康熙中期，玄燁指示太醫院傾全力消滅天花。太醫院廣納天下賢士，率先在宮中推行種痘術，終於在區域性地區消滅了病魔。從此，皇子皇孫不再受此恐懼，蒙古等四方朝覲者也踴躍前來紫禁城朝貢。

弘治十八年，明孝宗患熱得疾，太醫院診治服藥後，不日竟然駕崩，年僅三十六歲。

內閣追查責任，發現這是一起「藥不對症」的醫療事故！當日跪診

的太醫院院判劉文泰在所配藥劑中，竟投大熱之劑。除劉文泰外，當日監視太監張瑜，之後相繼出診的掌太醫院事施欽、院判方叔和、醫士徐昊等負有直接責任的醫官，前太醫院院使王玉，現任院使李宗周，院判張倫、錢鈍、王槃等坐視用藥不當而不糾正，全部有罪。繼位的明武宗判決：張瑜、劉文泰等依律處死，施欽、方叔和革職，徐昊發原籍為民。

　　這是我讀到的紫禁城內發生的最嚴重的一起醫療事故。

# 紫禁城名醫

光緒六年（西元一八八〇年），名醫薛寶田受浙江巡撫舉薦，入宮為長期亞健康的慈禧太后診治。

薛寶田先到太醫院，接受了御醫們的集體考試，通過後入宮為慈禧太后診斷，開方經過御藥房嚴格把關後，呈送慈禧服用。他深得慈禧親近，獲得了切脈 15 次、開藥 20 多方的殊榮。慈禧太后服藥後身體感覺好轉，對薛厚加賞賜。輿論稱薛寶田恩遇為天下名醫之冠。

薛寶田成功的祕訣在哪裡？他留下了《北行日記》，自述診斷慈禧太后病因為「鬱怒傷肝，思慮傷脾，五志化火，不能榮養沖任」，因而建議慈禧「節勞省心」。而這個建議是政治敏感、深知宮闈實情的御醫們斷然不敢提出的。或許是薛寶田年近古稀，或許是薛寶田來自千里之外，慈禧太后聽後不怒反嘆，對薛寶田感嘆道：「我豈不知，無奈不能。」

這一刻，權力欲旺盛、掌握生殺予奪實權的慈禧太后變成了一個普通病人，開始和主治大夫話家常、倒苦水。

這個幸運的大夫就是薛寶田。他感嘆：「宮中之人，此類疾患，勢所不能免。」

紫禁城大夫，能否成為名醫，關鍵在於醫患關係，在於皇帝的醫療觀念。紫禁城大夫的專業能力差距不遠，成功與否就在於是否遇到了一位合適的皇帝。

人生是一個逐漸走向死亡的過程，誰都不能抗拒。大夫能做的，只是延緩這個過程。

好幾位紫禁城的主人不接受這樣的觀念，重蹈前輩帝王的覆轍，追求長生不老。明代有嘉靖皇帝修道煉丹，甚至摧殘宮女來謀求永生；清代有雍正皇帝崇道修煉，幻想用丹藥保持旺盛的精力。其他很多帝王，雖然不似這般固執，但多多少少迷信過旁門左道。另外一些帝王則自負為天之驕子，將無限的皇權泛溢到了醫療領域。比如，「十全老人」乾隆皇帝自詡精通醫道，常反過來指導御醫們如何診療、如何開方。如果臣下進貢一方「華佗在世」匾，估計弘曆也會笑納；光緒皇帝從小身體羸弱，又長期精神壓抑，本不是藥石能夠治癒，偏偏又頻繁傳醫診治，還追求速效，親自動筆刪減御醫方子中不中意的藥材，新增上猛料。可以想見，乾隆、光緒時期的御醫只能「打破牙齒和血吞」。

康熙皇帝或許是紫禁城最理性務實的主人，而且博學好問，對醫術頗多涉獵。更難能可貴的是，康熙皇帝能夠以相對平等的姿態聽取御醫的專業意見，不固執己見。

康熙四十五年八月，御醫劉聲芳等人奉旨診治護軍參領莫爾洪之病。經過診治，莫爾洪病勢時好時壞，食欲大減，最後竟然茶飯不思了。康熙皇帝得知，甚為惱火，痛批劉聲芳等御醫「皆因醫學粗淺之故，所以往往不能救人」！不過，康熙皇帝也就是口頭抱怨，罵完便罷，再根據自己經驗，提出了他的治法，讓劉聲芳等人「照文試治可也」。

此處的劉聲芳，就是六百年來最成功的一位紫禁城大夫。

劉聲芳由民間大夫遭延攬入太醫院，其行醫風格高度契合太醫院的做派風格。他本是平和穩重之人，用藥平穩，主張劑量適中，激發人體自身免疫調節功能來對抗疾病。入宮之後，劉聲芳先後給康熙皇帝、赫

世亨、蘇瑪拉、大阿哥福晉等位高權重者治病，逐漸得到重用。康熙四十九年，劉聲芳升遷為太醫院右院判；康熙五十二年，因為經守診治的宮女死亡，劉聲芳受加級革退處分；康熙五十五年，劉聲芳因「開錯藥方」，內務府擬處以降三級、罰俸一年的處分，康熙皇帝開恩寬免；康熙末年，劉聲芳升至太醫院院使，雍正年間再經歷太常寺卿、戶部侍郎，後加太子少傅、尚書銜。有幸遇到了康熙皇帝，劉聲芳收穫了天下大夫所能追求的最大榮光。

繼位的雍正皇帝對醫學涉獵不多，這並不可怕。可怕的是，他不願意接受自然規律。康熙皇帝承認藥石不能活人，軀體終將歸於塵土。雍正皇帝相信超自然力量的存在，而這股力量可以從藥石中提煉。

雍正初期，皇帝四十出頭，春秋鼎盛，兼之皇權的加持，雍正皇帝精力充沛，對太醫院的需求不多。劉聲芳繼續平步青雲，雍正八年因治療雍正皇帝及其最親密的弟弟兼政治盟友怡親王允祥有功，加太子少傅，尚書銜，達到榮耀的頂峰。當年六月，劉聲芳卸任太醫院院使，趙士英繼任。不料，僅僅半年後的十一月，雍正皇帝便痛罵趙士英「舉動言語荒謬乖張，是其福量淺薄，下賤小人」，革去職銜，暫留太醫院戴罪立功。御醫劉裕鐸的命運更為悲慘。他在雍正六年還是雍正皇帝稱讚的「當代第一名醫」，兩年後就成了草率行醫的庸才，而且是潛伏著的、雍正競爭對手胤禵的黨羽，要被推出去正法！在眾人搭救之下，劉裕鐸遭革職，流配新疆從軍。

此時的雍正皇帝，高負荷的工作正在摧毀肉體。身體感覺越差，雍正皇帝就越懷疑御醫誤人。正如他相信皇權可以改天換地一樣，雍正深信世間總有辦法對抗生老病死。這個辦法，就需要御醫去尋找、去施行了。得寸進尺的是，雍正皇帝不滿足於延年益壽，還要煉丹服藥長生不

老。如此一來，太醫院的日子就更難過了。種種糾結與壓力，直接間接地匯聚到負責太醫院的劉聲芳那裡。劉聲芳此時年逾古稀，還要兼職在圓明園督煉「長生不老藥」，身心老邁、不堪重負了。

大劑量服用丹藥後，雍正身體大走下坡。他懷疑這是劉聲芳越來越不用心了。雍正的不滿先宣洩到劉聲芳的兒子身上。雍正八年十一月，朝廷明發上諭：「劉聲芳之子劉經邦從前在知縣之任聲名甚屬平常，久為戶部司官，甚屬庸碌無能，不能辦理一事，著將革職。」革職後，雍正還不解恨，要求劉經邦將「在戶部司官任內歷年坐食分規飯銀悉追出交還戶部」。朝野無不將此視為劉聲芳即將失寵、失勢的訊號。一個多月後的雍正九年正月，指責劉聲芳對自己從去年夏秋開始的「病症」玩忽職守，居心巧詐，革去職銜，效力贖罪。雍正一貫的懲罰風格是撤銷一切職務，幾年前賞賜給劉聲芳兒子的功名，全部追回。劉聲芳大約在一年後的雍正十年（西元一七三二年）去世，享年七十八歲。

一代名醫，黯然謝幕、悄然退場。雍正、乾隆年間，紫禁城再無名醫。

晚清的慈禧太后，是另一位工作狂。受長期高強度工作的影響，慈禧太后的左臂一度不能屈伸，經數位御醫診治、數日用藥，症狀不見好轉。太醫院的一位年輕大夫張仲元，趕鴨子上架，竟然手到擒來，治癒了太后左臂。張仲元名聲大噪，深得慈禧太后信賴，後來居上出任太醫院院使，五品頂戴。籠統而言，張仲元的成功在於理性務實，更在於慈禧太后對他的寬容接納。即便如此，張仲元的御醫生涯，也談不上平順。

光緒三十四年，慈禧太后壽誕將至，西藏達賴活佛來朝。慈禧太后計劃請達賴吃飯看戲，但身體發燒，不一定能出席。她就自己開了五錢

羚羊藥方。御醫勸諫說，藥不對症。慈禧太后不聽，結果喝了藥湯還是發燒。惱怒之下，太醫院院使張仲元竟然挨了四十板子。

張仲元職業生涯中期，長期遭受光緒皇帝的責難，起因是光緒慢性病持續不斷，太醫院總不能藥到病除。光緒皇帝歸因為御醫們敷衍了事、平庸顢頇。張仲元備受責難，還要張羅考核各地舉薦進京的名醫們。光緒晚期，是紫禁城醫療體系最繁忙的時期，一位位名醫受邀入宮診切龍脈，又一位位名醫搖頭失望而去。他們和張仲元一樣，都清楚光緒皇帝的病在心不在身、在養不在藥劑。無奈，光緒皇帝觀念完全不到同道上，道不同自然無處講理。

天下名醫為博取虛名而來，淺嚐紫禁城大夫苦楚而返。

旁人只羨慕御醫的文官身分和優厚待遇，卻看不見御醫的壓抑束縛，冷暖自知。張仲元似乎理解了大學士丘濬就對劉溥的惋惜，卿本佳人，奈何行醫？精神獨立是士大夫階層追求的核心價值觀之一，凡是人格不獨立思想不自由的，就是粗鄙低賤之人。御醫完全依附於皇帝，個人榮辱乃至生存繫結在皇帝歡喜好惡之上，自然入不了士大夫的法眼。

光緒皇帝駕崩，太醫院院使張仲元、御醫全順、醫士忠勛等因未能盡職盡責，俱遭革職。

張仲元是進出紫禁城的最後一位太醫院院使，也是中國最後一位太醫院院使。

# 月子房與三婆

生產，繁衍後代，是人生最重要的事情之一。

千古帝王家尤其重視子孫繁衍。生育關係到國祚綿延、江山永固，關係到宮中女眷的進退榮辱。宮廷醫療的另一項重要的、太醫院又不能參與的內容，就是嬪妃生產問題。

為確保血統純正，紫禁城的生育醫療前移到了帝王臨幸女眷環節。明代紫禁城女官中有專司記錄後宮事務的女史，其中尚儀局司贊司彤史二人（正六品女官）就負責記錄皇帝臨幸后妃群妾，明確到年月日和臨幸地點，有的甚至詳細記錄當時情形。這種對帝王隱私的侵犯，是保證皇室血統純正的必要手段。後宮不敢假冒龍胎。當然，紫禁城也沒有「私生子」一說，皇帝不能否認自己的子嗣 —— 畢竟皇家血脈比皇帝個人好惡更為重要。

一旦確認有孕，紫禁城便開始布置產房：月子房。

月子房一般臨時選在紫禁城內僻靜地點，安靜是為了給孕婦營造安寧的生產環境，偏僻是因為傳統觀念認為生孩子產生的汙血等物為不祥，不便放在衝要之地。宮中也有稱之為暖房、產閣的。傳統觀念還認為產婦不能受寒、受風和光線直射，所以月子房四周裝飾大量的絹羅綢緞，造成保溫、遮光和防風的效果。房間裡準備各種生產所需材料、工具，皇家產婦不會有任何匱乏之憂。

太醫院照例有照顧月子房之職，配有數十名醫生伺候生產，相應藥材也由太醫院統一調配，但御醫不能踏進月子房一步。即便產婦出現問題，御醫也只能在月子房外聽取症狀描述，然後擬方子進呈。

沒有御醫，誰負責月子房內母子平安康健呢？三婆。

月子房內配備穩婆、乳婆、醫婆數十人，服務生產的全過程。三婆從京師民間挑選，她們是明清時期唯一能入宮的民間女子。有些文獻尊稱她們為「女御醫」。

明代沈榜《宛署雜記》記載：「民間婦人不能入紫禁城，即便是後宮妃嬪，她母親沒有聖旨也不能入宮探視。只有三婆可以進出紫禁城。三婆，一是奶婆。內庭如果將有誕生喜事，就預先招募奶婆在內直房候命；一是醫婆，挑選精通產科方脈的女子，等宮中有旨就送司禮監等候挑選待詔。入選者，婦女多榮之。一是穩婆，即民間收生婆，也是預選後人等候召用。」具體挑選工作，在宮外主要是錦衣衛負責，在宮中由司禮監統籌。清朝應該也沿用了三婆，可惜沒有找到明確的文獻紀錄 —— 或許在明代文人看來，有關月子房母子安危的民間三婆並不值得記載。清代無司禮監，估計三婆入宮後由內務府統籌安排。

三婆中最重要的是接生的穩婆。紫禁城要求候選人必須是有多年接生經驗、技術嫻熟並且家世清白、人品貴重的婦女，而且還要外貌端正。入選的候選人，基本上是北京城內外經驗豐富的接生婆。她們沒有受到系統的醫學訓練，但能夠代表北京地區最高的接生水準。在沒有專業產科教育與產科醫生的明清時代，這些出身低微的穩婆憑藉經驗，接住了帝國的希望、未來的九五至尊。

皇城內、東安門外北部有儀禮房，是奶婆等候宣召入宮的場所，俗名奶子府、奶子房。

　　哺乳是婦女的本能，宮中女眷卻被剝奪了這一項母性本能。毋庸諱言，哺乳將對女性的身體造成負面影響，影響她們很快投入下一場孕育。紫禁城外的豪門大戶女眷，也是如此。不過，紫禁城還有更多考慮。宮闈莊嚴，不允許女眷袒胸露腹。哺乳無疑會強化母子情深，自私的帝王擔心妻子與兒子的親情會威脅皇權。綜上，招募奶婆便成了不二之選。

　　奶婆是皇子公主的奶媽，是三婆中需求量最大的，要求也是最嚴格的。明代奶婆入選的標準是十五歲以上、二十歲以下，容貌端正，生育過三胎且第三胎誕生在三個月內，丈夫與子女俱全的女子。初選後送給穩婆檢驗，主要是驗看身體是否有隱疾、是否有疤痕等；驗看無誤後，由穩婆具結送司禮監終選。每個季節，紫禁城都要精選奶婆四十人，養在奶子府，同時還要選八十名候補，隨時待命。

　　奶子府中的奶婆，最後要經過嬰兒的「親口檢驗」。皇子公主降生後，有數名奶婆入月子房給嬰兒哺乳，經過比較，留下表現最佳的那位作為奶媽，其餘送回。當穩婆、醫婆在孩子滿月後就得出宮時，奶婆的紫禁城生涯才剛剛開始。（陳豆豆：〈明代宮廷月子房探析〉，載於《文史雜誌》二〇一七年第四期。）

　　原本應該籍籍無名的奶婆，卻在紫禁城內外留下了諸多傳說。

　　民間傳說最著名的奶婆也許是明憲宗的貴妃萬貞兒。萬貴妃大明憲宗十七歲，深得明憲宗的寵愛，可惜專橫極嫉，是當時紫禁城許多傳奇劇的幕後導演。人們相信，從小離開生母由奶媽哺育成長的皇帝，與奶媽產生終身難捨的感情。這是萬貴妃獨霸紫禁城的感情基礎。但是，萬貞兒並非明憲宗的奶婆，而是保姆。同樣的情況還有《紅樓夢》作者曹雪芹的先輩孫氏，曾經為康熙皇帝的保姆，而非奶婆。曹家於江寧一帶

風光數十載，孫氏助力良多。

明朝藉助皇帝深情進而干政的奶婆，確有其人。她便是天啟朝的客氏。在殘酷的權力鬥爭中，明熹宗朱由校從小喪失了父母的關愛，客氏陪伴、撫養他長大。朱由校登基後，冊封客氏為奉聖夫人，入住咸安宮。客氏出入宮禁，清塵除道、香菸繚繞，宮人恭稱為「老祖太太千歲」。天啟朝魏忠賢的崛起，重要助力就在其勾搭客氏，狼狽為奸。

紫禁城最後一位奶婆、溥儀的奶媽王連壽記錄最多、影像齊全。溥儀出生時，醇親王府採納宮中做法，選定了河北大城縣的王焦氏為奶婆。王焦氏不幸喪父，為了養活與溥儀同歲的女兒，入王府當奶婆，後來隨溥儀入紫禁城，日夜照顧，直到他九歲斷奶。溥儀在《我的前半生》中承認，自己從這個不識字的婦女身上學到了為人處世的道理，從這個毫無血緣關係的婦女身上感受到了母親的溫暖。推而廣之，紫禁城裡的其他帝王與奶婆之間，應該也有類似的感情。

三婆的挑選非常嚴格，待遇也遠比服務一般人家優厚。官宦人家和豪門世族的女眷，有各種方法躲過挑選，候選的女子多是貧寒女子。比如，王連壽出身赤貧，連真實的姓名都沒有，王是她的夫姓，連壽是溥儀的「賜名」。她們基本上都非常願意進宮，不僅能帶來一筆豐厚的收入，而且是她們中的絕大多數人改變僵化單調生活的唯一途徑。

溥儀九歲時，宮中太妃不願小皇帝與奶婆感情日深，加之太監排擠迫害，王連壽與溥儀不辭而別，離開紫禁城。她返鄉後發現女兒在自己當奶婆的第二年就夭折了，為避免她情緒波動影響哺育，醇親王府封鎖了訊息。王連壽孤苦無依，一度乞討為生。好在不久後溥儀當年做主，接王連壽至身邊照顧，非常尊重，時常問安。與皇帝產生深情的奶婆，估計後半生都差不到哪裡去。（王連壽後隨溥儀前往東北，日本投降後

一九四六年死於亂軍之中。）

　　萬事俱備後，入住月子房的宮中女眷，或焦慮或興奮地迎接她們人生中最重要的時刻。她們的餘生、她們的人生價值，都押在了月子房。在長達一個多月時間裡，女眷們將吃住在月子房，度過與子女最親密的時光，然後在一月之後離開，迎接下一階段的人生。

　　她們的丈夫、紫禁城的主人，不論如何牽掛親生骨肉，也不能踏入月子房半步，即便是周邊區域也不行。皇帝們除了履行的職責，保障持續供應物資和人員外，只能靜靜祈禱皇嗣平安誕生、準備進入父親角色。

　　丈夫不能陪伴在生產的妻子身邊，母親不能如願哺乳初生血肉，都預示著這是一戶不平凡的人家。

　　在皇室、後宮、朝堂萬眾矚目之下，當「哇哇」聲從小小的月子房響起，塵埃落定。孩子，歡迎踏上不平凡的人生旅途……

# 紫禁城警衛

# 侍衛處／御前大臣

嘉慶十八年（西元一八一三年）九月十五日是紫禁城天翻地覆的一天。

一小股造反者竟然攻進了紫禁城，甚至差點攻占了這座城池！

造反者兵分兩路。東路暴露過早，只有五六個人在太監內應下闖入東華門。直到造反者衝到協和門，清軍才展開阻擊。西路有四五十人衝入西華門，殺奔養心殿而去。沿途，造反者攀爬城牆、屋簷，搖旗吶喊。防守午門的清軍將領得知起義軍打進皇宮，率兵開啟紫禁城的正門，逃跑了！眼看造反者就要攻克天朝的心臟——養心殿了。

太監緊閉宮門，造反者開始翻越養心殿的宮牆。皇次子旻寧在養心殿臺階下以鳥槍擊中兩名起義者，並指揮侍衛、護軍抵抗。此役，旻寧拉開了與其他皇位競爭者的距離，成了日後的道光皇帝。雙方在隆宗門外激戰，清軍越聚越多，造反者寡不敵眾，或戰死、或跳牆而逃，更多的散入紫禁城潛伏在慈寧宮、五鳳樓、南薰殿等處。之後兩天，清軍徹底搜查紫禁城，又抓捕了三十多名起義者。這場「癸酉之變」才告終結。

百餘人的小股隊伍，在中國歷史上第一次攻入了宮城。嘉慶皇帝不禁哀嘆：「千古未有事，竟出大清朝！」

隆宗門的匾額左側至今留有一小截箭簇，據說是當日激戰的遺蹟。嘉慶皇帝留下箭簇，為了警醒後人，更為了居安思危。

遺憾的是，這種千古未有之事，嘉慶皇帝在十年前的嘉慶八年閏二月

二十日也經歷了一次。當日嘉慶皇帝回宮，竟然在神武門遭遇失業廚子陳德行刺。神奇的是，嘉慶的重重護衛形同虛設，陳德如入無人之境，持刀衝至御前，直到侍衛丹巴多爾濟捨身相救，才以行刺未遂告終。上一次與皇帝面對面的行刺未遂事件，或許還要上溯到荊軻刺秦王了。

那麼，紫禁城的警衛制度如何，又是由哪些人守衛呢？

作為中國宮城的集大成者，紫禁城自然警備森嚴，宮廷侍衛都是一時之選。

明清時期，京畿是防衛要地，重兵屯守。明朝在北京城周邊設定了三十多個衛所，棋衛京師，其中騰驤前後左右四衛負責隨駕護衛，旗手衛掌管紫禁城旗鼓，協助保衛，而日常守衛宮廷、保護皇帝的是錦衣衛，還有武裝宦官。這其中，錦衣衛負宮廷侍衛的主責。大朝、常朝時，錦衣衛長官隨駕扈從，魁梧雄健的錦衣衛校尉稱為大殿和緊身保衛；夜間，40餘人的錦衣衛精銳宿值後宮的「內直房」。明代宦官勢力膨脹，自然不會放過近身把持皇帝的機會，值夜安保工作主要由武裝太監負責。其中，司禮監太監值宿在寢宮乾清宮值房，一旦出現意外可以迅速穿戴戎裝，趕赴御前防衛。如果有大臣要聯合皇權對宦官不利，他們也能第一時間偵知並做出反映。警衛權其實也是親近皇帝、分享皇權的權力。

清代，八旗鐵騎的主力駐紮在北京，稱為「禁旅八旗」。皇家警衛部隊主要由親軍營、護軍營、前鋒營、神機營、驍騎營、健銳營等組成。他們從外到內，構成了紫禁城的三層警衛體系。最外層的北京內城警衛由步軍營負責，他們也是京城衛成部隊。八旗步軍營大約有步兵一萬人，另有五個營的綠營兵，總兵力接近三萬人，統歸提督九門步軍巡捕五營統領管轄。此職原本是步軍營的長官，簡稱「步軍統領」，正二品武官；因為他負責警衛的北京內城一共九個城門，又稱為「九門提督」，

由於職責重大升為從一品武官。九門提督所轄部隊是整個內城的衛戍部隊，在清朝常備軍中稱得上裝備精良、人員幹練。在清朝歷次政治風波中，九門提督及其部隊發揮了舉足輕重的作用。

紫禁城原藏清代甲冑

紫禁城原藏清代著盔甲騎兵

第二個層次是皇城警備，由護軍營負責，統轄於護軍統領。護軍營稱得上是清朝的禁衛軍，挑選滿族和蒙古八旗的青壯精銳組成，又分為上三旗和下五旗兩部。下五旗護軍營負責警備皇城。上三旗護軍營負責最內層的宮城警備。紫禁城四門及內部宮苑、殿門，乃至皇帝的巡遊都由上三旗護軍營負責。護軍營精銳多達數千人。這兩層護軍營都由護軍統領指揮。護軍統領為正二品官，卻不像九門提督一樣相對獨立，而是聽命於領侍衛內大臣。

領侍衛內大臣是領侍衛處的長官。侍衛處職責不同於前三層警備，

他們直接侍衛皇帝，是清朝皇帝的貼身警備力量，是真正意義上的「大內侍衛」。

領侍衛處的辦公機構在前朝的太和門兩廂、崇樓南邊圍房。領侍衛內大臣為正一品武官，之下有從一品的內大臣、從二品的散秩三臣。領侍衛內大臣和內大臣，都是上三旗每旗各二人，散秩大臣無定額。在實踐中，領侍衛處長官多從滿蒙王公、近臣中特恩補授，不受員額的限制。侍衛處攸關自身性命，皇帝自然要從親近人員中選任。

領侍衛處下屬武裝力量主要由親軍營、侍衛兩部分組成。親軍營挑選上三旗精銳情壯組成，定額 1770 人；侍衛更是武士精銳中的精銳，定額只有 570 人，只從護軍營、親軍營、前鋒營的上三旗子弟中挑選，後來也從宗室後裔中挑選，增加了 93 名宗室侍衛。

侍衛由低到高分為藍翎侍衛、三等侍衛、二等侍衛、一等侍衛，分別為正六品、正五品、正四品、正三品武職。清代侍衛的品級極高，多數文武官員奮鬥一輩子都未必能達到藍翎侍衛的品級。單就此而論，侍衛就是很多人眼中的美差。他們負責紫禁城重要宮門的警衛工作，同時隨扈皇帝左右，因為工作性質也稱「大門侍衛」。在四等侍衛之上還有乾清門侍衛、御前，顧名思義前者在乾清門內值班，後者隨侍皇帝左右。乾清門是前朝與後寢的分界，非有特旨不得擅入。乾清門侍衛並非只在乾清門站崗，而是保衛御駕，還承擔傳諭宣旨、引見官員等近侍工作。御前侍衛比乾清門侍衛更進一步，是皇帝的貼身保鏢。御前侍衛、乾清門侍衛並非一級職官，選拔極嚴，卻是所有侍衛奮鬥的目標，萬人仰望。他們的身分、待遇與一般的大門侍衛有天壤之別，「大門侍衛之仰望乾清門待衛，有若天上神人」。

忠誠和能力，與出身無關。侍衛後來也突破皇帝親信的上三旗、宗

室子弟範圍，從武進士中挑選。
武狀元授為一等侍衛，榜眼、探花
授為二等侍衛，領侍衛處再從二甲
武進士中簡選十名為三等侍衛、三
甲簡選十六名為藍翎侍衛。除此之
外，漢軍八旗或者普通漢人幾乎沒
有可能入選領侍衛處。貴州漢人楊
芳，身經百戰，又於道光七年平息
張格爾叛亂，生擒張格爾。道光皇
帝封楊芳為三等候爵，賞戴雙眼孔
雀翎，晉升為御前侍衛。這是特例
中的特例。

　　侍衛也不全是赳赳武夫，集中
了八旗子弟中的精華。後來爆得大
名的「清代詞宗」納蘭性德，作品
清麗婉約、格高韻遠，生前的職業
卻是乾清門侍衛，是同齡的康熙皇
帝的貼身侍衛，常伴左右。

乾隆頭等侍衛占音保像

　　留存於世的功臣像中有不少是侍衛，讓我們可以一窺他們當年的風
采。美國大都會博物館所藏的呼爾查巴圖魯‧占音保像就描繪了一位威
武精悍的乾隆朝一等侍衛形象。占音保四十歲開外，筆直肅立，左手持
弓右手按箭，緊閉雙唇，肌肉緊繃，神態嚴肅，保持警惕狀態，彷彿身
處戰場邊緣。一把青綠色佩刀，橫在占音保的腰間。那是八十公分長的
制式佩刀，刀柄例用纏繩，外套綠鯊魚皮鞘。清代侍衛用刀，可算是中

國古代刀具製造業的巔峰傑作。佩刀正反面各有血槽一道，刀口兩寸處向上反開刀刃，因此增強了殺傷力。鋼鐵合金經數十道製造工具，富有韌性和強度，切削性良好，據說皇太極征討朝鮮時，清軍的佩刀常常把朝鮮士兵的配刀攔腰砍斷。這種刀刀刃鋒利，熠熠放光，刀體較輕，靈巧方便，便於攜帶，尤利近戰，最適合侍衛使用。

占音保採取了奇怪的左側向後佩刀，這是清朝騎射風氣的一個例證，方便在馬上馳騁時右手從腰後抽刀。占音保像穿著一件暗綠色棉衣，密密麻麻的針腳留下了一道道清晰的條紋。鋼鐵鎧甲在清朝前期就逐漸退出了歷史舞臺。隨著火器的發達，鎧甲的防護作用日漸降低，純粹就成了擺設，只有在閱兵典禮上還穿戴使用。戰鬥時，清朝官兵一般穿綿甲，不穿鎧甲。綿甲是以紡織品製造的甲，內襯鐵片，外用銅釘固定。綿甲用材比較輕軟，較鐵甲行動較為自如，而防護功能並不落鐵甲多少。綿甲沾溼後還可以抵禦一般火器的射擊。不僅防護功能不弱，綿甲還有保暖效果，是清代侍衛乃至警備部門的制式軍裝。

占音保頂戴字尾單眼孔雀翎。戴翎是清朝大臣特殊的政治待遇，起初只賜予侍衛等內廷近臣，以壯軍容。藍翎侍衛戴藍翎，染鵝翎為之；三等侍衛以上戴單眼花翎，以孔雀翎充之。後期，花翎可以捐納得之，獲得者越來越多，也就不再彰顯尊榮。侍衛與戴翎相配合的服飾是黃馬褂。御前侍衛、乾清門侍衛多數享有此項殊榮，黃馬褂的顏色是御用的明黃色，非常醒目，目的也是以壯觀瞻。其他官員非有殊功不獲特賜，不得穿黃馬褂。此外，侍衛還有端罩、蟒袍、緣貂朝衣、朝珠等待遇，遠比同品級的官員尊貴，值班時，侍衛在侍衛膳房就餐，享有值班、馬匹等津貼，隨同皇帝出巡、謁陵、木蘭巡狩時例有賞銀。僅大門侍衛一次賞賜就可高達八十兩，相當於三等侍衛一年的俸祿。此外在朝會大

典、升遷調轉等諸多方面侍衛都享有特殊待遇，遠勝於其他官員。

清代侍衛自我認知：「平明執戟侍金門，也是隨龍護駕的臣。翠羽加冠多榮耀，章服披體位清尊。腰懸寶劍威風凜，手把門環氣象森。問尊兄榮任是在何衙署？鞠躬道小弟當轄在大門。雖然難比翰林爵位，要知道比上步軍是人上人。」（轉引自郭曉婷、冷紀平：〈從子弟書看清代旗人官吏的日常工作〉，載於《海南大學學報》二〇一一年十二月）。）

清代紫禁城侍衛制度有兩大鮮明特色。第一是特殊的待遇，不僅令同品級官員心生羨慕，就是封疆大吏也未必有他們那般尊享。皇帝賦予侍衛們生活、政治方面的特殊待遇，籠絡侍衛為己所用倒是其次，更重要的是侍衛關係到皇室臉面。一支光鮮亮麗的侍衛隊伍，也是君權強盛的象徵。

第二是上三旗滿蒙家族和王公貴戚子弟壟斷了侍衛群體。漢人擔任侍衛，三、五年就外放地方武官，不能長留領侍衛處，更勿庸說擔任長官了。明朝紫禁城親軍缺員，倡議從其他衛所中補充兵員。兵部尚書李慶反對：「舊制無散衛軍守衛者。守衛事嚴，散衛軍何可盡信？」明仁宗笑道：「人未可盡信，亦未可盡疑。為人上者，在布德施仁，以得眾心耳。」沒有絕對可信之人，仁德收穫人心，人心才是最可靠的侍衛。清代皇帝顯然沒有明朝皇帝的清醒認知，固守滿漢之別、偏愛上三旗。

侍衛體面優越，工作卻不輕鬆。「佩刀鵠立禁門裡，夏熱冬寒苦萬重」，守門站崗是侍衛們的日常工作，常朝時在太和門外值房「坐班」，此外還要承擔諸多差事。比如，內務府的諸多衙署都有侍衛兼職，一些衙署的長官例由侍衛擔任。奏事處、武備院、上馴院、奉宸院、養鷹狗處、御茶膳房、尚虞備用處、十五善射等處皆有侍衛任職。這些衙署大抵是與皇帝生活密切的部門。這其中有設於東華門內、上馴院附近的養

鷹狗處，又稱鷹鷂處。清朝保留游民本色，紫禁城每年收納東北呈進的鷹鷂。其中首推名鷹「海東青」。海東青俊健無比、擅長捕獵。這些關外鷹手進貢的鷹鷂，由養鷹鷂處收繳飼養，供皇帝御用，也用來獵獲雉雞，供御膳和祭祀用。養鷹鷂處後來還飼養獵狗，又稱狗處。

　　侍衛常隨左右，和太監一樣是皇帝最可親近的人群。清代皇帝常常派遣侍衛處理專項事務，類似欽差大臣。從西域的屯田治安，到江浙的督辦海塘，帝國的疆土上四散著紫禁城侍衛。占音保就以一等侍衛身分參加了清朝平定新疆的戰役，斬獲俘虜眾多，還長途傳檄巴裡坤（在今新疆哈密），因功勛卓著才得以留下了肖像。這些差遣便利了皇帝對於特定事項的控制，也鍛鍊了侍衛，方便佼佼者脫穎而出。宮廷侍衛是紫禁城駕馭帝國的重要力量。

　　領侍衛處儼然是八旗親貴子弟的儲才所、大學堂。許多滿蒙權貴都是在領侍衛處完成了仕途的積累，奠定了與皇帝的親密關係。清中期的權貴福康安於乾隆三十二年以三等侍衛踏上仕途，三十四年升為二等侍衛，三十五年榮升頭等侍衛，三十六年授戶部右侍郎、副都統。他前後僅用四年就由閒散人員成為實權在握的二品大員。「不數年則致顯者」在領侍衛處比例很高，「滿洲將相多由此出」。

　　疑心病是皇帝的痼疾。警衛大事，皇帝自然不會把性命都交給唯一的機構。侍衛帶領著親軍、護軍們警戒紫禁城的日日夜夜，領侍衛處是統轄協同的指揮機構。萬一領侍衛處出現紕漏，將會置皇帝於險境。於是，「御前大臣」橫空出世，構築了又一道警備網。

　　御前大臣的官制相當奇特。作為一個正式職官，他似乎沒有輔官，沒有公署衙門。雖然領侍衛內大臣也沒有大臣公署，但是領侍衛處是有簡陋的辦公場所的。然而，御前大臣的權力卻非常大。首先，他管理奏

事處，把控著御批文書流動的最核心的一道流程；其次，他分割了領侍衛處的權力。御前侍衛、乾清門侍衛從領侍衛處產生，卻聽從御前大臣指揮，相當於有兩重領導。雙方權責就發生了交叉。御前大臣統領皇帝貼身侍衛，隨侍皇帝左右，在事實上掌控了內廷事務，實權在領侍衛內大臣、掌鑾儀衛事大臣、九門提督等人之上。可見，判斷一個官職的實權高低，切不可以衙門公署的富麗堂皇與否為依據。

皇帝居宮之時，御前大臣伴隨左右，領侍衛內大臣督率侍衛處、護軍統領等把守宮城各處，次外層的皇城也由護軍統領守衛，再外層的北京內城由九門提督率領步軍營把守，而最外層就是數十萬禁旅八旗了；皇帝出宮巡遊，前鋒營負責前導，掌鑾儀衛事大臣負責車駕儀仗，御前大臣與領侍衛內大臣任後扈大臣，督率侍衛、親軍營、護軍營護駕。

沒有一個部門掌握皇帝的全部警衛武裝，就好似紫禁城有好多條權責交叉的安全支架。在理論上，支架越多，物體越安全。

御前大臣地處要害，只從滿蒙王公、皇親國戚中特授，從不授予其他出身之人。其他警衛長官也極少授予漢人甚至漢軍旗人。從康熙至同治的 86 位滿蒙內閣大學士和軍機大臣，擔任過御前大臣、領侍衛內大臣、掌鑾儀衛事大臣、內大臣、散秩大臣、侍衛等警衛官職的比例約達 80%，顯示出「滿漢殊途，近御治國」。（陳章：〈滿漢殊途，近御治國 —— 侍衛系統與清代中樞政治關係初探〉，載於《北京社會科學》二〇一九年第四期。）清朝皇帝的警衛近臣，也是帝國最高的權力層。

紫禁城警備重任，還是交給自家人放心。

# 紫禁城防線

　　每當夜色深重、烏雲遮月之際，有關紫禁城的血腥傳說粉墨登場。在街巷談資中，這是一座危險的宮廷。

　　在現實中，江湖高手、俠客死士有沒有可能突破重重防守的紫禁城呢？

　　紫禁城高城深池、固若金湯，且有層層精銳武士守衛，正面強攻成功的可能性微乎其微。紫禁城唯一一次失陷，也不是正面攻破的，而是明朝滅亡，李自成兵不血刃進入紫禁城。

　　筒子河河寬 52 公尺，水深 5 公尺，河底夯築灰土，兩邊用花崗岩條石灌白灰漿砌陡直的護堤。突破者無處藏身，無法潛游。紫禁城城牆高達 10 公尺、頂寬近 7 公尺；牆基用灰土和碎磚層層夯實，則均為五步深的灰土砸堅實，再砸三步深的灰土，名曰「護城根腳」；牆根往上有「橫七豎八」十五層磚質結構，內外磨磚對縫包砌「細泥澄漿磚」，用江米加石灰水混合攪拌而成的「雪花漿」澆灌了三次；牆頂外緣砌品字形堆口、內側砌女牆。八國聯軍的大砲都轟不塌城牆。紫禁城的城防建築用「堅如磐石」來形容，並不為過。

　　再堅固的硬體，如果缺乏合理完善的制度配套，也是形同虛設。

　　紫禁城竣工後，朝廷設定了嚴苛的防備制度，構築了層層禁衛防線。制度的主要目的是杜絕假冒、偷渡、盜竊、行刺等事件的發生。這套制度要從門禁講起。

接近紫禁城四門處，都有「下馬碑」，任何人至此都得下馬落轎，獲得「紫禁城騎馬」賞賜的則換乘宮中的肩輦，其他人只能用腳丈量宮城。百官正常情況下從午門進出，清朝文武官員走東偏門，宗室王公走西偏門。內大臣、侍衛、內務府官員、太監、廚役、工匠、蘇拉等人分別從東華門、西華門和神武門出入。王公百官根據官爵等級可以攜帶不同數量的隨從人員入宮，嘉慶十年規定親王、郡王帶 10 人，貝勒、貝子、公及一品文武大員帶 8 人，文職八品以下、武職七品以下官員帶 1 人。乾隆三十八年曾經做出一次統計，日常進出紫禁城的雜役就有 7,451 人（郭琪：〈檔案裡的清代腰牌〉），可見進出紫禁城的人員規模之大。

紫禁城四門由上三旗護軍守衛。午門左右門各有護軍參領 1 人，閱門籍（門籍：古代出入宮廷的名牌，自古有之。唐代制度「宮門皆有籍禁」，「應入宮殿，在京諸司皆有籍」，無門籍者不能進入宮內。）護軍 2 人，護軍校、護軍 30 人。雍正元年，午門增加護軍統領 1 人。東華門、西華門、神武門各設護軍參領 2 人，閱門籍護軍 2 人，護軍 19 人。四門內蹬道柵欄處各設護軍校 1 人，護軍 9 人。四門護軍保持臨戰狀態，全副武裝，每日都要張弓、磨槍。道光年間，守門護軍配備了鳥槍。

王公大臣出入宮門要主動報名核對，工匠差役則佩帶腰牌為憑。如果有人進出隨意不莊重，或者不報名擅自前進，每門都有護軍 2 人，各執楦杖，負責笞打無禮之人。

凡在宮中各處供事的書吏、蘇拉、皂隸、廚役、工匠、演員等需要經常出入者，都由內務府發給腰牌。腰牌為木質，滿漢合璧，尺寸各異，正面燙有「腰牌」字樣，寫有年代、所屬衙門、姓名、年齡、相貌特徵及編號等。腰牌上內務府的火印戳記是驗證真偽的主要標記。每三年更換一

次，差事如有變動隨時更換，然後報景運門外護軍值房及各出入口查核。

　　京城各衙署入宮值日、辦事的官員，和需要臨時出入的人員，由本部門提前一兩天詳細開列清楚，報知值班護軍統領，以便查核。他們通常需要攜帶本部門的文書證明身分，查驗放行後護軍收管文書，等該人出門時再取回。如果遇到有緊急公文需要臨時入宮請示匯報的，由持文官員通知守門護軍，護軍再傳訊宮內該衙門長官的隨從，由隨從到宮門口領取檔案入內；如果檔案內需要面呈、面議，持文官員可以跟隨長官隨從入宮。外省官員來京陛見、請訓、請安、謝恩，也要準備印文到門繳納，各門護軍認文不認人。

　　紫禁城周長 3.5 公里的城垣，要比四門門禁困難得多。筒子河到城牆之間的間距是 20 公尺，明代在這片狹長地帶砌造了紅鋪四十座，每座有房屋三間，駐紮 10 名親軍晝夜看守。紫禁城便多了一道防線，防守更加封閉、嚴密。白天還好，紅鋪間隔不到百公尺，肉眼即可察覺偷渡者。到了夜裡，守衛親軍需要巡邏。夜巡從頭更更初（七點）開始，在闕右門發鈴，順時針傳遞。親軍提著鈴鐺繞城垣一周，一邊巡邏一遍搖鈴，直到闕左門的第一鋪為止，算完成了一次巡邏。每更一次，直到五更天亮（五點），每夜五次。城垣四周每一更還有輪坐將軍 20 人，並有走更官 8 人，分東西兩面巡邏，稱為「走更」。東面以東華門為中心，管界南至闕左門，北至玄武門；西面以西華門為中心，南至闕右門，北至玄武門。闕左門每夜駐紮一名勛貴大臣，值宿負責。夜巡與走更，互動往來，監視著夜幕下的筒子河和城垣。

午門箭樓（張程 攝）

　　清代紫禁城外垣的值夜，由下五旗護軍輪流。前朝的搖鈴，如今換成了「傳籌」。籌，是一根長約一尺的木棒。清代夜巡也從每更更始開始，一直到次日五更天亮結束。夜巡傳籌的路線是：從闕左門出發，西行過午門，出闕右門，經西華門、神武門、東華門回到闕左門。其中共經過 16 所「堆撥」、6 處柵欄，因此有「一周二十二汛（汛是清代哨卡）」之說。堆撥是清代駐兵屯所的意思，設在明代的紅鋪裡。清朝中葉以後紅鋪改建為通脊瓦房，共計 736 間，環繞著城垣，稱為圍房。

　　筒子河畔的這些圍房，除了繼續為護軍駐守外，更多的挪作了紫禁城的後勤保障用房。儲藏著米、菜、鹽、肉等生活必需物品，也存放車、鞍、木料、檔案、帳本等工作必需品。其中重要的有三大倉、三大庫。

　　三大倉分別是：官三倉，坐落在西華門外北城根，主要儲藏各處分例及祭祀筵宴所需米、麥、鹽、蜜、糖、蠟、油、面及一切雜糧，並荊筐、扁擔、木鍁、席等傢伙什。恩豐倉，在東華門外北圍房，貯存、發放太監的糧米，有大廒 7 座，每座儲米 3,000 石；小廒 5 座，每座儲米 800 石。傢伙倉，在西華門外北城下，有連房 25 楹，專門供應坤寧宮槽盆和各處柳器、繩斤、笤箒、擔箒等物。

圍房內的庫房有東庫、炮庫、肉庫、弓箭庫、馬皮庫、鞍板庫、帳房庫、木植庫、樺皮庫、菜庫、器皿庫、御茶膳房庫、武備庫、鐙庫等，最重要的三大庫位：肉庫，儲藏盛京將軍、打牲烏拉總管、黑龍江將軍等處以及外省進獻的禽獸蛋肉等。菜庫，儲藏新鮮蔬菜和各種醃菜等。（肉庫存放的食材有：盛京將軍等處交送野雞、野豬、野熊、樹雞、站鵝、鴨及鹿舌、鹿尾、鹿肉、鹿腸肚、麂腸、野豬肉等；打牲烏拉總管等處交送鱘鰉魚、赭鱸魚、雜色魚等；船廠將軍等處交送鹿尾、野豬、野雞等；黑龍江將軍等處交送赭鱸魚、細鱗魚等；外省進獻石花魚、太和雞、銀魚、野雞蛋等。菜庫存放的新鮮蔬菜有：白菜、韭菜、菠菜、生菜、香菜、小蔥、芹菜、豌豆、香瓜、西瓜及蘿蔔、茄子、黃瓜、瓠子、倭瓜、冬瓜、絲瓜、豇豆、扁豆、蜜豆、葫蘆條等。）器皿庫，坐落在西華門外南側圍房，儲藏宮中所用的金漆硬木類桌幾椅凳、臨時差用的糙木類桌幾椅凳及貴重木料等。此外，東華門、西華門外的大圍房內，各存放了內務府激桶四架，俗稱唧筒處。（張振國：〈宮藏檔案與清代紫禁城圍房研究〉，載於《白城師範學院學報》二〇一八年五月。）

宮門緊閉（張程攝）

　　清代的紫禁城，外人是看不到鮮紅的城牆的，因為有圍房的遮擋。從清末開始，圍房年久失修，陸續坍塌、拆除，露出了一段段城牆。如今，除保留小部分圍房外，沿河栽種了株株垂柳，拐角處的圍房還改造為敞軒，供人遊玩的同時增加了景色的層次，儼然紫禁城一大新景。

　　清代也有走更，移到了城牆之上。前鋒營和護軍營輪流負責城垣巡守，彌補了圍房間隔和傳籌間隔可能產生的紕漏。

　　紫禁城內，領侍衛處日夜警備，重點有五處：太和門（領侍衛處衙署及侍衛值房就在此處），乾清門、內右門（這兩處是內廷的門禁，內班侍衛值宿處就設於乾清門廡下），慈寧門（侍衛什長率 10 名侍衛日夜守衛皇太后居所，夜宿於慈寧門下），神武門（紫禁城的後門）。明代的警備重點大體相同。最大的不同或許是明代錦衣衛等武裝主要守衛紫禁城外部，只有朝會時官兵才列入儀衛，入夜後碩大的紫禁城內只有數十名錦衣衛，他們值宿「內直房」，以備傳報。內直房在左右掖門內的午門內側，臨城門極近、離後寢區很遠。明代紫禁城之內，是太監的天下。清代則是領侍衛處的天下。

　　入夜，領侍衛內大臣帶領內大臣或散秩大臣各 1 人，在侍衛處值班夜宿。侍衛們分六班輪流值守重要宮門。其中，宿衛乾清門、內右門、神武門、寧壽門的為內班，宿衛太和門的為外班。內班 40 人，每處 10人，外班由 3 名侍衛率親軍 40 人守衛。

　　每當夜幕開始降臨，更鼓咚咚響起，侍衛分為六班，按分管地區分頭巡邏。景運門司鑰長率侍衛和護軍，依次道後左門、後右門、中左門、中右門、左翼門、右翼門、太和門、昭德門、貞度門驗視局鑰。同時，午門以隆宗門護軍參領、東華門以蒼震門護軍參領、西華門以啟祥門護軍參領、神武門以吉祥門護軍參領分別查驗各處局鑰。查驗無誤後，司鑰長和各處護軍參領給宮門上鎖，然後上繳鑰匙給司鑰長，貯於

筐內，筐上再加一層扃鑰。當夜，這筐鑰匙由司匙長親自保管。可以這麼理解，夜幕下的紫禁城，除了重要宮門交通暢通外，各處宮苑封閉成一個個獨立的空間。當晨曦降臨，各門護軍再向司鑰長申領鑰匙，開啟一道道宮門，日復一日，天天如此。

如果事發緊急需要出入，怎麼辦？遇到奉旨差遣、緊急軍務等確實需要出入的，侍衛和護軍查驗「合符」。合符是銅製的，分為兩扇，每一扇內側分別鑄有陰文和陽文的「聖旨」二字。陰文一扇由各處護軍參領掌管，陽文一扇藏於大內。夜間出門者持陽文，各門護軍參領合對陰文，準確無誤後給與放行。所有夜間出入門禁的人員名單，次日匯總奏報皇帝。（屈春海：〈清紫禁城禁門護衛制度述略〉，載於《公安大學學報》一九九〇年第六期。）

夜間宮禁如此森嚴，外臣極難臨時入宮，更不用說深夜主動、

入宮會面后妃了。因此，戊戌變法期間，直隸總督榮祿深夜向慈禧太后告別一事，就大幹宮禁制度，傳說成分更多。

除了靜態的嚴限出入，紫禁城內還有侍衛、護軍的動態傳籌。宮內傳籌路線由五條：

一、景運門發籌，西行過出隆宗門，向北過啟祥門，往西過凝花門，再往北過中正殿後門，往北至西北隅；往東過順貞門、吉祥門，至東北，往南經過蒼霞門至東南隅，往西回到景運門。這條路線繞後寢外側一周，循環五次，稱為五籌傳遞。

二、景運門發籌，西行出隆宗門，順三大殿西牆向南，經右翼門，過橋，穿熙和門，沿牆向北，過貞度門和昭德門前，向南至協和門，經左翼門外，過箭亭，回到景運門。這條路線繞三大殿外側一周，循環五次，也是五籌傳遞。

三、後右門發籌，經保和殿後，至後左門，穿過中左門，經左翼門、體仁閣，過昭德門、太和門、弘義閣、右翼門，穿中右門，經西小庫回到後右門。這條路線繞三大殿內側一周，循環三次，三籌傳遞。

四、永康右門發籌，經過壽安宮西側的長庚門，從北邊經慈祥門到永康左門。這條路線圍繞壽康宮、壽安宮和慈寧宮，為五籌傳遞。

五、錫慶門發籌，沿牆向北經過東筒子路，拐到寧壽宮西北角，再到東北角順牆南下，進斂禧門回錫慶門。這條路線保衛寧壽宮，為五籌傳遞。（劉東瑞：〈紫禁城傳籌圖〉，載於《文物》一九八四年第四期。）

在幾百年歲月裡的每一個夜晚，無論是颱風還是下雨，無論是酷暑還是嚴寒，無論皇帝在宮還是外出，傳籌沒有一日停歇。一代又一代的侍衛、親軍、護軍們日復一日循環往復，一根又一根的籌棒跟隨著武士行走在夜晚的宮苑之間，共同保障著紫禁城的安寧。

這裡需要補敘一項侍衛的工作。朝廷燕饗大典要跳「喜起舞」，通常情況下宮廷侍衛充當舞者。當時，侍衛無論品級，都戴元狐冠紅寶石冠頂，服貂鑲朝衣，佩嵌寶腰刀，極其隆重。此外還有演唱者一人，從八旗章京及護軍中挑選，歌者當時戴玄豹冠，服玄豹褂，隨舞而歌。喜起舞是滿族重大宴會節日上的傳統舞蹈，入關後演化為紫禁城最隆重的樂舞，被賦予了皇家榮耀。充當舞者是侍衛極高的榮譽，可以擁有「喜起舞大臣」稱號，典禮時可以越級穿戴一品朝服。挑選也極其嚴格，三等侍衛以下、服喪侍衛沒有資格入選，體貌欠佳、舞姿不妙的侍衛不能入選。能夠當選是侍衛們的畢生榮耀。

巍峨高大的城防，制度森嚴的巡查，規模龐雜的警備力量，澆滅了覬覦者的野心。除非是一代宗師級的高手，能夠確保在短時間內消滅侍衛力量，否則挑戰紫禁城防線都無異於自取滅亡。諷刺的是，明清兩代確實沒

有江湖高手、俠客死士行刺紫禁城，卻不斷有老百姓輕易殺進紫禁城的新聞。最著名的如開頭的嘉慶十八年八月天理教造反事件。其次還有明朝末年的「梃擊案」，老百姓張差持棍入東華門，進到慈慶宮皇太子朱常洛住所臺階下，意圖不軌；嘉慶八年廚子陳德在神武門行刺皇帝事件。

堡壘最容易從內部攻破，制度最大的敵人是執行者的腐化墮落。

天理教攻進紫禁城後，宮內侍衛竟然手足無措，鎮國公永玉、護軍統領石瑞齡等人想到的不是團隊抵抗，而是棄守皇宮，甚至要開始準備護衛嬪妃們出宮了（當日嘉慶皇帝不在宮中）。有了這樣的執行者，再合理嚴密的制度也是一紙空文。紫禁城終究應該是一座人的宮殿，而不是冰冷的城牆與制度的標本。

嘉慶八年，嘉慶皇帝遇刺之時，層層護軍和侍衛呆若木雞。刺客陳德刀鋒接近皇帝了，乾清門侍衛丹巴多爾濟挺身而出，受傷三處還扭住兇手不放，眾人這才反應過來擒住了兇手。丹巴多爾濟救駕有功，事後晉升為御前大臣、領侍衛內大臣兼管掌鑾儀衛事，一肩挑了三個近侍高官職務，也是特例中的特例。

# 紫禁城的神靈

# 欽安殿／天穹寶殿

北京城中軸線上唯一的宗教建築，矗立在紫禁城的宮苑草木之間。

紫禁城御花園的春華秋實彌漫之下，低矮牆垣環繞之中，漢白玉須彌臺之上，有一座重簷盝頂的宮殿，名叫欽安殿。欽安殿內供奉著道教北方神靈玄天上帝，又名玄武大帝、真武大帝。真武大帝率領鎮下「龜蛇二將」從紫禁城告成初期就住在欽安殿，至今將近六百個春夏秋冬了。

朱棣，紫禁城的締造者，尤其尊崇真武大帝。真武大帝是最早進駐紫禁城的神靈。

朱棣以燕王南下入主大統，史載起兵當天，「出祭纛，見披髮而旌旗蔽日。太宗（朱棣）顧之曰：『何神？』曰：『向所言吾師玄武神也！』於是太宗仿其像，披髮仗劍相應。」（《明書・姚廣孝傳》）真武大帝顯靈助朱棣起兵，極可能是姚廣孝導演的活劇。北方的王 —— 朱棣在北方的神 —— 真武大帝護佑之下，以八百之眾起兵奪取天下，確是事實。奪位後，朱棣對道教優禮有加，引領了明朝的崇道之風。永樂年間的紫禁城乃至北京城，處處滲透著崇道的痕跡。一批道教神靈的駐所在北京城拔地而起，其中有天壇、天將廟和關公廟等。人間天子居所與道教星辰相呼應，得名紫禁城。紫禁城的大型建築物和重要屏障的屋脊中心處都放有五穀糧、五色線、五色玉、五枚金元寶等鎮邪物或「鎮樓之寶」。

真武大帝脫穎而出，一躍而為最閃亮的道教神靈。朱棣自詡為真武

大帝飛昇五百歲之後的再生之身，以真武大帝為護國大神，下令京師、州縣和各衙門修建真武廟。

宮禁之中，真武大帝的供奉更加虔誠。欽安殿專奉真武大帝，坐落在帝后寢宮後側，護佑臥榻之安。歲月流逝，承平日久，真武大帝又從護國戰神變為護佑宮廷的「父母官」。在陰陽五行中，北方屬水，人們希望道教北方大神真武大帝能守護紫禁城建築免遭火災。

明仁宗朱高熾在欽安殿祭祀時暴亡，考慮到他體型過胖，極可能死於心臟病突發。

嘉靖朝宮中經常火災，嘉靖皇帝供奉真武大帝作為防火鎮物，為欽安殿垣牆正門題寫「天一之門」四字。每逢道教大祭，明清宮中都按例設醮上供，奉安神牌，皇帝親臨拈香行禮，祈禱真武大帝保佑皇宮，消滅火災。紫禁城的居民相信真武大帝在歷次救災中出了大力。溥儀回憶：「御花園欽安殿東北角的臺階上，從前放著一塊磚，磚下面有一個腳印似的凹痕。太監們說：乾隆年間，有一次乾清宮失火，真武大帝走出殿門，站在臺階上向失火的方向用手一指，火焰頓熄。這個腳印便是真武大帝救火時踏下的。」（溥儀《我的前半生》）真武大帝顯靈的故事，極可能是看守太監演戲或訛傳的，由此也可想見欽安殿擁躉之眾、延續之因。

嘉靖皇帝將崇道風氣推向了巔峰，他篤通道教，奉玄修道，日益沉迷其中不能自拔，越二十年不上朝理政。嘉靖隆重修葺欽安殿，重造殿堂，再塑金身，他在此設齋打醮的時長遠遠超過披閱奏章。他和近臣精研青詞，奉祀真武大帝，縷縷青煙溝通天地，送達皇帝的驕傲與祈禱。後期，嘉靖避居西苑，日事齋醮如故，《明史》載當時宮中每年要用黃蠟二十餘萬斤，白蠟十餘萬斤，香品數十萬斤，「以供皇家齋醮之用」。

欽安殿（高申 攝）

如此豐盛的供奉，道教的其他神靈則在另外的場所享用：天穹寶殿。

天穹寶殿（初名玄穹寶殿）位於內東路最外側東北，是一座占據標準一宮格面積的獨立院落，東臨東筒子路，西鄰景陽宮。整個院落為長方形，南牆正中開琉璃天穹門，門外有條南北向的橫巷；正殿坐北朝南，面闊五間，黃琉璃瓦歇山頂，懸掛乾隆皇帝御筆楹聯「無言妙化資元始，不已神功運穆清」。它始建於明代，初名玄穹寶殿，清朝避康熙皇帝名諱更名為天穹寶殿。天穹寶殿是祭祀昊天上帝（昊天上帝是中國神話中天的尊號，是道教的最高神。）的殿堂，殿內懸掛有玉帝、呂祖、太乙、天尊等畫像。每年元旦、玉皇大帝生日和皇帝生日，此處分別舉辦天臘道場、天誕道場和萬壽平安道場，更像是一處功能完備的道觀。清代，同治皇帝、光緒皇帝曾在此祈雪、祈晴。

　　肅穆的宮禁、刺眼的血紅、豐腴的祭奠，神靈的法力似乎得到了增持。

　　嘉靖、萬曆等帝王或許也是如此認為的，可嘆的是投入的海量精力與資源並未換來河清海晏，相反大明王朝江河日下。崇禎皇帝或許是明代紫禁城宗教色彩最淡的一位主人，他淡化了諸多道教活動，客觀上內憂外患的形勢也不容許他投入過多的精力。

　　真武大帝沒能如朱棣所願，成為家天下的護國大神。明朝終究還是滅亡了。

# 大佛堂／中正殿／雨花閣／英華殿

　　清朝皇帝並不排斥道教，但更傾心佛教。道教的神靈繼續常駐紫禁城，康熙皇帝、雍正皇帝都先後在欽安殿設道場，祈求皇太后福壽安康；每年元旦，清朝皇帝都在天一門內設斗壇，拈香行禮。可顯然，佛陀和菩薩們後來居上，接過了護佑宮城的重任。

　　明朝后妃早有寵信佛教的言行，清朝帝后是篤信佛教，無論是日常起居之所，還是休閒遊樂場地，清宮都有佛教的影子。佛光經義幾乎洋溢在清朝紫禁城的每個角落。許多暖閣，都是一邊設為書房，一邊設為佛堂，佛像、佛經成為清宮的常設之物。

　　佛教在明朝崇道風潮中，已占有一席之地。

　　嘉靖皇帝佞道，曾下令銷毀大善殿的佛像、佛器乃至佛骨、佛牙，可見當時禮佛已有相當的規模。大善殿周邊後來崛起了慈寧宮，在清朝前期引來了高光時刻。孝順的繼位者恭送太后、太妃等長輩遷居慈寧宮頤養天年。

　　即便在「孝治天下」的紫禁城，喧囂熱鬧仍舊是養老宮殿的異數，漫長的寧靜是慈寧宮宮殿群的常態。這群「未亡人」便前往虛虛縹縹的境界尋找心靈的解脫，於是成為了佛教熱心贊助者，朝參暮禮，慈寧宮一帶燃起了悠長的香火味。

　　慈寧宮前殿為后妃居所，有月臺通往後殿。後殿是太后、太妃禮佛

場所，俗稱「大佛堂」。大佛堂殿內懸掛著康熙十八年孝順的康熙送給祖母孝莊的御書大匾「萬壽無疆」。堂裝潢修考究，陳設眾多佛龕、經卷、佛像、法器等。

琳瑯滿目的陳設皆為孝莊太后所供奉，她是慈寧宮的最長久的主人、大佛堂的最虔誠的信徒。孝莊太后供奉之物自然是當之精品。乾隆二十三年，內務府詳細查點大佛堂陳設之盛。據檔案記載大佛堂中間樓上供金胎釋迦牟尼佛一尊，樓下供高約二百二十五公分的乾漆夾經胎釋迦牟尼佛、藥師佛和阿彌陀佛各一尊，銅胎無量壽佛一尊，磁胎觀世音菩薩一尊。此外有銅胎四臂觀世音菩薩、金胎站像彌勒佛、釋迦牟尼金塔、銅胎無量壽佛和釋迦牟尼佛等。其中的乾漆夾經胎三世佛、十八羅漢和韋陀、托塔天王二護法均為傳世塑像中的精品。

內宮佛像，尤其是精品的一大來源，是自名山古剎挪移而來。

大佛堂三組塑像精品便是從京城大能仁寺移來的。移駐詳情已不可考，但可從京師鷲峰寺旃檀佛像經歷窺見一二。

洛陽博物館藏紫禁城慈寧宮大佛堂造像（高申 攝）

《帝京景物略》雲鷲峰寺有栴檀香木所造佛像,「翹立上視,前瞻若俯,後瞻若仰,衣紋水波,骨法見衣表……勇猛慈悲,精進自在,以意求之,皆備」,當屬精品無疑。傳說此像竟源於古老的天竺:優闐國王刻栴檀為佛像,此像騰步空中,向佛稽首,佛為摩頂受偈曰:「我滅度千年,汝從震旦利人天。」栴檀佛像後果真飛來中原,隨佛教流傳而輾轉各地,凡二千六百一十餘年。萬曆年間,鷲峰寺僧人濟舟在殿堂誦經,一士人禮拜墀下,濟舟觀其儀表氣度異於常人,迎請上殿。士人堅持不可,濟舟固迎不已。最後士人自通:「(吾)城隍也,殿有戒神呵護,我小神,不敢輕入。」言罷消失不見。京城士民聞知,奉若真佛。康熙年間,孝莊太后請栴檀佛像入大內。(宋犖《筠廊偶筆》)

紫禁城的歷史不足以驗證神明,紫禁城的生活不足以生產傳說,紫禁城的皇權卻可以「邀請」天下的神明和傳說入駐。

慈寧宮的西南,是專供前代妃嬪休憩的花園。慈寧宮花園內多有佛殿,如咸若館、寶相樓、吉雲樓等。或許,禮佛與休憩,在太后太妃們的生活中是同義詞了。

從孝莊開始,不知有幾位前代后妃是在大佛堂的晨鐘暮鼓中對抗深宮的冷清,走完孤寂的餘生?

隨著清朝皇室對佛教熱度不減,慈寧宮承載不了紫禁城的禮佛需求,佛教重心轉移到了以中正殿為中心的西北區域。

中正殿佛教建築區,包括中正殿、寶華殿、雨花閣、英華殿、香雲亭、梵宗樓等多座佛教殿堂,是宮內唯一全部由佛堂組成的建築區。康熙三十六年,清廷設立「中正殿唸經處」,作為宮中佛教事務的專管機構。清朝後期,以雍和宮喇嘛為主的蒙藏喇嘛每天入宮在中正殿、雨花閣、寶華殿誦經或做佛事。中正殿自身供奉無量壽佛,每逢皇太后、皇

上萬壽，都有三十六名僧眾在此誦唸《無量壽經》十日，為太后和皇上祝福延壽。每月朔望及重要節日，參與佛事的喇嘛更多，有時達一二百人。中正殿管理處統管入宮的喇嘛及其宗教活動。

起風了，此起彼伏的誦經聲，縈繞著宮簷下鈴鐺聲、瀰散的裊裊香菸，以及宮苑間的鳥語花香，成為紫禁城西北部的特色風景。

從中正殿向南穿過供奉金胎釋迦牟尼佛的寶華殿，就來到了紫禁城最大的佛堂：雨花閣。

雨花閣是乾隆皇帝改造乾西五所、調整內西路格局的重要產物。它和北邊的中正殿一帶原本是西六宮西側規整的三個宮格。

清朝皇室對藏傳佛教的偏好，以及融通漢藏、天下一統的雄心，在雨花閣上展露無遺。雨花閣單簷攢尖頂，上覆鎏金銅瓦，這些是漢家傳統元素；頂立鎏金喇嘛塔，四脊裝飾的銅鎏金蹲龍，卻是藏傳佛教的元素。外觀雨花閣，是一幢三層的樓閣，實際上一二層之間設有暗層，為「明三暗四」的格局。漢藏融合，塑造了紫禁城唯一的藏傳密宗建築。

雨花閣供奉西天梵像，嚴格按照密宗的事、行、瑜伽、無上瑜伽四部設計。一層懸有乾隆御題「智珠心印」匾額，供奉無量壽佛等事部主尊，佛龕之後有乾隆年製掐絲琺瑯立體壇城三座；暗層樓梯間前設供案，供行部佛像九尊；三層供瑜珈部佛像五尊；頂層供奉密集金剛、大威德金剛、上樂金剛各一尊。三尊金剛在漢地有更通俗的名字——歡喜佛。

漢人用「歡喜佛」泛稱藏傳密宗的男女交歡佛像，密宗認為代表法的男身與代表智慧的女身交合，象徵法界智慧無窮，有助於人修行。歡喜佛伴隨密宗信仰在紫禁城的紮根，進入深宮庭院，清代《國朝宮史》記載：「雨花閣及寶相樓、養心殿、養性殿佛堂中皆曾供有歡喜佛。」這說明清代後宮供奉歡喜佛是普遍現象。而在明代，歡喜佛是禁毀之物。

嘉靖年間，大善殿中就有一尊耗費巨資的歡喜佛，用來彌補太子「長於深宮之中不知人事故也」，朝臣認為男女淫褻之像，「毀之誠可謂端本之教」。崇道的嘉靖皇帝難得地以佛像為元朝舊物的理由加以拒絕。真實的原因，恐怕還是前述的「教人事」。《萬曆野獲編》記載，明代宮中歡喜佛設有機關，男女雙身佛像可以活動起來做交合狀，皇帝大婚前夕通常會前來觀摩，類似於民間春宮圖對子女的性教育作用。雨花閣鄰近后妃居住的西六宮，附近還有祈求多子的「百子門」和「螽斯門」，在閣中放置男女交合的歡喜佛，自然寄託了祈求子孫綿延的樸素願望。

整個清代，雨花閣香火旺盛，有喇嘛定期不定期地誦經、敬禮。

不遠處的英華殿，則享受了明清兩代的香火，是明清兩代帝后敬供瞻佛的地方。

英華殿位於紫禁城最西北角的一處獨立院落，南臨壽安宮、東對延春閣。由前後兩道院落組成，正南是一座三孔磚券構築的山門，上覆黃琉璃瓦歇山頂，下為漢白玉須彌座，邁入山門就是第一進庭院，院中栽有數株蒼松翠柏，松柏掩映著一道青磚矮垣，正中即英華門。英華門內是第二進院落，近似正方形，迎門正中為一座攢尖式碑亭，北面闊闊的月臺上就是英華殿。大殿五開間、黃琉璃瓦廡殿頂，規格較高，正中懸掛乾隆御筆滿漢雙文「英華殿」匾額。正殿天花正中設蟠龍藻井，東西北三面有木製重簷廡殿頂的神龕七座，內供西番佛像。莊嚴肅穆。大殿東西各有三間配殿，與正殿一字排開。整座寺院，淡雅簡樸。

寺院最醒目的是碑亭兩側各有一株菩提樹，根深葉茂，枝幹婆娑，下垂著地，蔓延為一大叢十幾棵茁壯成長的樹幹，高達二十餘公尺，樹冠直徑約三四十公尺，遮蓋了大部分院落，鬱鬱蔥蔥，蔚為壯觀。

菩提樹為萬曆皇帝生母慈聖李太后手植，距今有四百餘年樹齡。李太后是張居正改革的幕後支持者，是萬曆朝政治新局的有力參與者，同

時也是出了名的慈悲好佛長者。她慈悲為懷、平易近人，是京城佛教建築和活動慷慨的贊助者，推動京畿周邊佛教的興盛，時人譽為「九蓮菩薩」。英華殿是李太后在宮中常去的禮佛之所，晚年的太后經常端坐在親手栽種的菩提樹下唸佛誦經。身後的菩提樹旺盛生長，其中東邊的一株在彎曲的橫幹上又向上生長出九個大枝，得名「九蓮菩提樹」。菩提樹盛夏開花，深秋結果，宮中稱菩提種子為「多寶珠」或「金線菩提子」。菩提子做成的手串，是皇帝、后妃們的至愛，普通宮人或者京師官民如果有幸得到官中菩提子，恭敬供祭，奉若神明。

菩提樹為佛教聖物，在佛典中有特殊的含義，紫禁城碩大的菩提樹更加籠罩上了某種神聖、慈悲的色彩，名聲悠遠。

李太后逝世後，其畫像一度供奉在左配殿，以另一種形式留駐在生前鍾愛處。明代每逢萬壽、元旦，有宦官在英華殿做佛事，最後一天由一個人扮韋陀，抱杵面北而立，眾人鳴鑼擊鼓，吹法螺作樂。入夜，按五方設佛會，立五色傘，數十人魚貫其間，謂之「九連環」。天啟元年後，活動的主角換成了宮人。

入清，乾隆皇帝也多次來此禮佛，賞菩提，並留有詩歌墨寶。他在乾隆七年作《英華殿菩提樹詩》，十九年後乾隆二十六年正月又作《菩提樹英華殿歌》，前一首表達了皇帝對菩提樹的所思，後一首隨年歲漸長，皇帝思慮漸深，由樹及己，希望「枝枝葉葉數無萬，如斯無萬數，繩繩繼繼永世綿皇清。」這兩首詩都製成一正一反滿漢雙文御筆詩碑，樹立在英華殿碑亭之中。

菩提樹源自南方，很難在北京存活，英華殿的大菩提樹為「北京菩提樹之最」，不過有人考證它們其實是糠椴。（韓鳳秋：〈英華殿裡的菩提樹〉，載於《紫禁城》二〇一一年第四期。）

# 城隍廟／奉先殿／傳心殿

英華殿並非紫禁城最西北角的宗教建築，西北角樓城牆底下坐落著兩座獨立廟宇。

金水河從西城角樓下流入紫禁城，沿著水閘往南是一條數百公尺長、南北筆直的水道。水道距離紫禁城的西城牆大約有五十公尺，在水道城牆之間的狹長區域建有城隍廟和馬神廟。西北角樓下方往南是城隍廟，往東是馬神廟。

這一帶是明代「廊下家」密集地區，連排瓦房極可能毀於李自成大火，清朝又無需那麼多的太監住宅，並將他處廟宇移建於此。

城隍，城池守護之神（《說文解字》云：「有水曰池，無水曰隍。」城隍緣於城牆與護城河。），每座城池都有自己的城隍。城隍信仰起於民間，三國時開始享受廟祀，唐宋時遍及城鄉，從民間信仰被納入國家祀典。明清社會城隍信仰極盛，通衢大道、街巷裡弄都端坐著各色各樣的城隍，甚至有一城多隍。京師重地也不例外，既有都城隍廟，作為天下城隍之首；又有皇城城隍廟，在西安門內；還有深宮大內的內城隍廟，專司守護紫禁城。

現存內城隍廟建於雍正四年，三進院落，造型古樸緊湊。內城隍廟有二座山門，頭層山門坐西朝東，門前有石橋跨越內金水河，人們只能從東邊入；二層山門位於廟的正南端，實為正門。進入正門向北，分別

是影壁、月臺、正殿,兩側植有松柏、槐樹、梨樹、黑棗等樹木,清雅幽靜,與紫禁城其他院落大為不同。城隍廟正殿前的月臺,是當年祭祀時樂隊奏樂、大臣跪拜的場所,早年還有神廚、焚爐、香爐、海缸等陳設。(王銘珍:〈紫禁城的城隍廟和馬神廟〉,載於《北京檔案》二〇〇四年第十二期。)

　　城隍廟風水地位相當重要。紫禁城的西北隅為八卦中的乾位,乃龍脈之所繫,又是紫禁城進水口,是為「天門」。城隍爺兼有龍王爺和鎮水觀音的角色。每逢大旱無雨之年,皇帝都要派遣大臣至此燒香、求雨。乾隆二十四年,清廷祭祀城隍求雨後依然大旱,乾隆皇帝十分著急,親自書寫祭文,送至城隍廟擺放:「臣承命嗣服,今二十四年,無歲不憂旱,今歲甚焉。曩雖失麥,可望大田。茲尚未種,赤地裡千。……萬民誰救!」陳述災情嚴重後,乾隆承攬了罪責:「此罪在官,不在民,實臣罪日深。然上天豈以臣一身之故,而令萬民受災害之侵?」他「謹以臣躬代民請命」,連呼「其惠雨乎!」不知道神靈有沒有為祭文所感動,普降甘霖?

　　與城隍廟相比,東北方呈直角排列的馬神廟的知名度就稀疏很多。因為馬匹並沒有深入農耕社會,漢地馬神廟不多。明代東華門內緊北部、內金水河蜿蜒處東側建有馬神廟,附屬於御馬監。滿族人以騎射起家,馬匹是清朝祖先的忠實伴侶,早在入關前就祭祀馬神,入主中原後更是在紫禁城修建了專門的馬神廟。馬神廟比城隍廟略小,香火也少,每年春秋兩季祭祀馬神,敬香、行禮、叩拜、跪讀祭文完畢,祭祀大臣將祝文拴在廟門口預先備好的御馬的尾巴上,躍馬揚鞭而去。

　　城隍、馬神兩廟小而偏,廟頂卻有西北角樓可以借景,站在廟中東、西、南三面遠望角樓,它彷彿就是廟宇的一部分、就是廟宇後方高

高在上的藏經閣，於簡樸之中蘊含氣勢，再配上藍天碧雲、宮牆巍峨，別有一番雄壯輝煌。

嚴格來說，城隍與馬神，都不是嚴肅的宗教神靈，或者只能算是海納百川的道教「收編」的冗雜小神。他們的價值，無關精神信仰，而在於能夠解決實實在在的問題。帝王禮敬他們，也是出於現實考慮。

熱鬧且蕪蔓的中國人拜神活動，隱藏著明確的功利目的。祖先在跪拜的同時，往往希望得到神靈的回饋。儒釋道三大神靈系統，有「佛養心、道修身、儒治世」之說，儒家系統的神靈，是與世俗最近、功利性最強的。

京城儒家神靈安棲在「九壇八廟」【九壇，即天壇、地壇、祈谷壇、朝日壇、夕月壇、太歲壇、先農壇、先蠶壇和社稷壇，都是明清帝后舉行祭祀活動的場所；八廟，指太廟（明清帝王供奉祖先的場所，即皇帝家廟）、奉先殿、傳心殿、壽皇殿、雍和宮、堂子、文廟和歷代帝王廟。】中，用來敬天法祖，強化君權神授，明晃晃的弼政強權目的。八廟中的奉先殿、傳心殿就在紫禁城內。

奉先殿，顧名思義，供奉皇帝的先祖，類似於尋常百姓家祭祖的場所。祭祖是中國人的吉禮大事，周禮規定：「君子將營宮室，宗廟為先。」奉先殿應該是和欽安殿一樣，屬於紫禁城內最早的建築之一。朱明王朝起於寒微，無從考知始祖是誰，故前期沒有祭先祖，嘉靖朝開始設皇初祖虛位祭祀。清朝立國後，追封太祖努爾哈赤之前的肇、興、景、顯四祖。皇家尤其重視血脈傳承，禮儀隆重，雍正皇帝宣稱「禮莫重於事天，孝莫大於尊親」，祖先與天地並列，儀制規格自然異於尋常。

奉先殿就是祖先在凡間的休憩所。出景運門向東，對面是一座朝西的誠肅門。這道門規格低、穿牆而開，門旁卻建值房，有侍衛看守，隔

離了黃金血統和凡夫俗子。除祭祀之期宗室成員和執事人員可以進出外，嚴禁外人踏入一步。踏進誠肅門內，經過一空曠院落，北拐經過奉先門，便是紫禁城內最大的宗教場所：奉先殿。

奉先殿是一座建在須彌座上的工字形宮殿，前殿後寢，殿前有月臺，約占兩個宮格，陳設有日晷、嘉量；須彌座及月臺四周設有欄板、龍鳳紋望柱。前殿供奉列祖列宗龍鳳神寶座，寶座均為木雕罩金漆，設有坐墊和靠背；後殿供奉列祖列宗神牌，舉辦重大祭祀活動時後殿的帝后牌位移至前殿，安放在寶座的木座上。國人事死如生，此舉彷彿請祖宗從安歇的寢殿移步前殿「就坐」。至清亡時，後殿共有帝后神牌三十三位。奉先殿無配殿、無廡房，奉先門外庭院正南有一排群房，為神庫、神廚；庭院東有一小院，內有一座小殿，為挑起「大禮議之爭」（嘉靖皇帝朱厚熜以藩王身分繼承皇位，拒絕以過繼給伯父明孝宗的方式繼位，堅持追尊生父為皇。以內閣為首的文官集團同嘉靖支援的部分新進士大夫之間圍繞著「繼統」與「繼嗣」的禮儀問題進行了激烈鬥爭，史稱「大禮議之爭」。爭論持續三年，最終以嘉靖皇帝強權壓制獲勝收場。該事件加劇了君臣隔閡、惡化了政治風氣。）的明朝嘉靖皇帝為供奉生父興獻王朱佑杬所建。朱佑杬，這位生育了皇帝的藩王，以這種折衷的方式側身於朱明王朝的祖宗行列。

按清制，凡遇朔望、萬壽、元旦及國家大慶等，大祭於前殿；遇列祖列宗誕辰、忌辰及元宵、清明、中元、霜降、歲除等日，上香行禮於後殿；凡上徽號、冊立、冊封、耕耤、謁陵、巡狩、回鑾及其他慶典，祇告於後殿。家族是傳統中國社會的經緯線之一，正常的中國人都盡心盡力將自己「留在家裡」。家族的悲歡離合，人生的際遇沉浮，還有那隻能埋在心底的祕密，我們都喜歡向天上的祖先傾訴。紫禁城的主人們也

不例外。同樣的還有，帝王們毫不吝惜對祖宗的祭祀。他們富有四海，除了上好的器皿、豐盛的祭品外，還每月初一頻繁的薦新，祭獻新鮮時令食品。明代由太常寺卿主祭，清代由內務府掌儀司負責。愛新覺羅家的列祖列宗，正月享受鯉魚、青韭，六月品嚐西瓜、葡萄，九月接受柿、雁等等。清朝皇帝品嚐到佳品，還隨時派遣太監臨時貢獻給祖宗，甚至在木蘭圍場射獲鹿、獐等野獸，往往下令快馬加鞭薦新於數百里外的奉先殿，可見清代敬祖之誠。據《欽定總管內務府則例》記載，清代每年在奉先殿前殿大祭二十六次，在後殿致祭三十三次，如果包括臨時性的告祭，皇帝三天兩頭出入奉先殿，親近先人。

即便貴為天子，在祖宗和父母面前，皇帝依然是晚輩、是兒子。

八廟之二是傳心殿，位於前朝文華殿東側，是祭祀三皇五帝及孔子的場所。皇帝御經筵前，通過東西圍牆南端的穿牆式琉璃門進出傳心殿，舉行「祭告禮」。傳心殿，類似於內廷的帝王廟、小孔廟

無論是功能上，還是建築上，傳心殿都像是文華殿的附屬設施。

傳心殿院落由南向北分別是治牲所、景行門、傳心殿三座主要建築。傳心殿正中設皇師伏羲、神農軒轅位，帝師陶唐、有虞位，王師禹、湯、文武位；殿東尊奉周公位，殿西尊奉孔子位。殿後有祝版房、神廚、值房等附屬建築。其中，治牲所坐南朝北，是祭祀時宰牲的地方；祝版房貯放祝版，神廚準備祭品。

庭院中的「大庖井」極富盛名，水質清甜甘冽，以至於有「玉泉第一，大庖井第二」的美譽。井上蓋有方亭，盝頂漏空，是紫禁城最大的井亭。每年十月，清宮於大庖井之前祭司井之神。明代則在文華殿孟夏祀灶，孟冬祀井。

孔夫子開引文教之風，垂範萬世，不僅納入朝廷祭典，還是讀書人

時常參拜的至聖先師。皇子、皇孫六歲入乾清宮東廡上書房讀書時，先到東廡東南角的房間祀孔，房中設有孔子神位，輔以儒家諸先賢神位。這個略顯簡易的祀孔處，就像是上書房特意給孔夫子預留的房間，邀請他來督促隔壁上書房中皇子皇孫們的學業。清制，每年元旦皇帝也至此行禮，就像是一家之長歲末年初感謝孔聖人一年的辛苦。

柿子熟了，百事如意（張碧君 攝）

宮中廟堂寺閣雖多，卻是方便帝后祈禱禮拜的便宜之地，並非帝國正式大祀的場所。每當大祀來臨，皇帝按禮要離開皇宮，前往祭祀壇廟內的齋宮齋宿，以示莊重肅靜。大祀齋戒一般三日，皇帝期間獨居齋宮，不茹葷，不飲酒，不奏樂，不近妃嬪，不理刑名，靜心潔慮準備典禮。如此清規戒律，在主觀和客觀上，帝王都很難遵守，尋求因地制宜因時而異。雍正皇帝在乾清宮與毓慶宮之間修建了齋宮，破解了這個難題。齋宮是前朝後寢的兩進長方形院落，前殿為齋宮，殿內正中上懸乾

隆御筆「敬天」匾，後寢為誠肅殿。面積略小於兩個宮格。此後，皇帝每逢大祀之前都在齋宮內齋戒，美其名曰「致內齋」，正式典禮開始前四五個小時御駕才到壇廟內的齋宮，稱為「致外齋」。

以上所述，是儒釋道三大家的神靈以及城隍、馬神兩大有專廟的民間俗神的居所，紫禁城的邊邊角角中尚且隱居著其他俗神、小神。比如，身為與文聖人孔子並列的武聖關雲長，其畫像就供奉在乾清宮和寶善門、思善門、乾清門、仁德門等各門。滿人尤為崇拜漢族的關雲長。開國皇帝努爾哈赤早年淪落遼東漢地，接受了關帝信仰，據說還曾得到關公的護佑方才得以脫離漢地逃回故土。努爾哈赤回歸後，關帝信仰在滿族落地生根，茁壯蔓延。八旗將士視關帝為保護神，臨戰前總要祭拜，祈求賜予了戰無不勝的神力。這種信仰也紮根在紫禁城，每天早上，坤寧宮都要祭祀關帝。此外，藥王神居住在乾清宮東廡御藥房內設的藥王堂；門神降臨在午門的角樓上接受侍衛們的祀典；滿族人特有的薩滿祭祀除了在坤寧宮的大祭，在皇城東南角的堂子也有祭祀。而尋常人家都能用抹糖封嘴的灶王爺，其牌位「蝸居」在後宮中各個膳房的角落裡。

青煙燎燎、鐘鼓隱隱，人間的貢品紛至沓來，天上的神靈處之淡然，宮禁裡的另一個世界不疾不緩、不顯不隱地運行了六百年。

# 皇權與神靈

　　紫禁城中為什麼常駐這麼多神靈？神靈們扮演了什麼樣的角色？

　　解答這個問題，充滿揣度與意會，是典型的不可能有標準答案的問題。

　　神靈公正無私，平等對待每一個平凡的靈魂、每一個熱誠的祈禱，不會偏袒某一個群體，更不會與皇帝站在同一個陣營。然而，神靈在神州大地的精神力量如此之大，以至於歷朝歷代都希望引為己用。皇帝自詡天選之子，君權神授，透過隆重的供奉、頻繁的祭祀和虔誠的敬禮來宣示神靈站在自己一邊。敬神是帝國強化統治的手段。

　　紫禁城的主人日思夜想的頭等大事就是強化皇權。權力是帝王無上榮光的基礎，甚至是他們生命的保障。神靈這個潛在的援手，帝王不可能放棄。「明有禮樂、幽有鬼神，代天理物」，幽明並治是重要的帝王之術。明朝開國大力推廣城隍祀典，明太祖朱元璋坦白：「朕立城隍神，使人知畏，人有所畏，則不敢妄為。」雍正皇帝也深諳敬神之道。他是紫禁城宗教建築最大的「建築商」，在位十三年所建廟宇是康乾二帝在位一百二十年間所建廟宇之和的三倍。（陸成蘭：〈紫禁城內齋宮的建置和使用〉，載故宮博物院編《禁城營繕紀》，一九九二年。）愛新覺羅家族融合滿漢、兼採原始宗教和成熟宗教，恭迎各方神靈，來者不拒，集歷代宮廷祭祀於大成，清朝紫禁城神靈祭祀多達 80 多種，分大祀、中祀和

群祀三個等級。皇帝無暇事必躬親,除親自參祭大祀和部分中祀外,多數祭祀委派官員代勞。

　　力的作用是相互的。神權強化皇權的同時也限制了皇權。這或許是利用神靈的代價,皇帝要用敬畏和虔誠來交換神靈的支援。謙卑的態度、頻繁的禮拜就成了帝王的必修課。禮拜神靈從帝王的選擇固定為義務。每遇天災異常,帝王往往反躬自省、審查政務、臨時祈禱、減省待遇等等,乃至下詔罪己。這是皇權少有的需要低頭場合。聰明計程車大夫便學會了挾天意來規勸帝王,達成自己的目的。

　　神靈是帝王統治的幫手,神靈棲息的宗教世界則是帝王的精神避風港。

　　權力所有者,同樣是血肉之軀,人生的辛酸苦辣一樣會對映在他們的心裡。封閉又高壓的紫禁城生活,還導致了額外的問題。宗教自誕生以來,就關懷人類的精神世界,自然成了帝王妃嬪們的精神港灣。太后太妃們埋首佛堂,何嘗不是對幾十年後宮紛爭的疏離和修省?身分新增「太」字以後,具備了專注禮佛的主客觀條件。佛堂接納了她們的感悟、疑惑、遺憾,包括懺悔。

　　紫禁城覆蓋在層層疊疊的神靈保佑之下,一大原因或許是明清兩朝皇室的恐懼心理。朱明王朝以赤貧之身借勢而起,十幾年間爆得天下,既無根基又無祖德(甚至連祖先都不確定),朱元璋子孫心底隱隱埋藏著自卑和不自信。愛新覺羅王朝從東北一隅,趁亂僥倖奪取江山,帶甲之士不足百萬,統治數以千萬人口,統治難度帶來的隱患意識更為濃烈。神靈的護佑,也比前朝更加需求。紫禁城主人中,永樂帝朱棣和雍正帝胤禛都是神靈的虔誠信徒,也都多次強調「本朝得位之正」,同時兩人都深陷「篡位」的輿論漩渦。

　　神靈不僅見證了宣示與實質、神聖與謙卑的並存，也見證了皇權與世俗的通融。

　　中國社會始終是世俗的，宗教滲透社會的方方面面，並沒有深入中國人的血液。中國人依舊是務實、靈活與奮進的。神靈沒有能夠控制人們的精神，反而被聰明的中國人融化為傳統社會的一部分。紫禁城及其居民也是如此，這座恢弘的宮殿在恭敬神靈的表象下融化它為宮城生活的一部分。

　　明代宦官崇佛風盛，廊下家遍布佛龕神像，禮佛之聲不絕與時，更不用說大太監們在宮外慷慨地營造、保護寺院了。宦官勢力之強、崇佛之盛，以至於宮中有固定的唸佛會和禮佛日。如遇萬壽聖節、正旦、中元等節日，紫禁城內啟建道場，現場揚幡掛榜，和世俗法會一般。宦官雲集禮拜，他們穿戴僧伽帽、袈裟、緇衣，也與俗世的僧人一般，只是不落髮而已。

　　肉體凡胎禮拜神靈，大約是求籤占卦升官發財、避邪祛病、祈福消災、祈嗣保胎等等，目的形形色色，覆蓋生活的時時處處。除了升官發財，帝后嬪妃們同樣有其他的庸俗需求，需要求助於神靈。比如，嘉靖皇帝生長在荊楚江河間，登基後不適應北京寒冷的氣候，且政務繁忙、日夜勞累，導致身體虛弱；加上久無子嗣，祈求身體強健的需求之外又有早誕子嗣的願望。他日事齋醮，很難說沒有上述兩個世俗的目的。又比如，帝后在欽安殿、在雨花閣、在奉先殿，除了國泰民安、國祚興旺的宏大祈望外，注定有家庭和睦、難題破解或者春花早日開上宮牆、南方多多貢獻珍寶等等樸素、微小的心願。嘉靖的孫子萬曆皇帝後期與外朝文官集團勢如水火，幾十年不上朝，是迷信而冷漠的昏君，但和皇貴妃鄭氏如膠似漆，是盡責而恩愛的丈夫。外朝輿論如刀、諷諫似劍，萬

曆還是和鄭氏還是在道觀中海誓山盟，書寫紙條立鄭氏所生的愛子、皇三子朱常洵為太子。可神靈的「加持」並沒有擊退澎湃的輿論，他們的愛子最終未能立嗣——即便萬曆立鄭氏為皇后的遺囑，朝臣也沒有遵守。皇帝的家事，自古就是國事，不是夫妻倆關起門來能解決的。

家國一體，紫禁城既是帝后們的家，也是束縛他們的國，公私難以分割。

紫禁城的神靈，是帝國的護國上神，是皇族的精神安慰，也是俗世的祈禱對象。

逼人的富貴、森嚴的宮禁，以及隨處可見的神靈住所，搭配帝王家族虔誠的禮拜，營造出了紫禁城特色的宗教世界。它包含各派宗教，歡迎四方神聖，夾雜各種目的，成為紫禁城不可分割的一部分。

# 風雨雷電中的紫禁城

# 紫禁城消防簡史

火，在照耀紫禁城的同時，也埋下了毀滅的種子。

拜烈火所「賜」，我們如今在紫禁城幾乎找不到六百年前的初始建築。毀滅的火焰光顧過這裡幾乎每一處角落。

紫禁城的木製主體建構，塗繪上層層鮮亮的油彩，再搭配種種裝飾品，是天然的引火燃料。一旦火種點燃，便會在通脊連簷的圍房排屋之間蔓延開來，極難控制。面對火災，輝煌的紫禁城是絕對的弱者。

許多皇家宮殿的大殿頂棚正中，都有一個四邊形向八角形、再向圓形層層上凹的穹頂結構，一個崢嶸可怖的龍頭從正中探出，有的口含軒轅鏡，有的做出噴水狀。這種結構稱為「藻井」。太和殿大殿正中就有一座渾金蟠龍藻井，裝飾以荷、菱、藕等藻類水生植物，富麗堂皇。龍是古人觀念中的滅火聖獸，藻井設計的主要目之一便是壓伏火魔。

事實證明，這種重彩木構件沒有防火作用，反而是引火良物。

紫禁城重要建築正脊兩端都有龍吻琉璃構件，是古人再一次希望借用神龍的滅火功用（龍吻即龍螭吻，又名鴟吻，龍之第九子，古人認為它能吐水滅火。），為此往往在龍吻身後插有類似寶劍的飾物，防止神龍脫逃。為了避免雷擊，龍吻周邊還牽有鐵鏈，希望雷電能夠避開龍吻。

事實證明，屋頂正脊的龍吻並不能滅火，反而容易遭惹雷火。

藻井（孫珊珊 攝）

　　更失敗的防火措施「缺筆」法。午門、太和門、神武門等建築匾額上的「門」字最後一筆都不上勾，因為古人認為那樣會勾起火災。明朝建立後，大書法家詹希源題寫了朝廷衙署的眾多匾額。他奉命題寫南京皇宮集賢門匾額時，「門」字加了鉤，朱元璋看後龍顏大怒，將匾額棄之不用，並給詹希源冠以欺君之罪斬首示眾。（周乾：〈紫禁城古建築防火的傳統方法〉，載於《工業建築》，二〇一九年第四十九卷第四期。）

　　不用說明，匾額缺筆只能寄託美好願望，與防火沒有絲毫關係。

　　滅火還是要靠水，曲折蜿蜒的內金水河是紫禁城的消防主力。

秋季的內金水河（張碧君 攝）

內金水河的河邦、河底鋪砌以白石，全長 2,100 公尺，比外金水河長 10 倍，時寬時收、時隱時現，如盤龍縈繞在紫禁城西部和南部。

井亭（郭華娟 攝）

建築師特意設計了內金水河的彎彎曲曲，一是為了切斷火源的蔓延。比如內金水河就切割了文淵閣大院，並且人工擴大了河道。因為文

淵閣是為了專貯《四庫全書》而建，消防是重中之重，樓下的金水河可以阻止其他地方的火勢蔓延至此。二是為了就近汲取水源撲火。內金水河儘量靠近重要建築，就為了一旦著火就近供水。內金水河和筒子河還滋養了整座宮城的地下水源，不臨水的紫禁城建築往往鑿井建亭，主要功效便是滅火。三大殿後有兩座井亭，覆以大石，火災發生時供水範圍可以覆蓋紫禁城中部。此外，御花園、乾隆花園、建福宮花園和南三所裡也有類似井亭。

散布在紫禁城各處的大缸，是紫禁城的主要消防器械。

據《大清會典》記載，紫禁城內有大缸 308 尊，現存 200 餘尊。按材質可以分為銅質鎏金缸、燒古青銅缸、鐵鑄大水缸。前者規格最高，大多陳列在乾清門前和太和殿前缸，每尊高 1.2 公尺，直徑 1.63 公尺，表面均銘刻著「大清乾隆年造」字樣。缸兩側裝飾有醒目的兩個獸面銅紋、唧環為扣。太和殿前的所有大缸，儲水量高達 3,000 多升，比如今消防車的儲水量還多。由於紫禁城諱言「火」字，大缸改稱吉利的名字「吉祥缸」、「太平缸」。

吉祥太平缸如今儼然是紫禁城的「網紅」。在明清，它們也是宮廷裡的寶貝疙瘩，備受呵護。

太和殿前的鎏金大缸，因為個體大、儲水多，專稱「門海」。其他處所的水缸個體小，妃嬪宮人常常有養育種蓮的，為冷冰冰的宮苑提供了不少樂趣。消防水缸最大的問題是冬天冰凍。每到小雪時節，清代宮人例行給水缸加蓋，蓋中有鐵屜，放置木炭以防缸水結冰。每年十月到翌年二月，太平缸還會穿上棉套，氣溫特別低的時候缸下還燒炭加溫。每尊大水缸下面都有一圈石座，空缺一門，用來加炭和透氣。

太和門偏殿前放置的大缸（孫珊珊 攝）

　　與水缸配套的有救火唧筒。唧筒，又名「激桶」、「機桶」，早在宋朝就已出現了竹製的唧筒，在大竹筒內套小竹筒，小竹筒埠設有活塞，頂端用更細的竹筒當作進水口和噴水口，類似大滋水槍。紫禁城唧筒通常銅製，體積更大，用力射水，高度可達數丈。侍衛、太監和水缸、唧筒構成了明清紫禁城消防的主要力量。

　　當然，建築師的一部分設計，客觀上助力了消防。比如，重要建築都留出了安全距離。乾清門廣場是前朝與後寢的分界處，寬 30 多公尺，有效阻隔了前後火勢的蔓延。紫禁城歷史上的火災沒有前朝後寢燒成一片的，安全距離是關鍵因素。再比如，古人也考慮到了圍廊排房的火災隱患，在後三宮四周圍廊安排了四道「防火牆」。在乾清宮、坤寧宮東西兩側各有兩段圍廊，後簷牆上的梁、柱、枋、斗栱、椽子和望板等木構件全部改用石料雕刻而成，上面覆以彩畫，不細看與其他木建築無異。

它將幫助後三宮不至於在火災中成為一片廢墟。

　　所有這些措施將接受火險長達六百年的考驗。可惜的是，紫禁城在火災中敗多勝少。

　　明清時期紫禁城幾乎每十年就有一場大火，火警則年年月月都有。火災的紀錄之多、損失之大，以至於我們有限的精力只能關注到最令人震驚的幾場大火。

　　永樂十九年元旦，明成祖朱棣志得意滿地在奉天殿（太和殿）舉行大朝會，接受百官慶賀。一百餘日後，這座金鑾殿就燃起了熊熊大火！

紫禁城銅缸獸環（張程 攝）

　　彼時的奉天殿遠比現在的太和殿高大，大約有現在的兩倍高，在諸宮中鶴立雞群。雷電最喜歡這種寬敞廣場上的突出物，一擊劈中奉天殿。更糟糕的是，彼時的奉天殿透過連廊與華蓋、謹身兩殿相連。火勢迅速向北蔓延，將三大殿燒成一片瓦礫。第二年，乾清宮又失火，焚燬成另一片廢墟。這是紫禁城歷史上的第一場大火。一塊焦黑的巨大傷疤，默默地趴在紫禁城的核心區域，直到二十年後朱棣的曾孫明英宗在

原地重建了三大殿。這場大火對朱棣的心態產生了巨大的影響，促成了
紫禁城御門聽政制度的確立，間接影響了明朝初期的中國歷史。

　　正德九年正月，大火第二次光臨沉浸在喜慶中的紫禁城。新春前
後，整座皇城都會張燈結綵，與民同樂。當年，寧王進獻了一種奇巧的
花燈，大受宮廷歡迎。明武宗下令在宮中四處懸掛，板牆、木柱上到處
是花燈。火苗躥出燈籠，焚燬了乾清宮和坤寧宮。皇帝竟然在新春佳節
「流離失所」。

　　第三場大火發生在嘉靖三十六年四月，三大殿、體仁閣、弘義閣、
午門等全部為火魔吞噬。紫禁城南部正中區域幾乎夷為平地。這是紫禁
城歷史上最大的火災。大火起因頗為諷刺。迷通道教的嘉靖皇帝築雷壇
祭祀雷神，非但沒有取悅雷神，反而引來了天雷，劈中奉先殿，累及華
蓋、謹身二殿及三大殿附屬建築。更糟糕的是，此處堆積了大批上好的
楠木、檀香木，預備修繕之用，現在都做了燃料。大火持續了半月，方
圓十里以內都能聞到檀香味。

　　災後，清運土石瓦礫就動用了勞役 4 萬人、車輛 600 輛。嘉靖皇帝
急於重建，大興土木，橫徵暴斂，加劇了已經衰頹的國勢。嘉靖皇帝令
戶部、兵部、工部各拿出 30 萬兩白銀作為啟動資金，各部門上繳歷年拖
欠的工程款、罰沒款，叫停各類修造，將貯存的建材全部上交。他還詔
令全國按貧富三等上交銀兩。舉全國之力，最終重建了三大殿，並更名
為皇極、中極、建極殿。

　　第四場大火發生在萬曆中期。萬曆二十四年，乾清宮和坤寧宮毀於大
會，第二年皇極、中極、建極三大殿再次燒毀。兩年間，紫禁城最重要的五
座宮殿稱為焦土。明朝的國力已不足以重修如此龐大的工程，只能斷斷續續
進行。從萬曆到天啟，歷代皇帝前後花了三十五年時間才重建了五大殿。

工程耗資竟然高達 3,900 多萬兩白銀，存在嚴重的貪腐。萬曆朝先重修乾清、坤寧二宮，工部郎中賀盛瑞負責。他擅長建築且清廉自律，節約了 90 多萬兩工程款，卻因為如數上繳國庫而沒有孝敬權貴，反被誣為「冒銷工料」貶為外地小官。賀盛瑞連連上訴，可嘆奏本根本到不了御前，最終鬱鬱而終。其子繼續上訴，將父親遭遇寫成兩萬言申訴狀，結果被認定為「滋事犯上刁民」，打入大牢。此時離明朝覆滅，已經不遠了。三大殿則在萬曆四十二年由工部著名工匠馮巧主持重建。

明清更迭時，李自成焚燒了紫禁城。這是人為故意釋放出了火魔，與自然失火不同，且無人施救。我們姑且不以火災論之。入住紫禁城的第一位清朝皇帝福臨，在位的十幾年基本都在搞基建。雖然太和殿等都是按照縮小版復建的，但他駕崩時，中軸線的主要建築總算得以恢復。

清朝消防工作遠勝於明朝，清代紫禁城只發生過兩場大火。康熙十八年十二月，御膳房用火不慎，引發大火。火借風勢向南串，跨過乾清門廣場，蔓延上保和殿，不知為什麼最終燒毀了復建不久的太和殿。千頭萬緒的康熙皇帝直到十六年以後才重建太和殿。當時知曉太和殿建構的當事人已經非常難尋了，最後在工部找到了明代馮巧的徒弟梁九。梁九技藝精湛，參與過明末宮殿的修建，如今接過了復建太和殿的重任。他遭遇了許多難題，其中最重要的是明代太和殿的主材 —— 巨大的金絲楠術已經砍伐殆盡，只好以東北紅松代替。如今，人們看到的太和殿其實是松木支撐的。梁九還將明代太和殿兩端的斜廊改為磚牆，透過這兩堵封火牆，將太和殿與其他建築隔離，防止火勢蔓延。明代建築大多使用廊房相互連線，一旦起火常常殃及整片建築。清代改廊為牆降低火患，引領了之後傳統建築的建制先河。

硬山屋頂的後簷牆是紫禁城建築的另一大消防發明。硬山頂房屋等

級較低，通常為太監、宮女用房。在雍正之前，這些房屋前後簷都開設門窗，以便採光、通風，宮廷生火、照明、採暖等都集中在這些房間裡操作，因此硬山頂房屋往往成為火災源頭。雍正五年冬，雍正皇帝發現乾清門兩側的圍房裡有值守人員做飯，認為「凡事不可不為之預防」，下令將所有圍房後牆封死，今後後簷牆一律不得開門窗。這種封閉的後簷牆名為「封護簷」，很快從紫禁城推廣到全國的建築中，成為傳統建築的一大特點。

乾清宮是宮中火魔光臨最多的地方。乾清宮在明代三次毀於大火，分別是永樂二十年、正德九年、萬曆二十四年，清朝嘉慶二年十月二十一日又毀於大火。這是清朝紫禁城的第二場大火。當日黃昏，乾清宮突然火光沖天，並迅速蔓延後方兩側的宏德、昭仁殿，進而殃及交泰殿。當時恰值初冬，天高物燥，木構件迅速陷入火海，火勢猛烈。總管內務府大臣帶領官兵奮力撲救，西北風又及時趕到，大火只燒毀了乾清宮和交泰殿，在坤寧宮前簷得到控制。如今的乾清宮，是嘉慶三年重建的。

清代將連廊房屋改為實體牆，降低火災蔓延的隱患。（郭華娟 攝）

這次坤寧宮大火未釀成大禍，得益於清代紫禁城完備的消防制度。太和殿失火後，康熙皇帝設立了「火班」，專司滅火。這是專門的紫禁城消防隊，常駐在東華門與西華門，晝夜值守。雍正皇帝加強了消防力量，增設了「內火班」。火班由官兵、蘇拉、鑾儀衛校尉等共 100 人組成，歸內務府管理，每年春秋兩季兩次實戰演習。內務府在西北部咸安宮前牆西的空地蓋了 25 間板房，作為火班駐地。紫禁城還在宮中 37 處值宿點都配備了防火器具。專職的火班和日常值宿人員，組成了體制完備的紫禁城消防網路。（王廣生：〈清代皇宮防火〉）雍正還將內廷太監編整合隊，指定頭領、總頭領，在火情發生時協調指揮內廷滅火。乾隆二十六年內廷壽安宮內遮陽席片失火，外朝護軍發現後緊急叩門。首領太監驚醒後拒絕開門，自行救火。事後，皇帝規定凡宮中失火，總管太監須立即開啟宮門，放外臣入宮滅火。除了專職人員，文武百官和八旗官兵也有消防責任，並事先劃定了負責範圍：東南失火由正藍、鑲白兩旗赴援，西南失火由鑲藍、鑲紅兩旗赴援，東北失火由鑲黃、正白兩旗赴援，西北失火由正黃、正紅兩旗赴援。

光緒末期，北京城裡有了專業的消防隊。紫禁城救火力量更加壯大。光緒二十三年九月初五，御藥房煮藥不慎，引發大火，殃及接棟連楹的王公大臣更衣房，燒毀房屋二十多間，王公大臣們暫存的朝服裝飾自然也陷入火海。已經七十四歲高齡的北洋總督李鴻章親自入內指揮滅火，大火最終在紫禁城官兵、太監和「內城火會」的通力合作下撲滅。參與救火的有東安水會、平安水會、保安水會以及外城水會等，約五百人。內城水會協同官兵看守火場餘燼，直到次日破曉確認安全後才出宮離去。（王銘珍：〈阿哥所與「禁城失火」〉）

建築改善、人員完備，是清代紫禁城消防成功的主要原因。

# 天火與防雷

永樂十九年四月初八的夜晚，來自伊朗的蓋耶速丁目睹了雷電劈中紫禁城的場景：

空中的雷電擊中了皇帝新建的宮殿頂部。在那座宮殿中發生的火把它卷沒，以致看起來就像裡麵點著千萬支添油加蠟的火把。火災最早燒著的那部分宮室，是一座長八十腕尺、寬三十腕尺的大殿，殿是用熔鑄的青精石支撐的光滑柱子支撐，柱粗甚至三人不能合抱。火勢猛烈，乃至全城都被火光照亮，同時火從該地蔓延至離它二十腕尺遠的一個宮殿，也把朝見殿後面、建築比它更豪華的後宮焚燬。在那座宮殿四周是用作庫藏的廳室和屋舍。這些也著了火，其結果是大約二百五十噚的地方化為灰燼，燒死了很多男人和女人。它像那樣繼續燒到白天，儘管極力搶救，在午後祈禱時刻之前不能把火控制住。（楊乃濟：〈一個波斯使臣所見到的紫禁城誕生與三大殿火災〉，載於《紫禁城》一九八六年第二期。）

蓋耶速丁記錄的是紫禁城的第一場大火，他目睹了大火燒毀奉天、華蓋、謹身三大殿的場景。這場大火的起因非常明確：雷擊。

在紫禁城火災中，雷擊引發占了半數以上。記錄在案的雷擊引發的火災就有三十四起。（林海：〈紫禁城的消防史〉）遲至一九八七年八月二十四日夜，景陽宮還遭雷擊起火。

雷火在傳統觀念中是「天火」，雷擊意味著天降懲罰。永樂十九年的這場大火，明成祖朱棣就認為是「天譴」，不僅不敢重建三大殿，而且被

迫下詔「求直言」。對火災的檢討，差點動搖朱棣執政的合法性。之後的紫禁城主人也都諱言天火。

天火為什麼頻繁光臨紫禁城？紫禁城又有哪些防雷措施呢？

太和殿、中和殿、保和殿、奉先殿、午門等遭遇雷擊，毀於天火。紫禁城吸引雷擊的原因有三，一是紫禁城位於北京的落雷帶上。二，宮城的環境容易遭受雷擊。紫禁城四周環繞筒子河，環境潮溼，導電性好，容易接雷；紫禁城地勢北高南低，造成南部的三大殿、午門等建築的地下水位高，也容易接雷；前朝三大殿位於南部空曠的區域範圍內，且體積高大，這也使得這三座建築相對於其他建築更容易遭受雷擊；紫禁城所在區域的土壤電阻率相對其他區域要低，更容易聚集電荷，遭受雷擊。三，紫禁城大型建築多有突出造型，正吻、小獸、寶頂等都容易遭到雷擊破壞。（周乾：〈古老紫禁城的防雷智慧〉）

古人始終沒能知道雷電的科學原理，更毋庸談用科學的方式防雷了。紫禁城的諸多防雷措施，大多是一廂情願，甚至事與願違。

重要建築的龍吻端部往往安裝鐵鏈，一端固定在正吻上，另一端固定在屋簷部位的瓦壟上。古人認為這樣的設計利於避雷。事實上，鐵鏈反倒容易吸引雷擊。

工匠在攢尖類建築的木構架頂部安裝一根立柱，下部落在一根木梁上；在廡殿類建築正脊端部的正吻下方安裝一根立柱，下部亦立在一根梁上，上部則支撐木構架端部挑出的脊檁和兩邊的由戧。這些立柱稱為「雷公柱」，支撐雷公柱的大梁則稱為「太平梁」，這些是工匠應對雷擊的措施，希望雷公柱、太平梁護佑建築免遭雷擊。事實上，雷公柱也是木材，木材是絕緣材料，雷公柱不可能防雷。

紫禁城建築屋頂施工結束前，古代工匠通常鄭重其事地在屋頂正脊中部預留一個口子，稱為「龍口」，然後會舉行「合龍」儀式。當時，一

名未婚工人將一個含有鎮物的盒子放入龍口內，再蓋上扣脊瓦。盒子就是寶匣。這個象徵性儀式就是合龍。事實上，金屬製成的寶匣並不能防雷，相反還誘發雷擊。一九八四年六月二日承乾宮遭受雷擊，雷電正好擊中屋脊正中的錫質寶匣。

而傳統工匠無意為之的一些做法，反而造成了防雷的作用。比如紫禁城的大量建築材料都是絕緣體。屋頂的琉璃瓦下面都有泥背，泥背下又是木質材料的椽子、望板、梁架，牆體材料為磚石，建築底部為石質基礎，地基是碎磚、灰土分層疊加，這些主體材料都不導電，大大降低了遭受雷擊的可能性。除了三大殿、午門等高大突出的建築外，大多數紫禁城建築都是整齊劃一的建築，不容易接引雷電。事實上，受雷擊的基本都是高大突出的建築。（周乾：《古老紫禁城的防雷智慧》。）

一九五五年八月八日晚，午門雁翅樓兩角亭遭雷擊，之後紫禁城建築開始逐步安裝避雷針和避雷帶。雷擊的風險大為降低。

古人同樣視為「天譴」的還有地震 —— 古人同樣無法科學解釋的一個自然現象。六百年時間裡，紫禁城受到有記載的地震影響 222 次，含 8 度以上強震 3 次。但是紫禁城並沒有宮室毀於地震。這要歸功於紫禁城的抗震構造。

紫禁城地基煞費苦心，原有的元朝宮殿地基全部挖走後重新人工回填基礎，具體的做法是分層疊加：一層灰土、一層碎磚，反覆交替，而且參入利於抗震的黏性材料。宮殿的大柱柱底浮擱在柱頂石上，在震中可滑移隔震，避免倒塌。而傳統建築的榫卯結構可摩擦耗能，分層疊加的斗栱可以耗散部分地震能量，梁架低矮既可避免大尺寸梁截面的使用，也可避免在地震中傾覆。（周乾：〈紫禁城古建築的傳統防震方法〉）紫禁城繼承了中華傳統建築面對地震的大勝紀錄。

# 排水與採暖

　　紫禁城占地寬廣，在洶湧的雨季和漫長的冬季，如何做好防汛與採暖又是一道難題。

　　所幸的是，紫禁城有一支稱職的「水暖工」隊伍，憑藉建築巧思和一代代的付出，保障了紫禁城的安全宜居。

　　明代負責宮城水暖的機構是惜薪司。惜薪司是宦官衙門中的「四司」之首，有掌印太監、僉書、監工等指揮著大批的工匠、太監負責整座紫禁城的基礎修繕、防汛採暖。惜薪司衙門在皇城西安門內，占地廣闊，是明代宦官一大衙署。如今的西城區惜薪胡同，南北向及兩邊房屋大約是當年的惜薪司故地。

　　明亡清興，清朝改編惜薪司為內工部，進而在康熙年間改為營造司，劃歸內務府管理。營造司下設木、鐵、房、器、薪、炭、圓明園薪炭七庫與鐵、漆、炮三作，並且指揮京城內外的諸多工坊，維護著紫禁城的基礎運轉。惜薪胡同一帶依然歸屬營造司指揮。皇帝委派總管大臣一人管理，日常工作由郎中、員外郎、主事等文官負責。

　　在紫禁城的諸多機構中，惜薪司（營造司）注定是不為人所重、卻又不可或缺的衙門。

　　北京城的汛期在夏季。紫禁城設計時，順應北京地理形勢，整體呈北高南低、中間高兩邊低的地形。北門神武門比午門高出約 2 公尺。紫

禁城排水坡度約為千分之二，自然便利雨水從西北向東南方向排洩——這和整個北京地區的水流方向是一致的。在此大原則下，建築師利用貫穿南北的內金水河來收集宮中各處的雨水、汙水。高臺上的排水獸、御道兩側的明渠、廣場地面的坡度、城牆的排水槽等等聚集地面的雨水，匯入地下縱橫交錯的排水道、暗溝，再聚集到內金水河。

　　今天徜徉在紫禁城中，隨處可見各種排水裝置巧妙地嵌入建築整體之中。

　　建築後簷的簷頭往往設定排水天溝，宮牆向外接有排水石槽，地面上有不少石板鏤雕成銅錢形狀，上面外圓中方鏤有五個孔洞，俗稱「錢眼」，它們就是地下排水管道的入口。

　　內金水河上下游河床相差 1 公尺左右，保證了水流能以一定流速流經紫禁城。在東南角出口處，內金水河突然收緊，呈現倒喇叭狀，是一種「束水攻沙」設計，目的是為了防止下游水流緩慢導致泥沙淤積，有效防止紫禁城水道的淤塞。（吳巖、閆徵：〈天鉤崢嶸：紫禁城水系一瞥〉）

　　三大殿是防汛重點。高高的石質須彌座，表皮為地磚，而核心部分是夯實的灰土。防止臺基在雨季存水、滲水進而下沉尤為重要。設計之初，三層須彌座每層臺基地面都有 3%-5% 的坡度，上層水直排下層臺基。臺基每塊欄板底部正中有直徑十公分的半圓形洩水口，欄板之間望柱的底部則伸出排水獸。排水獸形像似龍，有人認為是龍生九子的第六子霸下（霸下又名贔屭，似龜有齒，喜歡負重，常見於馱碑。）。霸下和宮殿正脊之上的九弟螭吻遙相呼應，因為具有美好的寓意，定居在了紫禁城。排水獸探出欄板約 0.8 公尺，寬度同望柱寬、高度同底部須彌座的上枋層，獸嘴有直徑約三公分的出水孔。出水孔貫穿排水獸，並與欄

板內側的地面相通。排水獸的設計在造成上層排水的功能同時，與整體建築風格協調，還進一步烘托了三大殿的恢弘尊貴，兼具實用與藝術。紫禁城三大殿的臺基一共有 1,142 隻排水獸，雨季旺時，每個獸頭都噴出水來，宛若「千龍吐水」，為紫禁城增加了一景。

三大殿區城三臺的排水龍頭（孫珊珊 攝）

許多普通宮殿建築的臺基做成斜面形式通向地面，雨水沿斜面流向地面。東華門、西華門的城牆馬道，協和門、熙和門的臺階，還有三大殿、後三宮的諸門都是類似的設計。為了防止滑倒，臺面都做成「礓𥩟」。雨季來臨，雨水沿著礓𥩟傾瀉向地面，如同連綿不斷滑落的白絲綢，蔚為壯觀，也算是雨季紫禁城的一景。

這些雨水通過銅錢孔，便抵達了地下管道的世界。紫禁城的地下排水管道，似乎有效運行了六百週年，並沒有做大的改動。幾條主幹道是：

神武門內宮牆南側有一條自西向東的石板路，每隔一定距離的石板上有洩水的小孔，下方就是紫禁城最北側的排水道，寬 35 公分，最深處

將近 3 公尺。石板路從神武門向東延伸到紫禁城東北角，然後向南經過東筒子路、御茶膳房，在文華殿東側匯入內金水河。北側排水道收集了建福宮、西六宮、東六宮、乾隆花園等區域的雨水，並在上述區域設定了分支管道，構成一個幾乎容納紫禁城三分之一區域雨水的地下管網。

紫禁城東排水幹道在東側十三排區域地下，經北十三排、南十三排，向南流入清史館區域的內金水河；西排水幹道在西六宮地下，蜿蜒經過乾清宮、養心殿、隆宗門向南在武英殿附近匯入內金水河。

地下排水官網縱橫交錯、條理分明，內金水河接納各處雨水，六百年如一日完成 2,100 公尺的行程，湧出喇叭口流入筒子河，向東通過菖蒲河奔向通惠河而去。（周乾：〈紫禁城的排水系統〉）文字描述不了這套管網的複雜性。為了保證排水順暢，惜薪司、營造司的維護保養任務是很重的。他們的另一項繁重任務是冬季供暖。

寒風動地氣蒼芒，橫吹先悲出塞長。北京的冬天寒冷且漫長，紫禁城的供暖季隨之漫長，從每年農曆十月初一生爐開始供暖，次年二月二日龍抬頭才撤火，長達四個月。

來自白山黑水的愛新覺羅家族擅長取暖，現在紫禁城的供暖系統就是經過清代改善後存留下來的。清代宮中供暖方式主要有兩種：第一種類似於當代建築的地暖系統，宮殿地下或炕下預先砌有火道，殿外廊子下的灶口處燒炭供暖。燃燒產生的熱氣通過循環的火道，烘暖地面，熱氣再徐徐上升，產生熱循環，溫暖了房間，達到禦寒目的。燒火坑和排煙道都在室外，避免煙氣汙染室內，又防止了煤氣中毒。地暖的優點非常突出，能夠持續、穩定地保證建築暖和，缺點是耗費巨大，需要持續有專人新增炭火。它是明清紫禁城冬季主要的取暖措施。作為配套，地暖流通的區域用木板隔斷包圍起來（一般是有床鋪的區域），強化區域性

保溫效果，清朝稱之為「暖閣」。

第二種供暖方式是「燻殿」，宮殿內設銅質火盆或精工細做的掐絲琺琅燻籠，燒炭供暖。這應該是人類最原始地採暖方式。但是並非每一座建築、每一個人都有享用火盆的權利。它和諸多供應一樣，有著嚴格的等級要求。清代答應及其以下女性，就沒有資格使用火盆取暖。燻殿的缺點是針對性強，缺點是有嚴重的火災隱患。嘉慶二年的乾清宮火災，就是因為燻殿火盆內沒有燃盡的灼炭，因為負責太監沒有徹底熄滅，結果復燃，引發烈火。等到首領太監聞到煙味時，火勢已經開始蔓延了。

紫禁城的居民更常用的還是小巧的手爐、腳爐。腳爐一般為長方體，手爐方圓皆有，體積較小，多數為銅質，也有琺琅鑲嵌製成的，雕刻鏤空花紋，上有提梁，方便隨身攜帶取暖。其中，手爐的製作尤其精良，青銅鑒金、掐絲琺琅，華貴精巧，既是實用器皿，又是藝術品。

取暖季到來後，惜薪司、營造司的主要工作倒不是製作火盆、手爐，也不是新增炭火，而是持續供應上等木炭。涿州、通州、蘇州、易州及順天府宛平、大興等縣每年選擇上好的用硬實木材燒炭，再運送到西安門外的紅羅廠，惜薪司（營造司）工人按照尺寸鋸截盛入塗有紅土的小圓荊筐，故名「紅羅炭」。這種紫禁城專用的優質木炭，烏黑發亮，燃燒耐久，火力旺盛，卻不冒煙、無異味。紫禁城面積大居民多，供暖季紅羅炭需求量巨大。乾隆年間，宮內木炭份例是皇太后每日 120 斤、皇后 110斤，至皇子 20 斤，皇孫 10 斤。（王銘珍：〈紫禁城的暖閣和冰窖〉）

清代紫禁城內設有三個專司採暖的機構，一為熱火處，負責安裝火爐、運送木炭；二為柴炭處，專管木炭的儲存和分發；三為燒炕處，點火燒炕。各處都有首領太監兩名，普通太監 25 名。此外，各宮殿還有聽差太監，負責本宮的火盆、打更和守夜。

　　科舉考試的殿試在春天舉行，當時乍暖還寒，天氣變化不定。朝廷重視掄才大典，會讓惜薪司、營造司在供暖季之外給殿試供暖。萬曆十八年殿試，考生們一次性用炭 1,000 多斤；雍正元年的殿試天氣寒冷，考慮到如果繼續讓考生門在丹墀寫作，「恐硯池冰結，難以書寫」，改為在太和殿內兩側考試，多置火爐、暖和大殿，保障天子門生們能夠正常發揮。

　　紫禁城也是一座「城」，擁有不異於其他城池的各種需求，有過之而無不及。

　　預先的精良設計，事後的制度設定，共同保障了紫禁城六百年來的各種需求。

# 珍寶之城

# 珍寶目錄與造辦處

　　紫禁城是皇權政治的體現，紫禁城更是物質文明的容器。

　　明清紫禁城薈聚了中國的奇珍異寶，代表著古代文化藝術水準的最高峰。

　　紫禁城到底收藏了多少寶貝？這又是一個謎。各類藝術品源源不斷地進入紫禁城，也陸續有幸運者受賞皇家寶貝。明清更迭之時的李自成大火，和溥儀有團隊的持續盜寶變賣，更加劇了謎團的複雜。自詡為藝術家兼鑒賞家的乾隆皇帝，仕途破解這個謎團，於登基之初就團隊人員清點紫禁城藏寶，分門別類，陸續編輯完成了《秘殿珠林》、《石渠寶笈》、《西清古鑒》、《天祿琳瑯書目》。

　　最先編成的《秘殿珠林》，記錄了紫禁城佛教、道教內容的書畫藏品。按照先佛後道，先書後畫的原則，《秘殿珠林》將這些書畫分為上、次二等。上等是真跡且筆墨上佳的作品，詳細記載了紙卷、尺寸、跋語、藏印等訊息；次等的是神韻欠佳的真跡，或未真偽尚未明確的作品，僅僅記載款識和題跋人名。

　　《石渠寶笈》整理登記了紫禁城所藏的自古至清代的帝王、名家書畫作品。目錄按照作品貯藏的殿堂分卷，如乾清宮、養心殿、重華宮各處書畫較多，各有八卷。《石渠寶笈》根據作品品質高下，也將書畫分為上、次二等，上等作品詳細記載作品名稱、質地、書體、本人款識、印

章、他人題跋、收藏押縫諸印等。次等作品要簡略許多。凡有御筆題跋的，無論上等、次等都記錄全文，置於各項內容之後。書畫上附著了諸多傳統文化的意蘊和民族精神的內涵，自古是中國人收藏的大宗，紫禁城更是不遺餘力地收藏名家名作。乾隆皇帝似乎鑒賞書畫上癮，四處蓋章定斷，有「蓋章專業戶」之譏。紫禁城收藏的書法作品有二王、歐、虞、褚、柳等名家作品，國畫作品有荊、關、董、巨、元四家等名家名作。

《西清古鑒》整理記錄的是紫禁城內商周至唐代青銅器 1,529 件，40 卷，另附錢錄 16 卷。每個器物都有繪圖，詳細記載高度、重量等訊息，並附有考釋。乾隆時期編撰的這些目錄，固定的是當時的藏品規模，之後多次更新過目錄。比如，《西清古鑒》之後就有《西清續鑒甲編》二十卷，補錄銅器 975 件。又有「乙編」二十卷，再收錄銅器 900 件。此後還有《寧壽鑒古》十六卷，再錄了 701 件青銅器。以上這四本圖書通稱為「西清四鑒」。

乾隆皇帝還自詡為文人天子，乾隆九年開始在乾清宮昭仁殿收藏圖書，題室名為「天祿琳瑯」。古籍善本的價值，遠勝於金銀珠寶。民間藏書家能夠將一部宋版圖書收入囊中，其藏書樓就能揚名百里，可見善本的魅力。紫禁城所藏宋元以來精刻精鈔善本書籍 1,000 餘部，整理書目後即取名《天祿琳瑯書目》。書目按版本時代順序編排，同時代版本以經史、子、集為序，同一種圖書的不同版本如果都質地精良都收錄在內。「文人天子」乾隆皇帝發揮「蓋章專業戶」的做派，在書目收錄的每一部善本書都加蓋了管理印，他常用的璽印有「五福五代堂古稀天子寶」、「八徵耄念之寶」、「太上皇帝之寶」、「乾隆御覽之寶」等。隨著藏書增加，又編了書目《後編》，乾隆皇帝又在後編的每部書上另管理「天祿繼鑒」。

　　紫禁城是全中國最大的藝術寶庫，珍寶之多以至於區區四種目錄並不能涵蓋所有的藝術品。乾隆時期的人們，並沒有涉及兩類宮城中常見、常用的物品：玉器、瓷器。

　　同時期成功來到乾隆皇帝身邊的英國使臣馬嘎爾尼，發現中國的宮殿中往往放置一件玉如意，乾隆贈送給英國國王的禮物也是一柄玉如意。馬嘎爾尼得知如意喻意和平與興旺，滿含祝福，但是生活在中國社會之外的人很難透徹理解玉在中國文化中的特別涵義，很難理解中國富裕階層與士大夫對玉器的趨之若鶩。石之美者方為玉，在中國人眼中，玉石是溫婉含蓄的美女、靈動精緻的精靈。

　　玉器在紫禁城無處不在，既是生活用具，也是主要的室裝潢飾物，更是閃耀後世的藝術品。

　　紫禁城宮殿的多寶格陳設的藝術品，八成以上是玉器。這些玉器涵蓋白色、青色、黃色、碧色和墨色五大顏色，囊括了玉石的各個種類。馬嘎爾尼幸運地遇上了玉器在紫禁城的高峰期。乾隆時期，中央政權徹底平定西域，將生產玉石的新疆置於朝廷直轄之下。新疆的和田玉開始源源不斷地補充到中原的玉器產業中。當然，最上等的玉石為紫禁城所壟斷。成千上萬斤玉石定期輸送到內務府。內務府下屬的玉作終日忙碌，為皇帝製作精巧的雕玉。玉石的主要成品之一是如意，乾隆皇帝另建立如意館，專做如意。紫禁城的許多玉器精品都出自這兩處作坊。

　　寧壽宮樂壽堂的「大禹治水圖玉山」是紫禁城玉器藝術品的精品，它的誕生史折射了皇帝對珍寶的不計成本和乾隆的帝王心術。

　　大禹治水圖玉山是一座 5,300 多公斤重的玉雕，是迄今為止世界上最大的玉器。它來源於新疆和田密勒塔山近 5,000 公尺的海拔高處。它的故鄉終年積雪，空氣稀薄，每年只有夏季三個月才給人類進山開採的

機會。在兩百多年前的原始開採條件下，人們單單將重達5,000多公斤的玉山原料從山上搬到山下就耗費了兩三年時間。移動下山就如此困難，運送到萬里之外，跨越千山萬水，難度可想而知。沿途軍民又花費了三年時間，才在乾隆四十六年將這塊玉料送達北京。

內務府根據館藏的宋人《大禹治水圖》畫軸為稿本，經乾隆皇帝欽定，開始動工製作。玉作先在玉石上畫出大禹治水紙樣，畫匠接著臨畫，再做成木樣連同玉料一同經水路運往揚州，由兩淮鹽政使衙門下轄的揚州工匠負責雕刻。內務府對於超乎製作能力之外的工藝，常常輸送往江南代工。又過了六年時間，「大禹治水圖玉山」成品於乾隆五十二年返回北京。

崇山峻嶺、層巒疊嶂，瀑布激流、草木蒼鬱，隱藏著深洞祕穴，都呈現在玉山之上。遠古明君大禹在山腰上以身作則，指揮民眾錘打、鎬刨、捶擊，疏導流水。天上的神靈也被君民的壯舉感動了，引來雷公在山頂浮雲處開山爆破，一副天人共治水患的景象。這樣的題材內容，也只有紫禁城才有資格擺設。玉匠師傅根據材料的天然材質，運用寫實技法，精雕細作，創造出了一座精美絕倫的藝術作品。

清代白玉文房用具（孫珊珊 攝）

清代白玉碗（張程 攝）

清代白玉擺件（孫珊珊 攝）　　　　　清代連扣雙玉環（孫珊珊 攝）

　　乾隆皇帝對大禹治水圖玉山非常滿意，為它書寫了長篇御詩和註文，還將它放置在自己的養老之所——寧壽宮樂壽堂，陪伴自己的晚年。既然是藝術佳作，就不能阻擋乾隆皇帝「蓋章」的欲望，即便是石頭也不能例外。玉山的正面就刻有乾隆皇帝「五福五代堂古稀天子寶」大方印，背面刻有「八徵耄念之寶」方印，滿滿的志得意滿、功成名就撲面而來。乾隆皇帝還為玉山特製了一個嵌金絲的褐色銅鑄底座。青褐色的古樸銅座與青白色的晶瑩光澤的和田玉，搭配非常成功，底座更襯托出玉山的雍容華貴。

　　從原料到成品，「大禹治水圖玉山」前後耗費十年時間、徵用人力數以千計。它是一次工藝美術史上的壯舉，更是中華傳統文化的精品佳作。

　　玉山背面刻有乾隆御題的〈題密勒塔山玉大禹治水圖〉，長詩歌頌了大禹治水的功績，陳述了玉山製造的來龍去脈。乾隆皇帝告誡子孫，今後絕不允許為了追求珍玩再製作耗費如此巨大的作品。那麼，他老人家為什麼勞師動眾，製作這座玉山呢？乾隆皇帝自述是為了標榜聖主明君大禹的功績，激勵子孫皇帝一直為榜樣建功立業。好一個「自圓其說」，暴露了乾隆皇帝數十年來一以貫之的雙重標準。

　　玉石還是古代印信的材料，皇帝御璽本質上也是玉器的一種。乾隆皇帝梳理、明確了紫禁城的御璽制度。中國第一個皇帝秦始皇以先秦名玉「和氏璧」為原料製作了傳國玉璽，象徵皇權和法統。傳國玉璽消失於南北朝的戰火紛爭之中，之後的歷代帝王無不渴望重獲傳國玉璽。不同時代都有人聲稱發現了傳說中的傳國玉璽，事後證明都都仿製的贗品。民間知道乾隆皇帝鍾愛玉器，且好大喜功，更是不乏獻寶之徒，都宣稱傳國玉璽「重出」乾隆盛世。乾隆皇帝對傳國玉璽的觀念非常理性，認為盛世在人不在印。到乾隆時期，匯聚到紫禁城的御璽數以十計。後三宮交泰殿專為存印之所。交泰殿貯藏的御璽一度多達 39 枚，雜亂無章。乾隆皇帝去粗存真，根據《周易大衍》「天數二十有五所定」，明確本朝御璽為 25 枚，在交泰殿按次序排列。其他御璽全部銷毀。他還編撰了《寶譜》專論交泰殿貯印制度，其中的〈御製交泰殿寶譜序〉指出：自古御璽沒有定數，記載失實，印璽又有重複的，自己加以考訂，作為子孫定製，並祈求上蒼，保佑大清江山能延續二十五代。可惜，在乾隆的身後，清朝皇位僅僅往下傳了六代。

　　乾隆皇帝一生酷愛玉器，就連皇子取名，乾隆皇帝全都以玉器的名字命名，比如日後的嘉慶皇帝名為顒琰，「琰」是美玉的一種。紫禁城現藏的三萬多件玉器，覆蓋了從新石器時代起至清代末期的各種作品，其中明朝以前 4,000 多件，明朝作品 5,000 多件，清朝作品 20,000 多件，絕大多數是乾隆這個「玉痴」收藏和雕作的。嘉慶皇帝繼位後，他對玉器並無特殊愛好，且覺得父皇的做法勞民傷財，下旨大規模縮減玉器生產。到了孫子道光皇帝，下旨新疆停止進貢玉料。到了曾孫媳婦慈禧太后掌權時，玉器在紫禁城有所恢復。不過慈禧太后鍾愛的是來自雲南、緬甸的翡翠玉。

　　乾隆皇帝的另一大珍愛是瓷器，曾做詩感嘆：「李唐越器人間無，趙宋官窯辰星看。」紫禁城有多達 35 萬件瓷器，其中不乏宋、元兩朝的珍寶，絕大多數是對宋朝五大名瓷的仿燒。清代紫禁城的瓷器仿製達到了歷史最高水準。

　　紫禁城的日用器皿，主要是瓷器。農民的節儉深植朱元璋的思維，他規定明代祭拜天地的禮器，從金銀玉石改為瓷器。此後，明成祖朱棣又將御膳碗盤、隨葬明器、賞賜禮品都換為瓷器。瓷器牢固樹立了在紫禁城器皿界的主角地位。

　　為了保障旺盛的瓷器需求，明朝於洪武二年就在景德鎮設定了御窯廠。御窯廠採取朝廷督辦、招募工匠的生產方式，採用景德鎮地區最好的瓷土，專門生產宮廷瓷器。這是中國歷史上第一家真正意義上的官窯。從朱棣開始，宮廷瓷器都在底部刻製「永樂年製」的字樣，這是中國官窯瓷器第一次出現皇帝年號款識。此後，每一代皇帝都會在新生產瓷器上刻上自己的年號。年號款識是官瓷最顯著的特徵。這些標記這皇帝年號的瓷器，專供紫禁城，民間禁止擁有與買賣。御窯廠的配方、燒製技術也是嚴格保密的。

　　明代紫禁城瓷器盛行青花瓷。這種誕生於唐朝的瓷器形式，在明朝前期達到了旺盛期。這很大程度上得益於永樂年間鄭和從西洋引進了外來青料（蘇麻離青）。這種顏料能在瓷器表面燒製出濃豔的色彩和獨特的斑點，類似中國水墨畫的暈散效果。清代紫禁城對瓷器的最大貢獻是發明瞭琺瑯彩瓷。這很大程度上也得益於舶來品。康熙時代的傳教士為中國引進了銅胎畫琺瑯，這種琺瑯工藝很快移植到了康熙皇帝喜愛的瓷器上。為了擴大產能，內務府造辦處增設了琺瑯作，全力製造琺瑯彩瓷。琺瑯彩瓷的製作過程是，景德鎮製作好陶瓷素胎，素胎運至紫禁城，由

畫師畫圖上彩,最後燒製。

　　康熙皇帝真的很喜歡琺瑯彩瓷,燒製琺瑯彩的小窯就搭設在養心殿,方便皇帝隨時巡視。在他的眼裡,來華傳教士的一大重要價值就是製作銅胎畫琺瑯。康熙五十三年,七名傳教士抵達廣州。康熙皇帝聞報後,下令將掌握銅胎畫琺瑯的技術的傳教士留下送京,其他人遣返。送京的傳教士中,有一位年輕人郎世寧。他一入紫禁城就畫了五十年,歷經康雍乾三朝,成為最著名的宮廷畫師。不過工作伊始,郎世寧還只是一位畫琺瑯的工匠。康熙皇帝遇到外國傳教士,首先詢問能否作畫,如果得到肯定的回答,便半邀請半強制他們入紫禁城製作琺瑯彩瓷。

　　雍正皇帝對琺瑯彩瓷的喜歡,比父皇有過之而無不及。之前,琺瑯顏料全部依靠進口,雍正時候煉成了國產琺瑯料,保證了紫禁城彩瓷的生產需要。雍正皇帝在政務繁忙之餘,對琺瑯彩瓷的原料、樣式、圖案甚至尺寸都一一過問,還經常親自參與設計。

　　西方傳教士給紫禁城藝術品帶來了新鮮氣息和絢爛色彩。除了琺瑯彩瓷,還有西洋鐘錶。

清代畫琺瑯花果瓜蝶紋高足盤(張程 攝)　　　　嘉靖景德鎮瓷碗

清代銅鍍金嵌畫琺瑯盆珊瑚菊花盆景（張程 攝）

　　早在明朝後期，義大利傳教士利瑪竇於萬曆二十九年成為第一個進入紫禁城的西方人。萬曆皇帝對利瑪竇的宗教宣教沒有興趣，卻對他進獻的兩架自鳴鐘鍾愛異常。萬曆皇帝將利瑪竇留在京城，隨時除錯鐘錶。透過自鳴鐘，利瑪竇將近代機械原理初步傳播進了紫禁城。到了清朝前期，廣州是中國自鳴鐘進口的中心，民間已經能夠自造機械鐘錶，將葫蘆、蝙蝠等中國吉祥形狀或吉祥文字融入西洋鐘錶，並裝飾上色彩鮮豔的琺瑯，具有鮮明的時代特色。康熙時期，紫禁城也能夠獨立製造鐘錶，到乾隆時期開始生產集走時、報時、音樂、景觀等諸多功能於一身的精美鐘錶。這些「中西融合」的鐘錶以西式機械構造為基礎，裝飾有花草、鳥獸、流水等景觀，既是報時工具，又是皇帝的高階玩具，還是紫禁城最時髦的飾品。

　　以琺瑯和鐘錶為代表，西方製品裝點著康乾盛世中的紫禁城。紫禁

城散布著西洋工藝品，並且大規模仿製。大批傳教士供奉於紫禁城：湯若望、郎世寧、劉松齡、鮑友管、戴進賢、巴多明、費隱等。他們服務於畫院、如意館、琺瑯作、做鐘處等等，鑒定西洋製品、西洋圖書，傳授近代工藝技巧，並製作、修理西洋工藝品。

上述機構都隸屬於內務府造辦處。明代紫禁城的造辦機構及設施，大多設定在皇城內、紫禁城外，環繞著宮城。清代紫禁城的造辦機構內遷入宮。康熙早期，紫禁城建立了養心殿造辦處，下設若干工藝品廠，分門別類，製作宮城所需各項工藝品。隨著需求、生產兩旺，生產主體從養心殿移到了位於慈寧宮東南部區域。此地原來是慈寧宮茶飯房，有房 151 楹，後來又增設了近百楹房屋。遷址後，養心殿造辦處也更名為「內務府造辦處」。養心殿內只保留了極少數作坊。

造辦處是紫禁城內最大的機構之一。到乾隆朝，下屬作坊有四十多處：裱作、畫作、廣木作、匣作、木作、漆作、雕鑾作、鏇作、刻字作、燈作、裁作、花兒作、絳兒作、契花作、鑲嵌作、牙作、眼鏡作、如意館、做鐘處、硯作、銅作、鍍作、雜活作、風槍作、玻璃廠、鑄爐處、炮槍處、輿圖房、弓作、鞍甲作、琺瑯作、畫院處等等。各作坊有六品庫掌、八品催長、委署催總等，製作活計、領辦錢糧、稽察工作。造辦處主體區域是工整的長方形，占據三個宮格面積。各部門呈「品字形」設定，南邊為造辦處前門，北邊為造辦處後門，左右兩邊各有側門與冰窖、慈寧宮花園南長街相連。北部為造辦處辦公處、庫房和裱作。左下部為金玉作、畫作和造辦處查核房、檔房和錢糧倉庫，右下部為銅作、做鐘處。左右兩部之間並非南北直線夾道，而是曲折走廊。就建築面積而言，做鐘處是造辦處最大的作坊。此外，隸屬造辦處的油木作、槍炮處、槍炮倉庫等與上述作坊，一路之隔，與內務府衙署交錯雜處。

　　供職造辦處的匠役主體是八旗子弟。嘉慶朝時，旗人工匠占造辦處員工總數的百分之八九十。造辦處的設立，是保障旗人就業的一個措施，既然是保障措施，那麼工藝品質就不能保證。造辦處的技術中堅還是從各地徵調的能工巧匠。清朝紫禁城海納百川，凡是有一技之長、業務精湛者，都能在這座龐大的宮城裡有一席之地。工匠們進京，紫禁城發給安家銀兩，供職期間每月有錢糧銀、公費銀，每年另有衣服銀。皇帝還賞給或租給住房。即便如此，如同「大禹治水圖玉山」這樣大專案，造辦處還是不能獨立完成，便由檔房請旨後行文蘇州、杭州、江寧三大織造衙門製造——後三者畢竟也是內務府的下屬機構。

　　持續旺盛的需求、永不枯竭的供應、嚴明完善的制度，配上從全國徵調的工匠，清宮內務府成為了藝術品重要的創新源頭、製作中心。

　　今日，我們在紫禁城看到的珠寶、玉石、黃金、琺瑯、鐘錶等珍寶，大多出於內務府造辦處。其中不乏在歲月流逝中，日漸閃光的藝術品。

清代宮廷鐘錶（張程 攝）

# 皇家出版事業：武英殿／文淵閣

書籍，是傳承中華文化的堡壘，是宣揚天朝意識形態的揚聲筒，也是九五至尊治國理政的利器。

明清兩代的帝王高度重檢視書出版，將紫禁城建設為皇家出版業的核心。

明清時期沒有出版社，稱為「修書處」，大致相當於後世的出版社加印刷廠。明清兩代紫禁城內都有修書機構。明代午門內、皇極門外兩廡，東二十間房屋有實錄、玉牒、起居諸館，西二十間北邊十間為諸王館，即皇子教育機構，南邊十間為會典館等。清朝在東華門內設館纂修實錄、會典等。實錄是皇帝治國理政的詳細紀錄，起居注是皇帝日常生活的原始紀錄，玉牒是皇帝的家譜，會典是朝廷典章制度，它們的纂修需要時間的沉積，因此這些纂修機構都是臨時性的，不定期發起編輯出版事業，編成後即撤。清朝中期以後，國史和會典兩館固定為常設機構。這些機構集中在外東路的三座門內外。三座門內東院為會典館，西院國史館。會典館門朝西開，國史館門朝東開，兩門相對。國史館書庫在三座門外院牆東側，緊靠東城牆內側，是一座黃琉璃瓦宮殿建築。

入館纂修者，基本是翰林院的文臣。客觀而言，皇家出版事業解決了翰林們的出路。翰林院、詹事府等清要衙門，雖然是儲才之所，卻不能給翰林文官們提供優厚的待遇。同時，總日青燈苦讀，未必就是養才

之途，更談不上多好的政治力量了。而皇家出版事業多多少少解決了這些問題。翰林們修撰國史，整理會典等，有機會閱讀內廷珍藏書籍，又能接觸皇上和原生態的政務資料，還能獲得飯食、補貼、賞賜等，一舉多得。不少翰林文臣就是經由出版事業，獲得了第一筆政治資源。

　　清代文翰詞臣入宮實踐、當差的最穩定、成規模的去除是武英殿。武英殿相當於清朝的「皇家出版社」。

　　武英殿地處外西路南部，坐落在內金水河大轉彎處的「凹」型部，十八槐西側，大致位於西華門與熙和門的中間位置。整個建築群坐北朝南，經由跨越內金水河的三座漢白玉橋，走到正門武英門。武英門面闊五間，黃琉璃瓦歇山頂，坐落在漢白玉欄杆圍護的臺基上。武英殿西面、南面全部，以及東面南部為內金水河所環繞，消防水源充足，在建成後的四百多年中抵擋住了火患的覬覦，甚至躲過了李自成大火。照此下去，武英殿很可能成為紫禁城儲存最完好的明代宮院。可惜的是，同治八年，一場大火還是吞噬了武英殿。整個建築群受到重創。現存武英門與院內的大殿、後殿的榫卯、斗栱存在眾多差異，推斷武英門躲過了同治八年的那場大火，保留著早期的建築樣式。而院內的建築基本上是清朝晚期重建的。

　　武英殿為兩進院落，主建築規格與外東路文華殿完全相同。正殿武英殿面闊五間，進深三間，黃琉璃瓦歇山頂，坐落在須彌座上，四周圍以漢白玉石欄，前出月臺，通過甬路與武英門臺基相連。後殿敬思殿與武英殿形制相似，兩殿坐落在同一座臺基之上，中間以穿廊相連。一九一三年，故宮古物陳列所建立之初，以武英殿為展陳空間，於第二年將武英殿和敬思殿連線在一起，改造成「工」字形的展室。武英殿東西配殿分別是凝道殿、煥章殿，左右共有廊房 63 間；第二進院東北有恆

壽齋，西北有浴德堂。

恆壽齋面闊三間，黃琉璃瓦硬山捲棚頂，是清朝編校《四庫全書》諸大臣的值房。大名鼎鼎的紀曉嵐極可能就在此處當值多年。恆壽齋和武英門一樣，現存結構與其他建築差異巨大，推斷於同治八年倖免於火，保留了明代建築模樣。

浴德堂規格與恆壽齋基本相同。它的特殊之處在於後簷牆有一個曲尺形券洞通往北側的穹窿頂浴室。拱券和浴室都裝飾著乳白色瓷磚。浴室北側有一個灶間，通過貯水石槽引入浴德堂西北處一座井亭下的井水。井水流入灶間內大鍋，加熱後水蒸氣通過一道鐵管流入浴室。浴室面積有十幾平方公尺，地面為方形，中間變為八角形，最後在上部形成圓形彎頂，頂正中開有一個直徑約 60 公分的通風採光口，是內地非常罕見的建築樣式。很多人相信這座浴室是乾隆皇帝為來自新疆的寵妃香妃修建的土耳其浴室。古物陳列所還曾經在此地展陳過香妃的畫像。然而，武英殿遠離後寢區域、靠近西華門，且整個建築群為朝臣辦公場所，浴德堂不可能是清代后妃的浴室。那麼，為什麼在這裡會有座浴室呢？

浴德堂是明清皇帝齋戒沐浴的場所。古制，帝王宮殿要有「左庖右湢（湢，先秦時期專稱浴室。）」。左湢即為外東路文華殿東北部的大庖井；右湢則是外西路武英殿西北部的浴室了。浴德堂浴室，正是中國古代禮制的遺留。但是，正如御膳並不在大庖井製作，皇帝日常洗澡也不在浴德堂，只有在武英殿齋戒時才選擇西北部浴室沐浴。

整座武英殿在明初落成時，就是為了帝王齋居、召見大臣設計的。崇禎年間皇后千秋、命婦朝賀也在此舉行。隨著齋居、召見功能的外移，明代曾在武英殿設待詔畫師，選擇畫家在此待命。明末清初，原本

並不突出的武英殿突然在歷史上大放異彩！

先是李自成入主紫禁城後，選擇駐在武英殿辦理軍務。大順皇帝的登基大典，也捨棄皇極殿（太和殿）而改在武英殿舉行。李自成在武英殿倉促登基後，即下令焚燒紫禁城。武英殿倖免於難，儲存完好。緊接著，清軍入關，先行入京的攝政王多爾袞也以武英殿為視事之所。順治皇帝遷都北京後，一度也住在武英殿裡。客觀而言，當時紫禁城一片焦土，除了武英殿建築群外，確實沒有其他宮院適合作為皇帝寢宮。武英殿陰差陽錯之間，成為了明末清初中國權力核心所在地。

再接著，三大殿和乾清宮重建，少年康熙皇帝也搬入武英殿暫住。在這裡，少年皇帝開始走向成熟，並且招募了一批親貴少年練習摔跤撩腳。康熙八年五月的一天，實權在握的輔政大臣鰲拜一如既往來到武英殿，康熙皇帝指揮這批少年擒拿了權臣，譜寫了清朝歷史上驚心動魄的一幕。

乾清宮重建完工後，康熙皇帝搬離武英殿，設定了「武英殿修書處」，委派親王大臣總理，下設總裁、總纂、纂修、協修等數十人。下設書作、刷印作兩大機構，類似於現代的出版社編輯部、印刷廠。具體編撰、檢校人員都選自翰林文臣，解決了一大批翰林詞臣的差事安置問題。左右配殿、廊房就成了修書處，直至清朝滅亡。一代代的翰林書生在這處水木環繞的院落，在長達二百多年的光陰裡，編輯、校對、刊印、裝潢了難以計數的圖書，推動皇家出版事業走向繁榮。

明代宮廷也編印圖書，在皇城內設定「經廠」主其事，但是交由宦官主持。由於主持者教育程度欠佳，出版的書籍內容差錯較多，品質不高。武英殿修書處的成立，由專業人乾專業事，且規模更大、更加穩定，刊印書籍內容扎實，品質精湛。武英殿版圖書使用銅版雕刻活字，

字型秀麗，版面工整，繪圖精美，又用特製的開化紙印刷，品相出眾，迅速贏得了受眾的好評。

武英殿出版的書籍以編校精良、印製華貴而享譽天下，其中又以康熙時期的書籍為最。康熙皇帝喜好董其昌字型，康熙朝版本字型秀雅、布局疏朗，使用內務府精製紙張印刷，史稱「康版」，是藏書家手中的奇珍善本。乾隆皇帝喜好趙孟頫字型，武英殿版本也改為趙體。乾隆中期，武英殿修書處奉旨刻製銅活字，乾隆皇帝賜名「聚珍版」。聚珍版書籍，是清代書界最珍視的版本。當時的總管內務府大臣、奉命辦理武英殿事宜的大臣金簡編撰了《欽定武英殿聚珍版程序》，系統總結了修書處的工作規程。刻好的活字按韻分裝於十個木箱內，每箱抽屜八層、每層又分若干格；圖書排版時，管韻人根據漢字的四聲讀音管理活字，擺版人向管韻人唱取所需活字，然後擺成一版；翰林負責編輯、校對擺好版本，製作出清樣；核對無誤後，刷印作根據清樣印刷成書。除了管韻、擺版環節與現在的出版社排版工作不同外，其他環節基本相同。嘉慶朝後，武英殿圖書又流行歐陽修字型。

武英殿書籍的選題內容，第一類是歷朝聖訓。乾隆三年，修書處奉旨刊刻的太祖、太宗、世祖、聖祖、世宗《五朝聖訓》，就是這類選題代表；第二類是禮制圖書，如《律呂正文》及文廟樂譜、鄉飲酒禮樂章；第三類也是最主要的選題型別還是經史圖書，武英殿修書處刊刻過十三經、二十一史，還有《欽定古今圖書整合》10,000 卷、520 函裝；第四類選題時方略圖書，康熙皇帝平定三藩後編纂了《平定三逆方略》。此後每逢軍功凱旋或大政告成，武英殿修書處都奉旨記錄始末，編纂成書。為此，紫禁城另立方略館。方略館在武英殿牆外北部院落，已附在軍機處部分，不再贅述。

　　武英殿出版書籍，主要用於宮廷收藏，其次供皇帝頒賜給臣下，還有相當一部分圖書，由朝廷發行到十八行省，供官府和官學使用，可算是清朝的標準出版物兼學習材料。凡是存而不發的圖書，則貯存於後殿敬思殿。

　　武英殿出版活動，以康雍乾三朝最為興盛，乾隆時期更是巔峰。乾隆皇帝在位六十年裡，武英殿修書活動無一日停歇，每年都有新書問世。《四庫全書》是乾隆朝武英殿修書處的編撰重點，當時為了將一些敕撰本納入《四庫全書》，一度出現了十六種新書同時編修的盛況。嘉慶後期清查存書，品相完好的移貯武英殿，殘缺的則變價出售，圖書出版銳減，此後敬思殿實際成為了儲存版片之處。道光後期，武英殿出版活動衰微，變得徒有其名。同治八年，武英殿大火，燒毀建築數十間，敬思殿所藏的書籍版片焚燒殆盡，令人扼腕嘆息。同年，武英殿區域重建，但出版盛況一去不復返了。

　　還是需要肯定，武英殿修書處的出版活動幾乎貫穿整個清朝，或許是中國歷史上存在時間最長、最有成效的出版單位。這座宮苑出版的圖書，稱為「殿本」，這兩個字是品質的保證，是中國歷朝歷代品質最高圖書的代稱。

　　清代的出版管理不是類似英國的皇家特許出版制度，而是在紫禁城內全力興建高品質的出版機構，用產品來引導，用品質來說話，為紫禁城留下了又一大類珍寶。

　　上述《四庫全書》是中國古代圖書的集大成者，是乾隆皇帝力推的出版盛世。乾隆皇帝重視這部大書到什麼程度呢？他專門修建了「文淵閣」來收藏這個大經典。

　　乾隆三十九年，紫禁城在文華殿身後、明代聖濟殿舊址上修建文淵閣。乾隆皇帝設想的就是貯藏已於兩年前開始編纂、尚未成書的《四庫全書》。設計人員奉旨專門前往浙江寧波，參考了江南著名藏書樓範氏天一

閣的結構，汲取了中國古代藏書的經驗教訓。兩年後，文淵閣落成，面闊33 公尺，進深 14 公尺，「明二暗三」結構，從外觀看是上下兩層，內部實際為三層，中間存在一個暗層。文淵閣建築面貌在紫禁城獨一無二：

「琉璃瓦件是黑色的，再用綠色琉璃鑲簷頭，建築術語稱為『綠剪邊』。正脊，用綠色為底，有紫色琉璃遊龍起伏其間，再鑲以白色線條的花琉璃。這樣幾種冷色的花琉璃搭配一起，象徵海水碧波，氣氛靜穆。油漆彩畫，也以冷色為主，柱子不用硃砂紅而用深綠，彩畫題材屏棄皇宮中的金龍和玉璽圖案，而代以清新的蘇畫。為了表現建築使用功能，畫出河馬負圖和翰墨冊卷的畫面。其後及西側，以太湖秀石疊堆錦延小山，在尋丈之地，山巒既深塹平遠，又玲瓏翠秀，植有蒼松翠柏，茂密成陰。人行路系以雜色卵石亂砌，自然成趣。」（王銘珍：〈紫禁城的皇家藏書樓文淵閣〉）

文淵閣每層六個房間，這在紫禁城內也是獨一無二的。紫禁城其他宮殿的房間數，都是單數，不是三五間，就是七九間，沒有雙數。為了「符合」規格，文淵閣在梢間建造了一個樓梯間，寬約半間。今人常言紫禁城有房屋 9,999 間半，這個「半間」就是文淵閣的樓梯間。

文淵閣（高申 攝）

　　藏書樓最怕火災。寧波天一閣前有景觀兼消防水池，北京文淵閣前也因地制宜，將流經閣前的內金水河鑿寬為一段方池，池上有一座三孔石橋。這段方池，是內金水河最寬的水面。文淵閣沒有採用宮殿式的須彌座，底層前後都有出廊，二層前後都有平座；閣內基層用大城磚疊砌，鋪以條石。主體建築厚重寬大，樸實無華。文淵閣院內，太湖石堆砌成山，屏障著藏書樓，種植其間的松柏，茁壯成長二百多年，蒼勁挺拔，烘托整座庭院鬱蔥、幽靜。文淵閣東側建有一座碑亭，盝頂黃琉璃瓦，亭內立石碑一通，正面鐫刻著乾隆皇帝御撰〈文淵閣記〉，背面刻有文淵閣賜宴御製詩 ──《四庫全書》入藏之日，乾隆皇帝在此大宴參編眾臣，共襄盛事。

　　《四庫全書》成書共計 99,030 卷、36,000 冊，分裝 6,750 函，全部用朱絲欄白榜紙抄寫，封面為絲絹，經部書籍用褐色絹、史部書籍用紅色絹、子部書籍用黃色絹、集部書籍用灰色絹。《四庫全書總目考證》、《古今圖書整合》和經部圖書放置一樓，其中經部書籍共 20 架；史部書籍 33 架放在二樓；子部書籍 22 架，放在三樓中間，集部書籍 28 架，放在兩旁。圖書都貯藏在楠木書箱中，再擺放在書架上。

　　《四庫全書》出版共繕寫了四份，分別收藏於紫禁城文淵閣、圓明園文源閣、避暑山莊文津閣、瀋陽故宮文溯閣。後來，浙江杭州文瀾閣、江蘇揚州文匯閣、鎮江文宗閣又繕寫了三部收藏。天下共有 7 部《四庫全書》，其中以文淵、文源、文津三閣藏本紙張最精，繕寫最細。文淵閣《四庫全書》現存臺灣。

　　富貴藏書，盛世修典，表現在紫禁城便主要是武英殿修書、文淵閣藏書。

# 紫禁城的古樹名木

　　園林，是中國人的另一大珍寶，也是自古皇室鍾愛的禁地。園林大門，隔開了皇帝的兩個世界。大門裡面，是山水草木，大門外面，是社稷朝堂；大門裡面，是自我，是對內心平和的渴求，大門外面，是責任，是紛紛擾擾的明爭暗鬥。

　　紫禁城的二十四位主人，不知有多少次去花園中躲避殘酷的現實，不知怎麼樣在樹蔭下建構內心的自洽？凡是帝王傾注時間和期望的地方，必然會成為宮城的精華部分。紫禁城的園林曲徑通幽，古建精巧，花木扶疏，奇石假山玲瓏剔透。（紫禁城樹木內容主要參見以下文獻：張寶貴〈故宮的古樹名木〉、埜屏〈「十八槐」今昔〉）

　　紫禁城成規模的綠化區域有五大塊：十八槐 - 斷虹橋區域，御花園，乾隆花園，慈寧宮花園和建福宮花園。建福宮花園毀於一九二〇年代初的大火，其餘四個綠化區域至今尚存。

　　內金水河在武英殿東側向東直流幾十公尺後，又折而向南，最後穿過熙和門北側進入太和門廣場。在這個「凸」字形的北側，有一篇槐樹林，稱為「十八槐」；橫跨河上有一座「斷虹橋」，為紫禁城諸橋之冠，橋面最寬、藝術價值最高，且是宮內碩果僅存的元代古橋。

　　斷虹橋為單孔漢白玉石栱橋，全長 18.7 公尺，通寬 9.2 公尺，兩側有 20 根望柱，精雕細刻著翻轉折疊荷葉、連珠蓮花須彌座，座頂有 34

隻姿態各異、筋骨畢現的大小石獅。望柱之間有 18 塊欄板，雕刻也十分繁複精細，內容以雙龍戲珠為主題，襯雕牡丹、荷花、菊花等十餘種花卉，上部透雕著蓮花盆景，下部浮雕香花及雲雨霧靄，其間有雙龍嬉戲追逐。橋兩端各有披髮神獸，依然是龍之第六子「霸下」，披髮如瀑，雙目炯炯，配合橋孔上方雕刻的一頭兩目圓睜的吸水獸，高低配合，鎮壓水患。這些繁密精緻且誇張高調的雕刻工藝，與明清風格有明顯的區別，是宋元遺韻。

斷虹橋是推斷明元皇宮位置變化的重要依據。它極可能是元朝皇宮南護城河上的一座橋梁，當時皇宮的正南門崇天門，大約在今天太和殿廣場內。明朝皇宮整體位置大幅度南移，元朝皇宮南護城河大部分南移改建為內金水河，但是保留了斷虹橋區域。今人看紫禁城地圖，會發現斷虹橋幾乎是內金水河南段最北的橋梁，其他段落為了照顧明皇宮的設計做了不同南移，形成了如今蜿蜒曲折的形狀。

斷虹橋地處紫禁城後寢轉向西華門的要衝，是明清帝王后妃出遊西苑或圓明園、頤和園的必經之地。但是，斷虹橋繁複的龍飾，卻犯了明清皇家大忌。每當皇帝經過，當差太監都得提前用黃綢布將橋的兩側罩住，擔心群龍神獸驚駕。（李哲：〈故宮斷虹橋邊的三個朝代〉）

斷虹橋北是紫禁城內規模最大的槐樹群。槐樹在中國人觀念中也是吉祥昌盛的象徵，自周代起宮苑都有種植槐樹的傳統，槐樹又有「宮槐」之稱。元朝皇宮修建時即可能在斷虹橋北部，即護城河北畔種植了宮槐，這一區域至今存在裸露的地面，原生態的土壤適宜樹木的生長。斷虹橋北的元朝古槐成活到了今天，俗稱「十八槐」。說是十八槐，其中一株已經枯死，還有一株枯死後又在根部生長出了小樹苗，因此真實的數目是十六棵半。這些至少六百歲的古槐樹老態龍鍾，主幹中空，樹皮枯

朽，但是樹冠還是茂密繁盛，最大冠幅能夠占地半畝。最粗的一株元槐樹幹周長 4.7 公尺，需要三人才能合抱；最高的一株元槐高達 21 公尺，相當於八層樓的高度。紫禁城的居民經過這片鬱鬱蔥蔥的原生態森林，放鬆精神，應該會相當愜意輕鬆。

當然了，紫禁城內的槐樹不止「十八槐」，三三兩兩地散落在各處院落。其中，英華殿後面的一棵槐樹，樹幹周長也超過了 4 公尺，相當醒目。不過，槐樹並非紫禁城的主要樹種。明清宮苑以柏樹為主，其中多數為檜柏。檜柏根系強大，生長迅速，很適合相對艱苦的北方環境，而且枝葉繁密，古樸蟠虯，搭配得黃瓦紅牆的宮廷建築更加古色古香。

紫禁城裡分布著成片柏樹和散株古柏。其中最有價值的柏樹在御花園。

御花園的坤寧門和天一門中間有一座香爐，一對連理柏生長在香爐南邊。連理柏是中國特色的園藝傑作，原本是兩株貼近柏樹，樹枝經人工整形，毗鄰處樹皮磨光後長到一起，或者兩株柏樹在地下就根部交叉生長，形成天然的連理柏。御花園的天一門內、欽安殿外的樹林中也有一株柏樹，三百多歲了。它是一株「人字柏」。人字柏原本是一株柏樹，因為各種原因在樹基部就被劈開，最後長成了人字形狀，貌似兩株柏樹，常常為人誤會為連理柏。萬春亭周圍的四棵柏樹和千秋亭北門外的柏樹，也都是從一株柏樹的基部生長出來的。

御花園的古樹名木中也又槐樹。龍爪槐，又一種中國特色的槐樹珍品。御花園東南角有一株碩大的明代龍爪槐，是北京的「龍爪槐之最」。龍爪槐上部，幾條大枝水準伸向四方，似遊龍穿梭雲霄，無數小枝彎曲反覆，如勾似爪盤旋蔓延，整個樹冠大如巨傘。整株龍爪槐覆蓋面積 80 平方公尺，氣勢宏大，以至於自身軀幹難以承受重量，不得不搭建了巨

大的木架來支撐。

御花園東北堆秀山上高聳著一株白皮鬆，是乾隆年間種植的，樹姿挺拔，與山、亭自成一景。此外，東部降雪軒前有清代的太平花，西南有清代的龍棗，園中還遍植牡丹等花卉。

乾隆花園的古樹名木，以古楸、古柏、古松、古槐以及丁香等著稱。尤其是古華軒前的「古華楸」最為著名。這株楸樹種於嘉慶年間，距今四百多年。乾隆皇帝很喜歡這株楸樹，修建乾隆花園時專門下旨保留它，還建造古華軒搭配它。乾隆皇帝還為它御題楹聯：「清風明月無盡藏，長楸古柏是佳朋。」古華楸矗立在古華軒大門西側，主幹向東傾斜，與古華軒融為一景。乾隆皇帝還在園中種植了一株白丁香花，如今已經高達二層樓，被譽為北京「古丁香之最」。此外，寧壽門內有名為「十八羅漢松」的古松群，其中以「迎客松」和「銼松」最出名。

以樸素平和為特點的慈寧宮花園，也有不少古樹名木，以古楸、古柏、銀杏和白玉蘭、紫玉蘭為特色。

紫禁城還有一處不復存在的花園 —— 建福宮花園。

乾隆皇帝大規模改造乾西五所，將最西端兩所及其南邊三個宮格改造得面目全非。其中，南邊三個宮格的大部分修建為中正殿、雨花閣宗教區域。其東側的 10 餘公尺寬、200 公尺出頭長的狹長地段就修建了「建福宮」建築群。從南至北分別是延慶殿、建福門、撫辰殿、建福宮。延慶殿相對獨立，與建福門之間相隔一處五十多公尺的空院落。撫辰殿與建福宮有廊房相接，合成廊院。建福宮面闊五間，進深三間，黃琉璃瓦綠剪邊捲棚歇山頂，明間後簷金柱間設扇，扇前安放寶座，上懸乾隆御書匾額「不為物先」。建福宮裝修精緻，用色鮮豔，擺設講究，是乾隆皇帝自用的預留地。

　　建福宮兩側的遊廊可以穿行至第三進庭院，首先來到惠風亭，亭子以北用紅牆隔出了一個小院落，院中有靜怡軒、慧曜樓等，環境安謐。建福宮後部院落西側、原乾西五所最西部、中正殿的後部，又是一處御花園。它和建福宮後部，都是建福宮的附屬院落，得名「建福宮花園」，又因為位置偏西，也叫做「西花園」。

　　建福宮花園的西部，以延春閣為中心，延春閣建築樣式特殊，面闊五間，正殿裝飾藻井，平面呈方形，四邊出廊，二層有平臺。據說延春閣底層隔間繁複，有「迷宮」之稱。延春閣的西部與北部倚宮牆建有吉雲樓、敬勝齋、碧琳館、妙蓮華室和凝暉堂等建築，富麗華貴，花廊縱橫，但建築不高，襯托出了延春閣的高大宏偉。延春閣南邊疊石為山，巖洞磴道，幽邃曲折，花木叢篁，又是一個園林傑作。

　　建福宮原本是乾隆皇帝設計為太后守制所用，後來因故沒有實現。乾隆皇帝十分鍾愛建福宮，政務之餘常流連、吟詠於此。每年臘月初一皇帝在建福宮開筆書「福」，開啟紫禁城慶賀新禧的序幕。此制成為清朝皇帝的祖制。最能體現乾隆皇帝對建福宮特殊喜愛的，就是他將最鍾愛的文物珍藏、四方進貢的奇珍異寶，都存放於此。乾隆皇帝熱衷收羅寶貝，乾隆時期進貢成風，貢品大多進入了建福宮。建福宮也就成了名副其實的「寶庫」。乾隆皇帝駕崩後，嘉慶皇帝下令將寶藏封存不動。宣統時期，溥儀曾在好奇心的驅使下開啟了建福宮倉庫，發現塵埃之下竟然是一箱箱沉睡了上百年的珍寶。

拱門前的老松（郭華娟 攝）

　　特別遺憾的是，一九二三年六月二十六日夜，一場神祕大火降臨了靜怡軒，火勢迅速蔓延到延春閣，再將建福宮、中正殿等區域化成一片火海。大火直到第二天中午才撲滅。數百年的參天松柏化為灰炭，三四百間房屋和全部文物珍寶毀為灰燼。許多外省、外國進貢的寶物，始終處於密封狀態，未曾開啟過就成了「永遠的祕密」。這是中國文化的巨大損失。事後溥儀震怒，異常懷疑這是太監為了掩蓋監守自盜罪行而放火滅跡。次月，溥儀除給各位太妃各留二十名太監外，將其餘所有太監全部逐出紫禁城。一場大火間接造成太監制度壽終正寢。

　　建福宮又在灰燼中沉睡了將近百年，直到二〇〇五年重建竣工，以嶄新的面貌回歸故里。

# 兩朝家風一座城

同一座城池，在明清兩代的運轉有著重大區別。

清朝康熙年間入值紫禁城南書房的高士奇，總結了從秦漢至明清的皇家宮廷區域逐漸萎縮的變化趨勢：

嘗讀往史所載，秦漢隋唐之宮闕，高者七八十丈，廣者二三十里。而離宮別館，綿延聯絡，彌山跨谷，或至數百所。何其奢侈宏麗可怖也！

明因金元之舊，宮闕范圍，較秦漢隋唐，僅十之三四。然皇城之中，即屬大內，禁絕往來，唯親信大臣，得賜遊宴，故或記或詩，咸自詡為異數。亦有終身官侍，從未得一至者，聞人說苑西亭臺宮殿，無異海外三山，縹緲恍惚，疑、信者半。

我國家龍興以來，務崇簡樸，紫禁城外，盡給居人，所存宮殿苑囿，更不及明之三四。凡在昔時嚴肅禁密之地，擔夫販客皆得徘徊瞻眺於其下，有靈臺靈沼之遺意焉。（高士奇〈金鰲退食筆記〉卷上〈自序〉。）

明代北京的整個皇城都屬於皇家宮廷區域，稱為「大內」，一般人不得隨意踏入。官民言說西苑三海感覺猶如蓬萊仙山。到了清朝，「大內」縮小到宮城以內，也就是紫禁城才是真正的「禁」區。紫禁城外的皇城區域，開放為官民（基本為八旗子弟）的居住之地，允許販夫走卒奔走其間。也就是如今北京東城區、西城區長安街以北的區域，在明代基本屬於大內，到清朝才開放給官民居住。高士奇判斷清代宮禁範圍只有明代的十分之三、四，大抵是符合史實的。

明清兩代紫禁城的差別，還有諸多方面。人決定建築。紫禁城的不同特點是由朱明、愛新覺羅兩個家族決定的。

清朝皇帝常自詡「得天下之正者莫如本朝」。愛新覺羅家族打出「弔民伐罪」、「為明朝復仇」的旗號，自述天下奪自亂民（李自成起義軍）。

相比之下，朱明家族得天下更正。明初朱元璋起自阡陌草野，無尺寸之憑藉，恢復中華衣冠，後期不割地、不賠款，對外強硬不妥協，朱明立國二百多年堪稱「光明正大」。

朱元璋的經歷，奠定了朱明家族的底色。明朝皇帝的基因中深深沾染上了中國基層農民的習氣，堅忍中帶有卑微，剛強下隱藏虛弱。登頂之後，朱明家族身上有一股濃厚的揮之不去的不自信。明朝將居民遷出皇城之外，在紫禁城四周密布衛署，何嘗不是這種虛弱的表現？朱明皇帝壯大錦衣衛，重用宦官，發行東廠西廠，何嘗不是不自信的表現？君主專制在明朝的增強，竟然和朱明皇室的隱祕心理有莫大關係。只不過，宦官勢力畸形壯大，後期太阿倒持，反而威脅皇權，則是制度在實踐中變異的結果。

朱明家族不自信體現在紫禁城運轉上，就是支撐宮廷後勤保障的宦官機構、侍衛機構及諸多倉庫包圍著紫禁城。明代紫禁城內只保留宦官機構的直房、附設機構。其中司禮監因職掌較多，在宮內用房多處。至於錦衣衛，除了奉天門前兩廂有片瓦半間，在宮內幾乎沒有存在感。同樣遭到紫禁城排斥的是朝臣。極少數內閣文臣才能在外東路南部出入，其他朝臣嚴格侷限在奉天門兩廂直房。可以說，明代紫禁城是太監的天下，大多數地區只有皇帝和子孫們是正常人，常年不見一個其他正常人。這又是皇帝不自信的表現，為了杜絕行刺和宮闈醜聞，朱元璋的子孫乾脆杜絕正常男子出現在身邊。

家國一體，家的私利成了朱明皇帝考慮的主要內容，國政相關的內容壓縮到了紫禁城一隅。

私心私利換來的安全感，最終沒能保障安全，明代紫禁城在英宗朝之後就走上了下坡路。

　　朱明家族的另一大特點是講究禮制。明代修建紫禁城時強調「以禮為本」，制訂宮廷制度同樣突出禮制，家庭與個體的使用需求退居次席。嚴格的規格、虛幻的體積和無處不在的禁忌，都是尊崇皇權的禮制在紫禁城的對映。最極端的例子或許是朱明家族即便對子孫的教育，也恪守禮制，不實事求是，不追求真實能力的培養。紫禁城及其制度從根子上，便是為皇權修建的，不是為皇帝修建的。朱明家族在某種意義上是作繭自縛，朱元璋的子孫前赴後繼成為紫禁城的高階囚徒。從嘉靖皇帝的大禮議之爭，到萬曆皇帝三十年不問世事，再到明末三案，設計完備的宮廷制度並未給朱明家族帶來幸福安康，也沒有給大明王朝帶來國運康泰，國勢江河日下，直到本非亡國之君的崇禎皇帝朱由檢夙夜勤政也只能無奈自縊。

　　一個光明正大的家族依然沒能跳出「從龍種到跳蚤」的窠臼，殊為可惜。

　　清朝定鼎中原後，繼承紫禁城為皇宮，並基本按照前朝舊制修復，沒有步之前改朝換代必推翻前朝舊宮新建殿堂的覆轍，展現出了愛新覺羅家族不同的風格。

　　愛新覺羅是白山黑水之間的漁獵家族，給紫禁城帶來了鮮活的關外氣息，引入了充沛的務實與理性、寬容與接納。

　　滿族無論民間還是宮廷，均內外無別、政寢不分，入關後馬上接受了紫禁城前朝後寢的格局，也繼承了全天下官衙的這套制度，可證滿族人適應能力之強。同時，順治朝和康熙初年，福臨、玄燁父子沒有立刻、全面修復紫禁城，而是因陋就簡，將家族暫且安頓在各處，兩代皇帝親自帶頭暫居其他宮殿。他們完全是根據國家財政情況而逐步復建紫禁城，而不是像前朝嘉靖、萬曆那般大興土木，可證宮城新主人的務實與理性。

在繼承禮制的同時，康雍乾三代皇帝完美兼顧了實際生活需要，在不破壞大原則的前提下逐漸打破了紫禁城嚴格的限制，注重建築布局、環境、裝飾藝術等方面的實用性，努力營造愜意的環境和方便舒適的日常理政、居住空間。紫禁城的生活氣息變濃了，許多建築採用小體積的設計，不以高大為目標。居住的舒適便捷成為主要追求，清代紫禁城後寢區域常將宮、寢、書齋等合建為一，內部再進行功能分割槽，如養心殿、樂壽堂、倦勤齋等處；或將建築拆改合併，如儲秀宮、翊坤宮等，或與園林相融合，傾注人生追求，如慈寧宮花園、寧壽宮後寢區域等。紫禁城實現了從「以禮為本」到「以人為本」的重要轉變。（王愛東：〈清代對紫禁城的改造〉，載於《紫禁城》二〇一七年第三期。）

清代紫禁城最大的變相，是明代幾乎無處不在的太監勢力大規模後撤，從皇城縮小到紫禁城北半部的後寢區域。愛新覺羅家族入關前，雖然也役使閹割者，但人數很少，身邊大部分差事是包衣奴僕承擔的。入關後，愛新覺羅家族沿用舊制，以大批包衣替代明代太監。他們透過內務府制度，基本解決了困擾中國歷代王朝的宦官擅權專政頑疾。此制的深層次原因是愛新覺羅子孫素養普遍較高，工作熱情遠高於朱明子孫。清代皇帝處理政務絕不假手他人，事無巨細皆乾剛獨斷，特別在意大臣、宦官矇蔽、擅權。愛新覺羅家族自詡的「我朝乾綱獨攬，政無旁落，實家法相承，世世敬守」，「至本朝閹寺，祇供灑掃之役，從不敢干預政事」。

清代有幸前期諸帝都是工作狂。聖祖康熙皇帝精力充沛，一天之內從暢春園趕赴紫禁城上朝，然後再趕回暢春園。即便是在皇家園林，康熙皇帝也是「園居理政」，利用園林行宮的優勢，換一個環境、換一種方法來處理政務。（園居理政是清朝皇帝，尤其是後期的一種重要執政方法。）愛

新覺羅皇帝沒有一個昏君與懶漢，皇帝的勤勉是乾綱獨攬的基礎，只有勤政才能事無巨細皆親自裁決。清代皇權專制發展到中國歷史頂峰。

清代紫禁城發展為一臺高速運轉的決策機器。

「國」的一面完全超越了「家」的部分。明代紫禁城內的朝政機構只有內閣一個，清代則有十餘個。即便是收發傳遞決策文書的奏事處，也置於朝臣管轄之下，應當屬於朝政機構 —— 這在明代是由太監掌管的文書房大包大攬。即便是後寢區域，文武大臣、宮廷侍衛進出如常，長期逗留，清代後宮的「男女大防」不如明代那般嚴格僵化。

清代紫禁城人流往來如梭。從事服役侍奉的包衣蘇拉，日常誦經的喇嘛，護衛大內的護軍營、驍騎營官兵，侍衛處官兵，內務府造辦處十幾個作坊的官吏、匠役，武英殿修書處、御書處的文官詞臣，國史館、方略館的編輯和印製，咸安宮等處官學的師生，在上書房教育皇子皇孫的教習官員，還有「內廷行走」的南書房、軍機處滿漢官員等等，分散在前朝後寢的各處、勞作在宮闈牆垣的各段。皇帝寢宮養心殿，辦理政務、召對覲見的官員更是熙熙攘攘。（杜家驥：〈明清兩代宮廷之差異初探〉，載於《北京社會科學》二〇一三年第五期。）他們日復一日維繫著紫禁城的運轉，豐富著紫禁城的內涵。

愛新覺羅家族確實比朱明家族勤政。明朝皇帝召對官員侷限在朝會和乾清宮，前者是泛泛之談，後者參與者是內閣大學士等極少數人。此外還有「平臺召對」。現存保和殿是清代重修的，位置向北推移至「三臺」座基的邊沿。明代建極殿（保和殿）位置要比現存靠前（孫大章：〈清代紫禁城的復建與改造 —— 兼論其建築藝術的發展變化〉，載於《中國紫禁城學會論文集》第三輯。），殿後有一座雲臺門，東西另有雲臺左門、雲臺右門。三門之前空地也稱「平臺」。皇帝常在此召對內閣宰

輔、封疆大吏等官，稱平臺召對（也有館店認為平臺召對地點在後左門前。）。明後期清早期，袁崇煥、吳三桂等關鍵人物都曾在平臺應召，君臣議政。清朝反而沒有這些召對的名目，因為皇帝諮詢、君臣議政非常頻繁。雍正皇帝每日接見的官員數以三、四十計，上自軍國大事下至州縣瑣碎，無不希求了然於胸。即便是後期道光、咸豐等非明君，也是夙夜殫精竭慮，為朝政操勞。

主人家的勤勉付出，決定家庭的有序高效。愛新覺羅家族改革的宮廷制度，凝聚著家族的思想理念，往往用技術性改變取得了制度性的進步。明代宮廷的不少制度，困於朱明家族堅持禮制度缺乏務實，困於後期皇帝的懶惰荒政，制度的壞處不僅妨礙了紫禁城的健康運轉，還影響到社會，傷害國計民生。最明顯的莫如紫禁城的經濟帳。宮廷運轉需要龐大的物質支撐，明代固化的宮廷財政不能支撐紫禁城需求的發展。比如，明代紫禁城所需糯米、小麥、黃豆、白麵等原料由浙江等處按需歲供。明中後期，宮中奢侈成習，對糧食原料的需求大增，而宦官主導的此項工作所用非人，多有貪鄙之人任意增加耗米，浙江等處繳納耗米常至正米三、四倍。內官監、酒醋局、供應庫等宮廷衙門更是巧立名色，分外需索。結果，紫禁城的歲貢成為江浙的一項弊政，無依無靠的小民因之陷入困境。清代紫禁城內務府總管宮廷保障，在江浙設立三大織造衙門，雖然需求不見得降低多少，但權力被關在了籠子裡，紫禁城的歲貢健康有序。

雍正元年，兩江總督查弼納奏稱兩淮鹽商每年「孝敬」自己禮銀20,000兩、隨封銀4,000兩，共計24,000兩銀子。「倘若不收取，則白白便宜了富賈豪門，於諸商販亦為不利。故每年此之二萬銀兩，臣照收不誤」，然後查弼納將印自送交內務府，「以備皇上賞賜之用」。雍正帝

當即回絕：「此不可也。爾留下用於公務，果誠無用，則數年為一段陳情繕本具奏，予爾議敘。朕絕不擔私受省臣貢銀之名，雖可百般偽裝巧飾，但帝王所行，名留天下萬世，豈能隱瞞。」清朝制度森嚴，皇帝開明務實，大抵如此。宮廷後勤保障如此，宗室制度、後宮制度、宦官制度諸方面也類同。

康熙六十年，暮年的康熙皇帝詢問心愛的小孫兒弘曆：「你知道我們家姓氏『愛新覺羅』是什麼意思嗎？」小弘曆回答是金子的意思。康熙皇帝追問：「金子是世間最寶貴的物品嗎？」弘曆很嚴肅地回答：「人世間，仁義最為寶貴。」祖孫兩人的對話，可證愛新覺羅家族漢化程度、對儒家仁政的接受，更可證愛新覺羅家風之正。

皇帝的家風，塑造了紫禁城。紫禁城兩任主人家，朱明家族和愛新覺羅都嗜權，都獨斷，都希望江山萬年。愛新覺羅家族更加務實理性，更加勤勉刻苦，更加注重個人生活，清代紫禁城運轉得更順暢更高效。可見，家有千金，父輩有高官厚爵，都不如傳承一個良好的家風。

# 後記 「活的紫禁城」

如果說輝煌悠久的中國歷史是一座寶座，紫禁城是其中最顯耀炫目的珍珠。

宮殿建築是皇權的象徵。不論對哪個國家來說，宮殿都是一種特殊的建築。它的建造，集中了民間建築的經驗，同時賦予宮廷化的嚴謹格律。中國古代宮殿集中體現了宗法觀念、禮制秩序及文化傳統的大成，沒有任何一種建築比宮殿更能說明當時社會的主導思想、歷史和傳統。外國有一句名言：「建築是本石頭的書。」當產生它的社會已經成為過去，它被遺留下來述說歷史，因而宮殿建築是最能反映當時社會本質的建築。透過對宮殿建築歷史的了解，可以生動地了解古代社會主導思想意識和形態地發展。（楊鴻勛：〈宮殿考古學通論〉）

如今的故宮博物院不是一處簡單的景點，每一次遊覽都是對中華民族輝煌歷史和燦爛文化地認同和瞻仰。

紫禁城是中華傳統建築的寶庫，是璀璨的中華藝術的寶庫，更是明清歷史的見證者，是祖先對我們的饋贈。就人類個體而言，窮其一生，紫禁城的內涵都取之不竭。前人書寫紫禁城的著作汗牛充棟，從建築、藝術、帝王將相、明清歷史諸多方面展開詳細敘述。

紫禁城擁有連綿的宮苑、密集的藏寶、無盡的傳說，紫禁城更是一座鮮活的城池。六百年來，不計其數的人將人生中最鮮亮的時光奉獻給了它，其中有雄心壯志開拓進取的帝王將相，有兢兢業業日夜操勞的刀筆小吏，有因循保守奔走謀食的官僚宮人，有懵懵懂懂度過一生的少男少女，更有無名無姓了無影蹤的平凡人。命運將他們推進了紫禁城，給

## 後記 「活的紫禁城」

這座恢弘的城池增添了或多或少的故事或遺產。驅動他們的就是宮廷制度。「清代宮廷史的研究應當拓展其關注面向，其中對宮中各機構之歷史及內廷生活日常史應當給予更多的關注，以加強清代宮廷史研究的廣度與深度。」（王志強：《清乾隆年間整頓內廷酒醋房述論》。）本書便以制度為切入口，講述明清紫禁城的運轉及其建築變遷、人物命運。明清的帝國氣象、政治理念和歷史興衰，都隱身其後。制度史也是一個重要舉措，可以把諸多建築、器物、人物和歷史事件都聚攏起來，復活一座「活的」紫禁城。制度是歷史的容器，誠如斯言。

人是歷史的精靈，宮殿是歷史的森林，思想文化是歷史的土壤。而制度是風雨，是潮流，伴隨著精靈徜徉歷史的森林。

遺憾的是，宮廷制度這個容器，依然不足以承載紫禁城所有的內涵。比如，明代建築不好研究，因為記載少或沒有記載，甚至記載相互衝突。紫禁城建築的更迭史不能透過制度變遷來完整呈現。而建築的規格和裝飾藝術，自然也是禮制的一部分，但宮廷制度也不能完整描述中國博大精深的傳統建築藝術。此外，由於篇幅所限，同類制度，本書擇一而述。比如大朝會、選秀、供應份例等制度，明清並無重大差別，本書選擇其中一代為例講述。制度是變化的，較長時間段的做法，很難描述不同縱截面的制度面貌。

本書第一章〈千年帝國的結晶〉是紫禁城的簡史，第二章〈紫禁城「戶型圖」〉專論紫禁城的格局和中軸線建築，兼論外東西路。之後十二章分專題論述皇帝理政、中樞決策、宦官制度、宗室制度（偏教育）、后妃和女官制度、前朝妃嬪和太上皇制度、膳食制度、醫療保障、警備侍衛制度、宗教信仰、消防採暖防汛等制度，以及紫禁城的藏寶。最後一章〈兩朝家風一座城〉認為明清兩代紫禁城的差異是兩朝家風不同造成

的。家族再顯赫也比不過帝王家，家產再雄厚也比不上紫禁城之萬一，可是朱明家族家風不修，日益攜怠，最終國滅家亡，紫禁城在烈焰之中易主。它給與我們的教訓，不能說不深刻。

紫禁城內還有其他有趣的內容，沒有論及。比如，皇帝的荷包與紫禁城的帳簿，是宮廷運轉的重要的基礎話題。紫禁城如同一頭巨獸，需要規模巨大的宮廷財政來支撐，據乾隆二十一年記載，僅紫禁城內各處值班官兵的飯食銀兩每年就要 9,540 餘兩。宮廷財政與朝廷財政的關係，紫禁城是否自我營收，如何實現收支平衡，它對國運民生是否有所影響，都是有趣的話題。因為能力和時間所限，本書幾乎沒有涉及。再比如，紫禁城是核心皇宮，但左祖右社、西苑南內和京郊行宮，也是帝王經常駐蹕之處。清朝中期以後，皇帝長時段駐留西郊宮苑，進行「園林理政」。多位帝王駕崩於圓明園周邊。這些與紫禁城關係緊密的宮苑，本書也基本沒有涉及。

紫禁城內容博大精深，非一本小冊子能夠盡述。如果讀者因為本書才增加對紫禁城及制度史的興趣，則善莫大焉。

本書的成功出版，要感謝提供紫禁城照片的諸位親友，尊姓大名已在書中配圖後註明，在此不再一一列名致謝。書中難免有史實差異和論述不當之處，我為此負責，並請讀者海涵。

謝謝大家！

張程

# 紫禁城之下，皇權與慾望的交織：
## 探尋失去聲音的歷史，揭密宮廷的悲喜與奇聞

作　　者：張程
發 行 人：黃振庭
出 版 者：崧燁文化事業有限公司
發 行 者：崧燁文化事業有限公司
E-mail：sonbookservice@gmail.com
粉 絲 頁：https://www.facebook.com/sonbookss/
網　　址：https://sonbook.net/
地　　址：台北市中正區重慶南路一段六十一號八樓 815
　　　　　室
Rm. 815, 8F., No.61, Sec. 1, Chongqing S. Rd., Zhongzheng
Dist., Taipei City 100, Taiwan
電　　話：(02)2370-3310
傳　　真：(02)2388-1990
印　　刷：京峯數位服務有限公司
律師顧問：廣華律師事務所 張珮琦律師

定　　價：550 元
發行日期：2024 年 04 月第一版
◎本書以 POD 印製

**國家圖書館出版品預行編目資料**

紫禁城之下，皇權與慾望的交織：
探尋失去聲音的歷史，揭密宮廷的
悲喜與奇聞 / 張程 著 . -- 第一版 .
-- 臺北市：崧燁文化事業有限公司，
2024.04
面；　公分
POD 版
ISBN 978-626-394-168-7( 平裝 )
1.CST: 紫禁城 2.CST: 明清史
626.2　　113003879

電子書購買

臉書

爽讀 APP